本次调查得到 2013 年四川省省级公益院所基础科研基金资助

本报告出版得到 2016 年国家重点文物保护专项补助经费资助

仁寿牛角寨石窟

——四川仁寿牛角寨石窟考古调查报告

高大伦　田　泳　主编
王　婷　于　春　著

文物出版社

封面设计：刘　远

责任印制：陈　杰

责任编辑：宋　丹　王　戈

图书在版编目（CIP）数据

仁寿牛角寨石窟：四川仁寿牛角寨石窟考古调查报告／四川省文物考古研究院等著．—北京：文物出版社，2018.12

ISBN 978 - 7 - 5010 - 5381 - 0

Ⅰ．①仁…　Ⅱ．①四…　Ⅲ．①摩崖造像 - 调查报告 - 仁寿县

Ⅳ．①K877.495

中国版本图书馆 CIP 数据核字（2017）第 276271 号

仁寿牛角寨石窟

——四川仁寿牛角寨石窟考古调查报告

四 川 省 文 物 考 古 研 究 院

西 北 大 学 文 化 遗 产 学 院

仁 寿 县 文 化 广 电 新 闻 出 版 局

王　婷　于　春　著

*

文 物 出 版 社 出 版 发 行

北京市东直门内北小街 2 号楼

（邮政编码　100007）

http：//www.wenwu.com

E-mail：web@ wenwu.com

中国铁道出版社印刷厂

新 华 书 店 经 销

889 × 1194　1/16　印张：28.75　插页：5

2018 年 12 月第 1 版　2018 年 12 月第 1 次印刷

ISBN 978 - 7 - 5010 - 5381 - 0　定价：480.00 元

目　录

前　言 ……………………………………………………………………………………………… 1

概　述 …………………………………………………………………………………………… 3

  一　仁寿县概况 ………………………………………………………………………………… 4

  二　牛角寨石窟的文献记载、历史调查及研究 ……………………………………………… 5

牛角寨区龛像 ………………………………………………………………………………… 7

  牛角寨区 Y1 …………………………………………………………………………………… 7

  牛角寨区 Y2 ………………………………………………………………………………… 37

  牛角寨区 Y3 ………………………………………………………………………………… 98

  牛角寨区 Y4 ……………………………………………………………………………… 128

  牛角寨区 Y5 ……………………………………………………………………………… 142

  牛角寨区 Y6 ……………………………………………………………………………… 143

  牛角寨区 Y7 ……………………………………………………………………………… 144

  牛角寨区 Y8 ……………………………………………………………………………… 148

  牛角寨区 Y9 ……………………………………………………………………………… 148

坛神岩区龛像 ……………………………………………………………………………… 150

  坛神岩区 Y1 ……………………………………………………………………………… 150

  坛神岩区 Y2 ……………………………………………………………………………… 193

  坛神岩区 Y3 ……………………………………………………………………………… 207

  坛神岩区 Y4 ……………………………………………………………………………… 210

  坛神岩区 Y5 ……………………………………………………………………………… 212

  坛神岩区 Y6 ……………………………………………………………………………… 236

相关散件 ·· 253

结　语 ··· 255

    一　保存现状 ·· 255

    二　造像龛窟 ·· 255

    三　造像内容 ·· 260

    四　造像图像特征 ·· 263

    五　造像的时代与分期 ··· 270

附　录 ··· 278

    附表一　可查新旧龛号对照表 ·· 278

    附表二　龛窟保存现状统计表 ·· 279

    附表三　龛窟规模分类统计表 ·· 281

    附表四　龛窟形制分析表 ·· 285

    附表五　龛门结构、装饰分析表 ·· 290

    附表六　造像统计表 ··· 293

Abstract ·· 299

后　记 ··· 301

插图目录

图一　牛角寨石窟位置示意图 ………………………………………………………… 3

图二　牛角寨石窟分布图 ……………………………………………………………… 4

图三　牛角寨区巨石分布图 …………………………………………………………… 7

图四　牛角寨区 Y1 龛窟分布图 ……………………………………………………… 8

图五　N－Y1－001 测绘图 …………………………………………………………… 9

图六　N－Y1－001 右侧天王像 ……………………………………………………… 10

图七　N－Y1－001 左侧天王像 ……………………………………………………… 10

图八　N－Y1－001－1 测绘图 ……………………………………………………… 12

图九　N－Y1－002 尊像编号图 ……………………………………………………… 14

图一〇　N－Y1－002 正视图 ………………………………………………………… 14

图一一　N－Y1－002 平面图 ………………………………………………………… 16

图一二　N－Y1－002 左剖面图 ……………………………………………………… 17

图一三　N－Y1－002 右剖面图 ……………………………………………………… 18

图一四　T2 拓片 ……………………………………………………………………… 37

图一五　牛角寨区 Y2 龛窟分布图 …………………………………………………… 38

图一六　N－Y2－003 测绘图 ………………………………………………………… 39

图一七　N－Y2－003 尊像编号图 …………………………………………………… 39

图一八　N－Y2－004 测绘图 ………………………………………………………… 40

图一九　N－Y2－004 尊像编号图 …………………………………………………… 41

图二〇　N－Y2－005 正视、平面图 ………………………………………………… 43

图二一　N－Y2－005 剖面图 ………………………………………………………… 44

图二二　N－Y2－005 尊像编号图 …………………………………………………… 44

图二三　N－Y2－006 测绘图 ………………………………………………………… 47

图二四　N－Y2－007 正视、平面图 ………………………………………………… 49

图二五　N－Y2－007 剖面图 ………………………………………………………… 50

图二六　N－Y2－007 尊像编号图 …………………………………………………… 51

图二七　N - Y2 - 008 测绘图 ……………………………………………………………… 54

图二八　N - Y2 - 008 尊像编号图 …………………………………………………………… 54

图二九　N - Y2 - 009 测绘图 ……………………………………………………………… 56

图三〇　N - Y2 - 009 尊像编号图 …………………………………………………………… 57

图三一　N - Y2 - 010 正视、平面图 ………………………………………………………… 58

图三二　N - Y2 - 010 剖面图 ……………………………………………………………… 59

图三三　N - Y2 - 010 尊像编号图 …………………………………………………………… 60

图三四　N - Y2 - 010 - 1 测绘图 …………………………………………………………… 61

图三五　N - Y2 - 011 测绘图 ……………………………………………………………… 62

图三六　N - Y2 - 012 测绘图 ……………………………………………………………… 64

图三七　N - Y2 - 012 尊像编号图 …………………………………………………………… 65

图三八　N - Y2 - 013 测绘图 ……………………………………………………………… 67

图三九　N - Y2 - 014 正视、平面图 ………………………………………………………… 68

图四〇　N - Y2 - 014 剖面图 ……………………………………………………………… 69

图四一　N - Y2 - 014 尊像编号图 …………………………………………………………… 70

图四二　N - Y2 - 015 测绘图 ……………………………………………………………… 73

图四三　N - Y2 - 016 测绘图 ……………………………………………………………… 75

图四四　N - Y2 - 017 测绘图 ……………………………………………………………… 76

图四五　N - Y2 - 018 测绘图 ……………………………………………………………… 78

图四六　N - Y2 - 019 正视、平面图 ………………………………………………………… 79

图四七　N - Y2 - 019 剖面图 ……………………………………………………………… 80

图四八　N - Y2 - 019 尊像编号图 …………………………………………………………… 80

图四九　N - Y2 - 020 正视、平面图 ………………………………………………………… 86

图五〇　N - Y2 - 020 剖面图 ……………………………………………………………… 87

图五一　N - Y2 - 020 尊像、组像编号图 ……………………………………………………… 88

图五二　N - Y2 - 021 测绘图 ……………………………………………………………… 93

图五三　N - Y2 - 022 测绘图 ……………………………………………………………… 94

图五四　T3 拓片 …………………………………………………………………………… 95

图五五　N - Y2 - 023 测绘图 ……………………………………………………………… 97

图五六　牛角寨区 Y3 龛窟分布图 …………………………………………………………… 98

图五七　N - Y3 - 024 正视图 ……………………………………………………………… 99

图五八　N - Y3 - 024 平面图 ……………………………………………………………… 100

图五九　N - Y3 - 024 剖面图 ……………………………………………………………… 100

图六〇　N - Y3 - 024 尊像、组像编号图 ……………………………………………………… 101

图六一　　N - Y3 - 024 - 1 测绘图 ·· 107

图六二　　N - Y3 - 024 - 2 测绘图 ·· 108

图六三　　N - Y3 - 024 - 3 测绘图 ·· 109

图六四　　N - Y3 - 025 正视图 ·· 110

图六五　　N - Y3 - 026 测绘图 ·· 111

图六六　　N - Y3 - 027 测绘图 ·· 112

图六七　　N - Y3 - 028 正视图 ·· 113

图六八　　N - Y3 - 028 平面图 ·· 114

图六九　　N - Y3 - 028 剖面图 ·· 115

图七〇　　N - Y3 - 028 尊像、组像编号图 ·· 116

图七一　　N - Y3 - 029 正视图 ·· 122

图七二　　N - Y3 - 029 平面图 ·· 123

图七三　　N - Y3 - 029 剖面图 ·· 123

图七四　　N - Y3 - 029 尊像、组像编号图 ·· 124

图七五　　牛角寨区 Y4 龛窟分布图 ·· 129

图七六　　N - Y4 - 030 测绘图 ·· 130

图七七　　N - Y4 - 031 立面图 ·· 131

图七八　　N - Y4 - 031 平面图 ·· 132

图七九　　N - Y4 - 031 剖面图 ·· 132

图八〇　　N - Y4 - 031 尊像、组像编号图 ·· 133

图八一　　N - Y4 - 032 测绘图 ·· 138

图八二　　N - Y4 - 032 尊像编号图 ·· 138

图八三　　T5 拓片 ··· 139

图八四　　N - Y4 - 033 测绘图 ·· 140

图八五　　N - Y4 - 034 测绘图 ·· 141

图八六　　N - Y5 - 035 测绘图 ·· 143

图八七　　N - Y6 - 036 测绘图 ·· 144

图八八　　牛角寨区 Y7 龛窟分布图 ·· 145

图八九　　N - Y7 - 037 测绘图 ·· 146

图九〇　　N - Y7 - 038 测绘图 ·· 147

图九一　　N - Y8 - 039 测绘图 ·· 148

图九二　　N - Y9 - 040 测绘图 ·· 149

图九三　　坛神岩区巨石分布图 ··· 150

图九四　　坛神岩区 Y1 龛窟分布图 ·· 151

图九五　T－Y1－041 测绘图 ……………………………………………………………… 152

图九六　T－Y1－042 正视、平面图 ……………………………………………………… 153

图九七　T－Y1－042 剖面图 ……………………………………………………………… 154

图九八　T－Y1－043 测绘图 ……………………………………………………………… 156

图九九　T－Y1－044 测绘图 ……………………………………………………………… 156

图一〇〇　T－Y1－045 测绘图 …………………………………………………………… 158

图一〇一　T－Y1－045 左侧供养人像拓片 ……………………………………………… 159

图一〇二　T－Y1－045 右侧供养人像拓片 ……………………………………………… 159

图一〇三　T－Y1－046 测绘图 …………………………………………………………… 161

图一〇四　T－Y1－047 测绘图 …………………………………………………………… 162

图一〇五　T－Y1－048 测绘图 …………………………………………………………… 164

图一〇六　T－Y1－049 测绘图 …………………………………………………………… 166

图一〇七　T－Y1－049 尊像编号图 ……………………………………………………… 166

图一〇八　T－Y1－050 测绘图 …………………………………………………………… 168

图一〇九　T－Y1－050 尊像编号图 ……………………………………………………… 169

图一一〇　T－Y1－050　1 号像 …………………………………………………………… 169

图一一一　T－Y1－050　3 号像 …………………………………………………………… 170

图一一二　T－Y1－050　5 号像 …………………………………………………………… 170

图一一三　T－Y1－050　7 号像 …………………………………………………………… 170

图一一四　T－Y1－050　9 号像 …………………………………………………………… 171

图一一五　T－Y1－050　11 号像 ………………………………………………………… 171

图一一六　T－Y1－051 测绘图 …………………………………………………………… 176

图一一七　T－Y1－052 测绘图 …………………………………………………………… 178

图一一八　T－Y1－053 测绘图 …………………………………………………………… 179

图一一九　T－Y1－054 测绘图 …………………………………………………………… 180

图一二〇　T－Y1－055 测绘图 …………………………………………………………… 181

图一二一　T－Y1－056 测绘图 …………………………………………………………… 183

图一二二　T－Y1－057 正视、平面图 …………………………………………………… 184

图一二三　T－Y1－057 剖面图 …………………………………………………………… 185

图一二四　T－Y1－057 尊像编号图 ……………………………………………………… 186

图一二五　T－Y1－057 正壁基坛右侧供养人像 ………………………………………… 191

图一二六　T－Y1－057 正壁基坛左侧供养人像 ………………………………………… 191

图一二七　T－Y1－057 左侧壁基坛供养人像 …………………………………………… 191

图一二八　T7 拓片 ………………………………………………………………………… 192

图一二九　坛神岩区 Y2 龛窟分布图 …… 193
图一三○　T‑Y2‑059 测绘图 …… 195
图一三一　T‑Y2‑060 测绘图 …… 196
图一三二　T‑Y2‑061 测绘图 …… 197
图一三三　T‑Y2‑062 正视、平面图 …… 198
图一三四　T‑Y2‑062 剖面图 …… 199
图一三五　T‑Y2‑062 尊像编号图 …… 200
图一三六　T‑Y2‑063 测绘图 …… 205
图一三七　T‑Y2‑063 尊像编号图 …… 205
图一三八　坛神岩区 Y3 龛窟分布图 …… 208
图一三九　T‑Y3‑064 测绘图 …… 209
图一四○　坛神岩区 Y4 龛窟分布图 …… 210
图一四一　坛神岩区 Y5 龛窟分布图 …… 213
图一四二　T‑Y5‑075 测绘图 …… 214
图一四三　T‑Y5‑076 测绘图 …… 214
图一四四　T‑Y5‑077 测绘图 …… 215
图一四五　T‑Y5‑077 尊像编号图 …… 215
图一四六　T‑Y5‑080 测绘图 …… 218
图一四七　T‑Y5‑082 测绘图 …… 220
图一四八　T‑Y5‑083 测绘图 …… 222
图一四九　T‑Y5‑084 测绘图 …… 224
图一五○　T‑Y5‑085 测绘图 …… 224
图一五一　T‑Y5‑086 测绘图 …… 226
图一五二　T‑Y5‑087 测绘图 …… 227
图一五三　T‑Y5‑088 测绘图 …… 230
图一五四　T‑Y5‑088 左侧供养人像 …… 231
图一五五　T‑Y5‑089 测绘图 …… 233
图一五六　T‑Y5‑090 测绘图 …… 234
图一五七　T‑Y5‑091 测绘图 …… 235
图一五八　坛神岩区 Y6 西崖壁龛窟分布图 …… 237
图一五九　坛神岩区 Y6 东崖壁龛窟分布图 …… 238
图一六○　T‑Y6‑093 测绘图 …… 238
图一六一　T‑Y6‑093 尊像编号图 …… 239
图一六二　T‑Y6‑094 测绘图 …… 241

图一六三　T－Y6－095 测绘图 ……………………………………………………… 243

图一六四　T－Y6－095 尊像编号图 ………………………………………………… 244

图一六五　T－Y6－096 测绘图 ……………………………………………………… 246

图一六六　T－Y6－097 测绘图 ……………………………………………………… 247

图一六七　T－Y6－098 测绘图 ……………………………………………………… 247

图一六八　T－Y6－099 测绘图 ……………………………………………………… 248

图一六九　T－Y6－100 测绘图 ……………………………………………………… 249

图一七〇　T－Y6－101 测绘图 ……………………………………………………… 250

图一七一　T－Y6－102 测绘图 ……………………………………………………… 250

图一七二　T－Y6－102 尊像编号图 ………………………………………………… 251

图一七三　N－S－1 测绘图 …………………………………………………………… 253

图一七四　N－S－2 测绘图 …………………………………………………………… 253

图版目录

图版一　牛角寨区航拍图

图版二　Y1 三维模型

图版三　N－Y1－001

图版四　1. N－Y1－001 右侧天王像

　　　　2. N－Y1－001 左侧天王像

图版五　N－Y1－002

图版六　N－Y1－002 局部

图版七　N－Y1－002 左侧壁

图版八　N－Y1－002 右侧壁局部

图版九　Y2 东崖壁龛窟分布

图版一〇　Y2 南崖壁龛窟分布

图版一一　1. N－Y2－003

　　　　　2. N－Y2－004

图版一二　N－Y2－004 左侧壁

图版一三　N－Y2－004 右侧力士像

图版一四　1. N－Y2－005

　　　　　2. N－Y2－005 左侧壁

　　　　　3. N－Y2－005 右侧壁

图版一五　N－Y2－006

图版一六　N－Y2－006 局部

图版一七　N－Y2－007

图版一八　N－Y2－007 左侧壁

图版一九　N－Y2－007 右侧壁

图版二〇　1. N－Y2－008

　　　　　2. N－Y2－009

图版二一　N－Y2－010

图版二二 N－Y2－010 右侧壁

图版二三 N－Y2－010－1

图版二四 N－Y2－011

图版二五 1. N－Y2－012

2. N－Y2－012 右侧壁

3. N－Y2－012 右侧力士像

图版二六 N－Y2－013

图版二七 N－Y2－014

图版二八 1. N－Y2－014 局部

2. N－Y2－014 左侧力士像

图版二九 N－Y2－015

图版三〇 1. N－Y2－016

2. N－Y2－017

图版三一 N－Y2－019

图版三二 N－Y2－020

图版三三 N－Y2－020 左侧壁

图版三四 N－Y2－020 右侧壁

图版三五 1. N－Y2－021

2. N－Y2－022

图版三六 Y3 龛窟分布

图版三七 N－Y3－024

图版三八 N－Y3－024 局部

图版三九 N－Y3－024 右侧壁局部

图版四〇 N－Y3－024 左侧壁局部

图版四一 N－Y3－024 右侧力士像

图版四二 N－Y3－024－1

图版四三 N－Y3－024－2

图版四四 N－Y3－024－3

图版四五 N－Y3－026

图版四六 N－Y3－027

图版四七 N－Y3－028

图版四八 N－Y3－028 左侧壁

图版四九 N－Y3－028 右侧壁

图版五〇 N－Y3－028 局部

图版五一　N－Y3－029

图版五二　N－Y3－029 维摩诘像

图版五三　N－Y3－029 文殊菩萨像

图版五四　Y4 北崖壁龛窟分布

图版五五　Y4 西崖壁龛窟分布

图版五六　N－Y4－031

图版五七　N－Y4－031 局部

图版五八　N－Y4－031 右侧壁局部

图版五九　N－Y4－032

图版六〇　N－Y4－033

图版六一　N－Y4－034

图版六二　Y5 龛窟分布

图版六三　N－Y6－036

图版六四　N－Y7－037

图版六五　N－Y7－037 题记

图版六六　N－Y7－038

图版六七　坛神岩区航拍图

图版六八　Y1 东崖壁龛窟分布

图版六九　Y1 南崖壁龛窟分布

图版七〇　T－Y1－041

图版七一　T－Y1－042

图版七二　1. T－Y1－042 左侧壁

　　　　　2. T－Y1－042 右侧壁

图版七三　T－Y1－042 局部

图版七四　1. T－Y1－044

　　　　　2. T－Y1－045

图版七五　T－Y1－046 左侧壁

图版七六　T－Y1－047

图版七七　T－Y1－047 左侧壁

图版七八　T－Y1－047 右侧壁

图版七九　T－Y1－048

图版八〇　1. T－Y1－049

　　　　　2. T－Y1－049 左侧壁

　　　　　3. T－Y1－049 右侧壁

图版八一　　T－Y1－050

图版八二　　T－Y1－050 左侧壁

图版八三　　T－Y1－050 右侧壁

图版八四　　1. T－Y1－051

　　　　　　2. T－Y1－052

图版八五　　1. T－Y1－053

　　　　　　2. T－Y1－054

图版八六　　T－Y1－055

图版八七　　1. T－Y1－055 左侧壁

　　　　　　2. T－Y1－055 右侧壁

图版八八　　T－Y1－057

图版八九　　T－Y1－057 左侧壁

图版九〇　　T－Y1－057 右侧壁

图版九一　　1. T－Y1－057 局部

　　　　　　2. T－Y1－057 局部

图版九二　　T－Y1－057 局部

图版九三　　Y2 龛窟分布

图版九四　　T－Y2－061

图版九五　　T－Y2－062

图版九六　　T－Y2－062 左侧壁

图版九七　　T－Y2－062 右侧壁

图版九八　　T－Y2－062 局部

图版九九　　T－Y2－062 局部

图版一〇〇　　T－Y2－062 局部

图版一〇一　　T－Y2－063

图版一〇二　　T－Y2－063 左侧壁

图版一〇三　　T－Y2－063 右侧壁

图版一〇四　　T－Y2－063 局部

图版一〇五　　Y3 龛窟分布

图版一〇六　　Y4 近景

图版一〇七　　Y5 近景

图版一〇八　　T－Y5－077

图版一〇九　　T－Y5－077 右侧壁

图版一一〇　　1. T－Y5－078

2. T – Y5 – 079

图版一一一　T – Y5 – 080

图版一一二　T – Y5 – 082

图版一一三　1. T – Y5 – 082 右侧壁

2. T – Y5 – 082 左侧壁

图版一一四　1. T – Y5 – 083

2. T – Y5 – 083 左侧壁

3. T – Y5 – 083 右侧壁

图版一一五　1. T – Y5 – 084

2. T – Y5 – 085

图版一一六　1. T – Y5 – 086

2. T – Y5 – 086 下方供养人像

图版一一七　T – Y5 – 087

图版一一八　1. T – Y5 – 087 左侧壁

2. T – Y5 – 087 右侧壁局部

图版一一九　T – Y5 – 087 供养人像

图版一二〇　T – Y5 – 088

图版一二一　1. T – Y5 – 088 左侧壁

2. T – Y5 – 088 右侧壁

3. T – Y5 – 088 右侧力士像

4. T – Y5 – 088 左侧供养人像

图版一二二　T – Y5 – 089

图版一二三　T – Y5 – 091

图版一二四　Y6 西崖壁龛窟分布

图版一二五　Y6 东崖壁龛窟分布

图版一二六　1. T – Y6 – 093

2. T – Y6 – 093 右侧壁

图版一二七　T – Y6 – 093 左侧壁

图版一二八　T – Y6 – 094

图版一二九　T – Y6 – 095

图版一三〇　T – Y6 – 100

图版一三一　T – Y6 – 102

图版一三二　T – Y6 – 102 左侧壁

前　言

　　2014 年始，四川省文物考古研究院联合西北大学文化遗产学院、仁寿县文化广电新闻出版局对仁寿牛角寨石窟（按第六批全国重点文物保护单位公布名称）进行全面田野考古调查，历时三年完成了考古调查、测绘、记录，资料整理及报告编写。此次调查还对仁寿牛角寨石窟实施了三维数字化，将航拍、三维扫描、摄影测量等科技手段运用其中。

　　全国第二次文物普查对牛角寨石窟进行了登记，并对龛窟进行了首次编号。目前，牛角寨石窟的编号，包括崖壁残留历史编号，大多已脱落，保存较少；邓仲元、高俊英《仁寿县牛角寨摩崖造像》（以下简称刊文）中仅可对照部分造像龛的具体编号；仁寿县文物管理所保存的"四有"档案，早年分布图为示意手稿，对号困难。调查中发现崖壁编号与刊文有同龛不同号的情况，且根据现有资料无法将所有龛对应原编号。因此，此次调查对牛角寨石窟进行了分区，对龛窟分布的巨石进行了编号，并对龛窟进行了重新编号。本报告对可查的旧编号与新编号进行了对照说明，详见附表一。

　　牛角寨石窟分布的巨石部分多在田间耕地，部分龛窟存在掩埋现象，主要位于坛神岩区 Y5、Y6。Y5 东侧崖壁下层龛窟水塘掩埋，西侧亦被耕地掩埋。Y6 西侧崖壁下部被耕地掩埋。因牛角寨石窟为全国重点文物保护单位，我们仅对主体暴露、掩埋较浅的龛窟进行了清理，对掩埋较深需要大规模动土清理的龛窟，保持了现状。考虑现状风化和野外保存情况，此次调查未对龛像附着的青苔进行过多清理，未对有酥粉、片状剥离现状的题记进行拓印[1]。

　　关于龛窟介绍的方式，本报告延续了《夹江千佛岩》[2]采用的田野调查记录[3]和编写形式，我们试图通过文字，全面呈现龛窟重要组成、图像信息、历史信息及保存现状，其中也包括崖面及龛窟内其他遗迹的记录。龛窟介绍主要为客观描述，作者对龛像的理解认识基本体现于结语及表格统计中。

　　关于石窟测绘图，一直是此类报告公认的费时费力的大工程。本报告龛窟测绘图沿用了三维影像加传统手绘的方式，团队都是石窟绘图的新人，技艺仍待提高，但是我们明确以印刷出版为前提，亦在探索一些环节，尝试野外石窟测绘的新手段和新方法。从"四川石窟寺大系"第一本考古调查报告开始，我们坚持测绘不是单纯的线条连接，而是图像信息、时代特征、历史信息的线条概括。同时，也一直坚持对存在尊像痕迹的所有龛窟进行测绘。野外保存的石窟造像具有不同程度的风化和历史损

---

〔1〕　未拓印的题记包括 T1、T4。

〔2〕　四川省文物考古研究院、西安美术学院等：《夹江千佛岩》，文物出版社，2012 年。

〔3〕　日本早稻田大学肥田路美教授师生与我们的合作。

坏，比起保存完好的石刻艺术品，测绘难度更大，因此我们在绘图中也会配合资料查询，同时注意进行横向对比。我们始终保持着集调查记录人员、绘图人员、报告编写人员于一身的传统，力图图文统一，努力传达较准确的测绘。此次调查，我们基本做到了每一龛都进行正视图、剖面图的绘制。由于工作量大，绘图人员较多，不可避免地仍然会存在一些细部的遗漏甚至错误的问题。特别说明崖面龛窟分布图立面图为展开图。

　　本书作为我院"四川石窟寺大系"第三部考古调查报告，努力呈现更完整、更科学的石窟寺考古调查工作成果。本书还存在诸多不足，但是我们仍希望仁寿牛角寨石窟甚至四川石窟造像能得到学术界和社会的更多关注。

概　述

　　牛角寨石窟位于四川省仁寿县高家镇鹰头水库以西的鹰头村，分布于牛角寨和玉皇顶东崖下山坡上的数十个巨石之上，2006 年被公布为第六批全国重点文物保护单位（图一、二）。分布区域处于龙泉山脉中段东侧，东望平川，视野开阔，近观鹰头水库，远眺三岔湖。分布范围南端地理坐标为北纬 30°15′16.51″，东经 104°10′13.70″，北端地理坐标为北纬 30°15′38.48″，东经 104°10′07.18″，海拔 760 米。牛角寨石窟东距高家镇 4.4 公里，南距仁寿县城 35 公里，北距成都市区 54 公里。

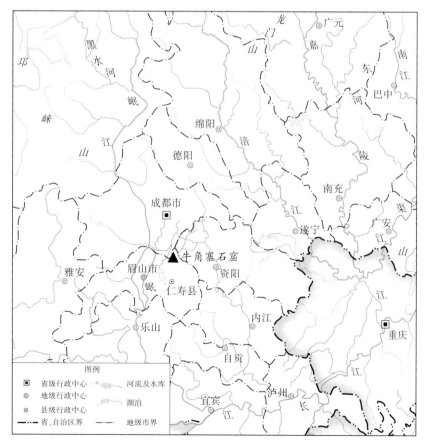

图一　牛角寨石窟位置示意图

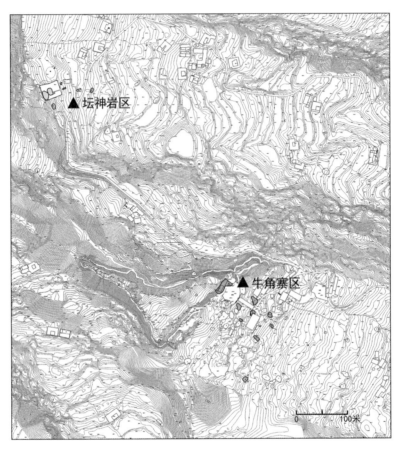

图二　牛角寨石窟分布图

造像龛群分布于两个相对独立的区域，本报告分为牛角寨区[1]、坛神岩区[2]，两区相距0.5公里，共计102龛。牛角寨区共计40龛，编号N－Y1－001～N－Y9－040。坛神岩区共计造像62龛，编号T－Y1－041～T－Y6－102。

一　仁寿县概况[3]

仁寿县全境面积2606.36平方公里，地处四川盆地中南部，东与简阳、资阳、资中连界，南与威远、荣县、井研接壤，西与青神、眉山、彭山相邻，北与双流县毗邻。龙泉山自东北向西南斜贯县境西北部，龙泉山西侧为低丘平台地区，东南为广大丘陵地带。县域内无大河过境，两麓多属浅丘，沿山谷有溪河东西分流，至邻县分别汇入岷、沱二江。

汉时，分属犍为郡武阳县和蜀郡广都县。

---

〔1〕　按所在地小地名，该地名最早记载见于同治《仁寿县志》。

〔2〕　按所在地小地名，该处民间供奉坛神，当地称为坛神岩。

〔3〕　根据四川省仁寿县志编撰委员会：《仁寿县志》，四川人民出版社，1990年；《太平寰宇记》卷八十五。

南朝，属怀仁郡所辖一县的怀仁县。

北朝西魏，属陵州怀仁郡普宁县。

隋开皇三年（583 年），罢陵州怀仁、和仁郡及嘉州之隆山郡，合置陵州，辖普宁、贵平等五县，名普宁县，为州治所在地。

隋开皇十八年（598 年），改普宁县为仁寿县，县名沿用至今。

隋大业三年（607 年），废陵州为隆山郡，辖仁寿、贵平、井研、始建、隆山五县，郡治仁寿。隋代陵州和隆山郡均隶益州西南道行台。

唐武德元年（618 年），复置陵州，仍辖五县，属剑南道。

唐天宝元年（742 年），改陵州为仁寿郡，辖仁寿、贵平、井研、始建、籍五县。

唐乾元元年（758 年），复为陵州，仍属剑南道。

五代时期仍置陵州，辖五县。

宋乾德三年（965 年）至熙宁五年（1072 年），陵州属益州路，州治仁寿县。

宋熙宁五年（1072 年），废贵平、籍县并入广都，降州为陵井监。大观四年（1110 年）改为仙井监。属成都府路。

宋隆兴元年（1163 年），升仙井监为隆州。领仁寿和井研两县。属成都府路。

明洪武六年（1373 年）分仁寿县地置井研县，十年（1377 年）仍入仁寿，隶成都府，十四年（1381 年）复分置井研县。

清雍正五年（1727 年），仁寿县改属资州，隶下川南道。

1912 年，仁寿属成都府。1924 年，仁寿隶属四川省政府。

1949 年仁寿解放。1950 年成立仁寿县人民政府，属川南行政区内江专区。1958 年划归乐山专区管辖。1997 年划归眉山地区管辖。

二　牛角寨石窟的文献记载、历史调查及研究

牛角寨原有"大佛阁""观音堂"，人民公社时期被拆除，同治版《仁寿县志》也仅对"大佛阁""观音堂"有简略记述，牛角寨石窟的大佛等造像、石刻未见记载。1982 年，全国第二次文物普查发现"高家大佛"，1989 年文物建档工作登记造像龛计 101 龛，编号 D1～101 号。在文物普查的基础上，1990 年仁寿县文管所邓仲元、高俊英发表《仁寿县牛角寨摩崖造像》[1]，对仁寿牛角寨造像及其他石刻的分布情况、造像题记、造像内容进行了介绍。该文录入题记三则，仅记录了纪年题刻，包括"天宝八年"（749 年）、"贞元十一年"（795 年）和"庆历五年"（1045 年）题刻，未录入完整碑文。文中按造像题材分类介绍，对部分重要龛窟进行描述，并简要探讨了造像特点，确定牛角寨石窟为盛、中唐时期遗存。

---

〔1〕　邓仲元、高俊英：《仁寿县牛角寨摩崖造像》，《四川文物》1999 年第 5 期。

后期的研究主要在四川地区某些题材的专门研究中涉及了牛角寨石窟的部分典型龛窟，主要是西方净土变、观无量寿佛经变、维摩诘经变，关注度最高的是坛神岩的道教造像。王家祐《四川道教摩崖造像概况》，胡文和、曾德仁《四川道教石窟造像》[1]，李淞《四川隋唐道教石刻造像——中国道教雕塑述略之五》等文对道教造像进行了专题考察和初步分析，皆认为坛神岩道教造像是四川地区道教摩崖造像的重要遗存。胡文和对第53号[2]道教"三宝"窟右壁"南竺观记"中所述道藏经目进行了专门研究[3]。高燕在其硕士论文[4]中将牛角寨2号龛[5]作为以莲池化生为主的观经变造像典型龛。吴仁华《巴蜀石窟之西方净土变相图像源流初探》[6]文中对仁寿牛角寨2号龛观无量寿佛经变图像进行了简要介绍，认为文殊、普贤菩萨图像的出现是巴蜀石窟西方净土题材的一大特色。卢少珊《四川唐代摩崖浮雕维摩诘经变分析》[7]一文对牛角寨石窟维摩诘经变龛的图像进行了释读和分析，并认为维摩诘经变龛与邻龛西方净土变具有组合关系，造像时代皆为中唐。

〔1〕 胡文和、曾德仁：《四川道教石窟造像》，《四川文物》1992年第1期。

〔2〕 本报告编号 T – Y1 – 057。

〔3〕 《仁寿县坛神岩第53号"三宝"窟右壁"南竺观记"中道藏经目研究》，《世界宗教研究》1998年第2期。

〔4〕 四川大学硕士论文《四川地区唐代石窟西方净土变研究》，2007年。

〔5〕 本报告编号 N – Y3 – 028。

〔6〕 吴仁华：《巴蜀石窟之西方净土变相图像源流初探》，《大足学刊（第一辑）》，重庆出版社，2016年。

〔7〕 卢少珊：《四川唐代摩崖浮雕维摩诘经变分析》，《故宫博物院院刊》2014年第4期。

牛角寨区龛像

在牛角寨东侧小寨儿山和石板坡之间的山坡分布有数十块巨石，此次调查其中 9 块巨石保存有造像，编号牛角寨区 Y1 ~ Y9（图三，图版一）。

图三　牛角寨区巨石分布图

牛角寨区 Y1

其位于牛角寨区地势最高处，牛角寨山南崖，坐标北纬 30°15′22.59″，东经 104°10′15.77″，方向 60°。分布了 N－Y1－001 和 N－Y1－002，N－Y1－001 处于位置较高处，N－Y1－002 处于同一崖面的位置较低处，分别为巨型龛和大型龛，大佛龛即位于该区（图四，图版二）。

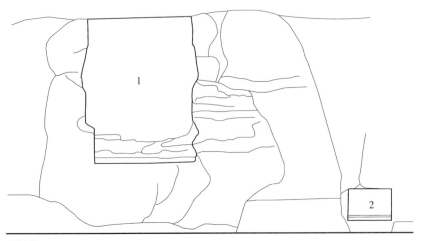

现地面

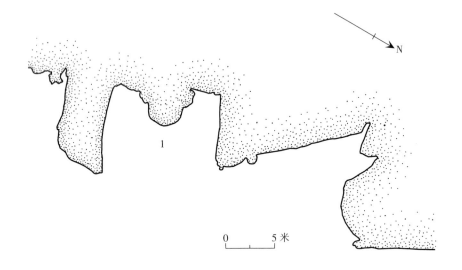

N

0　　　5 米

图四　牛角寨区 Y1 龛窟分布图

N – Y1 – 001

1. 相对位置

位于牛角寨山南崖，N – Y1 – 002 右侧[1]上方。

2. 保存状况

佛像头部保存较好，肩部、胸部、前臂风化严重，有剥离、剥落现象。大佛面部、龛后壁、两侧壁有严重水渍。龛两侧壁外沿风化，有石块崩落痕迹。大佛肉髻顶部、胸部水泥修缮，胸部以条石修复（图版三）。

―――――――――――――

〔1〕 文中"左右"为描述对象本身之左右，后文亦同。

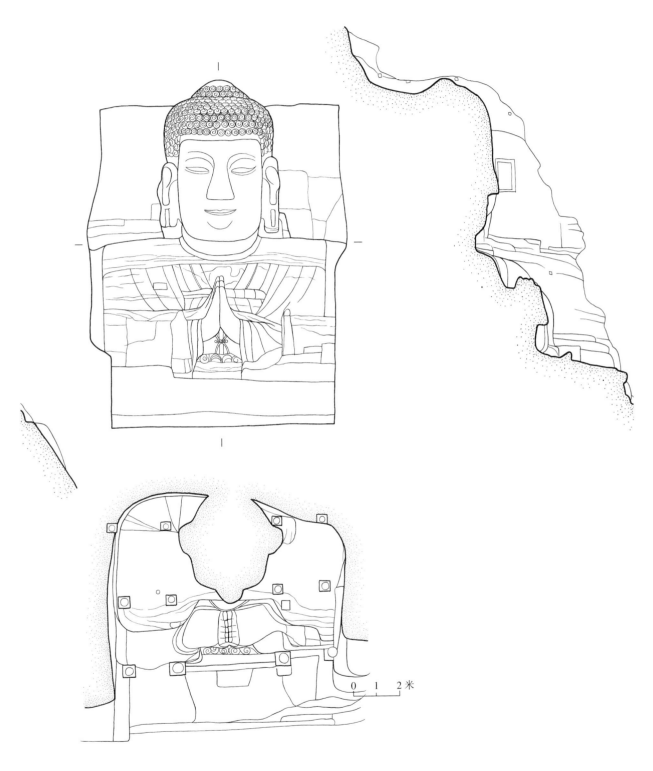

图五　N－Y1－001 测绘图

0　10　20 厘米

0　10　20 厘米

图六　N－Y1－001 右侧天王像　　　　　　　　　图七　N－Y1－001 左侧天王像

3. 龛窟形制

单层龛，立面纵长方形，平面方形，无龛顶，龛三壁较直，宽 11.5、高 20.6、深 14.1 米。龛下部有未完工开凿痕迹。大佛右侧耳后、双肩、双前臂、胸下形成四级平台。

4. 龛内造像

龛内正壁半圆雕佛半身像 1 尊，其右腕前高浮雕天王立像 1 尊，左肩下高浮雕天王立像 1 尊。龛内共计有造像 3 尊（图五～七）。

大佛通高 13.5、头高 7.27、肩宽 10.7 米。头顶肉髻低矮，螺发右旋。发际较低近平，前额短窄。面部窄长近方，双眉起棱线，眉弓较平，眉梢下垂。双目细长，并刻划较厚上眼睑和较薄下眼睑。鼻梁经后代修补，现状较宽高，鼻根与眉弓相连，鼻头未表现鼻翼。鼻唇沟较浅，双唇闭合，上下嘴唇皆薄，嘴角微扬，唇下刻一道下颌线，弧度较大呈弓形。双耳较长垂至肩且外扩，耳廓、耳垂处残损。颈部较短，未刻划三道纹。上身仅雕刻至胸，因石质原因[1]风化剥落严重。双肩宽平，与侧壁相连。身着双领下垂式袈裟，于胸前近颈处系带。未明显雕刻手臂，双手合掌于胸前较高处，掌形较小，手指短。从双腕间隙可见系带较窄，呈较小形制蝶结状。

右侧天王像位于大佛右腕前，微向龛中央方向侧身而立，通残高 2.43、身残高 1.84、肩宽 0.48 米。腰部以上残损不识，可见左前臂置于腹上部，手部残失。腹部凸出，下身着裙，裙长至足，腹下

━━━━━━━━━━━━━━━━━━━━

[1]　现场勘查造像胸部石质遇山崖岩层的松软层，目前普遍存在层状脱落现状。

系带，在双腿间交叉呈结，余段尾部卷曲并延伸至双腿两侧。双腿并立，双足残，立八角形高台，台立面有斜向密集人工凿痕（图版四：1）。

左侧天王像位于大佛左前臂下方，微向龛中央方向侧身而立，通残高 2.2、身高 1.9、肩残宽 0.38 米。头部残损，似戴冠，细节不清。上身风化剥落。左臂残失。右臂振臂上举，着护肩甲、护臂甲，鳍袖垂肘侧，手部残失。下身着裙，裙长至足，可见腰带在双腿间交叉，余段延伸至双腿两侧。双脚着靴，外"八"字状立方形浅台（图版四：2）。

5. 龛内遗迹

龛左侧壁，对应大佛鼻高有附龛，编号 N - Y1 - 001 - 1。其外右侧有文字题刻。龛壁、龛底残存建筑遗迹及排水槽等其他遗址（图八）。

N - Y1 - 001 - 1：双层龛。外龛立面纵长方形，平面横长方形，龛口直，宽 95、高 169、深 22 厘米，龛顶、龛底平。内龛立面纵长方形，上侧弧形斜撑，平面半椭圆形，龛口内收，宽 59.5、高 129、深 11.7 厘米，龛顶内斜，龛底平，龛顶与三壁弧形过渡。龛楣雕刻双层屋檐形，下层檐面浅浮雕卷草纹，檐下浅浮雕倒锯齿纹垂帘。两侧门柱装饰图案对称，皆由上至下为团花卷草带、团花纹、团花卷草纹、团花卷草带、团花卷草纹。门槛立面分三格，皆减地雕刻壶门。中央壶门形制较大，其中浅浮雕摩羯鱼，龙首鱼身，小耳、圆眼、上唇上卷，张口露齿伸舌，舌前有圆珠，鱼身有背鳍，体表刻斜网格状纹表现鱼鳞，双足前伸呈跃起状。右侧壶门内浅浮雕宝珠。左侧壶门内浅浮雕宝轮。内龛正壁半圆雕毗沙门天王立像，通高 108、像高 94、肩残宽 26.6 厘米。头顶残损，戴花冠，两侧冠缯带系结，末端上扬。双眼圆睁，鼻短，鼻头较大，张口，瞪目，面部忿怒相。颈部、肩部风化剥落。身着明光铠甲，护胸甲饰圆形人面，分作左、右两片，有带状缔结，由颈下纵束至胸前再向左右分束至后背。双臂于体侧向上屈肘，鳍袖于肘部扬起。双手戴腕钏，左手于肩侧反手托楼阁式宝塔，右手于肩侧持戟杵地。下身着三片式素面下甲，长至踝上。腰部系宽带，露护脐半圆甲，腹前横挂短刀、斜佩剑鞘。天衣于腹前呈 U 形，两端挂腰侧，末端垂体侧。小腿缚胫甲，足踏战靴。天王身下设双层坛，饰卷云纹，下层坛上半圆雕并列三尊胸像。中像为地天，高 15 厘米，双手戴腕钏于肩侧托天王战靴，束低发髻，戴冠，短颈，佩项圈，胸部有垂饰。左、右像为夜叉，高约 15 厘米，头顶残失，戴冠，冠缯带垂肩后，面部残损。上层坛左侧有官人立像，头部风化残损，身着交领大袖袍，双手于胸前持笏。

N - Y1 - 001 - 1 龛外右侧文字题刻一则，编号 T1，由左向右书，录入如下：

……□众生解脱法门又蒙多佛……/……□□□□玠宝弥增□□□□□□……上处白宝城郭腶水精殿堂瑙/……□白银户□摩尼巨宝以镇方隅明月圆珠长悬殿阁□黄金□□天乐奏于四时百神趋于左右紫云/……□殿□□□散于座隅灵睢盱莫敢□□众刹憆惶□他驱使地神捧之八部随迎功德天为左施郍吒□而右/……□伏诸恶鬼慈心救诸群生十郍罗迫为此□冣胜毗婆尸佛慈念众生恐其眼光销烁有情故留身塔镇于/……令亲之□□□□能□形百类应愿多方所念从心无祈不克其有以金宝象其身供养者右福/……百神而卫之天上人间长受

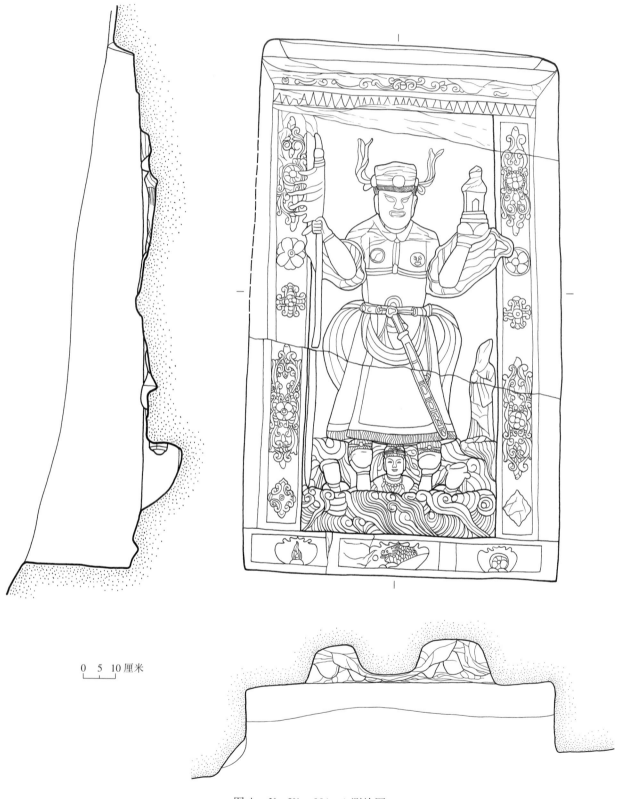

0　5　10厘米

图八　N－Y1－001－1测绘图

利乐之造八部龛一铺莲开花座云散天衣金刚二神观音势至阿难/……天□□□□□□□□不易天宫而下应玉毫辉光而绚焕金彩交暎而芬芳其有植福弟子张公/……□□□德闱璋松玉贞闰红莲丛秀云鹤情闲每以想象于心/……/……天宝传……将多闻□□……/……云象金□□□成□九□□□□有论……/……/

其他遗迹：N－Y1－001 龛内现有现代修建的保护建筑，为木结构楼阁，共十二柱，分三排而立。前排左右各两柱分别立于佛双手两侧，中排左右各两柱分别立于大佛双肩，后排两柱分别立于双耳侧，余两柱立于龛后壁之上。大佛肩部平台两侧分别有一方形凹槽和圆形孔洞对称分布。龛侧壁分别有方形凹槽、圆形孔洞、纵长方形孔洞。

龛内排水槽主要分布于大佛右侧耳后平台和双肩平台边缘，从后壁沿侧壁至龛口。耳后平台排水槽宽 13 厘米，双肩平台排水槽宽 36 厘米。

N－Y1－002

1. 相对位置

与 N－Y1－001 处于同一崖面，位于 N－Y1－001 左下侧。

2. 保存状况

龛正壁有多条纵向、斜向岩石裂隙，正壁左上方因渗水风化严重。龛两侧壁外沿坍塌。龛右侧壁下部及正壁右下角因水患风化严重。尊像头部历史时期多数遭人为破坏，下层尊像尤为严重（图版五～八）。

3. 龛窟形制

单层龛，立面横长方形，平面横长方形，宽 433、高 326、深 118 厘米。龛顶平，龛顶与三壁转角近直角，三壁立面较直。龛底平，设双层浅台。

4. 龛内造像

龛内正壁中央高浮雕佛坐像 1 尊，其莲座两侧高浮雕菩萨立像各 1 尊，须弥座束腰两侧高浮雕供养菩萨蹲像各 1 尊，身光两侧上下高浮雕供养菩萨坐像各 2 尊，头光两侧高浮雕供养菩萨坐像各 3 尊，头光上方凿刻两层坛各坐供养菩萨 5 尊。龛正壁、右侧壁刻十层浅台，台上高浮雕供养菩萨坐像 266 尊，其中坐姿菩萨大小基本为高 24、肩宽 9 厘米。全龛共计尊像 291 尊，编号见图九。其中 2～25 号像较余像突出，围绕中尊似构成纵长方形背屏，余像由上至下第二至五排，尊像之间有浅浮雕长方形立牌。其上文字皆漫漶不清。供养菩萨所坐浅台由上至下第一至五层为浅浮雕，第二至九层为阴线刻，第十层素面无纹（图一〇～一三）。

1 号像：龛内正壁中央佛坐像，通高 121、像高 55、肩宽 21 厘米。头部残损，颈部刻三道纹。浅浮雕三层头光，内层椭圆形并浅浮雕莲瓣，边缘刻一圈带状弦纹，中层素面圆形，边缘刻两圈带状弦纹，外层宝珠形，顶部中央装饰云纹，其余通体装饰火焰纹。上身着三层佛衣，内着僧祇支，有宽衣缘，无衣褶，外披双层袈裟，衣纹疏简，衣褶较深。内层为通肩袈裟，衣缘 U 形下垂，对襟系带，左侧袈裟露出较窄上缘绕腹前至身后，右侧袈裟下垂至右腹摄进左侧袈裟。外层为袒右肩式袈裟，覆左臂，

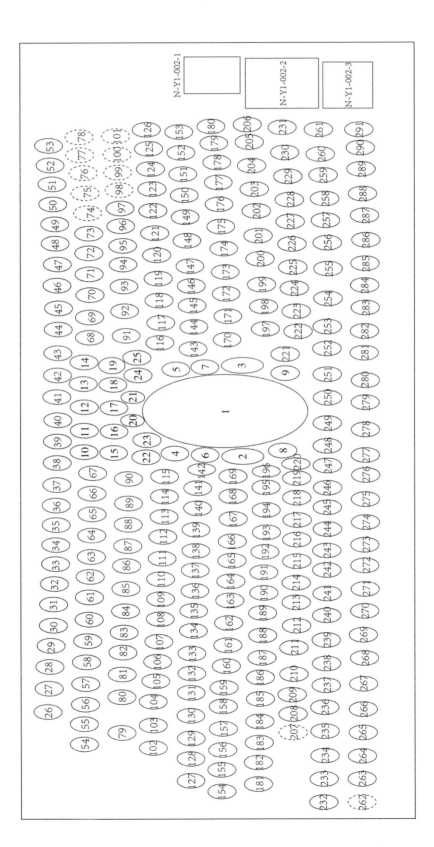

图九　N－Y1－002 尊像编号图

绕腹前至身后。左手施触地印，手指纤细修长。右手于右膝上方握袈裟衣角。浅浮雕单层圆形素面身光。结跏趺坐三层仰莲台，莲瓣窄瘦单薄。莲座下有束腰方形须弥座，中央束腰较短，有三柱，立面装饰团状卷草纹，中柱较宽，与两角柱之间减地阴刻壸门。其内浮雕火焰状。下枋较上枋长，皆素面，上枭为三层叠涩，由上至下逐层收进，下两层叠涩浮雕双层仰莲，双层素面，下枭较薄。

2 号像：1 号像莲座右侧舞蹈状供养菩萨，残高 23 厘米。胸部以上残损严重，头残失，可辨冠缯带垂肩前。袒裸上身，从左肩至右腋斜披络腋。戴胸饰，有花形、圆形、水滴形长垂饰。双肩覆天衣，沿两腋垂下，绕至大腿呈 U 形。左手于左胸前握天衣飘带，右臂于头侧振臂屈肘，手残失，可辨握天衣。腰部较细，小腹凸出，下身着裙，裹腿长至足背，裙腰反裹腰带折返覆大腿，腰带沿双腿间下垂及座。胯部右扭，右腿直立，左腿屈膝。跣足。

3 号像：1 号像莲座左侧舞蹈状供养菩萨，残高 25 厘米。胸部以上残损，头部、右肩、左臂残失。袒裸上身，从左肩至右腋斜披络腋。戴胸饰，有花形垂饰。双肩覆天衣，沿两腋垂下，绕大腿前呈 U 形，挂前臂垂体侧。右手于右胸前握天衣末端。腰部较细，小腹凸出，下身着裙，长至足背，裙腰反裹腰带折返覆大腿，腰带沿双腿间下垂于双膝间穿环形饰，末端及座。胯部左扭，左腿直立，右腿屈膝。可辨跣足。

4 号像：主尊头光右侧跪姿供养菩萨。面部、身体朝向主尊，匍匐跪坐。头部残损，肩覆天衣，绕前臂垂体侧至座下。双臂屈肘，前臂贴座，双手于前方合掌，下巴贴掌。下身着裙，长覆足。其下双层仰莲座。

5 号像：主尊头光左侧跪姿供养菩萨。头部束高髻，戴高花冠。服饰与 4 号像同，动作与 4 号像对称。其下双层仰莲座。

6 号像：主尊身光右侧，4 号像下方坐姿供养菩萨。身体微侧向中尊。上身及头部残损，可辨束高髻。双臂屈肘，双手合于左肩前，可见右手拇指、食指直伸，余指卷曲。下身着裙，结跏趺坐三层仰莲座。

7 号像：主尊身光左侧，5 号像下方坐姿供养菩萨。身体微侧向中尊。上身及头部残损。肩覆天衣，双手于胸前合掌。下身着裙，结跏趺坐三层仰莲座。

8 号像：1 号像须弥座右侧供养菩萨。侧身蹲坐状。头部风化严重，束高髻戴花冠，面部残损不清。肩覆天衣，末端搭手腕垂下。双手胸前合掌。下身着裙，长覆足部，裙腰反裹腰带折返覆大腿。

9 号像：1 号像须弥座左侧供养菩萨。侧身蹲坐状。头饰、服饰与 8 号像同，动作与 8 号像对称。

10 号像：主尊头光上方上层坛由右至左第一尊供养菩萨坐像。束高髻。上身着圆领通肩衣。双臂屈肘，双手掩袖置胸前。下身着裙，结跏趺坐。

11 号像：主尊头光上方上层坛由右至左第二尊供养菩萨坐像，位于 10 号像左侧。束高髻，戴花冠。袒裸上身，从左肩至右腋斜披络腋。双肩覆天衣，沿两腋分别绕双臂手腕垂体侧。左手置腹前，手掌上屈，拇指食指相捻。右手戴腕钏抚左胸。下身着裙，结跏趺坐。

12 号像：主尊头光上方上层坛由右至左第三尊供养菩萨坐像，位于 11 号像左侧。束高髻，戴高花冠。上身着袒右肩衫衣，腹上系带。双肩覆天衣，沿两腋垂下，绕双腕垂于身前。左手置腹前，被前像头部遮挡。右手于右腋前持天衣吊带。下身着裙，结跏趺坐。

13 号像：主尊头光上方上层坛由右至左第四尊供养菩萨坐像，位于 12 号像左侧。束高髻，戴花冠。袒裸上身，从左肩至右腋斜披络腋。双肩覆天衣，沿两腋垂下，绕腕分别垂身前、体侧。左手于左腋前，手掌朝外，四指弯曲。右手于胸前，手背朝外，四指弯曲。下身着裙，结跏趺坐。

14 号像：主尊头光上方上层坛由右至左第五尊菩萨坐像，位于 13 号像左侧。头束高髻，披发巾。上身着通肩衣。双手掩袖中，左手置下腹，右手置上腹。下身着裙，结跏趺坐。

15 号像：主尊头光上方下层坛由右至左第一尊供养菩萨坐像。头部正面，身体侧身向左。束高髻，戴花冠。双肩覆天衣，挂前臂垂身前，有长帛带沿后背垂至座下。双臂向上屈肘，双手戴腕钏于左肩前捧圆形盒状物。下身着裙，左腿被身体遮挡，右腿屈膝而蹲，跣足。其下卷云纹座。

16 号像：主尊头光上方下层坛由右至左第二尊供养菩萨坐像，位于 15 号像左侧。头部残失。袒裸上身，从左肩至右腋斜披络腋。双肩覆天衣，沿两腋垂下，绕双腕垂身前。左手戴腕钏置胸前，食指、中指直伸，余指内握。右手置腹前，风化不明。下身着裙，结跏趺坐卷云纹座。

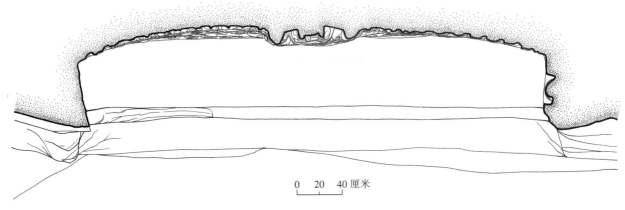

0　20　40 厘米

图一一　N－Y1－002 平面图

17 号像：主尊头光上方下层坛由右至左第三尊供养菩萨坐像，位于 16 号像左侧。头部残失。戴项圈，有圆形垂饰。袒裸上身，从左肩至右腋斜披络腋。双肩覆天衣，沿两腋垂下，绕前臂垂身侧。左手于腹前捧钵状物，右手残失。下身着裙，结跏趺坐单层仰莲座。

18 号像：主尊头光上方下层坛由右至左第四尊供养菩萨坐像，位于 17 号像左侧。束高髻，面部残失，颈部刻三道纹。袒裸上身，从左肩至右腋斜披络腋。双肩覆天衣，沿两腋垂下，于双腿间相交呈 U 形，末端绕双臂垂体侧。双手置腹前，左手掌托右手背，右手四指向上卷曲状。下身着裙，结跏趺坐卷云纹座。

19 号像：主尊头光上方下层坛由右至左第五尊供养菩萨坐像，位于 18 号像左侧，头部残失。上身微左侧。双肩覆天衣，绕腹前分别挂前臂垂下。双手于右肩前掌夹圆形物。下身着裙，结跏趺坐卷云座。

20 号像：主尊头光尖部右侧供养菩萨坐像。面部残失，头部正面，身体微左侧。束高髻，戴花冠。双肩覆天衣，绕腹前，挂前臂垂身侧。双手于右肩前捧罐，罐口喷宝珠状火焰。可辨游戏坐。下身着裙。其下卷云纹座。

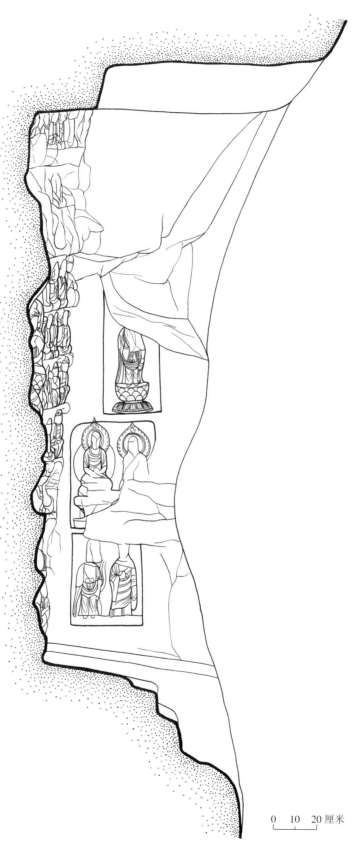

图一二　N‑Y1‑002 左剖面图

0   10   20厘米

图一三　N－Y1－002 右剖面图

21 号像：主尊头光尖部左侧供养菩萨坐像。头部微仰，束高髻，戴高花冠。戴项圈，双肩覆天衣，分别绕前臂垂身侧。双手于左肩前捧罐，罐口喷宝珠状火焰。下身着裙，游戏坐卷云纹座。

22 号像：主尊头光右侧，15 号像下方供养菩萨坐像。束高髻，戴高花冠，颈部刻三道纹。袒裸上身，从左肩至右腋斜披络腋。双肩覆天衣，沿两腋垂下。左手戴腕钏，于右肩前持莲苞。右手置于腹前残损。下身着裙，结跏趺坐卷云纹座。

23 号像：主尊头光右侧，22 号像左侧供养菩萨坐像。束高髻，戴高花冠，颈部刻三道纹。戴胸饰，有花形、圆形垂饰。上身内着袒右肩衫衣，腹上系带。双肩覆天衣，沿两腋垂下，于双腿间相交呈 U 形，末端分别绕前臂垂身侧。双手于腹前结弥陀定印。下身着裙，结跏趺坐卷云纹座。

24 号像：主尊头光左侧，21 号像左侧供养菩萨坐像。头部残损，可辨束高髻，颈部刻三道纹。戴胸饰，有花形、圆形垂饰。袒裸上身，从左肩至右腋斜披络腋。双肩覆天衣，沿两腋垂下，于双腿间相交呈 U 形，末端分别绕前臂垂身侧。双手戴腕钏于腹前捧钵。下身着裙，结跏趺坐卷云纹座。

25 号像：主尊头光左侧，24 号像左侧供养菩萨坐像。束高髻，戴高花冠，面部、身体微向左侧，颈部刻三道纹。从左肩至右腋斜披络腋。双肩覆天衣，沿两腋垂下，于双腿间相交呈 U 形，末端分别绕前臂垂身侧。双手戴腕钏于胸前合掌。下身着裙，结跏趺坐卷云纹座。

26 号像：右侧壁顶排现存第一尊供养菩萨坐像。上身及头部风化严重，可辨束高髻，双手置于腹前。下身着裙，结跏趺坐卷云纹座

27 号像：龛正壁顶排右侧第一尊供养菩萨坐像。束高髻，戴花冠。肩覆天衣，绕前臂垂下。左手于右肩前持瓶颈，右手托瓶底。下身着裙，结跏趺坐卷云纹座。

28 号像：27 号像左侧供养菩萨坐像。束高髻，戴花冠。袒裸上身。双手于两腋前握囊状物两端，囊中有盛物，浅浮雕花形。下身着裙，腰带腹下系结。结跏趺坐卷云纹座。

29 号像：28 号像左侧供养菩萨坐像。束高髻，戴花冠。内着僧祇支，外披袈裟。左前臂横置腹前，左手残失。右手于右腋前，掌朝外，无名指、小指卷曲，余指直竖。下身着裙，结跏趺坐卷云纹座。

30 号像：29 号像左侧供养菩萨坐像。束高髻，戴花冠。戴胸饰，有花形、圆形垂饰。上身内着袒右肩衫衣。双肩覆天衣，沿两腋垂下，分别绕双腿间呈 U 形，末端分别绕前臂垂体侧。双手戴腕钏于腹前。右手托左手。左手手掌朝外，手指卷曲。下身着裙，结跏趺坐卷云纹座。

31 号像：30 号像左侧供养菩萨坐像。束高髻，戴花冠。上身内着袒右肩衫衣。双肩覆天衣，沿两腋垂下。双手戴腕钏于左腹前，右手抚左手手背。下身着裙，结跏趺坐卷云纹座。

32 号像：31 号像左侧供养菩萨坐像。束高髻，戴花冠。身着袒右肩袈裟。双手腹前结禅定印。下身着裙，结跏趺坐卷云纹座。

33 号像：32 号像左侧供养菩萨坐像。圆顶光头。着圆领通肩袈裟。双手于腹前捧钵。下身着裙，结跏趺坐卷云纹座。

34 号像：33 号像左侧供养菩萨坐像。束高髻，戴花冠。上身内着袒左肩衫衣，腰部系带。双肩覆天衣，沿两腋垂下，分别绕双腿之间，末端挂双腕垂身前。左手于右胸前持块状物。右手于腹前残损。

下身着裙，结跏趺坐卷云纹座。

35号像：34号像左侧供养菩萨坐像。束高髻，戴花冠。上身内着袒右肩衫衣。双肩覆天衣，顺两腋垂下，沿双腿之间分别绕手腕垂身侧。左手抚左腿。右手于腹前捧宝珠。下身着裙，结跏趺坐卷云纹座。

36号像：35号像左侧供养菩萨坐像。圆顶光头。身着通肩袈裟。双手于腹前掩袖中。下身着裙，结跏趺坐卷云纹座。

37号像：36号像左侧供养菩萨坐像。圆顶光头。上身内着袒右肩衫衣。双肩覆天衣，顺两腋垂下，沿双腿之间分别绕手腕垂身侧。双手腹前捧钵。下身着裙，结跏趺坐卷云纹座。

38号像：37号像左侧供养菩萨坐像。束高髻，戴花冠。上身内着袒右肩衫衣，双肩覆天衣，沿两腋垂下，左侧天衣垂双腿之间，右侧天衣由腹前绕左腕垂体侧。左手抚腹。右手手指微屈，于胸前托方形物。下身着裙，结跏趺坐三层仰莲座。

39号像：38号像左侧供养菩萨坐像。束高髻，戴花冠。上身内着袒右肩衫衣，双肩覆天衣，沿两腋垂下，分别绕双腿之间，挂手腕垂下。双手置上腹，手指微屈，手掌相扣。下身着裙，结跏趺坐双层仰莲座。

40号像：39号像左侧供养菩萨坐像。束高髻，戴高花冠。上身内着袒右肩衫衣，双肩覆天衣，沿两腋垂下，左侧天衣绕双膝之间挂右腕垂体侧，右侧天衣绕双膝之间至身侧。左手戴腕钏于下腹前捧莲瓣纹钵。右手手掌朝下置上腹。下身着裙，结跏趺坐双层仰莲座。

41号像：40号像左侧供养菩萨坐像。束高髻，戴花冠。身着圆领通肩袈裟。双手于腹前掩袖中。下身着裙，结跏趺坐双层仰莲座。

42号像：41号像左侧供养菩萨坐像。束高髻，戴花冠。上身内着袒右肩衫衣，双肩覆天衣，分别沿两腋垂下绕双腿之间至身后。双手于胸前捧盘，盘中盛物。下身着裙，结跏趺坐双层仰莲座。

43号像：42号像左侧供养菩萨坐像。胸部以上残失，风化严重，服饰不明。左手抚腹，手势不明。右臂残断。下身着裙，结跏趺坐双层仰莲座。

44号像：43号像左侧，风化残失，仅存痕迹。

45号像：44号像左侧，风化仅存残痕。

46号像：45号像左侧供养菩萨。束高髻，戴花冠，其余风化，仅存残痕。

47号像：46号像左侧供养菩萨。束高髻，戴花冠，双肩覆天衣，其余风化，仅存残痕。

48号像：47号像左侧供养菩萨。束高髻，戴花冠，双肩覆天衣，其余风化，仅存残痕。

49号像：48号像左侧供养菩萨坐像。束高髻，戴高花冠。身着通肩袈裟。手部及下半身残失。

50号像：49号像左侧供养菩萨坐像。束高髻，戴高花冠，双肩覆天衣，沿两腋垂下，末端分别绕手腕垂于身前。双手于上腹前，左手居下托右手，拇指相触。下半身风化残失。

51号像：50号像左侧供养菩萨坐像。头部风化不明，双肩覆天衣，沿两腋垂下。左手于胸前托宝珠。右手于腹前向上握拳，拇指压食指。下身着裙，结跏趺坐卷云纹座。

52号像：51号像左侧供养菩萨坐像，束高髻，戴花冠，上身风化可辨着袈裟。左臂残失。右手于右腋前残损不明。下身着裙，结跏趺坐卷云纹座。

53 号像：52 号像左侧供养菩萨坐像。束高髻，戴花冠。身着圆领通肩袈裟，双手于腹前掩袖中。下身着裙，结跏趺坐卷云纹座。

54 号像：龛右侧壁由上至下第二排右端现存供养菩萨坐像。因龛壁垮塌，仅存左臂、左腿残迹。

55 号像：54 号像左侧供养菩萨坐像。头顶残损，面部扭向龛外方向。双肩覆天衣。左手于左肩前反托瓶底。右手扶瓶身。下身着裙，游戏坐卷云纹座。

56 号像：龛正壁由上至下第二排右端供养菩萨坐像。头部、身体皆侧向中尊方向。头部风化不明，双肩覆天衣，末端垂体侧。双手戴腕钏于面前拱手。下身着裙，沿腿缠绕覆足，仅见右腿蹲坐卷云纹座。

57 号像：56 号像左侧供养菩萨坐像。束高髻，戴花冠。双肩覆天衣，沿两腋垂下，分别绕双腿间呈 U 形。左手戴腕钏抚胸。右手戴腕钏于腹前托圆状物。下身着裙，结跏趺坐卷云纹座。

58 号像：57 号像左侧供养菩萨坐像。头残损可见束高髻，身着圆领通肩衣，衣纹细密。双手腹前结禅定印。下身着裙，结跏趺坐卷云纹座。

59 号像：58 号像左侧供养菩萨坐像。束高髻，戴花冠。上身着圆领衫，腹前呈燕尾状。双手分别于腋前持衣角。下身着裙，结跏趺坐卷云纹座。

60 号像：59 号像左侧供养菩萨坐像。光头高圆顶，上身着露胸通肩衣。左手于腹前托圆形宝珠。右手抚胸。结跏趺坐卷云纹座。

61 号像：60 号像左侧供养菩萨坐像。头部微右倾，束高髻，戴花冠。上身内着袒右肩衫，腹前系带。双肩覆天衣，沿两腋垂下，余段绕双腿间呈 U 形。左手于腹前握圆形宝珠。右手于右腋前反托经箧。下身着裙，结跏趺坐卷云纹座。

62 号像：61 号像左侧供养菩萨坐像。头部微扭向左侧，束高髻，戴高花冠。上身着袒右肩衣。左手于双腿间，手掌朝外捧物，风化不明。右手戴腕钏，于上腹前捧大钵。下身着裙，结跏趺坐卷云纹座。

63 号像：62 号像左侧供养菩萨坐像。头部束高髻，戴花冠。双肩覆天衣，沿两腋而下绕腹前，末端分别挂前臂垂身侧。双手戴腕钏，于左肩前共持物，左手反托底部，右手扶上部，持物风化不明。下身着裙，结跏趺坐卷云纹座。

64 号像：63 号像左侧供养菩萨坐像。束高髻，戴高花冠。上身着圆领衫，腹前呈燕尾状。双肩覆天衣，沿两腋而下，末端分别挂前臂垂身侧。左手于左肩前残失。右手于右膝上方，手掌朝外，拇指食指相捻，余指卷曲。下身着裙，结跏趺坐卷云纹座。

65 号像：64 号像左侧供养菩萨坐像。束高髻，戴高花冠。双肩覆天衣，沿两腋垂下绕双腿间呈 U 形，末端分别挂前臂垂身侧。左手戴腕钏于腹前托圆形宝珠。右手戴腕钏抚胸。下身着裙，结跏趺坐卷云纹座。

66 号像：65 号像左侧供养菩萨坐像。束高髻，戴高花冠。双肩覆天衣，沿两腋垂下绕双腿间呈 U 形，末端分别挂前臂垂身侧。左手戴腕钏于腹前托宝珠。右手戴腕钏于腹前捧大钵。下身着裙，结跏趺坐卷云纹座。

67 号像：66 号像左侧供养菩萨坐像。头部残损严重，可见束高髻。从左肩至右腋斜披络腋，双肩覆天衣，沿两腋垂下绕双腿间呈 U 形，右侧天衣末端挂前臂垂身侧。左手戴腕钏，抚左侧小腿。右手戴腕钏，于胸前托物，托物风化不明。下身着裙，结跏趺坐卷云纹座。

68 号像：14 号像左侧供养菩萨坐像。头部风化不清，可见束高髻。从左肩至右腋斜披络腋，双肩覆天衣，沿两腋垂下绕双腿间呈 U 形，末端分别挂前臂垂身侧。左手戴腕钏，于胸前托宝珠。右手戴腕钏，于腹前向内握拳。下身着裙，结跏趺坐卷云纹座。

69 号像：68 号像左侧供养菩萨坐像。头部、上半身残损严重，上身扭向左侧。斜披络腋，双肩覆天衣，末端分别挂前臂垂下。双手于右肩前共持物，持物风化不清。下身着裙，结跏趺坐卷云纹座。

70 号像：69 号像左侧供养菩萨坐像。胸部以上残失。上身着圆领通肩衣，衣纹稀疏，双手于腹前掩袖中。结跏趺坐卷云纹座。

71 号像：70 号像左侧供养菩萨坐像。头部残失。戴项圈，有圆形垂饰。上身着袒右肩衫衣，腹上系结。双肩覆天衣，沿两腋垂下绕双腿间呈 U 形，末端挂右腕垂于体侧。双手戴腕钏，左手于左肋前持杨柳枝，右手于腹前托圈底钵。结跏趺坐卷云纹座。

72 号像：71 号像左侧供养菩萨坐像。头部残失，上身着袒右肩衫衣，双肩覆天衣，沿两腋垂下绕腹前，末端分别挂前臂垂身侧。左手于左肩前残失，右手于腹前捧块状物。下身着裙，结跏趺坐卷云纹座。

73 号像：72 号像左侧供养菩萨坐像。头部残失，上身着袒右肩衫衣，双肩覆天衣，末端分别挂前臂垂身侧。双手置腹前。左手手掌朝上，手指卷曲。右手上抚左手。下身着裙，结跏趺坐卷云纹座。

74 号像：72 号像左侧供养菩萨，风化严重，仅剩残迹。

75 号像：74 号像左侧供养菩萨坐像。风化严重，仅剩残迹。可见左臂屈肘，左手置腹前。

76 号像：75 号像左侧供养菩萨坐像。束高髻，戴花冠，面部、左肩风化残失。上身着袒右肩衫衣，双肩覆天衣，沿两腋垂下绕腹前，末端分别挂前臂垂于身侧。左手于左肩前残失，右手于腹前捧圆形宝珠。下身着裙，结跏趺坐卷云纹座，右腿及座风化严重。

77 号像：76 号像左侧供养菩萨坐像。束高髻，戴花冠，面部及以下风化残损严重。可见右手置腹前，结跏趺坐卷云纹座。

78 号像：77 号像左侧供养菩萨坐像。像身及座风化残损严重。可辨结跏趺坐。

79 号像：龛右侧壁由上至下第三排右端现存供养菩萨坐像。头束高髻。上身内着袒右肩衫衣，双肩覆天衣，沿两腋垂下绕腹前，末端挂左前臂垂身侧。左手于左肩外侧反握囊状物。右手于腹前捧钵。下身着裙，结跏趺坐卷云纹座。

80 号像：79 号像左侧供养菩萨坐像。束高髻，戴高花冠。戴项圈，有圆形垂饰。上身内着袒右肩衫衣，外披覆左臂袒右肩袈裟，掩手置腹前。结跏趺坐卷云纹座。

81 号像：80 号像左侧供养菩萨坐像。束高髻，戴高花冠，戴项圈，有圆形、水滴形垂饰。从左肩至右腋斜披络腋，双肩覆天衣，沿两腋而下垂体侧。双手戴腕钏，左手抚腹，右手上抚左手腕。下身着裙，结跏趺坐卷云纹座。

82 号像：81 号像左侧供养菩萨坐像。头部侧向左侧，肩部微扭向左侧。束高髻，戴高花冠。戴项圈，有圆形、水滴形垂饰。上身着袒右肩衫衣，于腹上部系结。左臂向上屈肘，左手戴腕钏手掌朝外，拇指、食指捻花，余指卷曲。右手戴腕钏抚右膝。下身着裙，双腿盘坐，左膝离座翘起，右膝贴座。其下卷云纹座。

83 号像：82 号像左侧供养菩萨坐像。束高髻，戴高花冠。袒裸上身，双肩悬披天衣，沿两腋下垂体侧。双手于两肋前反捧圜底大钵，上盛莲花、莲苞。下身着裙，结跏趺坐卷云纹座。

84 号像：83 号像左侧供养菩萨坐像。头部微右倾，束高髻，戴高花冠，面部残损。上身内着圆领衫，腹上呈燕尾形状。双肩覆天衣，右侧天衣挂左前臂垂体侧。双手戴腕钏，左手于腹前托圆形宝珠。右臂向上屈肘，右手于右肩前持天衣，下身着裙，结跏趺坐卷云纹座。

85 号像：84 号像左侧供养菩萨坐像。束高髻，戴花冠。袒裸上身，从左肩至右腋斜披络腋。左手抚上腹。右手于下腹前手掌朝上，手指卷曲，拇指中指相捻。下身着裙，游戏坐卷云纹座。

86 号像：85 号像左侧供养菩萨坐像。束高髻，戴花冠。上身着袒右肩衫衣，戴项圈，有圆形、水滴形垂饰。双手于两腋前反握布巾两端，布中兜莲花、莲苞。下身着裙，结跏趺坐卷云纹座。

87 号像：86 号像左侧供养菩萨坐像。束高髻，戴高花冠。上身着圆领通肩衣，衣纹稀疏。双手于腹前。左手居下，手指向上卷曲，拇指与食指相捻。右手置左手上方，手指向下卷曲。下身着裙，结跏趺坐卷云纹座。

88 号像：87 号像左侧供养菩萨坐像。束高髻，戴高花冠，面部残损。袒裸上身，从左肩至右腋斜披络腋。双肩覆天衣，沿两腋垂下绕双腿间呈 U 形，末端分别挂前臂垂于体侧。双手戴腕钏。左手于腹前手背朝上，食指直伸，余指卷曲。右手于胸前手背朝外，握未敷莲花茎。下身着裙，结跏趺坐卷云纹座。

89 号像：88 号像左侧供养菩萨坐像。头部微左倾，束高髻，戴高花冠。袒裸上身，从左肩至右腋斜披络腋。双肩覆天衣，沿两腋垂下。双手戴腕钏于左肩前，右手托团状物底部，左手扶侧。下身着裙，结跏趺坐卷云纹座。

90 号像：89 号像左侧供养菩萨坐像。束高髻，戴高花冠。袒裸上身，从左肩至右腋斜披络腋。双肩覆天衣，沿两腋垂下。双手于胸前掩帛巾中，持两朵未敷莲花。下身着裙，结跏趺坐卷云纹座。

91 号像：68 号像下侧供养菩萨坐像。束高髻，戴高花冠。袒裸上身，从左肩至右腋斜披络腋。双肩覆天衣，沿两腋垂下。双臂向上屈肘，双手戴腕钏，左手手指微屈抚胸，右手托左手。下身着裙，结跏趺坐卷云纹座。

92 号像：91 号像左侧供养菩萨坐像。头部残损严重，可见束高髻。袒裸上身，从左肩至右腋斜披络腋。双手戴腕钏，左手于左胸前，右手于腹前，分持帛带两端。下身着裙，游戏坐卷云纹座。

93 号像：92 号像左侧供养菩萨坐像。头部残损，可辨圆顶。上身着圆领通肩衣，衣纹稀疏。双臂屈肘，双手于腹前捧圆形宝珠。结跏趺坐卷云纹座。

94 号像：93 号像左侧供养菩萨坐像。头部残损，可见束高髻，戴高花冠。袒裸上身，双肩覆天衣，沿两腋垂下绕腹前，末端挂前臂垂身侧。双手戴腕钏，于胸前持大钵，其中可见盛物。下身着裙，结跏趺坐卷云纹座。

95 号像：94 号像左侧供养菩萨坐像。头部微右倾，上身微扭向右侧，束高髻，戴花冠。袒裸上身，双肩覆天衣，沿两腋而下绕腹前，末端挂手腕垂下。双手于右肩前合掌。下身着裙，游戏坐卷云纹座。

96 号像：95 号像左侧供养菩萨坐像。束高髻，戴花冠。袒裸上身，双肩覆天衣，沿两腋而下绕腹前，右侧天衣末端挂左腕垂下。左手置腹上，无名指、小指卷曲，余指直伸。右手于右肩前残失。下身着裙，游戏坐卷云纹座。

97 号像：96 号像左侧供养菩萨坐像。束高髻，戴高花冠。上身着袒右肩衫衣，双肩覆天衣，沿两腋而下绕腹前。左手向下握拳置左膝，右手于右肩前握未敷莲花茎。下身着裙，游戏坐卷云纹座。

98 号像：97 号像左侧像。风化残失严重，仅见右腿盘坐。

99~101 号像：97 号像左侧 3 尊像。风化严重，皆仅剩残迹。

102 号像：龛右侧壁由上至下第四排右端坐像。因龛壁垮塌，仅剩左腿残迹。

103 号像：102 号像左侧供养菩萨坐像。束高髻，戴高花冠，面部残损。袒裸上身，从左肩至右腋斜披络腋。双肩覆天衣，沿两腋而下绕腹前呈 U 形。左手于胸前风化残损。右手于腹前手掌朝上，手指卷曲。下身着裙，结跏趺坐卷云纹座。

104 号像：龛正壁由上至下第四排右端供养菩萨坐像。束高髻，披发巾。上身着通肩衣。双臂屈肘，双手掩袖中置腹前。结跏趺坐卷云纹座。

105 号像：104 号像左侧供养菩萨坐像。头部微上仰，与上半身齐扭向左侧，束高髻，戴高花冠。袒裸上身，从左肩至右腋斜披络腋。双臂向上屈肘，双手戴腕钏。左手于左肩前反托钵底。右手侧扶钵身，钵中盛焰。下身着裙，结跏趺坐卷云纹座。

106 号像：105 号像左侧供养菩萨坐像。头部微左倾，束高髻，戴高花冠。上身着覆肩袒右式袈裟。左手搁左膝，手指上卷托圆状物。右手于胸前，手指向内卷曲。双腿盘坐，右膝翘起，左膝贴座。其下卷云纹座。

107 号像：106 号像左侧供养菩萨坐像。束高髻，戴高花冠。袒裸上身，从左肩至右腋斜披络腋，帛带末端垂左胸。双肩覆天衣，沿肩侧垂下，分别绕手腕垂体侧。左臂向上屈肘，手部残断。右手抚右膝。下身着裙，结跏趺坐卷云纹座。

108 号像：107 号像左侧供养菩萨坐像。头部微下倾，束高髻，戴高花冠，与上半身同微扭向左侧。袒裸上身，从左肩至右腋斜披络腋。双肩覆天衣，沿两腋而下绕腹前，末端分别挂手腕垂体侧。双手戴腕钏。左手于左腋前手掌朝外握拳状，拇指压食指中节侧。右手于胸前，食指压拇指指头，余指卷曲。双腿盘坐，右膝翘起，左膝贴座。其下卷云纹座。

109 号像：108 号像左侧供养菩萨坐像。束高髻，戴高花冠。上身着覆肩袒右式外衣。左手掩衣中置右踝上。右手于胸前戴腕钏，手掌朝外，拇指压小指，余指伸直。结跏趺坐卷云纹座。

110 号像：109 号像左侧供养菩萨坐像。头部微右倾，面部微上扬，束高髻，戴高花冠。戴项圈，有圆形、水滴形垂饰。上身着袒右肩衫衣，胸下系宽带束结，末端垂腹。左手抚右腿胫骨，右手戴腕钏抚左腕。下身着裙，游戏坐卷云纹座。

111 号像：110 号像左侧供养菩萨坐像。束高髻，戴高花冠。戴项圈，有圆形、水滴形垂饰。上身着袒右肩衫衣。双手戴腕钏，于腹前结禅定印，上托附盖罐。下身着裙，结跏趺坐卷云纹座。

112 号像：111 号像左侧供养菩萨坐像。圆顶光头。身着双层袈裟，衣纹疏简，内层为双领下垂式，外层为偏袒右肩式。左手于腹前托圆形宝珠。右手抚胸。结跏趺坐卷云纹座。

113 号像：112 号像左侧供养菩萨坐像。头部、上半身微扭向左侧，束高髻，戴高花冠。双肩覆天衣，末端分别挂手腕垂下。双手戴腕钏，于左肩前握拳，拇指相触。双腿盘坐，右膝离座翘起，左膝贴座。其下卷云纹座。

114 号像：113 号像左侧供养菩萨坐像。束高髻，戴花冠。上身着袒右肩衫衣，双肩覆天衣，沿两腋而下，绕双腿至身后。双手戴腕钏，于胸前合掌。下身着裙，结跏趺坐卷云纹座。

115 号像：114 号像左侧供养菩萨跪像。头部、身体朝向中尊方向。头束高髻，戴花冠。双肩覆天衣。双臂屈肘，前臂贴座，双手戴腕钏抚座。上身下俯，下巴贴手背。下身着裙，长覆足。其下卷云纹座。

116 号像：5 号像左侧供养菩萨跪像。头部、身体朝向中尊方向，头部残损严重。双肩覆天衣。双臂屈肘，前臂贴座，双手戴腕钏抚座。上身下俯，面部贴手背。下身着裙，长覆足。其下卷云纹座。

117 号像：116 号像左侧供养菩萨坐像。头部微右倾，束高髻，戴花冠，面部残损。袒裸上身，从左肩至右腋斜披络腋，双肩覆天衣，沿两腋而下绕双腿之间，右侧天衣挂左前臂垂体侧。左手于左肩前残损。右手戴腕钏于腹前捧钵。下身着裙，结跏趺坐卷云纹座。

118 号像：117 号像左侧供养菩萨坐像。头部残损严重，可辨束高髻。上身着袒右肩衫衣。双肩覆天衣，沿两腋而下，左侧天衣绕右腕垂身侧。左手戴腕钏置上腹，手掌朝下；右手于下腹手掌朝上，手指微屈，拇指与中指相捻，双掌间夹棒状物。下身着裙，结跏趺坐卷云纹座。

119 号像：118 号像左侧供养菩萨坐像。头部残损严重，可辨束高髻。双肩覆天衣，可见左侧天衣经腋下由外侧绕左腕垂身体右侧。双臂向上屈肘，双手戴腕钏置右肩前。右手反托盘底，盘上满盛物。左手扶物。下身着裙，结跏趺坐卷云纹座。

120 号像：119 号像左侧供养菩萨坐像。头部残损严重，可辨束高髻，披发巾。身着圆领通肩衣，双手于腹前掩于袖中。结跏趺坐卷云纹座。

121 号像：120 号像左侧供养菩萨坐像。束高髻，戴花冠。双肩覆天衣，左侧天衣绕左腕垂下，右侧天衣沿腋下垂体侧。双手于右肩前合掌。下身着裙，结跏趺坐卷云纹座。

122 号像：121 号像左侧供养菩萨坐像。束高髻，戴花冠。上身着袒右肩衫衣。双肩覆天衣，沿两腋而下绕腹前，末端分别挂前臂垂下。左臂向上屈肘，前臂残失。右手手掌朝上置腹前。下身着裙，结跏趺坐卷云纹座。

123 号像：122 号像左侧供养菩萨坐像。束高髻，戴花冠。身着圆领通肩衣。双手于腹前施禅定印。结跏趺坐卷云纹座。

124 号像：123 号像左侧供养菩萨坐像。束高髻，戴花冠。上身着袒右肩衫衣。双肩覆天衣沿两腋而下，右侧天衣绕左腕垂体侧。左手于腹前捧未敷莲花。右手于右腋前握未敷莲花茎。下身着裙，结跏趺坐卷云纹座。

125 号像：124 号像左侧供养菩萨坐像。束高髻，戴花冠。身着双层袈裟，衣纹疏简，内层为双领下垂式，外层为偏袒右肩式。左手于左肩前持莲花。右手抚胸。结跏趺坐卷云纹座。

126 号像：125 号像左侧供养菩萨坐像。胸部以上残失，身体朝向中尊方向。可辨肩覆天衣。双手于右肩前，手势残损不明。下身着裙，长覆足，可见左腿蹲坐。其下卷云纹座。

127 号像：龛右侧壁由上至下第五排现存右端供养菩萨坐像。因龛壁垮塌，仅剩左腿残迹。

128 号像：127 号像左侧供养菩萨坐像。头部残损严重，可辨束高髻。上身着覆肩袒右式袈裟。左手于腹前掩袈裟中。右手抚胸。结跏趺坐卷云纹座。

129 号像：128 号像左侧供养菩萨坐像。头部残损严重，可辨束高髻。戴项圈，有圆形、水滴形垂饰。袒裸上身，从左肩至右腋斜披络腋，双肩覆天衣，沿两腋而下绕双腿间，末端挂前臂垂下。双手于腹前，左手托右手，右手持草叶。结跏趺坐卷云纹座。

130 号像：129 号像左侧供养菩萨坐像，位于侧壁与正壁转角处。束高髻，戴花冠。身体风化严重。袒裸上身，从左肩至右腋斜披络腋。左手施触地印。右臂残失。下身着裙，游戏坐卷云纹座。

131 号像：龛正壁由上至下第五排右端供养菩萨坐像。头部残损严重，可辨束高髻。内着僧祇支有宽衣缘，无衣褶，外着偏袒右肩袈裟。左手施触地印，右臂残失。下身着裙，结跏趺坐卷云纹座。

132 号像：131 号像左侧供养菩萨坐像。头部残损严重，可辨束高髻。上身着圆领衫，腹上呈燕尾状。双手分置双膝，左手残失，右手掌心朝外，拇指、食指相捻，余指卷曲。下身着裙，腹下系结，结跏趺坐卷云纹座。

133 号像：132 号像左侧供养菩萨坐像。头部、上半身微扭向左侧，束高髻，戴花冠。袒裸上身，从左肩至右腋斜披络腋，帛带末端翻出垂左腹。左臂向上屈肘，左手于左肩前反托盘状物。右手戴腕钏于腹前，拇指直伸，余指向内握拳。下身着裙，结跏趺坐卷云纹座。

134 号像：133 号像左侧供养菩萨坐像。束高髻，高花冠。袒裸上身，从左肩至右腋斜披络腋，帛带末端翻出垂左腹。双手戴腕钏，左手于身侧撑座，右手于身侧指尖触座。下身着裙，游戏坐卷云纹座。

135 号像：134 号像左侧供养菩萨坐像。束高髻，戴花冠。身着通肩袈裟。左手施触地印，左前臂残失。结跏趺坐卷云纹座。

136 号像：135 号像左侧供养菩萨坐像。头部微左倾，束高髻，戴花冠。袒裸上身，从左肩至右腋斜披络腋，帛带末端翻出垂左腹。左手戴腕钏于左肩前残损不明。右手戴腕钏于腹前捧圆形宝珠。下身着裙，结跏趺坐卷云纹座。

137 号像：136 号像左侧供养菩萨坐像。束高髻，戴花冠。戴项圈，胸前有圆形、水滴形垂饰。上身着袒右肩衫衣，腹上系带，双肩悬披天衣，绕前臂后垂体侧。左手于腹前手掌朝上反握状。右手于胸前，食指、中指伸直，余指卷曲。下身着裙，结跏趺坐卷云纹座。

138 号像：137 号像左侧供养菩萨坐像。头束高髻，披发巾。上身着通肩衣。左手掩袖中置腹前。右手抚左胸。结跏趺坐卷云纹座。

139 号像：138 号像左侧供养菩萨坐像。头部、上身微扭向右侧，束高髻，戴高花冠。戴项圈，胸前有圆形、水滴形垂饰。双肩覆天衣，可见左侧天衣沿腋而下绕左腕垂身前。双手戴腕钏，于右肩前共托盘。下身着裙，结跏趺坐卷云纹座。

140号像：139号像左侧供养菩萨坐像。束高髻，戴高花冠，面部残损。戴项圈，胸前有圆形、水滴形垂饰。袒裸上身，从左肩至右腋斜披络腋，帛带末端于肩前由外绕内垂左腹。左前臂置左膝，手部残失。右手戴腕钏施触地印。下身着裙，双腿盘坐，左膝离座翘起，右膝贴座。其下卷云纹座。

141号像：140号像左侧供养菩萨坐像。束高髻，戴高花冠。袒裸上身，从左肩至右腋斜披络腋，双肩覆天衣，可见右侧天衣沿腋而下后绕右腕垂身前，左侧天衣末端垂体侧。双手于左胸前，左手托物底部，右手扶侧，托物残损不明。下身着裙，结跏趺坐卷云纹座。

142号像：141号像左侧供养菩萨坐像。身体、面部朝向龛右侧方向。束高髻，戴花冠，面部残损。袒裸上身，从左肩至右腋斜披络腋。双肩覆天衣，沿两腋垂下绕双腿间呈U形，末端分别挂前臂垂体侧。双手戴腕钏。左手于腹前，食指、中指伸直，余指卷曲。右手于胸前残损不清。下身着裙，结跏趺坐卷云纹座。

143号像：7号像左侧供养菩萨坐像。头部、身体微扭向左侧。束高髻，戴花冠。双肩覆天衣，沿两腋而下绕腕部垂下。双手于左肩前托盘，盘中满盛物。下身着裙，结跏趺坐卷云纹座。

144号像：143号像左侧供养菩萨坐像。束高髻，戴高花冠，面部残损。上身着通肩衣，双手于腹前掩于袖中。结跏趺坐卷云纹座。

145号像：144号像左侧供养菩萨坐像。束高髻，戴高花冠，面部残损。上身着袒右肩衫衣，腹上系结。双肩覆天衣，沿腋垂下。左手戴腕钏于腹前捧圆形宝珠。右手戴腕钏置左腋前，手掌朝外，拇指、食指相捻，余指卷曲。下身着裙，游戏坐卷云纹座。

146号像：145号像左侧供养菩萨坐像。束高髻，戴高花冠，面部残损。上身着袒右肩衫衣，腹上系带。双肩覆天衣，沿腋垂下绕两腿至身侧。双手戴腕钏于胸前捧带茎莲叶，叶面饰团花。下身着裙，结跏趺坐卷云纹座。

147号像：146号像左侧供养菩萨坐像。头部微左倾，束高髻，戴高花冠，面部残损。袒裸上身，从左肩至右腋斜披络腋，帛带末端绕内侧垂左腹。左手于腹前捧钵，钵中盛莲苞。右肘置膝，手托头侧。下身着裙，游戏坐卷云纹座。

148号像：147号像左侧供养菩萨坐像。束高髻，戴高花冠，面部残损。上身着袒右肩衫衣，腹上系结。双肩覆天衣，沿腋垂下绕双腿之间，末端挂手腕垂身侧。双手置腹前，手掌微卷曲相扣。下身着裙，结跏趺坐卷云纹座。

149号像：148号像左侧供养菩萨坐像。头部正面，身体微扭向右侧。束高髻，戴高花冠。上身着袒右肩衫衣。双肩覆天衣，沿腋而下，可见右侧天衣绕左腕垂下。双臂向上屈肘，双手于右肩前残损不明。下身着裙，结跏趺坐卷云纹座。

150号像：149号像左侧供养菩萨坐像。束高髻，戴高花冠，面部残损。上身着袒右肩衫衣，腹上系结。双肩覆天衣，沿腋垂下绕双腿间，末端挂腕垂身侧。左手向下握拳置腹前，右手于右肩前向外握拳。下身着裙，结跏趺坐卷云纹座。

151号像：150号像左侧供养菩萨坐像。头束高髻，披发巾。上身着通肩衣。双手于腹前掩袖中。结跏趺坐卷云纹座。

152号像：151号像左侧供养菩萨坐像。头部残损严重，可辨束高髻。上身着袒右肩衫衣，腹上系带。双肩覆天衣，沿腋垂下绕双腿间，末端挂腕垂身侧。双手施禅定印，捧圆形宝珠。结跏趺坐卷云纹座。

153号像：152号像左侧供养菩萨坐像。头部残损严重，可辨束高髻。上身着袒右肩衫衣，腹上系结。双肩覆天衣，沿腋垂下绕双腿间，末端挂腕垂身侧。左手于腹前残损不明。右手于右腋前残损不明。下身着裙，结跏趺坐卷云纹座。

154号像：龛右侧壁由上至下第六排右端现存坐像。因龛壁垮塌，头部、右肩残失。上身着通肩袈裟，袈裟衣角垂双腿间。双手于腹前掩袈裟衣角中。结跏趺坐卷云纹座。

155号像：154号像左侧供养菩萨坐像。束高髻，戴高花冠。上身着袒右肩衫衣，腹上系结。双肩覆天衣，沿腋垂下绕双腿间，末端挂腕垂身侧。左手于腹前捧圆形宝珠。右手于右腋前持天衣飘带。下身着裙，结跏趺坐卷云纹座。

156号像：155号像左侧供养菩萨坐像。束高髻，戴高花冠，面部残损。上身着袒右肩衫衣。双肩覆天衣，分别沿腋垂下绕手腕垂身侧。下身着裙，结跏趺坐卷云纹座。

157号像：156号像左侧供养菩萨坐像。头部正面，身体扭向龛外方向，束高髻，戴高花冠，面部残损。双肩覆天衣，末端挂手腕垂身前。双手戴腕钏置右肩前，右手反托团状物，左手扶侧。下身着裙，因侧身仅可见左腿蹲坐卷云纹座。

158号像：龛正壁由上至下第六排右端供养菩萨坐像。头部、身体扭向左侧，束高髻，戴高花冠，面部残损。双手于左肩前托团状物。身体风化严重，可辨双肩覆天衣。下身着裙，游戏坐卷云纹座。

159号像：158号像左侧供养菩萨坐像，姿态同。束高髻，戴高花冠。双肩覆天衣，可见右侧天衣从腋下由外侧绕右腕垂至身体左侧。双手于左肩前捧瓶，瓶中喷火焰状。下身着裙，结跏趺坐卷云纹座。

160号像：159号像左侧供养菩萨坐像。头束高髻，披发巾。上身着通肩衣。双手于腹前结禅定印，捧圆形物。结跏趺坐卷云纹座。

161号像：160号像左侧供养菩萨坐像。头部残损，仅见束高髻。袒裸上身，从左肩至右腋斜披络腋，帛带末端绕出垂左胸。左手于左肩前残损不明。右前臂残损，手部置腹前，手掌向下微卷。下身着裙，结跏趺坐卷云纹座。

162号像：161号像左侧供养菩萨坐像。头部残损，仅见束高髻。双肩覆天衣，沿两腋而下垂至身后。双手于右肩前。右手托盘底，盘中满盛花叶。左手扶盘侧。下身着裙，游戏坐卷云纹座。

163号像：162号像左侧供养菩萨坐像。头部残损，仅见束高髻。双肩覆天衣，沿两腋垂下绕至身后。双臂向上屈肘，双手于左肩前共持长棒，上端呈火焰状。下身着裙，双腿盘坐，左膝离座翘起，右膝贴座。其下卷云纹座。

164号像：163号像左侧供养菩萨坐像。头部残损，可辨束高髻。双肩覆天衣，沿两腋垂下，可见右侧天衣由内绕前臂垂身前。双手于左肩前托盘，盘中满盛物。下身着裙，双腿盘坐，左膝离座翘起，右膝贴座。其下卷云纹座。

165号像：164号像左侧供养菩萨坐像。头部残损，可辨束高髻。双肩覆天衣，沿两腋垂下，末端绕腕垂下。双臂向上屈肘，双手于左肩前共持物，残损不明。下身着裙，结跏趺坐卷云纹座。

166号像：165号像左侧供养菩萨坐像。头部残损，仅见束高髻。上身着袒右肩衫衣。双肩覆天衣，沿两腋而下，末端绕前臂垂至身侧。双臂向上屈肘，双手于右肩前持横笛。下身着裙，结跏趺坐卷云纹座。

167号像：166号像左侧供养菩萨坐像。头部残损，仅见束高髻。双肩覆天衣，沿两腋垂下，末端分别由内绕双腕垂下。双手于左肩前持横笛。下身着裙，结跏趺坐卷云纹座。

168号像：167号像左侧供养菩萨坐像。头部残损，可见束高髻。双肩覆天衣。双手于身前抱弹琵琶。下身着裙，结跏趺坐卷云纹座。

169号像：168号像左侧供养菩萨坐像。头部残损，可见束高髻。上身着袒右肩衫衣。双肩覆天衣，沿两腋而下，末端绕前臂垂下。双手于右肩前托笙。下身着裙，结跏趺坐卷云纹座。

170号像：3、7号像之间左侧坐像。头部残损，可见束高髻。上身着袒右肩衫衣。双肩覆天衣，沿两腋而下，末端绕前臂垂下。双手于左肩前持物似铃，左手握柄，右手残损。下身着裙，结跏趺坐卷云纹座。

171号像：170号像左侧供养菩萨坐像。头部残损，可辨束高髻。双肩覆天衣，末端绕腕部垂下。双手于身前弹琵琶。下身着裙，结跏趺坐卷云纹座。

172号像：171号像左侧供养菩萨坐像。头部、上身扭向左侧。束高髻，戴高花冠。双肩覆天衣，沿两腋而下，末端绕前臂下垂。双手于右肩前持竖笛，作吹奏状。下身着裙，结跏趺坐卷云纹座。

173号像：172号像左侧供养菩萨坐像。头部残损，可见束高髻。戴项圈，胸前有圆形、水滴形垂饰。袒裸上身，从左肩至右腋斜披络腋。双肩覆天衣，沿两腋而下绕双腿之间，末端绕前臂垂下。左手于腹前残损不明，右臂残失。下身着裙，结跏趺坐卷云纹座。

174号像：173号像左侧供养菩萨坐像。束高髻，披发巾。上身着通肩衣。双手置腹前，左手掌托右手，右手残损不明。结跏趺坐卷云纹座。

175号像：174号像左侧供养菩萨坐像。头部残损，可见束高髻。袒裸上身，从左肩至右腋斜披络腋，帛带末端绕出垂左胸。双肩覆天衣，沿两腋而下绕双腿之间，可见右侧天衣末端绕左腕至身后。左手于腹前捧钵，右前臂残失。下身着裙，结跏趺坐卷云纹座。

176号像：175号像左侧供养菩萨坐像。头部残损，可辨束高髻。上身着袒右肩衫衣，腹上系结。双肩覆天衣，沿腋而下绕双腿之间，可见右侧天衣经双腿间由外侧绕左腕至身后。左手置腹前手掌朝上，右手于右肩前残损不明。下身着裙，结跏趺坐卷云纹座。

177号像：176号像左侧供养菩萨坐像。头部残损，可辨束高髻。上身着袒右肩衫衣，腹上系带成结，双肩覆天衣，沿腋而下，可见右侧天衣末端绕左腕垂身前。左手抚胸。右臂向上屈肘，右手于右腋前残损不明。下身着裙，结跏趺坐卷云纹座。

178 号像：177 号像左侧供养菩萨坐像。头部残损，可辨束高髻。上身着袒右肩衫衣，腹上系带成结。双肩覆天衣，沿腋而下绕双腿间。左手于腹前残损不明，右手于右腋前残损不明。下身着裙，游戏座坐卷云纹座。

179 号像：178 号像左侧供养菩萨坐像。头部正面，身体侧向中尊方向。束高髻，戴花冠。双肩覆天衣。左肘置左膝上，双手于头侧托盘，盘中满盛物。下身着裙，左腿蹲，右腿跪，坐卷云纹座。

180 号像：179 号像左侧供养菩萨坐像。头部、身体微扭向中尊方向，束高髻，戴花冠。上身着袒右肩衫衣，腹上系带成结。双肩覆天衣。左手垂放两腿间，右手于腹前残损不明。右腿善跏趺坐方形台，左腿舒相坐，悬裳垂座。

181 号像：龛右侧壁由上至下第七排右端现存坐像。因龛壁垮塌，腰部以下残失。束高髻，戴高花冠。上身风化衣饰不明。

182 号像：181 号像左侧供养菩萨坐像。因风化残损严重，仅剩残迹。可辨束高髻。

183 号像：182 号像左侧供养菩萨坐像。因风化残损严重，仅剩残迹。可辨束高髻，戴发巾。

184 号像：183 号像左侧供养菩萨坐像。因风化胸部以下残失，上身残损严重，仅剩残迹。

185 号像：龛正壁由上至下第七排右端供养菩萨坐像。因风化胸部以下残失，上身残损严重，仅剩残迹。

186、187 号像：185 号像左侧依次两尊供养菩萨像，皆因风化胸部以下残失，上身残损严重，仅剩残迹。

188 号像：187 号像左侧供养菩萨坐像。束高髻，戴花冠，面部残损。上身残损，双肩覆天衣，沿两腋而下绕双腿间，末端绕前臂垂下。左手置胸前，拇指、食指伸直，余指卷曲。右手于腹前残损不明。下身着裙，结跏趺坐卷云纹座。

189 号像：188 号像左侧供养菩萨坐像。腹部以上风化残损不清。下身着裙，结跏趺坐卷云纹座。

190 号像：189 号像左侧供养菩萨坐像。胸部以上风化残损不清，可见双肩覆天衣。双臂屈肘，双手于胸前残损不明。下身着裙，双腿盘坐，右膝离座翘起，左膝贴座。其下卷云纹座。

191 号像：190 号像左侧供养菩萨坐像。胸部以上残损严重，可见双肩覆天衣。双臂屈肘，双手于胸前残损不明。下身着裙，结跏趺坐卷云纹座。

192 号像：191 号像左侧供养菩萨坐像。胸部以上残损严重，可见披天衣。左手于胸前残损不明，右手于右肩前托法轮。下身着裙，游戏坐卷云纹座。

193 号像：192 号像左侧供养菩萨坐像。残损严重，仅剩残迹。

194 号像：193 号像左侧供养菩萨坐像。头部残损不明，上身着袒右肩衫衣，双肩覆天衣，沿腋而下末端垂体侧。左手于腹前捧经箧。右臂残失。下身着裙，结跏趺坐卷云纹座。

195 号像：194 号像左侧供养菩萨坐像。头部残损，可见束高髻。袒裸上身，从左肩至右腋斜披络腋，帛带末端绕出垂左胸。双肩覆天衣，沿两腋而下绕双腿间。左手于左肩前持带茎未敷莲花。右手抚右膝。下身着裙，游戏坐卷云纹座。

196 号像：195 号像左侧供养菩萨坐像。身体、面部朝向龛右侧。头部残损，可见束高髻。上身着袒右肩衫衣。双肩覆天衣，沿腋而下末端垂体侧。左臂向上屈肘，于左肩前持莲叶。右手于膝侧持带茎未敷莲花。下身着裙，结跏趺坐卷云纹座。

197、198 号像：3 号像左下侧依次两尊供养菩萨像，风化残损严重，仅剩残迹。

199 号像：198 号像左侧供养菩萨坐像。胸部以上残损不明，可辨头束高髻，肩覆天衣，沿腋而下绕双腿之间，末端垂至身侧。右臂残失。左手施禅定印。下身着裙，结跏趺坐卷云纹座。

200 号像：199 号像左侧供养菩萨坐像。胸部以上残损不明，可辨头束高髻。上身着袒右肩衫衣。双肩覆天衣，沿两腋而下绕双腿之间，末端分别挂双腕垂至身侧。双手置腹前，右手掌托左手，左手风化不明。下身着裙，结跏趺坐卷云纹座。

201 号像：200 号像左侧供养菩萨坐像。头部残损，可见束高髻。上身着覆肩袒右式袈裟。双手于腹前残损不明。结跏趺坐卷云纹座。

202 号像：201 号像左侧供养菩萨坐像。头部残损，可辨束高髻。上身着袒右肩衫衣，腹上系带成结。双肩覆天衣，沿两腋而下绕双腿之间，末端分别挂双腕垂至身侧。双前臂残失。结跏趺坐卷云纹座。

203 号像：202 号像左侧供养菩萨坐像。头部残损，可辨束高髻，戴发巾。身着通肩袈裟。双手于腹前掩袖中。结跏趺坐卷云纹座。

204 号像：203 号像左侧供养菩萨坐像。头部残损，可辨束高髻。上身着袒右肩衫衣，腹上系带成结。双肩覆天衣，沿两腋而下绕双腿间，末端分别挂前臂垂下。左手于腹前捧圆形宝珠。右臂向上屈肘，手残失。下身着裙，结跏趺坐卷云纹座。

205 号像：204 号像左侧供养菩萨坐像。束高髻，戴花冠，面部残损。上身着袒右肩衫衣，腹上系带成结。双肩覆天衣，沿两腋而下绕双腿间，末端分别绕前臂至身侧。双手施禅定印。下身着裙，结跏趺坐卷云纹座。

206 号像：205 号像左侧供养菩萨坐像。头部、身体微扭向右侧，束高髻，戴花冠。上身着袒右肩衫衣。双肩覆天衣，沿两腋而下绕双腿间，末端分别绕前臂至身侧。双手于腹前风化不明。右腿善跏趺坐方形高台座，左腿舒相坐，悬裳垂座。

207 号像：龛右侧壁由上至下第八排现存右端坐像。因龛壁垮塌，风化严重，仅剩残痕。

208 号像：龛正壁由上至下第八排右端供养菩萨坐像。头部残损，可辨束高髻。身体残损，可辨结跏趺坐。

209 号像：208 号像左侧供养菩萨坐像。身体残损严重，仅见右肩覆天衣，右臂向上屈肘。其下卷云纹座。

210 号像：209 号像左侧供养菩萨坐像。头部残损，可辨束高髻。身体残损严重，可见右肩覆天衣。双手于右肩侧托盘，盛物残损不明。下身着裙。其下卷云纹座。

211 号像：210 号像左侧供养菩萨坐像。头部残损，可辨束高髻。上身着袒右肩衫衣。双肩覆天衣。两前臂残失，下身风化残失。其下卷云纹座。

212号像：211号像左侧供养菩萨坐像。头束高髻，面部残损。双肩覆天衣。双臂向上屈肘，双手于右肩前捧罐，罐口出烟状物。下身着裙，腿部残损不明。其下卷云纹座。

213号像：212号像左侧供养菩萨坐像。头束高髻，戴发巾，面部残损。身着通肩袈裟，双臂屈肘，双手置于胸前风化残损不明。腿部残损，可辨结跏趺坐。其下卷云纹座。

214号像：213号像左侧供养菩萨坐像。头部残损，可辨束高髻。上身着袒右肩衫衣，双肩覆天衣，沿两腋而下绕双腿间，末端绕前臂垂下。双臂屈肘，双手于右腋前风化不明。下身着裙，游戏坐卷云纹座。

215号像：214号像左侧供养菩萨坐像。头部残损，可辨圆顶光头。身体残损严重，可辨着袈裟。其下卷云纹座。

216号像：215号像左侧供养菩萨坐像。头束高髻，面部残损。上身着袒右肩衫衣。双肩覆天衣。左手于腹前残损不明。右前臂风化残失。双腿风化残损，可辨结跏趺坐。其下卷云纹座。

217号像：216号像左侧供养菩萨坐像。头束高髻，戴发巾，面部残损。身着通肩袈裟。左手于腹前风化不明。右前臂残失。双腿风化残失。其下卷云纹座。

218号像：217号像左侧供养菩萨坐像。头束高髻，面部残损。上身着袒右肩衫衣。双肩覆天衣。腰部以下风化残失。

219号像：218号像左侧供养菩萨坐像。头束高髻，面部残损。上身着袒右肩衫衣。双肩覆天衣。双手于腹前残损不明。双腿可辨结跏趺坐。其下卷云纹座。

220号像：219号像左侧供养菩萨坐像。身体、面部朝向右侧龛方向。头部残损。身着通肩袈裟。双手于腹上，左手掌托右手，右手风化不明。双腿游戏坐。其下卷云纹座。

221号像：9号像左侧供养菩萨坐像。头束高髻，戴发巾，面部残损。身着通肩袈裟。双手于腹前掩袖中。结跏趺坐卷云纹座。

222号像：221号像左下侧坐像，风化仅剩残迹。

223~225号像：222号像左侧依次三尊坐像，皆风化残损严重，可辨束高髻、结跏趺坐。

226号像：225号像左侧供养菩萨坐像。束高髻，戴发巾，面部残损。身着通肩袈裟。双手置于腹前，风化不明。结跏趺坐卷云纹座。

227号像：226号像左侧供养菩萨坐像。头部残损，可辨束高髻。袒裸上身，从左肩至右腋斜披络腋，帛带末端绕出垂左胸。双肩覆天衣，沿两腋而下绕双腿间，末端分别挂前臂垂至体侧。左臂向上屈肘，左手残失。右手于腹前手背朝上，手掌微屈。下身着裙，结跏趺坐卷云纹座。

228号像：227号像左侧供养菩萨坐像。头部残损，可辨束高髻。身着通肩袈裟。双手置腹前。左手手指向下卷曲握拳。右手拇指上翘，余指覆左手背。下身着裙，结跏趺坐卷云纹座。

229号像：228号像左侧供养菩萨坐像。头部残损，可辨束高髻。上身着袒右肩衫衣。双肩覆天衣，沿两腋而下绕双腿间，末端分别挂前臂垂体侧。左手抚胸。右手施禅定印。下身着裙，结跏趺坐卷云纹座。

230 号像：229 号像左侧供养菩萨坐像。束高髻，戴发巾，面部残损。身着通肩袈裟。双臂屈肘，双手于腹前掩袖中。结跏趺坐卷云纹座。

231 号像：230 号像左侧供养菩萨跪卧像，身体朝向中尊方向。头部残失。双臂屈肘，前臂贴座，身体前倾。其下卷云纹座。

232～235 号像：龛右侧壁由上至下第九排现存依次四尊坐像。因龛壁垮塌，风化严重，仅剩残痕。

236 号像：龛正壁由上至下第九排右端供养菩萨坐像。通体残损严重，可辨束高髻。结跏趺坐卷云纹座。

237 号像：236 号像左侧供养菩萨坐像。头部右倾。残损严重。下身着裙，游戏坐卷云纹座。

238 号像：237 号像左侧供养菩萨坐像。头部正面，上身微右扭。头部残损，可辨束高髻。双肩覆天衣，末端挂前臂垂下。双臂屈肘，双手于右肩前捧团状物。下身着裙，游戏坐卷云纹座。

239 号像：238 号像左侧供养菩萨坐像。头部、上身残损严重。可辨束高髻。袒裸上身，从左肩至右腋斜披络腋。双臂残失。下身着裙，游戏坐卷云纹座。

240 号像：239 号像左侧坐像。头部残损，可辨束高髻。上身着袒右肩衫衣。双肩覆天衣，沿两腋而下绕双腿间，末端分别挂前臂垂至体侧。左手置腹前，拇指、食指伸直，余指向下卷曲。右手于肩前残失。下身着裙，结跏趺坐卷云纹座。

241 号像：240 号像左侧供养菩萨坐像。头部残损，可辨束高髻。上身风化残损严重，可见左手掩袖中置腹前。结跏趺坐卷云纹座。

242 号像：241 号像左侧供养菩萨坐像。束高髻，面部残损。上身着袒右肩衫衣。双手置胸前，左手居上，右手居下，皆呈握拳状。下身着裙，游戏坐卷云纹座。

243 号像：242 号像左侧供养菩萨坐像。头部残损，可辨束高髻。上身着袒右肩衫衣。双肩覆天衣，末端分别挂双腕垂身前。双手于腹上部，左手握拳，右手掌托左手。下身风化残失。其下卷云纹座。

244 号像：243 号像左侧供养菩萨坐像。束高髻，面部残损。上身着袒右肩衫衣。双肩覆天衣，沿两腋而下绕双腿间，末端分别挂前臂垂下。双手上下置于腹前，残损不明。下身风化残失。其下卷云纹座。

245 号像：244 号像左侧供养菩萨坐像。头部残损，可辨束高髻。戴项圈，胸前有圆形、水滴形垂饰。袒裸上身，从左肩至右腋斜披络腋，帛带末端绕出垂左胸。左臂残失。右臂残损严重。下身风化残失，可辨着裙。其下卷云纹座。

246 号像：245 号像左侧供养菩萨坐像。头微右倾，面朝正面，身体侧向右。头部残损，可辨束高髻。双肩覆天衣。右手于身体右侧捧花束。左手置花前，无名指、小指上翘，余指微卷。下身着裙，双腿跪坐卷云纹座。

247 号像：246 号像左侧供养菩萨坐像。身体朝向龛右侧方向。头部残损，可辨束高髻。上身着袒右肩衫衣。双肩覆天衣，末端分别挂腕部垂下。双臂屈肘，双手于胸前残损不明。下身着裙，结跏趺坐卷云纹座。

248 号像：247 号像左侧供养菩萨坐像。头部残损，可辨束高髻。袒裸上身，从左肩至右腋斜披络腋，帛带末端绕出垂左胸。双肩覆天衣，左侧天衣挂右腕垂下，右侧天衣绕双腿间至身侧。左手向内握拳置腹前。右手于左胸前残损不明。下身着裙，结跏趺坐卷云纹座。

249 号像：248 号像左侧供养菩萨坐像。头部残损，可辨束高髻。上身着袒右肩衫衣。双肩覆天衣，沿两腋而下绕双腿之间，末端分别挂前臂垂至体侧。双手腹前捧钵，钵中有未敷莲花三朵。下身着裙，结跏趺坐卷云纹座。

250 号像：249 号像左侧供养菩萨坐像。头部残损，可辨束高髻。上身着覆肩袒右式袈裟。左手于腹前掩袖中。右手于胸前残损不明。结跏趺坐卷云纹座。

251 号像：250 号像左侧供养菩萨坐像。头部残损，可辨束高髻。上身着通肩袈裟。双手结禅定印。结跏趺坐卷云纹座。

252 号像：251 号像左侧供养菩萨坐像。头部残损，可辨束高髻。上身着袒右肩衫衣。双肩覆天衣，沿两腋而下绕双腿间，末端分别挂前臂垂至体侧。左手于腹上残损不明。右手于右腋前持花枝。下身着裙，结跏趺坐卷云纹座。

253 号像：252 号像左侧供养菩萨坐像。头部残损，可辨束高髻。上身着袒右肩衫衣。右肩臂残失，可见左肩覆天衣，沿腋而下绕双腿间，末端挂前臂垂至体侧。右手于腹前捧圆形宝珠。左手于胸前残损不明。结跏趺坐卷云纹座。

254 号像：253 号像左侧供养菩萨跪像。头部、上身残损。双臂屈肘，前臂贴座，双手抚座，身体前倾，面部贴手背。下身着裙，长覆足，双腿跪姿。其下卷云纹座。

255 号像：254 号像左侧供养菩萨坐像。头部、上身残损。双臂屈肘，前臂贴座，双手抚座，身体前倾，头上抬。下身着裙，长覆足，双腿跪姿。其下卷云纹座。

256 号像：255 号像左侧供养菩萨坐像。头部风化残失，上身着袒右肩衫衣。双肩覆天衣，可见右侧天衣由双腿之间绕左手腕至身后。左手于腹前残损不明。右手于右腋前残失。下身着裙，结跏趺坐卷云纹座。

257 号像：256 号像左侧供养菩萨坐像。头部残损，可辨束高髻。双肩覆天衣，沿两腋而下绕双腿之间，末端挂前臂垂至体侧。左手于胸前残损不明。右手于腹前捧钵。下身着裙，结跏趺坐卷云纹座。

258 号像：257 号像左侧供养菩萨坐像。胸部以上风化残损，可辨束高髻。身着袈裟。结跏趺坐卷云纹座。

259 号像：258 号像左侧供养菩萨坐像。腹部以上风化残损。可辨束高髻。可见天衣飘带绕双腿之间。左手于腹前残损不明。右手于右膝上残损不明。下身着裙，结跏趺坐卷云纹座。

260 号像：259 号像左侧供养菩萨坐像。头部、上身风化残失。双手腹前结禅定印。下身着裙，结跏趺坐卷云纹座。

261 号像：260 号像左侧供养菩萨跪像。头部残失。双臂屈肘，前臂贴座，身体前倾，头上抬。下身着裙。其下卷云纹座。

262～265号像：龛右侧壁由上至下第十排现存右端四尊坐像。因龛壁垮塌，风化严重，仅剩残痕。

266号像：龛正壁由上至下第十排右端坐像。头部、上身风化严重。双臂屈肘，双手残损，可见于腹前捧圆状物。下身着裙，双腿结跏趺坐。

267号像：266号像左侧供养菩萨坐像。腹部以上风化残损，可辨束高髻。下身着裙，双腿结跏趺坐。

268号像：267号像左侧供养菩萨坐像。头部残损，可辨束高髻。双肩覆天衣，末端分别挂腕部垂下。双手于右肩前残损不明。下身着裙，结跏趺坐卷云纹座。

269号像：268号像左侧供养菩萨坐像。头部残损，可辨束高髻。双肩覆天衣，末端分别挂腕部垂下。双手于腹上捧大钵。下身着裙，双腿结跏趺坐。

270号像：269号像左侧供养菩萨坐像。头部残损，可辨束高髻。上身内着袒右肩衫衣。外着覆肩袒右式袈裟。双手于腹前掩袈裟中。双腿风化残失。

271号像：270号像左侧供养菩萨坐像。束高髻，面部残损。双肩覆天衣，末端分别挂腕部垂下。右手于右侧腰处托广口罐底部，罐中插卷草。左手扶罐侧。双腿风化残失。

272号像：271号像左侧供养菩萨坐像。束高髻，面部残损。上身内着袒右肩衫衣。双肩覆天衣，沿两腋而下绕双腿之间。左手于左肩前残损不明。右手于腹前残损不明。下身着裙，双腿游戏坐。

273号像：272号像左侧供养菩萨坐像。束高髻，面部残损。头部正面，上身微侧向右。双肩覆天衣，可见左侧天衣沿腋而下由外侧绕手腕垂至身体右侧。右手于右腋前托罐状物底部，罐口盛物不明，左手扶罐侧。下身着裙，双腿跪坐。

274号像：273号像左侧供养菩萨坐像。束高髻，面部残损。上身着袒右肩衫衣。双肩覆天衣，末端分别挂双腕垂身前。双手于腹上部叠放。双腿游戏坐。

275号像：274号像左侧供养菩萨坐像。头部残损，可辨束高髻，戴发巾。身着通肩袈裟。双手于腹前掩袖中。双腿结跏趺坐。

276号像：275号像左侧供养菩萨坐像。束高髻，面部残损。上身内着袒右肩衫衣，腹上系带成结。双肩覆天衣，沿两腋而下，末端分别挂前臂垂至身侧。左手于左肩前残失。右手于胸前向内握拳。双腿结跏趺坐。

277号像：276号像左侧供养菩萨坐像。束高髻，面部残损。上身着袒右肩衫衣。双肩覆天衣，沿两腋垂下，末端分别挂前臂垂下。左手于左肩前残断。右手于腹前捧未敷莲花。双腿结跏趺坐。

278号像：277号像左侧供养菩萨坐像。束高髻，面部残损。上身内着袒右肩衫衣，腹上系带成结。双肩覆天衣，沿两腋而下，末端分别挂前臂垂下。双手于腹前，右手覆左手背，拇指相触。双腿结跏趺坐。

279号像：278号像左侧供养菩萨坐像。腰部以上风化残损严重。双手于腹前掩衣中。双腿结跏趺坐。

280号像：279号像左侧供养菩萨坐像。腰部以上风化残损严重。可辨袒裸上身，双肩覆天衣。下身着裙，双腿结跏趺坐。

281 号像：280 号像左侧供养菩萨坐像。头束高髻，面部残损。上身着袒右肩衫衣。双肩覆天衣。左手置胸前。右手置腹前，掌心相对。下身着裙，双腿结跏趺坐。

282 号像：281 号像左侧供养菩萨坐像。腰部以上风化残损不明。双腿结跏趺坐。

283 号像：282 号像左侧供养菩萨坐像。头部残损，可辨束高髻。上身风化严重，可辨着袈裟。双手于腹前掩袖中。双腿结跏趺坐。

284 号像：283 号像左侧供养菩萨坐像。腰部以上风化残损不明。双腿结跏趺坐。

285 号像：284 号像左侧供养菩萨坐像。头部残损，可辨束高髻。上身着袒右肩衫衣。双肩覆天衣。双前臂残损不明。双腿残损不明。

286 号像：285 号像左侧供养菩萨坐像。束高髻，面部残损。上身着袒右肩衫衣。双肩覆天衣。左手于腹前残失。右手于肩前持花枝。双腿残失。

287 号像：286 号像左侧供养菩萨坐像。胸部以上残损不明。身着袈裟，双手于腹前掩袖中。双腿残失。

288 号像：287 号像左侧供养菩萨坐像。头部残损，可辨束高髻。胸部风化残损。双肩覆天衣。左前臂残失。右手于腹前向内握拳。下身着裙，双腿结跏趺坐。

289 号像：288 号像左侧供养菩萨坐像。头部残损，可辨束高髻。上身风化残损严重。左手于腹前向下握拳。右臂残损不明。下身着裙，双腿结跏趺坐。

290 号像：289 号像左侧供养菩萨坐像。头部残损不明。身着通肩袈裟。双手于腹前掩袖中。双腿结跏趺坐。

291 号像：290 号像左侧供养菩萨坐像。头部残损，可辨束高髻。上身着袒右肩衫衣。双肩覆天衣。左手于腹前残损不明。右手于胸前残损不明。双腿游戏坐。

5. 龛内遗迹

龛左侧壁下段纵向分布 3 个附龛，由上至下依次编号：N－Y1－002－1，N－Y1－002－2，N－Y1－002－3。N－Y1－002－1 右侧有题记一则，编号 T2。

N－Y1－002－1：位于左侧龛壁中部。单层龛，立面纵长方形，平面横长方形，龛上部残失，残高 52、宽 26、深 7 厘米，龛底平，龛壁直。龛内中央浮雕菩萨立像 1 尊，头部残失，残高 40、肩宽 12 厘米。左臂置身侧，左手残损不明。右肩可见垂冠缯带，右前臂残失。双肩覆天衣，可见左侧天衣于膝前呈 U 形绕右臂垂体侧。下身着长裙，长至足背，裙腰反裹腰带，腰带末端于大腿间系结下垂。裙褶于双腿呈 U 形。两腿稍分开，跣足立于束腰莲座。莲座束腰较短。其上三层仰莲座，莲瓣窄瘦。其下双层覆莲，并瓣状。莲座之下有圆形浅基台。

T2：阴刻向右竖书，共两列。内容抄录如下（图一四）。

□观世音菩萨壹躯／沙弥士遵造永为供养／

N－Y1－002－2：位于左侧龛壁下部，N－Y1－002－1 下方。单层龛，立面纵长方形，右侧及下侧龛残失，平面残损不明，宽 41、残高 49、深 6 厘米，龛顶内斜，侧壁外敞。正壁浮雕像 2 尊。左像残损严重，仅剩残痕。头光保存较好，残高 20 厘米。双层头光，内层素面圆形，边缘饰双圈弦纹，外层宝珠形，尖至龛楣，边缘饰火焰纹。右像为佛坐像，头部、颈部残损严重，通高49、身高24、肩宽10厘米。双层头光。内层圆形，边缘饰双圈阴线。外层宝珠形，尖至龛楣之上，边缘装饰火焰纹。素面圆形身光。上身着通肩袈裟，颈下衣缘开口较低，衣纹疏简，从左肩向右侧呈弧线发散状。两前臂残损严重，双腿、座残损不清，可辨结跏趺坐束腰须弥座。

N－Y1－002－3：位于左侧龛壁下部，N－Y1－002－2下方。单层龛，立面方形，平面横长方形，龛口微外敞，龛宽35、高43、深6厘米。龛顶残失，龛底平，侧壁直。龛内正壁设浅坛，其上浮雕立像2尊，二像之间龛壁浅浮雕云尾纹。左像为僧人形立像，残高31厘米。胸部以上风化残损。上身着三层佛衣，内着僧祇支，有宽衣缘，无衣褶，胸下系带成结。外披双层袈裟，衣纹疏简，衣褶较浅。内层为双领下垂式，袈裟左侧上缘仅露出较窄部分。外层袈裟为偏袒右肩式，覆左臂绕腹前至身后。下身着裙，长至足背，双腿稍分开，足部残损不明。右像为菩萨立像，残高29厘米。胸部以上风化残失。袒裸上身，从左肩至右腋斜披络腋。可辨身披X形璎珞。双肩覆天衣，可见左侧天衣沿腋下垂绕大腿上方，挂右臂垂体侧。下身着长裙及足背，裙上端从腰部折返覆大腿，裙腰反裹腰带，腰带末端垂双腿之间，裙褶于双腿上呈U形。双腿稍分开，足部残损不明。

图一四　T2拓片

牛角寨区 Y2

Y1前平台石梯西侧巨石，坐标N30°15′22.59″，E104°10′15.77″。造像龛N－Y2－003～N－Y2－023分布于L形崖面，东面崖壁方向50°，南面崖壁方向143°，东崖壁前现状地势较南崖壁高。Y2造像龛以中型、小型龛为主（图一五）。

东壁及南壁的左段开龛一层，南壁右段开龛二层。N－Y2－004外龛底与N－Y2－005外龛顶相通，为组合龛，N－Y2－005、N－Y2－006、N－Y2－007龛底同高。N－Y2－007外龛底与并排的N－Y2－008、N－Y2－009外龛顶相通。N－Y2－010、N－Y2－011外龛底同高，且与N－Y2－012、N－Y2－013、N－Y2－014外龛底高度相差无几。南壁右段上层，N－Y2－015、N－Y2－020外龛龛底同高，下层N－Y2－019、N－Y2－023外龛底近乎同高，N－Y2－019、N－Y2－022外龛顶同高。南壁右段下层N－Y2－019、N－Y2－023外龛有阴刻直线相通，且垂直于N－Y2－022左侧外龛向下延伸的阴刻直线（图版九、一〇）。

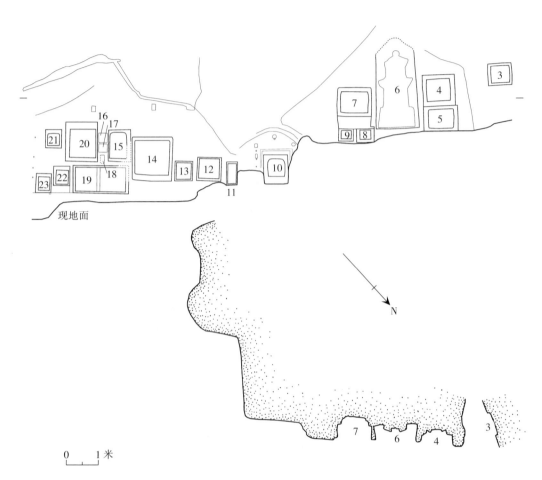

图一五　牛角寨区 Y2 龛窟分布图

N - Y2 -003

1. 相对位置

位于 Y1 前平台南侧下方岩石崖面，平台前梯步最高处西侧。

2. 保存状况

外龛龛顶左段、右侧龛壁残失。龛内尊像风化酥粉严重，历史时期遭人为破坏（图版一一：1）。

3. 龛窟形制

双层龛。外龛立面横长方形，平面不规则，宽 165、高 148、深 52 厘米，龛顶平，龛壁直，龛底上斜。内龛立面横长方形，上侧弧形斜撑，平面半椭圆形，龛口内收，宽 134、高 122、深 0.39 厘米，平顶与正壁转角呈直角，与两侧龛壁转角呈弧形，正壁外斜，龛底平（图一六）。

4. 龛内造像

龛内正壁中央减地凿刻小型浅龛，立面呈马蹄形，宽 28、高 28、深 1.5 厘米，其中浮雕佛坐像 1 尊。于正壁、侧壁在小龛两侧、上方浮雕佛坐像 3 排共 32 尊。龛内尊像共计 33 尊，编号见图一七。

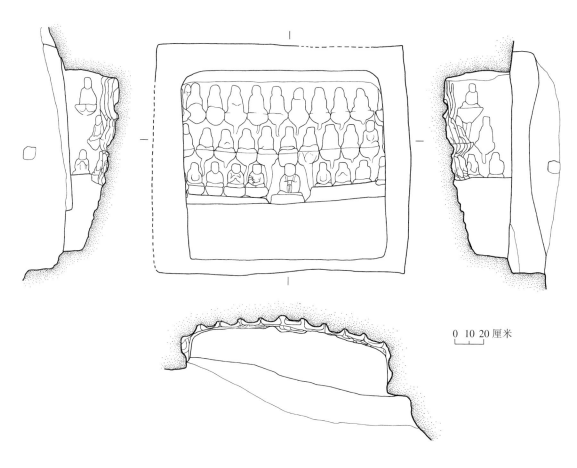

图一六　N－Y2－003 测绘图

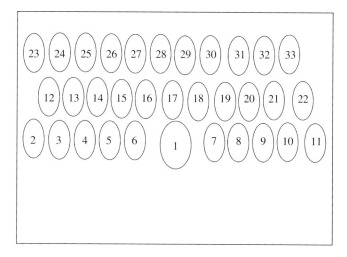

图一七　N－Y2－003 尊像编号图

中尊通高27、像高20、肩宽10厘米，风化严重，头部不明。双手置胸前，手印不明。结跏趺坐，其座形制不明，有凿痕。其余佛坐像体量基本一致，略小于中尊，通高30、身高19、肩宽7厘米，分三排错位而列。由下往上，第一排佛坐像10尊（2～11号），第二排11尊（12～22号），第三排11尊（23～33号）。尊像皆风化严重，部分历史时期遭人为破坏。其中保存相对较好的第2、4、6、17、16、23号像，可辨双手掩袖置胸前，第3、5、8、9、10、19、20、21、33号像双手施禅定印。尊像皆为结跏趺坐，部分座可辨为带茎莲座。中尊所在第一排至龛底为空白区域，无规律分布凿痕，无尊像痕迹。

N–Y2–004

1. 相对位置

Y2东壁造像分布左端，N–Y2–005上方造像龛。

2. 保存状况

外龛右侧壁风化脱落严重。内龛两侧壁风化起壳严重，龛门上槛风化严重。龛内尊像头部历史时期遭人为破坏（图版一一：2、一二、一三）。

3. 龛窟形制

双层龛。外龛立面横长方形，平面横长方形，宽134、高122、深39厘米。龛顶平，龛壁直，龛底左高右低。内龛立面横长方形，上侧弧形斜撑，平面半椭圆形，龛口内收，宽100、高89、深21厘米，龛顶弧形，龛壁直（图一八）。

4. 龛内造像

内龛正壁近圆雕佛坐像3尊，三像之间半圆雕比丘头像2尊；左侧壁半圆雕菩萨立像1尊；右侧壁半圆雕菩萨立像1尊；龛门上槛均匀分布三像。外龛正壁两侧各高浮雕力士1尊，其上方各浮雕立像1尊；龛底两侧各高浮雕狮子像1尊；右侧壁浮雕佛坐像4尊。共计造像20尊，编号见图一九。

1号像：内龛正壁中央佛倚坐像，通高71厘米。头部残失，仅剩痕迹，身残高50、肩宽15厘米。双层头光。内层圆形，边缘饰两圈连珠纹，浅浮雕放射状锯齿纹，锯齿窄长而疏。外层宝珠形，通体装饰火焰纹。上身着露胸通肩袈裟，胸部、右肩残损，袈裟左缘垂覆腹部绕右肘垂体侧，下缘垂覆至小腿，衣纹疏简，由左肩呈弧线发散。左手残失可辨置左膝，右前臂于右腋处残失。双层圆形身光。内层阴线刻放射状锯齿纹，锯齿窄长而疏，边缘阴刻双圈波浪纹。外层阴刻火焰纹。下身内着裙，裙长至踝，双腿分开，衣纹于双腿间呈U形。倚坐方形束腰须弥座，束腰较短。其上两层叠涩。其下两层叠涩。双足各踩小型束腰莲座。座下有平面呈马蹄形高台基。

2号像：内龛正壁左侧佛坐像，通高70、像高31、肩宽15厘米。头部残失仅剩痕迹。双层头光。内层圆形，浅浮雕放射状锯齿纹，锯齿窄长而疏，边缘饰两圈连珠纹。外层宝珠形，通体饰火焰纹。上身着通肩袈裟，衣纹较疏，在胸腹部呈U形。左肩、左上臂残损。双手置于腹前掩袈裟中。双层圆形身光。内层浅浮雕放射状锯齿纹，锯齿窄长而疏，边缘饰两圈连珠纹。外层阴刻火焰纹。结跏趺坐束腰莲座，袈裟覆腿，内着长裙，悬裳覆座。束腰为三并列圆球。其上仰莲台。其下双层覆莲，莲瓣宽圆单薄。座下有双层覆莲浅台基，莲瓣形制宽圆单薄。

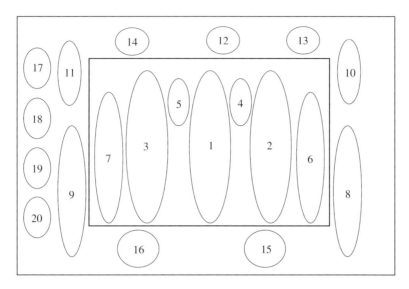

图一九　N－Y2－004 尊像编号图

3 号像：内龛正壁右侧佛坐像，通高 70 厘米。头部残损仅剩痕迹，身残高 31、肩宽 14 厘米。双层头光。内层圆形，浅浮雕放射状锯齿纹，锯齿窄长而疏，边缘饰两圈连珠纹。外层宝珠形，通体装饰火焰纹。上身内着圆领衣，外着通肩袈裟，袈裟上缘于胸口处开口低，衣纹较疏，在胸腹部呈 U 形。双手于腹前掩袈裟中。双层圆形身光。内层浅浮雕放射状锯齿纹，锯齿窄长而疏，边缘饰两圈连珠纹。外层阴刻火焰纹。结跏趺坐束腰鼓腹状莲座。其上莲台残损。其下双层覆莲，莲瓣宽圆单薄。座下有双层覆莲浅台基，莲瓣形制宽圆单薄。

4 号像：内龛左侧壁，1、2 号像头光之间比丘头像，身体被前像身光遮掩，通高 16、像高 12 厘米。圆顶，颈部筋骨凸出。有圆形头光，浅浮雕放射状锯齿纹，锯齿窄长而疏，边缘刻两圈弦纹夹一圈连珠纹装饰带。

5 号像：内龛右侧壁，1、3 号像头光之间比丘像，身体被前像身光遮掩，通高 17、像高 12 厘米。圆顶。有圆形头光，浅浮雕放射状锯齿纹，锯齿窄长而疏，边缘刻两圈弦纹夹一圈连珠纹装饰带。

6 号像：内龛左侧壁菩萨立像，通高 59、像高 43、肩宽 11 厘米。头部残失，可辨头顶束高髻。双层头光。内层椭圆形，边缘刻两圈弦纹夹一圈连珠纹装饰带。外层宝珠形，通体装饰火焰纹。颈短。袒裸上身，由左肩至右腋斜披络腋。可见连珠璎珞 X 形相交于腹前花形饰，沿双腿内侧至膝下绕身后。可辨双肩覆天衣，右侧天衣绕腹下挂左臂垂身侧，左侧天衣绕大腿挂右臂垂身侧。左臂向上屈肘，左手持杨柳枝。右臂垂身侧，手提净瓶。下身着裙，系腰带，裙长及足背。跣足，外"八"字形立双层仰覆莲座。

7 号像：内龛右侧壁菩萨立像，通高 62、像高 43、肩宽 12 厘米。头部残损，可辨束高髻。宝珠形头光风化，可见火焰纹。颈短。袒裸上身，由左肩至右腋斜披络腋。肩覆天衣，右侧天衣绕腹下挂左臂垂身侧，左侧天衣绕大腿挂右臂垂身侧。右臂向上屈肘，右手于右肩侧残损。左臂垂身侧，手提净瓶。可见璎珞沿双腿内侧至膝下绕至身后。下身着裙，系腰带，裙长及足背。跣足，外"八"字形立于双层仰覆莲座。

8 号像：内龛左侧门柱前力士像，通高 83、像高 52 厘米。头部残损，可辨束高髻。袒裸上身，胸腹肌肉轮廓明显。右臂振臂上举，右手于头侧抓天衣末端。左臂垂体侧，左手掌用力摊开。双肩披天衣，上部环状飘于头顶，左段垂体侧，右段扬于头顶。下身着短裙，裙长及膝，腰部系宽带，腹下成结，余段锯齿状垂双腿之间。双腿分开比肩宽，跣足立高岩座。

9 号像：内龛右侧门柱前力士像，通高 68、像高 44 厘米。腰部以上风化残损严重。可辨天衣环状飘于头顶。下身着短裙，裙长及膝，腰部系宽带，腹下成结，余段锯齿状垂双腿之间。双腿分开比肩宽，跣足立高岩座。

10 号像：内龛左侧门柱，8 号像上方立像，高 29 厘米。残损严重，细节不辨。立于长尾卷云座。

11 号像：内龛右侧门柱，9 号像上方立像，高 27 厘米。风化残损仅剩痕迹。

12~14 号像：内龛上槛中央及两侧并列分布门簪形物，12 号像居中，风化严重，形似香炉；13、14 号像左右对称，风化严重，可辨团花形。

15 号像：外龛龛底左侧狮子像，残高 26 厘米。风化残损严重。其下方形台座。

16 号像：外龛龛底右侧狮子像，残高 42 厘米。头部残失，可辨朝向龛左侧方向。前腿前伸贴地，后腿直立，臀部翘起。其下素面方形浅台。

17~20 号像：外龛右侧壁外侧由上至下均匀分布 4 尊佛坐像，形制大小一致，高 16 厘米。风化残损严重，可辨宝珠形头光，圆形身光。身着通肩袈裟，双手置腹前，结跏趺坐。

5. 龛内遗迹

外龛左侧壁下侧分布 2 个圆洞，相距 18 厘米，直径约 2 厘米。处于同一直线上，与龛底平行。

N－Y2－005

1. 相对位置

Y2 东壁造像分布左端，N－Y2－004 下方。

2. 保存状况

整体保存较差，风化酥粉严重，且因潮湿生长苔藓。尊像头部大多遭人为破坏（图版一四）。

3. 龛窟形制

双层龛。外龛立面横长方形，平面横长方形，宽 145、高 96、深 59 厘米，无龛顶，与 N－Y2－004 号龛底相通，龛底平，龛壁直。内龛立面横长方形，上侧弧形斜撑，平面半椭圆形，龛口外敞，宽 107、高 77、深 32 厘米，龛顶、龛底平，龛壁直（图二〇、二一）。

4. 龛内造像

内龛正壁近圆雕佛坐像 4 尊，两侧高浮雕比丘立像各 1 尊。内龛侧壁半圆雕菩萨立像各 1 尊，内龛三壁上部高浮雕八部众半身像 8 尊。内龛门柱外高浮雕天王像各 1 尊。共计尊像 18 尊，编号见图二二。

0　5　10厘米

图二〇　N－Y2－005 正视、平面图

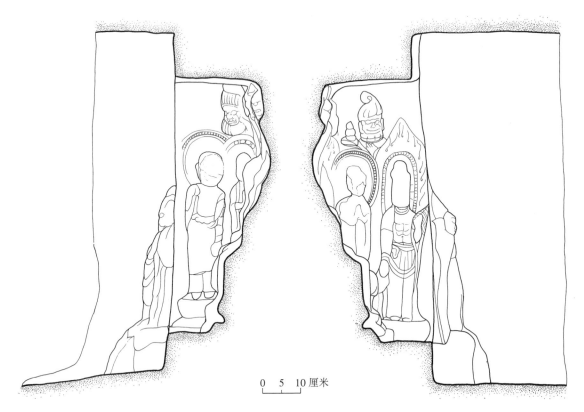

0　5　10厘米

图二一　N－Y2－005 剖面图

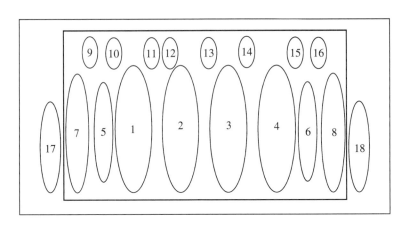

图二二　N－Y2－005 尊像编号图

　　1号像：内龛正壁右端佛坐像，通高66、像高32、肩宽12厘米。头部残损，可辨高肉髻。双层头光。内层椭圆形，边缘刻两圈弦纹夹一圈连珠纹装饰带。外层宝珠形，通体饰火焰纹。上身着通肩袈裟，身前衣纹呈弧形。双手于腹前捧钵。结跏趺坐束腰莲座。束腰鼓腹状。其上三层仰莲，悬裳覆座。其下双层覆莲。座下有方形基台。

　　2号像：内龛正壁右侧，1号像左侧佛坐像，通高66、像高33、肩宽13厘米。头部残损。双层头光。内层椭圆形，边缘刻两圈弦纹夹一圈连珠纹装饰带。外层宝珠形，通体饰火焰纹。上身着通肩袈裟，衣纹风化不清。双手置双膝处残损。结跏趺坐束腰须弥座。方形束腰较短。其上方形台座，悬裳幔状覆座，其下双层方形浅台。座下有方形基台。

3号像：内龛正壁左侧，2号像左侧佛坐像，通高70、像高44、肩宽15厘米。头部残损，有双层头光。内层椭圆形，边缘刻两圈弦纹夹一圈连珠纹装饰带。外层宝珠形，通体装饰火焰纹。因风化袈裟形制不明。左臂可辨屈肘向上，左手于左腋前残失。右手似抚膝。善跏趺坐方形台座。下身着裙，仅露裙缘，裙长及足。跣足，双脚踏小型仰覆莲座，座下有圆形浅基台。

4号像：内龛正壁左端，3号像左侧佛坐像，通高67、像高32、肩宽13厘米。头部残损，双层头光。内层椭圆形，边缘饰两圈弦纹夹一圈连珠纹。外层宝珠形，通体装饰火焰纹。因风化袈裟形制不明。双手于腹前似结弥陀定印。结跏趺坐束腰莲座。束腰鼓腹状。其上仰莲座，悬裳覆座。其下双层覆莲。座下有方形基台。

5号像：内龛右侧壁内侧比丘立像，通高48、像高37、肩宽10厘米。圆顶，有圆形头光，风化形制不清。面部残损。颈短。僧服风化形制不明。双臂屈肘，双手于胸前合掌。腿部及座风化严重。

6号像：内龛左侧壁内侧比丘立像，通高48、像高37、肩宽10厘米。圆顶，面部残损。有单层圆形头光，边缘刻两圈弦纹夹一圈连珠纹装饰带。颈短。因风化，僧服形制不明。双手于胸前合掌。腿部及座风化残损。

7号像：内龛右侧壁外侧菩萨立像，通高60、像高44、肩宽12厘米。头部残损，可辨圆顶。有圆形头光，风化残损，边缘刻两圈弦纹夹一圈连珠纹装饰带。颈短。身体风化服饰不明。左臂下垂持物不明。右臂向上屈肘，右手于肩前持物不明。下身着裙，裙长及足背。跣足。莲座风化细节不清，座下有圆形基台。

8号像：内龛左侧壁外侧菩萨立像，通高67、像高45、肩宽12厘米。头部残损，可辨头顶束高髻。双层头光。内层椭圆形，边缘刻两圈弦纹夹一圈连珠纹装饰带。外层宝珠形，通体饰火焰纹。颈短，刻三道纹。上身风化不清，可见右侧天衣沿腋而下绕大腿挂左臂垂体侧。左臂向上屈肘，左手于左肩前持杨柳枝。右臂垂体侧，手持天衣。下身着裙，系腰带，裙长及足背。跣足，外"八"字形立莲座。莲座风化细节不明。

9号像：内龛右侧壁内侧上部，5、7号像头光上方浮雕头像，高26厘米。发如焰。面部忿怒相，双眼圆鼓，鼻短而大，咧嘴露牙。颈部被蛇缠绕，左手于左肩上方持蛇尾。应为摩睺罗伽。

10号像：内龛正壁右侧上部，9号像左侧半身像，高21厘米。头顶束发髻，面部残损。右手于胸前风化不清。

11号像：内龛正壁右侧上部，10号像左侧半身像，高16厘米。戴龙冠，可见龙爪垂放右肩，面部风化不清。左手于左肩向上持长剑。右手于胸前风化不明。应为龙众。

12号像：内龛正壁右侧上部，11号像左侧半身像，高22厘米。头顶束双髻，双耳长齐肩。面部残损。应为乾闼婆。

13号像：内龛正壁中央上部，12号像左侧半身像，高21厘米。戴兽头冠，双爪垂放双肩。面部风化不清。身着双领下垂式外衣，双臂向上屈肘，双手分别于双肩前横托棒状物。应为天众。

14 号像：内龛正壁左侧上部，13 号像左侧半身像，高 24 厘米。三头并之，中央头顶束双髻，可辨戴冠。面部风化。上身着交领广袖衣。有六臂。上两臂左手托月，右手托日；中两臂左手举曲尺，右手举秤；下两臂于胸前，双手合掌。应为阿修罗。

15 号像：内龛正壁左侧上部，14 号像左侧半身像，高 15 厘米。头顶束髻。着交领衣。

16 号像：内龛左侧龛内侧上部，15 号像左侧半身像，高 17 厘米。头顶束髻。双眼鼓圆，鼻短，咧嘴，有髯。左手置颈前，右手于头侧托小儿像。应为夜叉。

17 号像：内龛右侧门柱前天王立像，通高 59、像高 41、肩宽 12 厘米。头顶束髻。双眼圆睁，咧嘴。上身风化不清，可见披天衣，绕大腿前两道，末段挂双臂垂下。左臂向上屈肘，左手于肩前残失。右臂向上屈肘外展，右手残失，似持长戟。下身内着长裙，可辨外着甲，系腰带，腰前似挂短刀。双腿直立状，座残。

18 号像：内龛左侧门柱前天王立像，通高 59、像高 41、肩宽 12 厘米。头顶残失，可辨戴高冠，双眼鼓圆，嘴角上扬。上身风化残损，可辨着甲，缔带系结。左手于左肩持长戟杆地。右臂残损不明，可见天衣末端垂体侧。下身内着长裙，外着短甲，腰前挂剑鞘。双腿直立状，脚踩匍匐跪卧状夜叉。其下高岩座。

N－Y2－006

1. 相对位置

Y2 东壁，N－Y2－004 和 N－Y2－005 右侧。

2. 保存状况

龛顶因岩层坍塌残损严重，龛壁及塔身生苔藓。尊像头部大多遭人为破坏（图版一五、一六）。

3. 龛窟形制

单层龛。立面似为纵长方形，平面梯形，龛口内收，宽 173、高 320、深 73 厘米，龛底平（图二三）。

4. 龛内造像

龛内正壁半圆雕双层塔 1 座。下层塔身开 1 龛，其中高浮雕坐佛 2 尊。上层塔身开 3 龛，各高浮雕立像 1 尊。龛正壁上部绕上层塔身浮雕坐佛 10 尊。共计尊像 15 尊。

仿楼阁式塔，由基座、塔身、塔刹三部分组成。

基座为双层方形束腰须弥座，基台较高，下层束腰正面减地并列刻四壶门，上层束腰正面雕三壶门。须弥座下有方形浅台。

双层平面八角形塔身，下层高于上层，上层平面尺度收缩。下层塔檐残损，可辨为三重叠涩出檐，下施一层菱角牙子，其下塔身转角处各浅浮雕较小一斗三升式斗栱。檐上覆瓦，垂脊下伸，檐尾挑起。上层塔身底部施低矮围栏，塔檐残损严重，可见残存两重叠涩出檐。檐下施一层菱角牙子，其下转角处各浅浮雕一斗三升式小型斗栱构件。檐面残损不清，可辨檐尾挑起。塔刹风化残损，可辨覆钵状。其下残见双层仰莲。

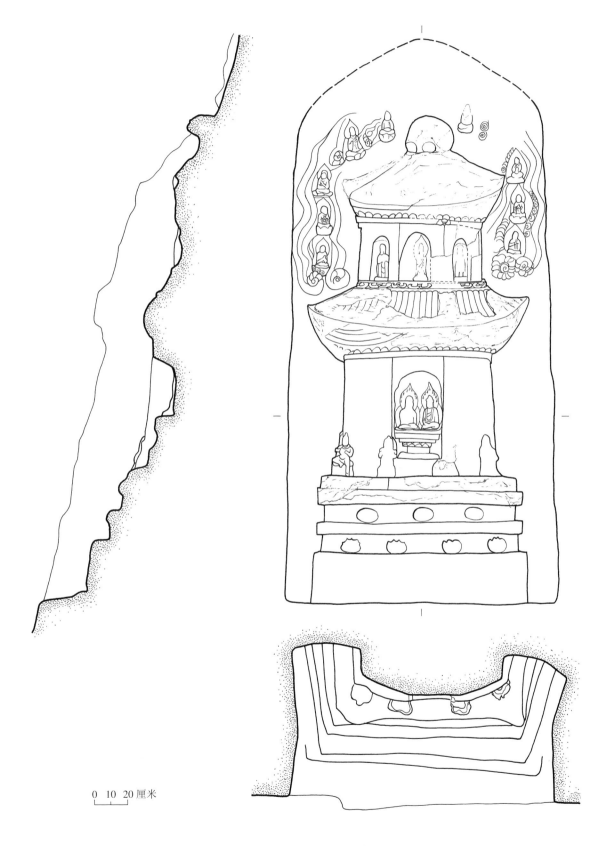

0 10 20厘米

图二三 N－Y2－006 测绘图

上层塔身三面各开纵长圆拱形龛，右龛宽13、高30、深2厘米，龛内正壁高浮雕菩萨立像1尊，头部残，有宝珠形头光。左臂向上屈肘，左手残损，持物不明。右臂垂于身侧。双腿并立台座之上，座残不清。中龛宽15、高29、深2厘米，龛内正壁高浮雕菩萨立像1尊，身体残损严重，可见天衣垂于身侧，下身着裙，双腿并立圆形台座，座残不清。左龛宽12、高28、深2厘米，龛内正壁高浮雕菩萨立像1尊，身体残损严重，可见天衣垂于身侧，双腿并立圆形台座，可辨双层仰莲。

下层塔身正面开纵长圆拱形龛，宽36、高57、深11厘米。龛正壁下部高浮雕束腰须弥座，方形束腰较短。其下双层覆莲圆形基台。其上施四层叠涩，仅最下层刻双层仰莲。束腰座上高浮雕佛坐像2尊。左尊通高31、身高17厘米，头部残损，有双层头光。内层椭圆形，边缘纹饰风化不清。外层宝珠形，通体饰火焰纹。上身内着袒右肩僧祇支，腹上系带，外着露胸通肩袈裟。左手于左肩前残失。右手置右膝。有椭圆形身光，纹饰风化不明，结跏趺坐。右尊通高31、身高21厘米，头部残损，有宝珠形头光，可见边缘雕刻火焰纹。其余细节风化不清。身体风化严重，有椭圆形身光，纹饰风化不明，结跏趺坐。下层正面塔身转角底部处各高浮雕天王1尊。由左至右，第一身坐像残高29厘米，通体残损，可见头后有浅浮雕飘带痕迹，左臂肌肉凸出，左手置腰间。第二身坐像残高23厘米，通体残损仅剩痕迹。第三身坐像残高27厘米，通体残损不明。第四身坐像高30厘米，头顶束髻，上身残损，可辨身材魁梧，肌肉发达，腹部凸出，左手于左胸前残断，右臂向上屈肘，右手于肩前持长戟，下身着裙，舒相坐，座风化，似为岩座。

龛正壁上部两侧浅浮雕长尾带状卷云，其中各均匀布置佛坐像5尊，单尊约高15厘米。右侧由下至上，第一尊浮雕于尖拱形浅龛中，头部残失，有素面宝珠形头光，身着通肩袈裟，双手胸前合掌，结跏趺坐云纹座。第二尊浮雕于尖拱形浅龛中，头部、身体风化，有素面宝珠形头光，身着通肩袈裟，双手胸前合掌，结跏趺坐双层仰莲座。第三尊浮雕于尖拱形浅龛中，头部风化不明，有素面宝珠形头光，身着通肩袈裟，双手胸前合掌，结跏趺坐双层仰莲座。第四尊头部残失，身着露胸通肩袈裟，左手抚左膝，右手于右腋前风化残损，结跏趺坐单层仰莲座。第五尊头部残失，身着通肩袈裟，双手置腹前，结跏趺坐双层仰莲座。左侧由下至上，第一尊头部残失，有素面宝珠形头光，身着双领下垂袈裟，双手置胸前，结跏趺坐云纹座。第二尊头部残损，有素面宝珠形头光，身着通肩袈裟，双手胸前合掌，结跏趺坐双层仰莲座。第三尊浮雕于尖拱形浅龛中，头部残损，有素面宝珠形头光，身着双领下垂式袈裟，双手胸前合掌，结跏趺坐双层仰莲座。第四尊完全残失，仅剩痕迹。第五尊身体风化严重，双手置腹前，结跏趺坐，座残不明。

N-Y2-007

1. 相对位置

Y2东壁，N-Y2-006右侧。

2. 保存状况

龛顶、侧龛外沿皆有岩石崩落现状。内龛门上槛、正壁左侧、左侧壁和外龛左侧皆被渗水侵蚀并生长苔藓。龛内尊像头部大多在历史时期遭人为破坏（图版一七～一九）。

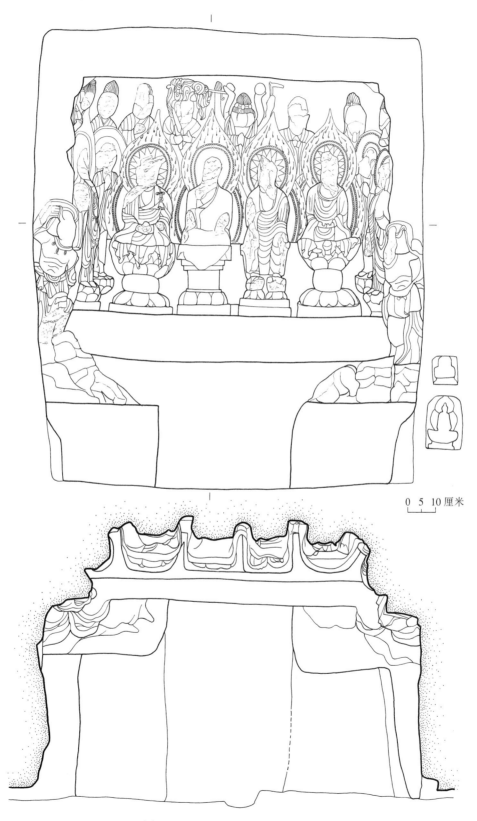

0　5　10 厘米

图二四　N－Y2－007 正视、平面图

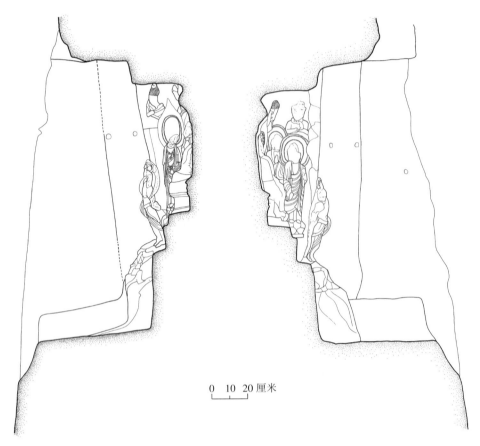

0　10　20 厘米

图二五　N－Y2－007 剖面图

3. 龛窟形制

双层龛。外龛立面纵长方形，平面横长方形，宽 145、高 167、深 93 厘米。龛顶平，龛壁直，龛底上斜，两侧设 L 形高坛。内龛立面横长方形，上侧弧形斜撑，平面半椭圆形，宽 115、高 86、深 26 厘米。龛顶、龛底平，龛壁直，龛顶与三壁转角为弧形（图二四、二五）。

4. 龛内造像

内龛正壁近圆雕佛坐像 4 尊，四佛两侧各半圆雕比丘像 1 尊，侧壁各半圆雕菩萨立像 1 尊，内龛三壁上部高浮雕八部众半身像 8 尊。内龛两侧门柱前半圆雕力士像各 1 尊，其座内侧各高浮雕狮子像 1 身。共计尊像 20 身，编号见图二六。

1 号像：内龛正壁右端佛坐像，通高 77、像高 36、肩宽 13 厘米。头部残失，有双层头光。内层椭圆形，浅浮雕放射状锯齿纹，边缘饰两圈连珠纹。外层宝珠形，通体饰火焰纹。上身着三层袈裟，内层交领衣，中衣露出垂覆右肩部分，外层为偏袒右肩式袈裟，衣角挂左肩钩纽，袈裟衣纹疏简，刻纹较深。双臂屈肘，双手于腹前残损，可见捧钵。有双层身光。内层椭圆形，边缘饰两圈连珠纹。外层圆形，通体饰火焰纹。结跏趺坐束腰座，束腰鼓腹状。其上三层仰莲座，莲瓣宽圆单薄，悬裳波浪状覆座。其下双层覆莲座，莲瓣宽圆单薄。座下有圆形浅基台。

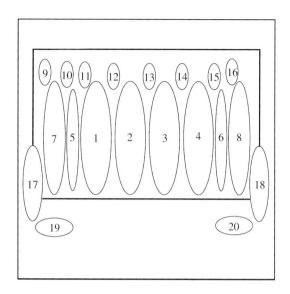

图二六　N－Y2－007 尊像编号图

2号像：内龛正壁右侧，1号像左侧佛坐像，通高76、像高36、肩宽15厘米。头残失，有双层头光。内层椭圆形，浅浮雕放射状锯齿纹，边缘饰两圈连珠纹。外层宝珠形，通体饰火焰纹。上身着三层袈裟，内层为交领衣，中衣露出垂覆右肩部分，外层为偏袒右肩式袈裟，通体无衣纹。有双层身光。内层椭圆形，边缘饰两圈连珠纹。外层圆形，通体饰火焰纹。结跏趺坐束腰方形须弥座，束腰较高。其上施三层叠涩。其下双层覆莲座，莲瓣宽圆单薄。座下有方形浅基台。

3号像：内龛正壁左侧，2号像左侧佛坐像，通高75、像高47、肩宽13厘米。头残失。有双层头光。内层椭圆形，浅浮雕放射状锯齿纹，边缘饰两圈连珠纹。外层宝珠形，通体饰火焰纹。上身着三层袈裟，内层为露胸交领衣，中衣为露胸通肩式，外层为偏袒右肩式袈裟，袈裟衣纹疏简，刻纹较深。左手残断，似抚膝。右臂向上屈肘，右手于右腋前残失。有双层身光。内层椭圆形，边缘饰两圈连珠纹。外层圆形，通体饰火焰纹。双膝残失，可辨善跏趺坐，脚踏小型仰覆莲座。其下双层方形基台。

4号像：3号像左端佛坐像，通高76、像高35、肩宽14厘米。头残失。有双层头光，内层椭圆形，浅浮雕放射状锯齿纹，边缘饰两圈连珠纹。外层宝珠形，通体饰火焰纹。身着双层袈裟，内层仅露衣缘，外着露胸通肩袈裟，领口较低，衣纹在胸前呈U形，刻纹较深。双手于腹前结弥陀定印。有双层身光。内层椭圆形，边缘饰两圈连珠纹。外层圆形，通体饰火焰纹。结跏趺坐束腰座，束腰鼓腹状。其上三层仰莲座，莲瓣宽圆单薄，悬裳波浪状覆座。其下双层覆莲座，莲瓣宽圆单薄。座下有圆形基台。

5号像：内龛正壁右侧比丘立像，通高62、高48、肩宽10厘米。头部残损，有双层圆形头光。内层边缘饰连珠纹。外层边缘饰两圈连珠纹。身着交领式僧服。双手合掌于胸前。跣足，双腿并立于双层仰莲座。其下有圆形较浅基台。

6号像：内龛正壁左侧比丘立像，通高62、高48、肩宽10厘米。头部残损，有双层头光。内层圆形，边缘饰连珠纹。外层边缘饰两圈连珠纹。身着交领式僧服。双手胸前合掌。跣足，双腿并立于双层仰莲座。其下有圆形浅基台。

　　7号像：内龛右侧壁菩萨立像，通高74、像高51、肩宽13厘米。头残，有双层头光。内层素面椭圆形，边缘饰连珠纹。外层素面宝珠形。袒裸上身，从左肩至右腋斜披络腋。双肩覆天衣，沿两腋垂下绕大腿前，末端分别挂前臂垂身侧。戴项圈，有花形垂饰。两条连珠璎珞连接项圈两侧，X形相交于腹前，圆形饰后沿双腿内侧垂下，分别绕膝下至体侧。下身着裙，裙腰反裹腰带，裙长覆足背。跣足，双腿并立双层仰莲座，莲瓣宽圆单薄。座下有圆形浅基台。

　　8号像：内龛左侧壁菩萨立像，通高61、高48、肩宽14厘米。头部残损不清，有双层头光。内层素面椭圆形，边缘饰连珠纹。外层素面圆形，边缘饰两圈连珠纹。身着三层袈裟，内层露胸交领内衣，中层露胸通肩袈裟，露出垂覆右肩部分，外层着袒右肩袈裟，右侧衣角挂左肩钩纽，可见衣角垂于左腋下方。袈裟衣纹疏简，刻纹较深。左臂向上屈肘，左手于肩前残失。右臂垂身侧，右手握圆形宝珠。下身着裙，裙长覆足背。跣足，并立双层仰莲座，莲瓣宽圆单薄。座下有圆形较浅基台。

　　9号像：内龛右侧壁上部半身像，高22厘米。武将形象，头戴盔，上身残损不明。

　　10号像：9号像左侧半身像，高18厘米。头残，束高髻，身着交领衣。

　　11号像：10号像左侧半身像，高22厘米。头残，束高髻，上身风化，可辨双手于胸前合掌。

　　12号像：11号像左侧半身像，高27厘米。头残，龙蜷曲于头顶，鳞甲分明，爪垂放右肩。应为龙众。

　　13号像：12号像左侧半身像，高29厘米。头束高髻，戴三珠宝冠，面部残损，可辨三面并之。上身着交领广袖衣。有六臂。上两臂左手托圆状物，右手托物残损不清。中两臂左手举曲尺，右手举秤。下两臂屈肘，双手胸前合掌。应为阿修罗。

　　14号像：13号像左侧半身像，高19厘米。头部残损严重，可辨束髻，上身着交领衣，双手胸前合掌。

　　15号像：14号像左侧头像，高20厘米。头顶束高髻，面部残损，可见右耳长及肩部。应为乾闼婆。

　　16号像：15号像左侧头像，高21厘米。头部残损不清，颈部缠蛇状物。双手置胸前残损。应为摩睺罗伽。

　　17号像：外龛正壁高坛上，内龛右门柱前力士立像，通高75、像高48厘米。头束髻，缯带上扬，脸部残损。袒裸上身，戴项圈，有水滴状垂饰，胸腹肌肉轮廓明显。左臂垂体侧，前臂残失。右臂抬肩向上屈肘，右手于头顶上方残损不明。下身着短裙，裙长过膝，裙角飘逸，腰部系带，裙上端从腰部折返，裙腰反裹腰带。双肩披天衣，上部环状飘于头顶，右段由肩部而下挂腰侧，余段垂体侧，左段由肩部而下挂腰侧，缠绕左臂，余段垂体侧。双腿分开齐肩，胯右凸，右腿直立，左腿残失。跣足立岩座。座下有L形高台。

　　18号像：外龛正壁高坛上，内龛左门柱前力士立像，通高65、像高38厘米。头顶束髻，缯带飞扬，脸部残损。袒裸上身，胸部风化，胸腹肌肉轮廓明显。左臂抬肩向上屈肘，左手置头顶上方残损不明。右臂垂体侧，前臂残失。下身着短裙，裙长过膝，裙角飘逸，裙上端从腰部折返，腰部系带，裙腰反裹腰带。双肩披天衣，上部环状飘于头顶，左侧由肩部而下挂腰侧，余段垂于体侧，右侧残存下段挂腰侧并垂体侧。胯左凸，右腿直立，双小腿残损严重。其下岩座。座下有 L 形高台。

19、20 号像：17、18 号像岩座内侧卧狮像，身体皆残失，可辨前腿卧、后腿立。

5. 龛内遗迹

外龛右侧壁上部距龛顶 28 厘米处，横向分布 2 个圆形孔洞，相距 128 厘米，形制同，直径 14 厘米。外龛左侧壁上部对应位置亦分布 2 个圆形孔洞，相距约 65 厘米，直径 8 厘米。

龛外左侧下部纵向分布 2 个附龛。由上至下编号 N－Y2－007－1 和 N－Y2－007－2。

N－Y2－007－1：龛残存下部，可辨立面纵长方形，平面半椭圆形，残高 17、宽 14 厘米。风化严重，龛内可辨单尊佛坐像。佛胸部以上残失，身体风化，结跏趺坐仰覆莲座。

N－Y2－007－2：立面纵长方形浅龛，上侧弧形斜撑，高 45、宽 14 厘米。龛中央浮雕单尊佛坐像，通高 18、像残高 9 厘米。风化严重，可辨结跏趺坐仰覆莲座，有宝珠形头光，圆形身光。

N－Y2－008

1. 相对位置

Y2 东壁，N－Y2－007 下方左侧。

2. 保存状况

整龛生长苔藓、地衣。风化严重。部分尊像头部历史时期遭人为破坏（图版二〇：1）。

3. 龛窟形制

双层龛。外龛立面横长方形，平面横长方形，宽 73、高 55、深 32 厘米，无龛顶，与 N－Y2－007 龛底相通，龛壁直，龛底外斜。内龛立面横长方形，上侧弧形斜撑，平面半椭圆形，宽 45、高 36、深 15 厘米。龛顶平，龛壁直，龛顶与三壁转角呈弧形，龛底外斜。龛楣上部残损，可辨双层檐形，檐下刻倒三角纹，两门柱上垂长珠帘，两侧装饰带状卷草纹。内龛门槛分三格，其内减地刻壶门（图二七）。

4. 龛内造像

内龛正壁高浮雕一佛二弟子二菩萨 5 尊像，两侧门柱浮雕天王立像各 1 尊，外龛侧壁浮雕力士立像各 1 尊，外龛龛底浮雕狮子像 2 身，共计尊像 11 身。编号见图二八。

1 号像：内龛正壁中央佛坐像。通高 35、像高 15、肩宽 6 厘米。通体风化严重。有双层头光。内层圆形，浅浮雕放射状锯齿纹，边缘饰连珠纹。外层宝珠形，通体饰火焰纹。左手置腹前。右手抚膝。结跏趺坐束腰座，束腰鼓腹状。其上座残不明。其下覆莲座，表面风化。

2 号像：内龛正壁右侧比丘立像，通高 30、像高 21、肩宽 5 厘米。通体风化严重。可见圆形头光。可辨双手合掌于胸前。双足并立仰覆莲座，表面风化不清。

3 号像：内龛正壁左侧比丘立像，通高 30、像高 21、肩宽 5 厘米。通体风化严重。可见圆形头光。双臂屈肘，双手风化不明。双足并立仰覆莲座，表面风化不清。

图二七　N－Y2－008测绘图

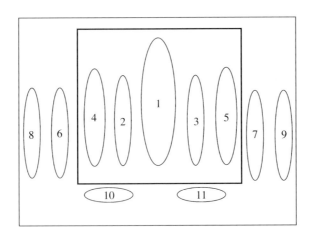

图二八　N－Y2－008尊像编号图

　　4号像：内龛正壁右侧菩萨立像，通高35、像高23、肩宽7厘米。通体风化严重。可见双层头光。内层锯齿放射状，边缘饰连珠纹。外层宝珠形，细节风化不识。左手置左腹，右手置右胸，双手共持莲花茎两端。下身着长裙，可见天衣垂体侧。双足并立仰覆莲座，表面风化不清。

　　5号像：左侧菩萨立像，通高35、像高23、肩宽7厘米。通体风化严重。可见双层头光，内层圆形，外层宝珠形，细节风化不识。左臂垂体侧。右臂向上屈肘，残损严重。下身着长裙，可见天衣垂体侧。双足并立仰覆莲座，表面风化不清。

6 号像：内龛右侧门柱前天王立像，通高 32、像残高 25 厘米。通体风化严重。左手扶腰。右臂屈肘外展，手部残损。下身着长裙，外着长甲，腰带上斜挂剑鞘。天衣于两腿前呈 U 形，余段挂腰侧垂体侧。双腿分开踏匍匐状夜叉。其下有高岩座。

7 号像：内龛左侧门柱前天王立像，通高 32、像残高 23 厘米。通体风化严重。头部、上身残失。下身着长裙，可见有天衣末端垂于体侧。双腿分开而立，座残损。

8 号像：外龛右侧壁力士立像，通高 37、像高 24 厘米。通体风化严重。可见左臂抬肩上举。身披天衣。下身着裙，长度覆膝，双腿分开，胯部左凸，重心居左腿。其下高台形制风化不清。

9 号像：外龛左侧壁力士立像，通高 40、像高 30 厘米。通体风化严重。右臂抬肩上举。左手扶腰。双肩披天衣，上部环状飘于头顶，下段分别垂体侧。下身着裙，长度覆膝，胯部左凸，重心居左腿，双脚分开立高岩座。

10 号像：外龛龛底右侧，6 号像座左侧狮子立像，高 9 厘米，身体朝向左侧。头部、右前腿残失，身体风化，尾部上翘。

11 号像：外龛龛底左侧，7 号像座右侧狮子卧像，高 8 厘米，身体朝向右侧。身体风化残损严重，可辨腿皆卧地。

N－Y2－009

1. 相对位置

Y2 东壁，N－Y2－007 下方右侧，与 N－Y2－008 并列。

2. 保存状况

整龛生长苔藓、地衣。风化严重。龛内部分尊像历史时期遭人为破坏（图版二〇：2）。

3. 龛窟形制

双层龛。外龛立面横长方形，平面横长方形，宽 61、高 50、深 26 厘米，无龛顶，与 N－Y2－007 龛底相通，龛底外斜，龛壁直。内龛立面横长方形，上侧弧形斜撑，平面弧形，龛口外敞，宽 41、高 33、深 10 厘米，龛顶内斜，龛底外斜。龛顶与三壁转角处呈弧形，龛楣上部残损，可辨双层檐形，檐面饰卷草，上槛浅浮雕倒三角纹，门柱上段可辨残存垂帘。门槛分三格，其内减地刻壶门（图二九）。

4. 龛内造像

内龛正壁高浮雕一佛二弟子二菩萨 5 尊像，外龛正壁两侧浮雕力士像各 1 尊，外龛龛底浮雕狮子像 2 身，共计尊像 9 身，编号见图三〇。

1 号像：内龛正壁中央佛坐像。通高 32、像高 16、肩残宽 5 厘米。通体风化，可见有宝珠形头光。双手置腹前，结跏趺坐束腰座，束腰较短。其上座残不明。其下可辨覆莲基座。

0　　5　　10厘米

图二九　N－Y2－009 测绘图

2号像：内龛正壁右侧比丘立像，通高25、像高19、肩宽4厘米。通体风化，生长苔藓。可辨圆形头光。双臂屈肘，双手置胸前。双腿并立仰覆莲座。

3号像：内龛正壁左侧比丘立像，通高25、像高16、肩宽4厘米。通体风化严重。可辨圆形头光。双臂屈肘，双手于腹前掩袖中。可辨双腿并立仰覆莲座。

4号像：内龛正壁右侧菩萨立像，通高31、像残高22厘米。通体风化，生长苔藓。可见有双层头光，内层椭圆形，外层宝珠形，细节风化不识。右臂向上屈肘，右手于右肩前风化不明。下身着裙，可辨双腿并立仰覆莲座。

5号像：内龛正壁左侧菩萨立像，通高31、像残高24厘米。通体风化严重。可见宝珠形头光，细节风化不识。双臂残损不明。下身着裙，可辨双腿并立仰覆莲座。

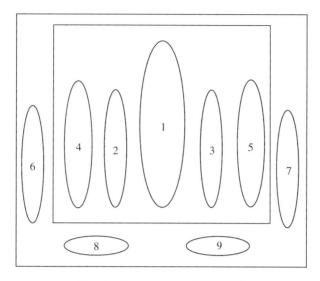

图三〇　N－Y2－009 尊像编号图

6 号像：外龛正壁右侧力士立像，通高 29、残高 20 厘米。通体风化残损严重。可见右臂抬肩上举。左臂垂体侧。下身着裙，裙长覆膝，系腰带，裙角飘逸，可见天衣飘于体侧。双腿分开，胯部右凸，重心居右腿，立高岩座。

7 号像：外龛正壁左侧力士立像，通高 29、残高 22 厘米。通体风化残损严重。可见左臂抬肩上举。下身着短裙，裙长覆膝，系腰带，裙角飘逸，天衣飘于体侧。双腿分开，胯部左凸，重心居左腿，立高岩座。

8 号像：外龛龛底右侧，6 号像台基左侧狮子卧像，高 8 厘米，身体朝向左侧。身体风化残损严重，可辨腿皆卧地。

9 号像：外龛龛底左侧，7 号像台基右侧狮子卧像，高 7 厘米，身体朝向右侧。身体风化残损严重，可辨前腿前伸，后腿立，臀上翘。

N－Y2－010

1. 相对位置

Y2 东壁，N－Y2－007 右侧 2 米崖面较低处。

2. 保存状况

龛下部低于现地面。环境潮湿，龛上部生长苔藓。风化严重。龛内尊像头部历史时期遭人为破坏（图版二一、二二）。

3. 龛窟形制

双层龛。外龛立面纵长方形，平面横长方形，宽 99、高 87、深 50 厘米，龛顶、龛底平，龛壁直。内龛立面方形，上侧弧形斜撑，平面弧形，龛口外敞，宽 70、高 70、深 18 厘米，龛顶平，龛底外斜，龛壁直。龛顶与三壁转角处呈弧形，龛楣残损，可辨双层檐形（图三一、三二）。

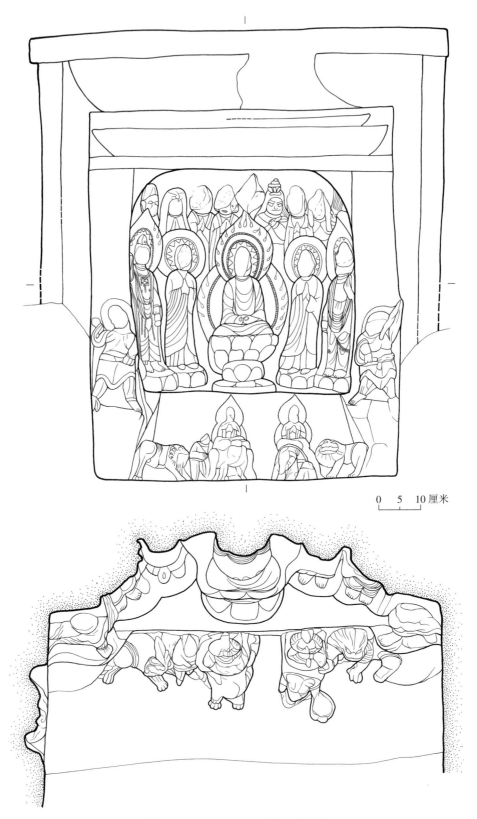

0　　5　　10 厘米

图三一　N－Y2－010 正视、平面图

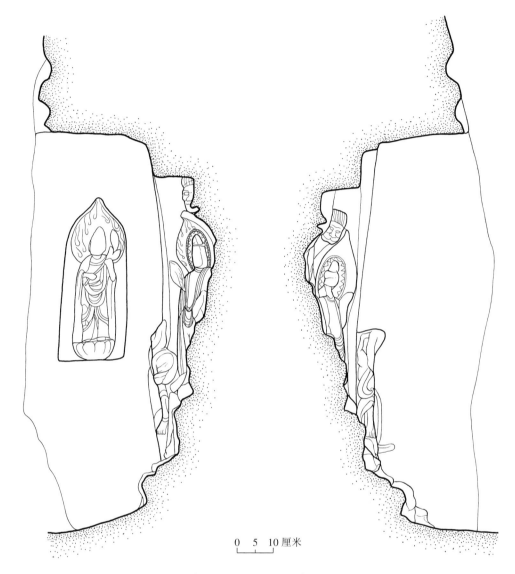

0　　5　　10厘米

图三二　N－Y2－010 剖面图

4. 龛内造像

内龛正壁半圆雕一佛二弟子三尊像，两侧壁半圆雕菩萨立像各 1 尊，内龛三壁顶部高浮雕八部众半身像 8 尊。内龛两侧门柱前半圆雕力士像各 1 尊，外龛龛底中央高浮雕骑狮文殊菩萨像、骑象普贤菩萨像 2 尊，有驭者 1 身，两侧高浮雕狮子像各 1 身。共计尊像 20 身，编号见图三三。

1 号像：内龛正壁中央佛坐像，通高 63、像高 31、肩宽 12 厘米。头部残损，有双层头光。内层椭圆形，浅浮雕放射状锯齿纹，锯齿短三角状，边缘饰两圈连珠纹。外层宝珠形，通体饰火焰纹。其上有华盖残迹。上身着通肩袈裟，衣纹疏简，刻纹较浅。双臂屈肘，双手于腹前结弥陀定印。有双层椭圆形身光，内层边缘饰连珠纹，外层通体饰火焰纹。双腿蔽袈裟中，结跏趺坐束腰座，束腰鼓腹形，装饰单层莲瓣。束腰之上三层仰莲座，束腰之下双层覆莲基座。座下有圆形浅基台。

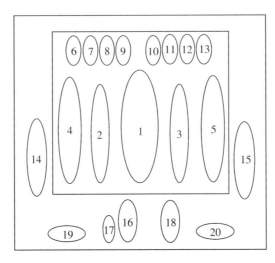

图三三　N－Y2－010 尊像编号图

2 号像：内龛正壁右侧比丘立像，通高 53、像高 43、肩宽 9 厘米。头部残损。双层头光。内层圆形，刻放射状锯齿纹，锯齿短三角状，边缘饰连珠纹。外层素面圆形，边缘饰连珠纹。上身着交领僧服，双臂屈肘，双手胸前合掌。下身着裙，裙长覆足背。跣足，立单层仰莲座。

3 号像：内龛正壁左侧比丘立像，通高 51、像高 41、肩宽 8 厘米。头部残损。双层头光。内层圆形，刻放射状锯齿纹，锯齿短三角状，边缘饰连珠纹。外层素面圆形，边缘饰连珠纹。上身着圆领僧服，双臂屈肘，双手胸前合掌。下身着裙，裙长覆足背。跣足，立单层仰莲座。

4 号像：内龛右侧壁菩萨立像，通高 59、像高 46、肩宽 10 厘米。头部残损，可辨头顶束高髻，戴花冠。双层头光。内层圆形，刻放射状锯齿纹，锯齿短三角状，边缘饰连珠纹。外层宝珠形，可辨通体饰火焰纹。颈部刻三道纹，上身袒裸，戴项圈，胸部有垂饰。双肩覆天衣，沿两腋垂下，分别绕腹前、腿前呈 U 形，末端挂前臂垂于体侧。左臂垂身侧，手提净瓶。右臂向上屈肘，右手可见戴腕钏，于右肩前持杨柳枝。下身着裙，裙长及足。跣足，立单层仰莲座。

5 号像：内龛左侧壁菩萨立像，通高 53、像高 42、肩宽 10 厘米。通体风化，残损严重。可见双层头光，内层椭圆形，外层宝珠形，细节风化不识。可见天衣分别绕腹前、腿前呈 U 形，末端挂前臂垂于体侧。左臂向上屈肘，左手于肩前风化不明。右臂垂身侧，手提净瓶。下身着裙，裙长及足。跣足，立单层仰莲座。

6 号像：内龛右侧壁上部，4 号像头光左侧头像，高 19 厘米。风化残损严重，可辨戴高冠，双眼凸出。

7 号像：6 号像左侧半身像，高 15 厘米。风化残损严重，可见头戴兽头冠，双爪垂放肩前。双手胸前合掌。应为天众。

8 号像：7 号像左侧半身像，高 14 厘米。头部残损，风化严重。可见身着交领衣。双手胸前合掌。

9 号像：8 号像左侧半身像，高 16 厘米。头部残损，风化严重。可见三面并之。身着大袖交领衣。双手合掌于胸前。应为阿修罗。

10号像：1号像华盖左侧半身像，高27厘米。风化严重。武士装像，头戴盔，左臂屈肘，左手于胸前似握棒状物。

11号像：10号像左侧半身像，高17厘米。头部残损，风化严重。身着大袖交领衣。双手胸前合掌。

12号像：11号像左侧半身像，高17厘米。风化残损严重，似头戴兽头冠，有双爪垂于肩前。

13号像：12号像左侧头像，高11厘米。头发蓬乱如焰。面部忿怒相，双眼圆鼓，鼻短而大。

14号像：外龛正壁右侧力士立像，通高48、像高32厘米。头部风化严重，可辨束髻。袒裸上身。右臂抬肩屈肘，右手于头侧残损不明。左臂残损，左手置左腰。肩披天衣，上部环状飘于头顶，右段由肩部绕手臂，余端垂于体侧，左段可见垂于体侧。下身着短裙，裙裾三角状，裙长及膝，裙角飘逸。胯部右凸，双腿分开比肩宽，小腿肌肉线条明显，戴足钏，跣足，立高岩座。

15号像：外龛正壁左侧力士立像，通高48、像高32厘米。头部残失，风化严重。袒裸上身，肩披天衣，上部环状飘于头顶。左臂抬肩上举，手部及持物风化不清。右手于右腹处握天衣末端。下身着短裙，裙裾三角状，裙长及膝，裙角飘逸。胯部右凸，双腿分开比肩宽，小腿肌肉线条明显，跣足立高岩座。

16号像：外龛龛底中央右侧文殊菩萨坐像，狮座，通高33、身高17厘米。头部、肩部残损，双臂屈肘，双手于胸前合掌。可见天衣从双腕垂身前。双腿可辨结跏趺坐于莲座。其下狮座身体正面而立，头残，可辨卷毛鬃。

17号像：文殊菩萨驭者立像，高18厘米。头部残损，风化严重。身体微左倾。右臂屈肘，右手置于腹前。下身着束腿长裤，右腿直立，左脚略向左侧迈出。

18号像：外龛龛底中央左侧普贤菩萨坐像，象座，通高33、身高17厘米。头部残失。双肩覆天衣，经双腋而下，末端挂手腕垂身前。右腿盘坐，左腿垂下踏小型莲座。其下象座残损，可见身体正面而立，长鼻垂地。

19号像：17号像右侧狮立像，高16厘米。身朝17号像。面部风化，卷毛鬃。前肢微屈，后肢直立。

20号像：18号像左侧狮立像，高16厘米。身朝18号像，头朝龛外。狮头昂起，巨口大张，卷毛鬃。塌腰，臀部上翘。

5. 相关遗迹

外龛右侧壁施造附龛，编号 N－Y2－010－1（图三四，图版二三）。

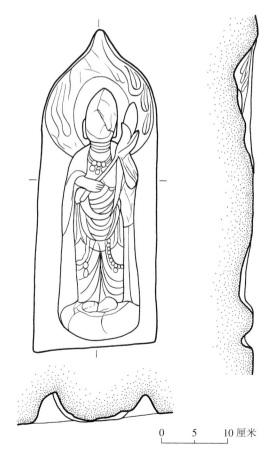

图三四　N－Y2－010－1测绘图

0　　5　　10厘米

N－Y2－010－1：纵长尖拱形龛，平面半椭圆形，龛口微外敞，高49、宽20、深3厘米，龛顶内斜，龛底平。龛中央高浮雕菩萨立像，通高42、像高34厘米。头部残损，可辨头束高髻。双层头光，内层素面椭圆形，外层宝珠形，通体刻火焰纹。上身袒裸，戴项圈，胸前有垂饰。双肩覆天衣，沿两腋垂下，绕腹前、腿前呈U形，末端分别挂前臂垂体侧。左手置左肩前。右手置腹前。双手持未敷莲花。下身着裙，裙长及足。裙上端由腰部折返覆大腿，腰部系带，裙腰反裹腰带，可见璎珞由膝下绕至身后。双腿分开而立，足部残损，座残损。

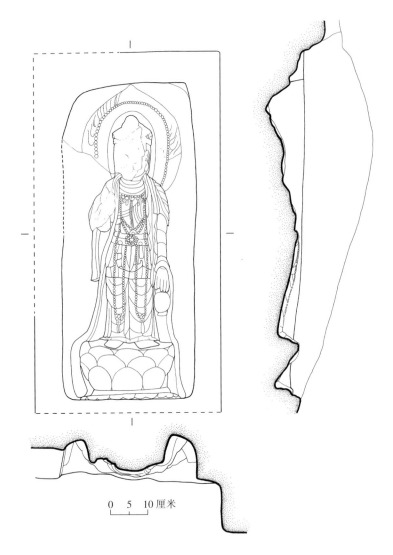

图三五　N－Y2－011 测绘图

N－Y2－011

1. 相对位置

Y2 南崖壁造像龛分布左端。

2. 保存状况

外龛、内龛右侧壁龛沿上部岩石崩落，下部人为损坏见凿痕。环境潮湿，龛壁风化剥离。龛下部生长苔藓。尊像头部、右臂历史时期遭人为破坏（图版二四）。

3. 龛窟形制

双层龛。外龛立面纵长方形，平面横长方形，宽48、高96、深26厘米，龛顶内斜，龛底外斜，龛壁直。内龛立面纵长方形，上侧弧形斜撑，平面拱形，龛口直，宽35、高84、深12厘米，龛顶内斜，龛底外斜（图三五）。

4. 龛内造像

龛内正壁半圆雕菩萨立像，通高81、像高61、肩宽16厘米。头部残损，可见冠缯带垂肩前。三层头光，内层素面椭圆形，中层素面椭圆形，边缘饰连珠纹，外层宝珠形，通体饰火焰纹。颈部刻三道纹。上身袒裸。

从左肩至右腋斜披络腋，帛带末端翻出垂左腹。戴项圈，胸前有连珠垂饰。两条连珠璎珞连接胸饰两侧，相交于腹前圆形饰，后沿腿前垂下。双肩覆天衣，沿两腋垂下，末端分别挂前臂垂于体侧至龛底。左臂垂放体侧，手提净瓶。右臂屈肘上举，右手于肩前残失。小腹微凸。下身着双层裙，外层短裙覆大腿，上缘由腰部折返。腰部系带，裙腰反裹腰带。内层长裙，裙长覆足。双腿分开而立，足部残损，可辨跣足立仰覆莲座。三层仰莲，双层覆莲，莲瓣宽圆单薄。

N－Y2－012

1. 相对位置

Y2南壁，N－Y2－011右侧。

2. 保存状况

外龛龛沿皆有石块崩落痕迹，龛内生长苔藓，风化酥粉严重，部分尊像头部历史时期遭人为破坏（图版二五：1、2）。

3. 龛窟形制

双层龛。外龛立面横长方形，平面横长方形，宽105、高93、深68厘米，龛顶、龛底平，侧壁直。内龛立面纵长方形，上侧弧形斜撑，平面半圆形，龛口直，宽72、高80、深43厘米，龛顶内斜，与三壁转角处呈弧形，龛底平，内侧设低坛（图三六）。

4. 龛内造像

内龛正壁半圆雕一佛二弟子三尊像，两侧壁半圆雕菩萨立像各1尊，内龛三壁顶部高浮雕八部众半身像8尊，两侧门柱前高浮雕力士像各1尊。其座内侧高浮雕狮子像各1身。共计尊像17身，编号见图三七。

1号像：内龛正壁中央佛坐像，通高65、像高31、肩宽11厘米。头部残损。三层头光，内层素面椭圆形，中层椭圆形，刻放射状锯齿纹，锯齿短密三角状，边缘饰连珠纹，外层素面宝珠形。颈部刻三道纹。身着三层袈裟，内层僧祇支，腹上系结，中衣仅露垂覆右肩部分，外层袈裟偏袒右肩，右侧衣角由身后绕腹前搭覆左肩。双手腹前捧钵。有双层椭圆形身光，内层素面椭圆形，边缘饰连珠纹，外层素面。双腿结跏趺坐束腰座，束腰较短，三扁球并列。束腰之上三层仰莲座，悬裳波浪状垂覆全座，束腰之下可辨双层覆莲基座。

2号像：内龛正壁右侧比丘立像，通高55、像高43、肩宽10厘米。头残，可见圆顶，颈部较短。三层头光，内层素面椭圆形，中层椭圆形，刻放射状锯齿纹，锯齿短密三角状，边缘饰连珠纹，外层素面圆形。身着双领下垂式僧服，双手于胸前托经箧，袈裟衣角覆双手垂腹前。下身内着裙，裙长及足背。双腿并立，跣足立双层覆莲台。

3号像：内龛正壁左侧比丘立像，通高55、像高43、肩宽10厘米。头残，可辨圆顶，颈部较短。三层头光，内层素面椭圆形，中层椭圆形，刻放射状锯齿纹，锯齿密短三角状，边缘饰连珠纹，外层素面圆形。身着双领下垂式僧服，双手于胸前合掌。下身着裙，裙长及足背。双腿并立，跣足立双层覆莲台。

4号像：内龛右侧壁菩萨立像，通高62、像高45、肩宽10厘米。头部残损，可辨头束高髻，戴花冠，缯带垂肩前。三层头光，内层素面椭圆形，中层椭圆形，刻放射状锯齿纹，锯齿短密三角状，边缘饰连珠纹，外层素面宝珠形。颈部刻三道纹，刻痕深。上身袒裸，从左肩至右腋斜披络腋，帛带末端翻出垂左胸。戴项圈，胸前有连珠垂饰，两条连珠璎珞连接胸饰两侧，相交腹前圆形饰，后沿腿前

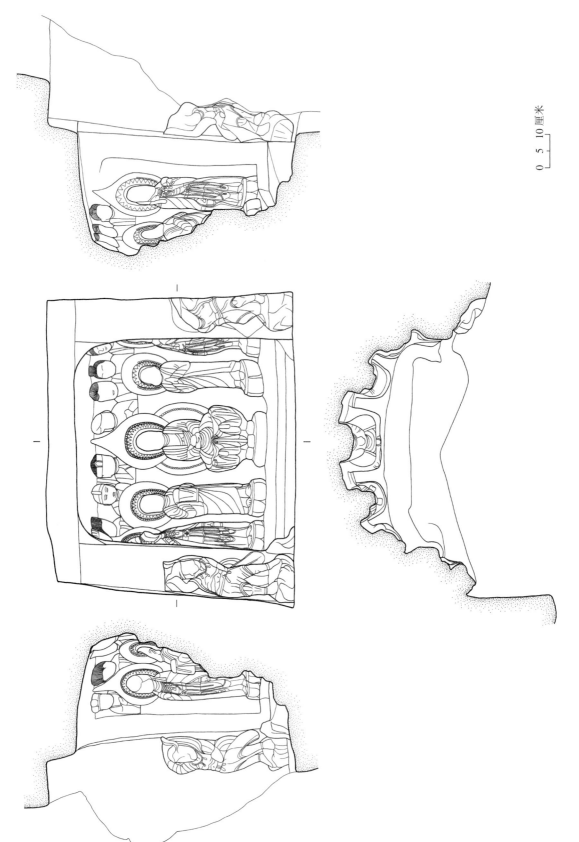

图三六　N－Y2－012 测绘图

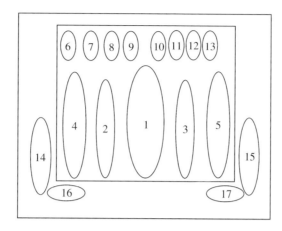

图三七　N－Y2－012 尊像编号图

垂下。双肩覆天衣，缠绕手臂，末端分别挂前臂垂体侧。左臂垂体侧，手戴腕钏提净瓶；右臂向上屈肘，右手于右肩前持天衣。下身着裙，裙长及足，裙上缘从腰部折返覆大腿，腰部系带，裙腰反裹腰带。右腿直立，左腿微屈膝，跣足立于双层覆莲座。

5 号像：内龛左侧壁菩萨立像，通高 53、像高 45、肩宽 10 厘米。头残，可见头束高髻，戴花冠，缯带垂肩前。三层头光，内层素面椭圆形，中层椭圆形，浅浮雕放射状锯齿纹，锯齿短密三角状，边缘饰连珠纹，外层素面宝珠形。颈部、胸部残损，戴项圈，胸前有连珠垂饰，两条连珠璎珞连接胸饰两侧，相交腹前圆形饰，沿腿前垂下。双肩覆天衣，缠绕手臂，末端分别挂前臂垂体侧。右臂垂体侧，手戴腕钏提净瓶；左臂向上屈肘，左手于左肩前持天衣。下身着裙，裙长及足，裙上缘从腰部折返覆大腿，腰部系带，裙腰反裹腰带。左腿直立，右腿微屈膝，跣足立于双层覆莲座。

6 号像：内龛右侧壁顶部，4 号像头光右侧像，高 12 厘米。头戴冠，面部残损，身体隐于前像头光。

7 号像：6 号像左侧像，高 17 厘米。发如焰。双眼圆鼓，面部残损，身体隐于前像头光。

8 号像：7 号像左侧像，高 11 厘米。武将形象，头戴盔，身体隐于前像头光。

9 号像：8 号像左侧像，高 17 厘米。头戴宝冠。面部风化不清。上身着交领广袖衣。有六臂。上两臂左、右手上举，手部持物残损不清。中两臂左、右手置于头顶上方残损不清。下两臂屈肘，双手胸前合掌。应为阿修罗。

10 号像：1 号像头光左侧半身像，高 14 厘米。头部残损，可辨圆顶。上身风化不清，可辨着圆领衣，左臂屈肘，左手置左胸前。

11 号像：10 号像左侧头像，高 16 厘米。风化残损严重。头束髻，戴宝冠。身着双领下垂衣。

12 号像：11 号像左侧头像，高 13 厘米。风化残损严重。头束髻，身体隐于前像头光。

13 号像：12 号像左侧头像，高 14 厘米。风化残损严重。炎发，面部不清，身着双领下垂衣。

14 号像：内龛右侧门柱前力士立像，通高 50、像高 41 厘米（图版二五：3）。头部残损，可辨头顶束髻，可见左侧冠缯带上扬。祖裸上身，肌肉线条较浅。戴连珠项圈。左臂下垂，左手残失。右臂抬肩屈肘上举，右手于头顶上方残损。双肩披天衣，上部环状飘于头顶，右段由肩部而下垂体侧，左段由肩部而下挂腰侧，缠绕手臂，余端垂体侧。双腿分开齐肩宽，右腿直立，胯部右凸，左腿外展，跣足立岩座。下身着短裙，腰部系带，裙长露膝，裙角飘逸。

15 号像：内龛左侧门柱前力士立像，通高 47、像高 33 厘米。上身风化残损。祖裸上身，肌肉线条较浅。可辨左臂抬肩屈肘上举。右臂下垂，右手于腰部残损。可见天衣余段飘于身侧。下身着短裙，腰部系带，裙长露膝，裙角飘逸。

16 号像：外龛龛底右侧，14 号像台座左侧狮子坐像，残高 18 厘米。头部残失，风化严重，仅露前肢，其下有浅台。

17 号像：外龛龛底左侧，15 号像台座右侧狮子坐像，残高 13 厘米。风化残损，仅剩痕迹。

N－Y2－013

1. 相对位置

Y2 南崖壁，N－Y2－012 龛右侧。

2. 保存状况

外龛右侧壁上部、龛顶左侧有石块崩落痕迹，内龛侧壁及外龛生长苔藓，内龛正壁左侧风化剥离。尊像头部历史时期遭人为破坏。

3. 龛窟形制

双层龛。外龛立面纵长方形，平面梯形，龛口内收，宽 73、高 79、深 34 厘米，龛顶内斜，龛底平。内龛立面方形，上侧弧形斜撑，平面半椭圆形，龛口直，宽 63、高 62、深 22 厘米，龛顶、龛底平，龛顶三壁相接处呈缓弧形（图三八）。

4. 龛内造像

内龛正壁半圆雕圣僧像 1 尊，两侧壁半圆雕胁侍立像各 1 尊，共计尊像 3 身。应为僧伽及弟子像（图版二六）。

内龛正壁中央僧坐像：通高 55、身高 39、肩宽 16、肘宽 21、膝宽 26 厘米。头部残损，可见有带垂肩前。身着三层袈裟，内层交领右衽衣，中衣双领下垂，外层袈裟偏袒右肩，右衣角从身后绕右腋下由中衣内侧搭左肩，袈裟衣纹疏简，刻纹较深。双手于腹前施禅定印。双腿结跏趺坐，双脚外露。坐仿箱形托泥式独座榻，中央门柱将正面分隔成两格，分别刻壶门。榻前并列平放两只履鞋，表面残损。

内龛右壁胁侍：僧人形象，高 49、肩宽 12 厘米。头残失。上身着三层僧服，内层交领右衽衣，中层露出覆盖右肩及左侧衣缘，外层袈裟偏袒右肩，右衣角从身后绕右腋下由中衣内侧搭左肩，衣纹疏简，刻纹较深。双臂屈肘，双手于胸下合掌。下身着裙，裙长覆足，露出履鞋。

内龛左壁胁侍：俗人形象，高 46、肩宽 11 厘米。胸部以上残损严重。上身着宽袖圆领袍。双臂屈肘，双手于腹前，上下叠放捧半圆状物，残损不明。下身着裙，腰部系带，裙长覆足，露出履鞋。

图三八　N – Y2 – 013 测绘图

N – Y2 – 014

1. 相对位置

Y2 南崖壁，N – Y2 – 013 龛右侧。

2. 保存状况

外龛龛顶残失，有石块崩落痕迹，龛底风化剥离。外龛、内龛龛门上部残损。内龛侧壁及外龛布满苔藓。部分尊像历史时期遭人为破坏（图版二七、二八：1）。

3. 龛窟形制

双层龛。外龛立面横长方形，平面残可辨横长方形，宽 169、高 155、深 43 厘米，龛顶残失，龛底外斜，龛壁直。内龛立面方形，平面横长方形，龛口微内收，宽 137、高 135、深 29 厘米，龛顶、龛底平，龛顶与三壁转角较直（图三九、四〇）。

4. 龛内造像

内龛底部中央浮雕鼓腹圈底广口宝瓶，瓶口生长多枝莲，逐节分枝满布内龛，茎蔓粗细均匀，茎

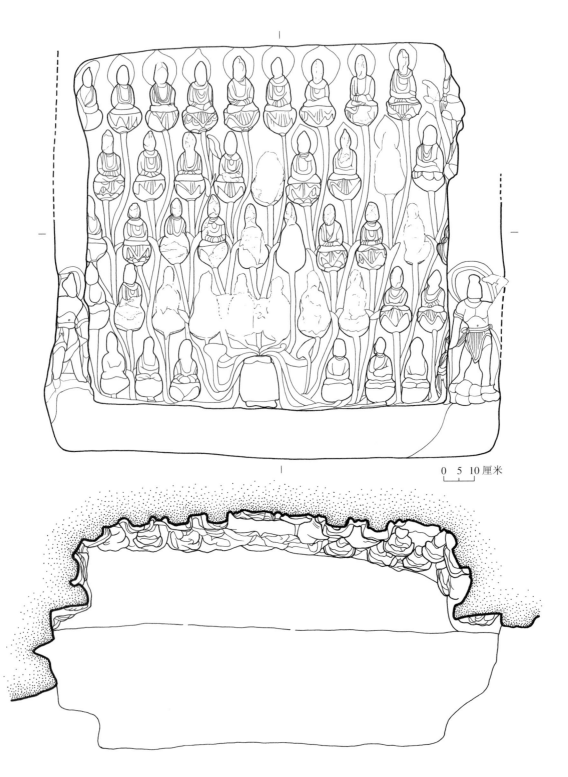

0　5　10 厘米

图三九　N－Y2－014 正视、平面图

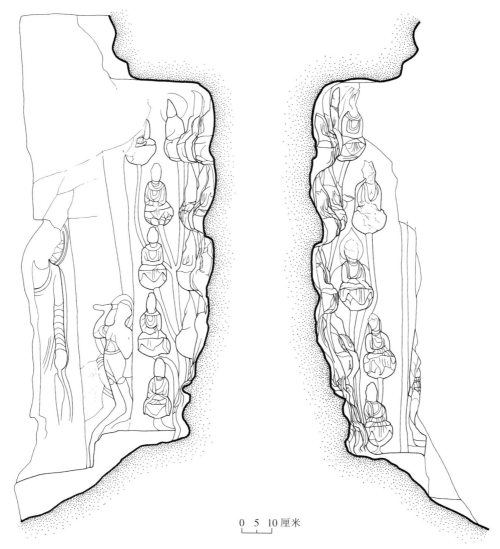

0　5　10厘米

图四〇　N－Y2－014 剖面图

端莲座上高浮雕五十三佛坐像，大小均匀，通高30、像高20厘米，由上至下共5排，每排尊像错位排列。由上至下第一排11尊、第二排11尊、第三排11尊、第四排12尊、第五排8尊。内龛门柱前高浮雕力士像各1尊。龛内尊像共计55尊，编号见图四一。

1号像：内龛右侧壁第一排右端佛坐像。头部残失，上身残损严重，可辨双手置腹前，结跏趺坐莲花座，悬裳三角状垂座。

2号像：内龛右侧壁第一排，1号像左侧佛坐像。全身风化严重，可辨头顶肉髻，残存宝珠形头光。双手置腹前，结跏趺坐莲花座。悬裳三角状垂座。

3号像：内龛正壁第一排，右端佛坐像。全身风化严重，可辨头顶肉髻，有宝珠形头光。身着通肩袈裟。双手置腹前掩袖中。结跏趺坐莲花座，悬裳三角状垂座。

4号像：内龛正壁第一排，3号像左侧佛坐像。全身风化严重，可辨头顶肉髻，有宝珠形头光。身

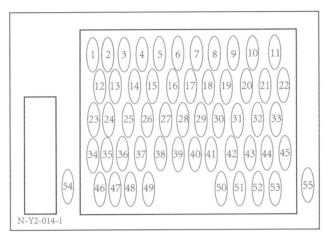

图四一　N－Y2－014 尊像编号图

着露胸双领下垂式袈裟。双手置腹前风化残损。结跏趺坐莲花座，悬裳三角状垂座。

　　5 号像：内龛正壁第一排，4 号像左侧佛坐像。头部风化严重，有宝珠形头光。身着通肩袈裟。双手置腹前掩袖中。结跏趺坐莲花座，悬裳三角状垂座。

　　6 号像：内龛正壁第一排，5 号像左侧佛坐像。全身风化严重，可辨头顶肉髻，有宝珠形头光。身着露胸双领下垂式袈裟。双手置腹前掩袖中，结跏趺坐莲花座，悬裳三角状垂座。

　　7 号像：内龛正壁第一排，6 号像左侧佛坐像。头部风化严重，有双层头光，内层椭圆形，刻放射状锯齿纹，外层宝珠形，可辨饰火焰纹。身着通肩袈裟。双手置腹前掩袖中。结跏趺坐莲花座，悬裳三角状垂座。

　　8 号像：内龛正壁第一排，7 号像左侧佛坐像。头部风化严重，残存宝珠形头光。身着通肩袈裟。双手置腹前掩袖中。结跏趺坐莲花座，悬裳三角状垂座。

　　9 号像：内龛正壁第一排，8 号像左侧佛坐像。全身风化严重，可辨头顶肉髻。有双层头光，内层椭圆形，刻莲瓣纹，外层宝珠形，刻火焰纹。上身着露胸双领下垂式袈裟。双手置腹前掩袖中，结跏趺坐莲花座，悬裳三角状垂座。

　　10 号像：内龛正壁第一排，9 号像左侧佛坐像。头部风化严重，有双层头光，内层椭圆形，外层宝珠形，可辨火焰纹。身着通肩袈裟。双手置腹前掩袖中。结跏趺坐莲花座，悬裳三角状垂座。

　　11 号像：内龛左侧壁第一排，10 号像左侧佛坐像。头部残失，残存头光。身着通肩袈裟。双手置腹前掩袖中。结跏趺坐莲花座，悬裳三角状垂座。

　　12 号像：内龛右侧壁第二排右端佛坐像。头部残损。上身着通肩袈裟。双手置腹前掩袖中。结跏趺坐莲花座，悬裳三角状垂座。

　　13 号像：内龛正壁第二排，12 号像左侧佛坐像。头部残损，可辨头顶肉髻。上身着露胸双领下垂式袈裟。双手置腹前掩袖中，结跏趺坐莲花座。悬裳三角状垂座。

　　14 号像：内龛正壁第二排，13 号像左侧佛坐像。头部残损，可辨头顶肉髻。上身着通肩袈裟。双手置腹前掩袖中。结跏趺坐莲花座，悬裳三角状垂座。

15 号像：内龛正壁第二排，14 号像左侧佛坐像。头部残损，可辨头顶肉髻。身着露胸双领下垂式袈裟。双手置腹前掩袖中。结跏趺坐莲花座，悬裳三角状垂座。

16 号像：内龛正壁第二排，15 号像左侧佛坐像。头部残损，可辨头顶肉髻。身着通肩式袈裟。双手置腹前掩袖中。结跏趺坐莲花座，悬裳三角状垂座。

17 号像：内龛正壁第二排，16 号像左侧佛坐像。残损脱落，仅剩痕迹。

18 号像：内龛正壁第二排，17 号像左侧佛坐像。头部风化残损，可辨头顶肉髻，残存宝珠形头光痕迹。身着通肩袈裟。双手置腹前掩袖中。结跏趺坐莲花座，悬裳三角状垂座。

19 号像：内龛正壁第二排，18 号像左侧佛坐像。头部风化残损，可辨头顶肉髻，有宝珠形头光。胸前风化残损，袈裟形制不明。双手置腹前掩袖中。结跏趺坐莲花座，悬裳三角状垂座。

20 号像：内龛正壁第二排，19 号像左侧佛坐像。尊像残损脱落，仅剩痕迹。残存宝珠形头光。

21 号像：内龛正壁第二排，20 号像左侧佛坐像。头部残损，有宝珠形头光。身着通肩袈裟。双手置腹前掩袖中。结跏趺坐莲花座，悬裳三角状垂座。

22 号像：内龛左侧壁第二排，21 号像左侧佛坐像。头部残失，残存宝珠形头光。身着通肩袈裟。双手置腹前掩袖中。结跏趺坐莲花座，悬裳三角状垂座。

23 号像：内龛右侧壁第三排右端佛坐像。头部残损，头顶肉髻。身着通肩袈裟。双手置腹前掩袖中。结跏趺坐莲花座，悬裳三角状垂座。

24 号像：内龛正壁第三排，23 号像左侧佛坐像。头部残损，可辨头顶肉髻。身着露胸双领下垂式袈裟。双手置腹前掩袖中，结跏趺坐莲花座。悬裳三角状垂座。

25 号像：内龛正壁第三排，24 号像左侧佛坐像。头部残损，可辨头顶肉髻。上身着通肩袈裟。双手置腹前掩袖中。结跏趺坐莲花座，悬裳三角状垂座。

26 号像：内龛正壁第三排，25 号像左侧佛坐像。头部残损，可辨头顶肉髻。胸前风化残损，袈裟形制不明。双手置腹前掩袖中。结跏趺坐，座残损。

27 号像：内龛正壁第三排，26 号像左侧佛坐像。头部残损，可辨头顶肉髻。上身着通肩袈裟。双手置腹前掩袖中。结跏趺坐莲花座，座残损。

28 号像：内龛正壁第三排，27 号像左侧佛坐像。尊像残损脱落，仅剩痕迹。

29 号像：内龛正壁第三排，28 号像左侧佛坐像。尊像残损脱落，仅剩痕迹。

30 号像：内龛正壁第三排，29 号像左侧佛坐像。头部残损。内着交领右衽衣，外着交领袈裟，双手置腹前掩袖中。结跏趺坐莲花座，悬裳三角状垂座。

31 号像：内龛正壁第三排，30 号像左侧佛坐像。头部残损，可辨头顶肉髻。身着通肩袈裟。双手置腹前掩袖中。结跏趺坐莲花座，座残损。

32 号像：内龛正壁第三排，31 号像左侧佛坐像。尊像残损脱落，仅剩痕迹。

33 号像：内龛左侧壁第三排，32 号像左侧佛坐像。头部残损，可辨头顶肉髻。身着露胸双领下垂式袈裟。双手置腹前掩袖中。双腿残损，可辨结跏趺坐，座残损。

34 号像：内龛右侧壁第四排佛坐像。头部残损，可辨头顶肉髻。上身着通肩袈裟。双手置腹前掩袖中。结跏趺坐莲花座，悬裳三角状垂座。

　　35 号像：内龛正壁第四排，34 号像左侧佛坐像。头部残损，可辨头顶肉髻。胸前风化残损，袈裟形制不明。结跏趺坐莲花座，悬裳三角状垂座。

　　36 号像：内龛正壁第四排，35 号像左侧佛坐像。头部残损，可辨头顶肉髻。上身着通肩袈裟。胸部以下残损脱落，仅剩痕迹。

　　37～42 号像：内龛正壁第四排，36 号像左侧依次 6 尊佛坐像。尊像残损脱落，仅剩痕迹。

　　43 号像：内龛正壁第四排，42 号像左侧佛坐像。头部残失。身着露胸双领下垂式袈裟。双手置腹前掩袖中。结跏趺坐莲花座，悬裳三角状垂座。

　　44 号像：内龛正壁第四排，43 号像左侧佛坐像。头部残损。身着通肩袈裟。双手置腹前掩袖中。结跏趺坐莲花座，悬裳三角状垂座。

　　45 号像：内龛左侧壁第四排，44 号像左侧佛坐像。头部残损，可辨头顶肉髻。身着通肩袈裟。结跏趺坐莲花座，悬裳三角状垂座。

　　46 号像：内龛右侧壁第五排佛坐像。头部残损。身着露胸双领下垂式袈裟。双手置腹前掩袖中。结跏趺坐莲花座，悬裳三角状垂座。

　　47 号像：内龛正壁第五排，46 号像左侧佛坐像。头部残损。身着露胸双领下垂式袈裟。双手置腹前掩袖中。结跏趺坐莲花座，悬裳三角状垂座。

　　48 号像：内龛正壁第五排，47 号像左侧佛坐像。头部残损，可辨头顶肉髻。身着通肩袈裟。双手置腹前掩袖中。结跏趺坐莲花座，悬裳三角状垂座。

　　49 号像：内龛正壁第五排，48 号像左侧，宝瓶右侧佛坐像。头部残损，可辨头顶肉髻。上身内着交领右衽衣，外着交领袈裟，双手置腹前掩袖中。结跏趺坐莲花座，悬裳三角状垂座。

　　50 号像：内龛正壁第五排，宝瓶左侧佛坐像。头部残损，可辨头顶肉髻。身着通肩袈裟。双手置腹前掩袖中。结跏趺坐莲花座，悬裳三角状垂座。

　　51 号像：内龛正壁第五排，50 号像左侧佛坐像。头部残损。上身内着交领右衽衣，外着交领袈裟，双手置腹前掩袖中。结跏趺坐莲花座，悬裳三角状垂座。

　　52 号像：内龛正壁第五排，51 号像左侧佛坐像。身着通肩袈裟。双手置腹前掩袖中。结跏趺坐莲花座，悬裳三角状垂座。

　　53 号像：内龛左侧壁第五排，52 号像左侧佛坐像。头部残损。身着露胸双领下垂式袈裟。双手置腹前掩袖中。结跏趺坐莲花座，悬裳三角状垂座。

　　54 号像：内龛右侧门柱力士像，通高 51、残高 42 厘米。通体生长苔藓，风化严重。头部残失。可见袒裸上身，右臂抬肩屈肘，右手于头侧风化不明。左臂垂身侧，手部风化不明。下身着短裙，裙长露膝，裙角飘逸。双脚分开齐肩，立岩座。

　　55 号像：内龛左侧门柱力士像，通高 49、像高 39 厘米（图版二八：2）。通体生长苔藓，风化严重。头束髻，面部不明。袒裸上身，戴项圈。肩披天衣，环状飘头顶。左臂抬肩上举，左手残损不明。右臂垂身侧，握天衣余段。胯部左凸，下身着短裙，腰间系带，裙长露膝，裙角飘逸。双脚分开齐肩，立岩座。

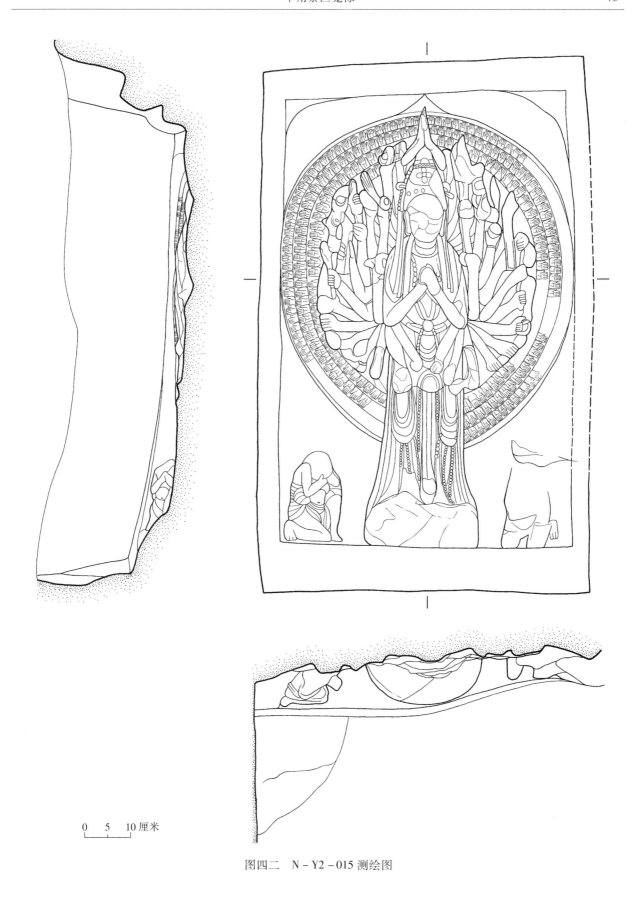

0　　5　　10厘米

图四二　N－Y2－015 测绘图

5. 相关遗迹

外龛右侧壁附龛，龛形残损不明，编号 N – Y2 –014 –1。

N – Y2 –014 –1：高浮雕佛立像 1 尊，残高 80 厘米。因岩石崩落，仅剩左侧身，且小腿以下残失。残存双层头光，可见内层锯齿纹放射状，外层边缘饰连珠纹。身体风化严重，可辨着露胸通肩袈裟，左臂垂放身侧，手部残损不明。

N – Y2 –015

1. 相对位置

Y2 南崖壁，N – Y2 –014 右上侧。

2. 保存状况

外龛顶、左侧壁、龛底有石块崩落痕迹，外龛左侧壁和龛底近残失。尊像有风化剥离现状，且在历史时期遭人为破坏（图版二九）。

3. 龛窟形制

双层龛。外龛立面纵长方形，平面形制残损不明，宽 76、高 117、深 32 厘米，龛顶内斜，龛壁直，龛底不明。内龛立面纵长方形，上侧弧形斜撑，平面弧形。龛口外敞，宽 63、高 101、深 9 厘米。龛顶内斜，与三壁连接处呈缓弧形，龛底平（图四二）。

4. 龛内造像

内龛正壁半圆雕千手观音立像 1 尊，座两侧高浮雕跪像各 1 身，龛内尊像共计 3 身。

主尊千手观音立像：通高 100、身高 78、肩宽 18 厘米。头顶束塔状高发髻，戴宝冠，冠缯带由耳后垂肩前。面部残损不明。颈部刻三道纹。上身袒裸。从左肩至右腋斜披络腋，帛带末端外翻垂腹。双肩覆天衣，余段垂身侧。胸前风化，可辨戴项圈，两条连珠璎珞连接胸饰两侧，相交于腹前圆形饰后沿大腿内侧垂下，沿膝下上绕与身侧璎珞相连，膝下有连珠垂饰。下身着长裙，双膝可见 U 形裙纹，系腰带，余段垂双腿之间至足。足、座残损。环绕上身高浮雕手臂 40 只。身前两臂屈肘，双手于胸前合掌。两侧手臂呈椭圆状分布，其中部分叠压，只露法器，部分可辨戴腕钏。最上方左、右两臂屈肘，双手合掌于髻顶之上。两侧相对位置的左、右两侧手臂动作皆对称，所持法器不同，法器多风化残损不明，可辨海螺、化佛、摩尼宝珠、未敷莲花、经书、拂手、宝环等。身后浮雕宝珠形身光，身光下至小腿，上至龛顶，两侧至龛门。身光分四层，每层连续均匀阴线刻手掌，局部风化残损。

内龛正壁右下角跪像：高 22 厘米。头部残失。身体面向中尊，袒裸上身，肌肉凸出，拱背。双臂屈肘，双手于胸前残损。下身着短裙，束腰带，腿侧开高衩。左腿屈膝，右腿跪坐。

内龛正壁左下角跪像：高 23 厘米。头部、上身残失，可见双膝跪地。

N – Y2 –016

1. 相对位置

Y2 南崖壁，N – Y2 –015 右侧上方。

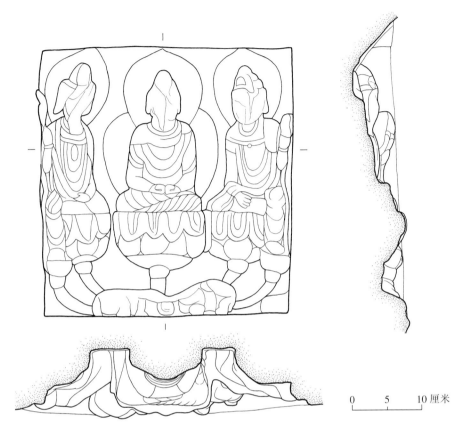

图四三　N－Y2－016 测绘图

2. 保存状况

龛上侧有石块崩落痕迹，龛顶残损，龛楣残失。龛内左侧因水患长满青苔，尊像皆风化，头部历史时期遭人为破坏（图版三〇：1）。

3. 龛窟形制

单层龛。立面方形，平面梯形，龛口外敞，宽33、高38、深11厘米。龛顶残损不明，龛底外斜，龛顶与三壁过渡较直（图四三）。

4. 龛内造像

内龛正壁中央由龛底生长多枝莲，茎蔓粗细均匀，分五枝，中间三枝上托三大型莲座，两侧两枝上托两小型莲台。大型莲座上分别高浮雕一佛二菩萨坐像三尊，龛底中央高浮雕二狮子卧像，共计造像5身。

主尊：通高29、身高20、肩宽8厘米。头部残损，可辨肉髻。素面单层宝珠形头光，顶部延伸到龛顶。上身着通肩袈裟，衣纹稀疏，于身前呈U形。双手于腹前结弥陀定印。有素面单层椭圆形身光。结跏趺坐。应为阿弥陀佛。

右侧胁侍菩萨：通高28、身高28、肩宽7厘米。头部残损，可辨束高髻。素面单层宝珠形头光，顶部延伸到龛顶。戴项圈，上身袒裸。从左肩至右腋斜披络腋，帛带末端外翻垂腹。双肩覆天衣，沿两腋垂下，绕腹前挂两臂垂于体侧。左手置腹前风化不明，右手于左肩前持宝拂。半跏趺坐双层仰莲座，悬裳波浪状垂覆座上部，右腿垂放座侧小型莲台。

左侧胁侍菩萨：通高 28、身高 28、肩宽 7 厘米。头部残损，可辨束高髻。素面单层宝珠形头光，顶部延伸到龛顶。上身风化严重，可见双肩覆天衣，沿腋而下绕腹前，余段皆垂体侧。左手于左肩前持天衣飘带，右手抚右小腿。半跏趺坐双层仰莲座，悬裳波浪状垂覆座上部，左腿垂放座侧小型莲台。

龛底中央右侧狮子卧像：高 5 厘米。残损风化严重，可见四肢皆呈卧状，尾巴垂于龛底。

龛底中央左侧狮子卧像：高 7 厘米。残损风化严重，可辨四肢皆呈卧状，臀部上翘。

N – Y2 – 017

1. 相对位置

Y2 南崖壁，N – Y2 – 015 右侧，N – Y2 – 016 下方。

2. 保存状况

龛底有石块崩落痕迹，龛内左侧有水渍并生长苔藓，尊像皆有风化现状，头部、上身在历史时期遭人为破坏（图版三〇：2）。

3. 龛窟形制

单层龛。立面方形，平面梯形，龛口外敞，宽 33、高 31、深 9 厘米。龛顶平，龛底外斜，龛顶与三壁缓弧形过渡。龛楣双层檐形，上槛、门柱素面（图四四）。

图四四　N – Y2 – 017 测绘图

4. 龛内造像

龛内正壁高浮雕佛坐像 1 尊，两侧浮雕比丘立像各 1 尊，龛侧壁高浮雕菩萨坐像 2 尊，龛底两侧浮雕狮子立像各 1 尊，共计尊像 7 尊。

主尊：通高 30、身高 17、肩宽残存 6 厘米。头部、上身残损不明。可辨双手置腹前。双层头光，内层素面椭圆形，外层素面宝珠形，顶部延伸到龛顶。双层身光，皆为素面椭圆形。可辨结跏趺坐束腰莲座，束腰宽、短，为三个并列扁球。其上座残损不明。其下单层覆莲，莲瓣宽大且薄。座下有圆形浅基台。

右侧比丘立像：通高 15、身高 13 厘米。身体左侧被中尊身光遮挡。头部微上扬，稍侧向右。身着大袖僧袍。双手合掌胸前。

左侧比丘立像：通高 15、身高 13 厘米。身体右侧被中尊身光遮挡。头部微上扬，稍侧向左。身着大袖僧服。手部隐于主尊头光。

右侧壁胁侍菩萨像：通高 23、身高 18、肩宽 5 厘米。头部、胸部残损。头光素面单层宝珠形，顶部延伸至龛顶。上身袒裸，从左肩至右腋斜披络腋，帛带末端外翻垂左腹。双肩覆天衣，沿两腋而下，分别绕腹前挂两臂垂于体侧。左手置腹前，右手置右胸前，双手分别持未敷莲花茎两端。半跏趺坐束腰莲座，右脚垂放座侧小型台。束腰座被狮子身体遮挡，可见束腰之上三层仰莲座，悬裳波浪状垂覆全座。

左侧壁胁侍菩萨像：通高 23、身高 18、肩宽 5 厘米。头部、胸部残损。头光素面单层宝珠形，顶部延伸至龛顶。上身袒裸，从左肩至右腋斜披络腋，帛带末端外翻垂左腹。双肩覆天衣，沿两腋而下，分别绕腹前挂两臂垂于体侧。左手于左肩前持物残损不明，右手置右膝。半跏趺坐束腰莲座，左脚垂放座侧小型台。束腰座被狮子身体遮挡，可见束腰之上三层仰莲座，悬裳波浪状垂覆全座。

龛底右侧狮子立像：高 7 厘米。残损风化严重，朝龛中方向，前肢并立，后肢前后而立。尾部风化残损。

龛底左侧狮子立像：高 8 厘米。残损风化严重，朝龛中方向，前肢并立，后肢前后而立。尾部上翘垂背。

N-Y2-018

1. 相对位置

Y2 南崖壁，N-Y2-015 右侧，N-Y2-017 下方。

2. 保存状况

龛顶、壁、底因石块崩落残损，龛内有水渍并生长苔藓，尊像残损严重。

3. 龛窟形制

单层龛。立面纵长方形，平面形制不明，残宽 15、高 25、深 4 厘米。龛顶平，龛顶与正壁、侧壁过渡较直（图四五）。

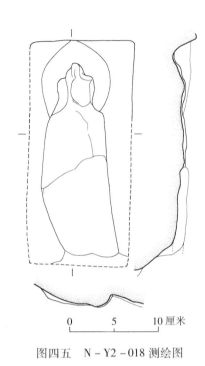

图四五　N－Y2－018 测绘图

4. 龛内造像

龛内正壁高浮雕立像 1 尊，残高 32 厘米。头部残损，可见有素面宝珠形头光，身体残失仅剩痕迹。应为菩萨像。

N－Y2－019

1. 相对位置

Y2 南崖壁，N－Y2－018 下方。

2. 保存状况

外龛顶左、右侧皆有石块崩落痕迹，残损严重。外龛左、右侧壁上部残失。尊像有风化现状，头部皆在历史时期遭人为破坏（图版三一）。

3. 龛窟形制

双层龛。外龛立面横长方形，平面横长方形，宽 215、高 105、深 33 厘米，龛底有人工凿刻痕迹，龛顶残损不明，龛底平，侧壁直。两方形内龛并列，形制相近，立面呈方形，上侧三角形斜撑，平面半椭圆形，龛口直，右侧内龛宽 81、高 91、深 23 厘米，左侧内龛宽 98、高 98、深 23 厘米，龛顶、龛底平，龛顶与正壁直角过渡，与侧壁斜面过渡，并列内龛上槛素面，两侧门柱素面，中央门柱布满雕刻（图四六、四七）。

4. 龛内造像

内龛底部中央浮雕鼓腹圈底广口宝瓶，瓶口生多枝莲，逐节分枝满布龛壁，茎蔓粗细均匀，外侧莲枝生长莲叶或未敷莲花，其余连枝均匀分布，连接素面莲形座。其上皆有浮雕佛坐像，身形均匀，通高 24、身高 17 厘米。右侧内龛由上至下共 4 排，每排尊像错位排列，第一排 6 尊、第二排 6 尊、第三排 7 尊、第四排 6 尊，共计 25 尊，为二十五佛。左侧内龛由上至下共 5 排，每排尊像错位排列，第一排 6 尊、第二排 7 尊、第三排 8 尊、第四排 8 尊、第五排 6 尊，共计 35 尊，为三十五佛。二内龛之间门柱顶部浮雕并列坐佛 2 尊，底部左侧刻广口鼓腹宝瓶半身，其中生出多支莲，茎蔓粗细均匀，有连接卷状莲叶，有连接未敷莲花，由下至上连接 8 个素面莲形座。座上共 7 尊坐佛和 1 身童子错位排列，坐佛为七佛，身形均匀，通高 20、身高 13 厘米。外龛正壁两侧各高浮雕力士像 1 尊，龛底两侧各高浮雕狮子像 1 身。龛内尊像共计 72 尊，编号见图四八。

1 号像：右侧内龛正壁第一排右端佛坐像。头部残损，可辨头顶肉髻，有椭圆形素面头光。身着通肩袈裟，身前衣纹呈 U 形，双手掩袈裟中抚膝。双腿跪坐。

2 号像：右侧内龛正壁第一排，1 号像左侧佛坐像。头部残损，可辨头顶肉髻，有椭圆形素面头光。身着通肩袈裟，身前衣纹呈 U 形，袈裟衣角垂于双腿之间。双手掩袈裟中。双腿跪坐。

3 号像：右侧内龛正壁第一排，2 号像左侧佛坐像。头部残损，可辨头顶肉髻，有椭圆形素面头光。身着覆头通肩袈裟，身前衣纹呈 U 形。双手掩袈裟中置于腹前。双腿结跏趺坐。

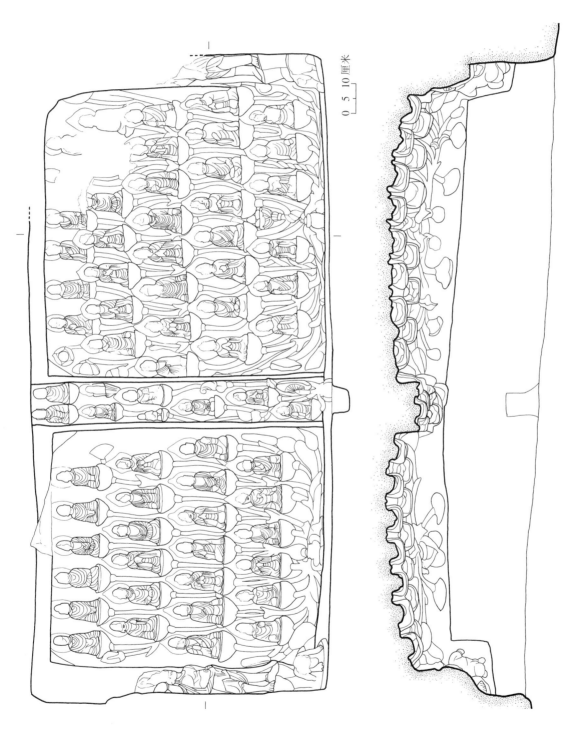

0 5 10 厘米

图四六 N－Y2－019 正视、平面图

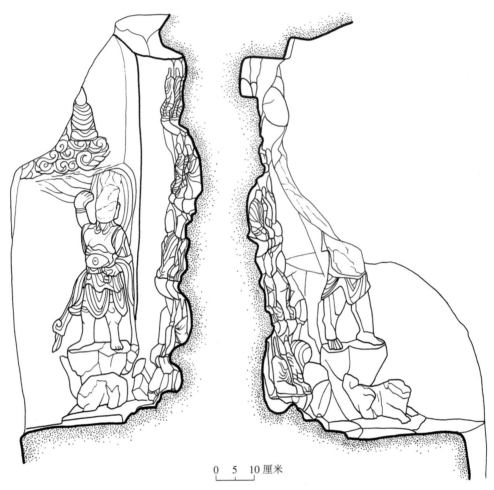

0 5 10 厘米

图四七　N－Y2－019 剖面图

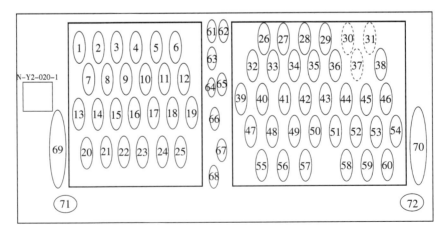

图四八　N－Y2－019 尊像编号图

　　4 号像：右侧内龛正壁第一排，3 号像左侧佛坐像。头部残损，可辨头顶肉髻，有椭圆形素面头光。身着露胸交领袈裟，左侧袈裟上缘压右侧袈裟上缘。双手掩袈裟中置腹前。双腿结跏趺坐。

　　5 号像：右侧内龛正壁第一排，4 号像左侧佛坐像。头部残损，可辨头顶肉髻，有椭圆形素面头光。身着通肩袈裟，身前衣纹呈下弧形，袈裟衣角垂于双腿之间。双手掩袈裟中抚膝。双腿跪坐。

6号像：右侧内龛正壁第一排，5号像左侧佛坐像。头部残损，可辨头顶肉髻，头光残损，仅剩痕迹。身着通肩袈裟，身前衣纹呈U形。双手掩袈裟中抚膝。双腿跪坐。

7号像：右侧内龛正壁第二排右端佛坐像。头部残损，可辨头顶肉髻，头光素面宝珠形。身着通肩袈裟，身前衣纹呈U形。左手于左肩前施无畏印。右臂屈肘，右手掩袈裟中抚右膝。结跏趺坐。

8号像：右侧内龛正壁第二排，7号像左侧佛坐像。头部残损，可辨头顶肉髻，头光素面宝珠形。身着通肩袈裟，身前衣纹呈U形。双手掩袈裟中置腹前。结跏趺坐。

9号像：右侧内龛正壁第二排，8号像左侧佛坐像。头部残损，可辨头顶肉髻，头光素面宝珠形。身着通肩袈裟。双手合于胸前。结跏趺坐。

10号像：右侧内龛正壁第二排，9号像左侧佛坐像。面部残损，头顶覆钵状肉髻，头光素面宝珠形。身着露胸交领袈裟，左侧袈裟上缘压右侧袈裟上缘。双手掩袈裟中置腹前。结跏趺坐。

11号像：右侧内龛正壁第二排，10号像左侧佛坐像。面部残损，头顶覆钵状肉髻，头光素面宝珠形。身着露胸交领袈裟，左侧袈裟上缘压右侧袈裟上缘。双手抚膝。结跏趺坐。

12号像：右侧内龛正壁第二排，11号像左侧佛坐像。面部残损，头顶覆钵状肉髻，头光素面宝珠形。身着通肩袈裟。双手手背朝外并放胸前。结跏趺坐。

13号像：右侧内龛正壁第三排右端佛坐像。面部残损，头顶覆钵状肉髻，头光素面宝珠形。身着露胸交领袈裟，左侧袈裟上缘外翻压右侧袈裟上缘。左手掩袈裟中抚左膝。右手于右腋前施无畏印，结跏趺坐。

14号像：右侧内龛正壁第三排，13号像左侧佛坐像。面部残损，头顶覆钵状肉髻，头光素面宝珠形。身着露胸交领袈裟，左侧袈裟上缘外翻压右侧袈裟上缘。双臂屈肘，双手掩袈裟中抚膝。结跏趺坐。

15号像：右侧内龛正壁第三排，14号像左侧佛坐像。头部残损，可辨头顶肉髻，头光素面宝珠形。身着通肩袈裟，腹前衣纹呈U形。双臂屈肘，双手手背朝外并放胸前。结跏趺坐。

16号像：右侧内龛正壁第三排，15号像左侧佛坐像。面部残损，头顶覆钵状肉髻，头光素面宝珠形。身着露胸交领袈裟，左侧袈裟上缘外翻压右侧袈裟上缘。左手施触地印。右手于右腋前施无畏印。结跏趺坐。

17号像：右侧内龛正壁第三排，16号像左侧佛坐像。头部残损，可辨头顶肉髻，头光素面宝珠形。身着通肩袈裟，腹前衣纹呈U形。双手胸前合掌。结跏趺坐。

18号像：右侧内龛正壁第三排，17号像左侧佛坐像。头部残损，可辨头顶肉髻，头光素面宝珠形。身着露胸交领袈裟，左侧袈裟上缘压右侧袈裟上缘。双手腹前施阿弥陀定印。结跏趺坐。

19号像：右侧内龛正壁第三排，18号像左侧佛坐像。头部残损，可辨头顶肉髻，头光素面宝珠形。身着通肩袈裟，身前衣纹呈下弧形。左手于左腋前施无畏印。右手施触地印。结跏趺坐。

20号像：右侧内龛正壁第四排右端佛坐像。头部残损，可辨头顶肉髻，头光素面宝珠形。身着通肩袈裟，身前衣纹呈U形。左手于左腋前施无畏印。右手掩袈裟中抚右膝。结跏趺坐。

21 号像：右侧内龛正壁第四排，20 号像左侧佛坐像。头部残损，可辨头顶肉髻，头光素面宝珠形。身着通肩袈裟，身前衣纹呈 U 形。左手于左腋前残失。右手掩袈裟中抚右膝。结跏趺坐。

22 号像：右侧内龛正壁第四排，21 号像左侧佛坐像。头部残损，可辨头顶肉髻，头光素面宝珠形。身着通肩袈裟，腹前衣纹呈 U 形。双手于胸前合掌。结跏趺坐。

23 号像：右侧内龛正壁第四排，22 号像左侧佛坐像。头部残损，可辨头顶肉髻，头光素面宝珠形。身着露胸交领袈裟，左侧袈裟上缘外翻压右侧袈裟上缘。双臂屈肘，左手掩袈裟中抚左膝。右手施触地印。结跏趺坐。

24 号像：右侧内龛正壁第四排，23 号像左侧佛坐像。头部残损，可辨头顶肉髻，头光素面宝珠形。身着通肩袈裟，身前衣纹呈 U 形。左臂向上屈肘，左手于左腋前残损。右手掩袈裟中抚右膝。结跏趺坐。

25 号像：右侧内龛正壁第四排，24 号像左侧佛坐像。面部残损，头顶覆钵状肉髻，头光素面宝珠形。身着露胸交领袈裟，左侧袈裟上缘压右侧袈裟上缘。左手掩袈裟中抚左膝。右手于右膝处风化残损。结跏趺坐。

26 号像：左侧内龛正壁第一排右端佛坐。头部残损，可辨头顶肉髻，头光素面椭圆形。身着露胸交领袈裟。左手掩袈裟中。右手于右腋前施无畏印。结跏趺坐。

27 号像：左侧内龛正壁第一排，26 号像左侧佛坐像。头部残损，可辨头顶肉髻，头光素面椭圆形。身着通肩袈裟，身前衣纹呈 U 形。双手掩袈裟中置腹前。结跏趺坐。

28 号像：左侧内龛正壁第一排，27 号像左侧佛坐像。头部残损，可辨头顶肉髻，头光素面椭圆形。身着露胸交领袈裟，左侧袈裟上缘压右侧袈裟上缘。左前臂被前像头光遮挡。右手抚胸。结跏趺坐。

29 号像：左侧内龛正壁第一排，28 号像左侧佛坐像。头部残损，可辨头顶肉髻，头光素面椭圆形。身着露胸交领袈裟，左侧袈裟上缘压右侧袈裟上缘。双手掩袈裟中置腹前。结跏趺坐。

30 号像：左侧内龛正壁第一排，29 号像左侧佛坐像。身体残失，仅见头光残痕。

31 号像：左侧内龛正壁第一排，30 号像左侧佛坐像。下身残失，上身残损严重，细节不明。

32 号像：左侧内龛正壁第二排右端佛坐像。头部残损，可辨头顶肉髻，头光素面宝珠形。身着通肩袈裟，身前衣纹呈下弧形。左手抚左膝。右臂残失。结跏趺坐。

33 号像：左侧内龛正壁第二排，32 号像左侧佛坐像。头部残损，可辨头顶肉髻，头光素面宝珠形。身着露胸交领袈裟。双手胸前合掌。结跏趺坐。

34 号像：左侧内龛正壁第二排，33 号像左侧佛坐像。头部残损，可辨头顶肉髻，头光素面宝珠形。身着袈裟，双手于身前上下扶经箧。结跏趺坐。

35 号像：左侧内龛正壁第二排，34 号像左侧佛坐像。头部残损，可辨头顶肉髻，素面头光顶部残失。身着露胸交领袈裟，左侧上缘外翻。双手胸前合掌。结跏趺坐。

36 号像：左侧内龛正壁第二排，35 号像左侧佛坐像。头部、头光上部皆残失。身着通肩袈裟，胸前衣纹呈 U 形，腹前衣纹呈下弧形。双手掩袈裟中置腹前。结跏趺坐。

37 号像：左侧内龛正壁第二排，36 号像左侧佛坐像。尊像残失，仅见座残痕。

38 号像：左侧内龛正壁第二排，37 号像左侧佛坐像。尊像残损严重，可见宝珠形头光，可辨结跏趺坐。

39 号像：左侧内龛正壁第三排右端佛坐像。头部残损，可辨头顶肉髻，素面头光顶部残失。身着露胸交领袈裟，左侧袈裟上缘压右侧袈裟上缘。左前臂残失。右手于胸前风化残失。结跏趺坐。

40 号像：左侧内龛正壁第三排，39 号像左侧佛坐像。头部残损，可辨头顶肉髻，头光素面宝珠形。身着露胸交领袈裟，双手于胸前风化不清。结跏趺坐。

41 号像：左侧内龛正壁第三排，40 号像左侧佛坐像。头部残损不清，头光素面宝珠形。身着通肩袈裟，身前衣纹呈下弧形。左手施触地印，右手掩袈裟中抚膝。结跏趺坐。

42 号像：左侧内龛正壁第三排，41 号像左侧佛坐像。头部残损不清，头光素面宝珠形。身着露胸交领袈裟。双手于胸前合掌。结跏趺坐。

43 号像：左侧内龛正壁第三排，42 号像左侧佛坐像。头部残损，可辨头顶肉髻，头光素面宝珠形。身着通肩袈裟，身前衣纹呈 U 形。左手施触地印。右手手指微内卷置右膝上。结跏趺坐。

44 号像：左侧内龛正壁第三排，43 号像左侧佛坐像。头部残损，可辨头顶肉髻，头光素面宝珠形。身着露胸交领袈裟，左侧袈裟上缘外翻，压右侧袈裟上缘。左手抚左膝。右手于右腋前残损。结跏趺坐。

45 号像：左侧内龛正壁第三排，44 号像左侧佛坐像。头部残损，可辨头顶肉髻，头光残损，可辨素面宝珠形。身着露胸交领袈裟。双手于身前。右手托棒状物底部。左手压棒状物顶部。结跏趺坐。

46 号像：左侧内龛正壁第三排，45 号像左侧佛坐像。头部残损，可辨头顶肉髻，头光残损，可辨素面宝珠形。身着露胸交领袈裟，左侧袈裟上缘外翻，压右侧袈裟上缘。左手施触地印。右手于右腋前施无畏印。结跏趺坐。

47 号像：左侧内龛正壁第四排右端佛坐像。头部残损，可辨头顶肉髻，头光素面宝珠形。身着通肩袈裟，身前衣纹呈下弧形。双手于胸前合掌。结跏趺坐。

48 号像：左侧内龛正壁第四排，47 号像左侧佛坐像。头部残损，可辨头顶肉髻，头光素面宝珠形。身着露胸交领袈裟。双手于腹前捧钵。结跏趺坐。

49 号像：左侧内龛正壁第四排，48 号像左侧佛坐像。头部残损，头光素面宝珠形。身着通肩袈裟，身前衣纹呈 U 形。左手于左胸前残损。右手残损，可辨施触地印。结跏趺坐。

50 号像：左侧内龛正壁第四排，49 号像左侧佛坐像。头部残损，头光素面宝珠形。身着露胸交领袈裟，左侧袈裟上缘外翻，压右侧袈裟上缘。双手掩袈裟中置腹前。结跏趺坐。

51 号像：左侧内龛正壁第四排，50 号像左侧佛坐像。头部残损，可辨头顶肉髻，头光素面宝珠形。身着通肩袈裟，腹前衣纹呈 U 形。双手胸前残损。结跏趺坐。

52 号像：左侧内龛正壁第四排，51 号像左侧佛坐像。头部残损，可辨头顶肉髻，头光素面宝珠形。身着露胸交领袈裟，左侧袈裟上缘压右侧袈裟上缘。双手掩袈裟中置腹前。结跏趺坐。

53 号像：左侧内龛正壁第四排，52 号像左侧佛坐像。头部残损，可辨头顶肉髻，头光素面宝珠形。胸部风化，袈裟形制不清。左前臂残损。右手于右胸前风化残损。结跏趺坐。

54号像：左侧内龛正壁第四排，53号像左侧佛坐像。面部残损，头顶覆钵状肉髻，头光素面宝珠形。胸部风化，袈裟形制不清。双手于胸前风化残损。结跏趺坐。

55号像：左侧内龛正壁第五排右端佛坐像。头部残损，可辨头顶肉髻，头光素面宝珠形。胸部风化，袈裟形制不清。双手胸前残损。结跏趺坐。

56号像：左侧内龛正壁第五排，55号像左侧佛坐像。头部残损，可辨头顶肉髻，头光素面宝珠形。胸部风化，袈裟形制不清。左手施触地印。右手抚右肩。结跏趺坐。

57号像：左侧内龛正壁第五排，56号像左侧佛坐像。头部残损，可辨头顶肉髻，头光素面宝珠形。身着通肩袈裟。双手胸前残损。结跏趺坐。

58号像：左侧内龛正壁第五排，57号像左侧佛坐像。头部残损，可辨头顶肉髻，头光素面宝珠形。身着露胸交领袈裟，左侧袈裟上缘外翻，压右侧袈裟上缘。左前臂残失。右手施触地印。结跏趺坐。

59号像：左侧内龛正壁第五排，58号像左侧佛坐像。头部残损，可辨头顶肉髻，头光素面宝珠形。胸部风化，袈裟形制不清。左手于左膝处残失。右手于右腋前残失。结跏趺坐。

60号像：左侧内龛正壁第五排，59号像左侧佛坐像。头部残损，可辨头顶肉髻，头光素面宝珠形。上身残损，袈裟形制不清。双臂残损不明。结跏趺坐。

61号像：二内龛之间门柱顶部右侧佛坐像。头部风化严重，可辨头顶肉髻，短颈，无头光。身着通肩袈裟，身前衣纹呈下弧形。左手抚左膝，右手于右腋前残损。结跏趺坐。

62号像：61号像左侧佛坐像。头部风化严重，可辨头顶肉髻，短颈，无头光。身着通肩袈裟，身前衣纹呈U形。双手掩袈裟中。结跏趺坐。

63号像：内龛之间门柱上部，61号像下方佛坐像。头部风化严重，头顶残损，短颈，素面宝珠形头光。身着露胸交领袈裟，左侧袈裟上缘压右侧袈裟上缘。双臂屈肘，双手掩袈裟置腹前。结跏趺坐。佛像左侧浅浮雕未敷莲花。

64号像：内龛之间门柱中部，63号像下方童子像。头部风化严重，可辨圆顶。上身风化残损，可见右手身前残损，左臂残失，双腿跪姿。

65号像：内龛之间门柱中部，64号像左侧佛坐像。头部风化严重，可辨头顶肉髻，短颈，素面宝珠形头光。身着通肩袈裟，身前衣纹呈U形。左手掩袈裟中置左腋前，右前臂残失。结跏趺坐。

66号像：内龛之间门柱中部，64号像、65号像之间下方佛坐像。头部风化严重，可辨头顶肉髻，短颈刻三道纹，素面宝珠形头光。身着通肩袈裟，身前衣纹呈U形。双手腹前施阿弥陀定印。结跏趺坐。佛像左侧浅浮雕未敷莲花。

67号像：内龛之间门柱下部，66号像左侧下方佛坐像。头部风化严重，可辨头顶肉髻，短颈，素面宝珠形头光。身着通肩袈裟，身前衣纹呈U形。双手于胸前残失。结跏趺坐。佛像右侧浅浮雕未敷莲花。

68 号像：内龛之间门柱底部，67 号像右侧下方佛坐像。头部风化严重，可辨头顶肉髻，短颈，素面宝珠形头光。身着通肩袈裟，身前衣纹呈 U 形。左手掩袈裟中置左膝上。右手于右腋前施无畏印。结跏趺坐。佛像左侧浅浮雕卷莲叶。

69 号像：外龛右侧力士立像，通高 67、身高 44 厘米。头部残损，可见冠缯带扬于头顶。脸部残损，可见左眼圆瞪，鼻残失，双唇紧闭嘴角后咧，颈部筋骨凸出。袒裸上身，胸腹肌肉较平，轮廓线条刻划较浅。左臂屈肘，左手扶腰。右臂抬肩上举，右手戴腕钏于头部右侧残损。双肩披天衣，上部环状飘于头顶，右侧天衣顺肩部而下挂腰侧，余段垂体侧，左侧天衣顺肩部而下挂腰侧，余段绕手臂后垂于体侧。下身着短裙，裙长露膝，裙角当风飘逸状，裙上端从腰部折返，腰部系带，裙腰反裹腰带。双腿分开齐肩宽，身体重心居中，跣足立高岩座。

70 号像：外龛左侧力士立像，通残高 50 厘米。胸部以上残失，身体残高 32，腰部以上残损。身着短裙，裙长露膝，裙角当风飘逸状。双腿分开齐肩宽，身体重心居中，跣足立高岩座。

71 号像：外龛龛底右侧狮子卧像，高 15 厘米。身体朝向龛外方向。头部残失，身体风化残损。后肢不明，前肢贴地，身体下卧。其下方形浅台。

72 号像：外龛龛底左侧狮子卧像，高 15 厘米。身体朝向龛外方向。头部残失，身体风化残损。后肢蹲状，前肢贴地，身体下卧，尾部卷曲上翘。其下方形浅台。

5. 相关遗迹

外龛龛底外沿中央有方形凹槽，内壁不平，凿痕粗糙。外龛右侧龛壁施附龛，编号 N－Y2－019－1。

N－Y2－019－1：位于外龛右侧壁上端，因岩石崩落，残存一半，残宽 20、高 26 厘米。龛形不明。龛内正壁残存佛坐像 1 尊，通高 23、像高 14 厘米。头部残损，身着通肩袈裟，双手掩袈裟中置腹前，结跏趺坐高卷云纹座。

N－Y2－020

1. 相对位置

Y2 南崖壁，N－Y2－016、N－Y2－017 右侧。

2. 保存状况

外龛侧壁外沿风化剥蚀，龛底外沿残损。内龛龛顶外沿风化残损，龛顶渗水，风化剥离。龛楣风化，左段残损严重。尊像有风化现状，头部历史时期遭人为破坏（图版三二～三四）。

3. 龛窟形制

双层龛。外龛立面纵长方形，平面横长方形，宽 133、高 154、深 58 厘米，龛顶、底平，侧壁直。内龛立面纵长方形，上侧弧形斜撑，平面半椭圆形，龛口微内收，宽 101、高 113、深 38 厘米。龛顶向上凸，龛底向下凹，龛楣雕刻屋檐，顶部风化残损。现存檐面雕饰带状卷草纹，檐下悬华帐，左段风化残损，右段帷幔之间可见化佛，风化残损严重。两侧门柱浅浮雕多枝莲（图四九、五〇）。

0　5　10厘米

图四九　N－Y2－020 正视、平面图

图五〇　N‑Y2‑020剖面图

　4. 龛内造像

　　内龛造像上、中、下三段式构图，中轴至两侧图像内容、分布和排列近乎对称。上段以正壁中央浮雕西方三圣三尊像为中心，尊像之间及外侧浅浮雕宝树，树冠至龛顶。三主像两侧对称浮雕宝塔与宝楼。宝塔为七级八角楼阁式，无平座。塔檐层层挑出，檐下有柱支撑。塔身层层内收，收分较缓，至塔顶屋面收拢置塔刹。塔身下有细高柱状座，连接有茎双层仰莲座。宝楼位于正壁与侧壁转角处顶部，可见二柱各施一斗三升式斗栱，斗栱上托庑殿顶。屋面基层表现椽子和飞椽，屋面表现筒瓦。中段以浮雕短颈广口鼓腹宝瓶为中心表现莲池化生，瓶口生多枝莲。正中出一根主枝，两侧往上各一根主枝，两侧往下各一根主枝，主枝逐节分枝蔓布龛壁。茎粗细均匀上托卷状莲叶、未敷莲花、穗状果实及莲座，对称排列。莲座上有菩萨坐像等。下段高浮雕三层回栏，下施一斗三升式斗栱，下两层回栏间有拱桥相通。龛底浮雕莲叶、未敷莲花表现莲池。下层回栏之间有一金翅鸟残迹。回栏上分布伎乐、舞伎半身像，下层10尊、中层12尊、上层11尊，共33尊。龛楣檐下两门柱多枝莲中对称且均匀分布伎乐各4尊。龛内尊像共计63尊，尊像、组像编号见图五一。

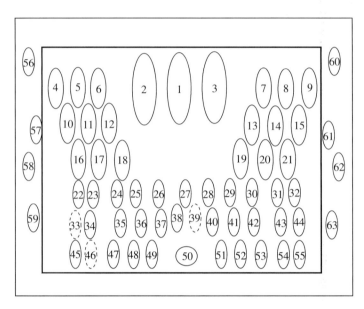

图五一　N–Y2–020尊像、组像编号图

1号像：内龛上段中央阿弥陀佛坐像，通高35、像高20、肩宽9厘米。头部残失，有双层头光。内层椭圆形，浅浮雕放射状锯齿纹，锯齿窄长状，边缘饰两圈连珠纹。外层宝珠形，饰火焰纹。身着通肩袈裟，身前衣纹呈U形，双手于胸前残损不明。双腿掩袈裟中，结跏趺坐。双层身光。内层椭圆形，边缘饰两圈连珠纹。外层椭圆形，饰火焰纹。其下三层有茎仰莲座，莲瓣窄长状，悬裳三角状垂覆莲座正面。

2号像：1号像右侧胁侍菩萨坐像，通高33、像高24、肩宽8厘米。头部残失，有双层头光。内层椭圆形，浅浮雕放射状锯齿纹，锯齿窄长状，边缘饰两圈连珠纹。外层宝珠形，饰火焰纹。上身风化严重，可见两条连珠璎珞相交于腹前圆形饰后沿大腿内侧下垂，余段风化不明。双肩覆天衣，沿腋垂下。左手于左膝上残损不清；右臂向上屈肘，右手残失。左腿盘坐，右腿残失。双层身光。内层椭圆形，边缘饰两圈连珠纹。外层椭圆形，饰火焰纹。其下三层有茎仰莲座，莲瓣形制较宽大，悬裳幔状垂覆莲座上部。

3号像：1号像左侧胁侍菩萨坐像，通高33、像高24、肩宽8厘米。头部残失，有双层头光。内层椭圆形，浅浮雕放射状锯齿纹，锯齿窄长状，边缘饰两圈连珠纹。外层宝珠形，饰火焰纹。袒裸上身，胸前风化可辨戴项圈，从左肩至右腋斜披络腋，帛带末端翻出垂腹前。两条连珠璎珞连接项圈两侧，相交腹前圆形饰后沿大腿内侧下垂，余段风化不清。双肩覆天衣沿腋垂下，交于大腿之间，余段垂座侧。下身着裙，半跏趺坐。双层身光。内层椭圆形，边缘饰两圈连珠纹。外层椭圆形，饰火焰纹。其下三层有茎仰莲座，莲瓣窄长状，悬裳幔状垂覆莲座上部。

4号像：内龛右侧壁外侧顶部人物倒立像，高14厘米。头部残失，双手撑座，双膝微外屈，双腿朝上倒立状。其下双层有茎仰莲座，莲瓣形制宽大。

5号像：4号像左侧像，残高8厘米。因残损严重，仅见四兽腿立于有茎双层仰莲座，莲瓣形制宽大。

6 号像：内龛正壁右侧顶部，5 号像左侧像，残高 15 厘米。尊像残损严重，可见袒裸上身，从左肩至右腋斜披络腋，帛带末段外翻垂腹前。下身着裙，残损可辨游戏座。其下双层有茎仰莲座，莲瓣形制宽大。

7 号像：内龛正壁左侧顶部，与 6 号像对应，高 16 厘米。头部残损，可辨束高髻。袒裸上身，从左肩至右腋斜披络腋，帛带末端外翻垂腹前。双手于双膝处残损。下身着裙，交脚座。其下双层有茎仰莲座，莲瓣形制宽大。

8 号像：内龛左侧壁顶部，与 5 号像对应，高 11 厘米。因残损严重，尊像残损不清，仅见四兽腿立于有茎双层仰莲座，莲瓣形制宽大。

9 号像：内龛左侧壁外侧顶部人物倒立像，与 4 号像对应，高 16 厘米。头部残失，双手撑座，双膝微外屈，双腿朝上倒立状。其下双层有茎仰莲座，莲瓣形制宽大。

10 号像：内龛右侧壁，4、5 号像之间下方菩萨坐像，高 14 厘米。头部残损严重。身着覆头通肩衣，身前衣纹呈 U 形。双手于腹前残损不明。下身着裙，结跏趺坐。其下双层有茎仰莲座，莲瓣形制宽大。

11 号像：内龛右侧壁，10 号像左侧菩萨坐像，高 15 厘米。头部残损严重，可辨束高髻。袒裸上身，从左肩至右腋斜披络腋。双手于腹前残损不明。下身着裙，结跏趺坐。其下双层有茎仰莲座，莲瓣形制宽大。

12 号像：内龛正壁右侧，11 号像左侧鹦鹉像，高 15 厘米。正面朝向龛外，风化残损，可见头大，其上有冠，振翅而立。

13 号像：内龛正壁左侧，与 12 号像对应的鹦鹉像，高 14 厘米。正面朝向龛外，风化残损，可见头大，其上有冠，振翅而立。

14 号像：内龛左侧壁，13 号像左侧菩萨坐像，与 11 号像对应，高 15 厘米。面部残损。身着覆头通肩衣，身前衣纹呈 U 形。左手抚右脚。右手抚膝。结跏趺坐。其下双层有茎仰莲座，莲瓣形制宽大。

15 号像：内龛左侧壁，14 号像左侧菩萨坐像，与 10 号像对应，高 15 厘米。头部残损严重，可辨束高髻。头微右倾。右臂向上屈肘，右手托头作思惟状。左臂屈肘，左手于腹前残损不清。袒裸上身，从左肩至右腋斜披络腋，内层帛带外翻。下身着裙，结跏趺坐。其下双层有茎仰莲座，莲瓣形制宽大。

16 号像：内龛右侧壁，10、11 号像之间下方菩萨坐像，高 16 厘米。头部残损。袒裸上身，从左肩至右腋斜披络腋，帛带末端外翻垂腹前。左手抚左膝。右前臂残损不清。下身着裙，游戏坐。其下双层有茎仰莲座，莲瓣形制宽大。

17 号像：内龛正壁右侧，16 号像左侧菩萨坐像，高 15 厘米。头部残失，袒裸上身，从左肩至右腋斜披络腋，帛带末段外翻垂腹前。左手置左腿上。右手于腹上。双手共持物，持物风化不明。下身着裙，结跏趺坐。其下双层有茎仰莲座，莲瓣形制宽大。

18 号像：内龛正壁右侧，17 号像左侧菩萨坐像，高 16 厘米。头部残失。袒裸上身，从左肩至右腋斜披络腋，帛带末段外翻垂腹前。双手于胸前残损不清。下身着裙，游戏坐。其下双层有茎仰莲座，莲瓣形制宽大。

19 号像：内龛正壁左侧，与 18 号像对应菩萨坐像，高 16 厘米。头部残失，袒裸上身。左手肘置左膝，双手一上一下于左胸前残损。下身着裙，游戏坐。其下双层有茎仰莲座，莲瓣形制宽大。

20 号像：内龛正壁左侧，19 号像左侧菩萨坐像，与 17 号像对应，高 16 厘米。头部残失。袒裸上身，从左肩至右腋斜披络腋。双手于腹前共持长方形块状物两端。下身着裙，结跏趺坐。其下双层有茎仰莲座，莲瓣形制宽大。

21 号像：内龛左侧壁，20 号像左侧菩萨坐像，与 16 号像对应，高 16 厘米。头部残损。袒裸上身，从左肩至右腋斜披络腋，帛带末端外翻垂腹前。双手抚小腿胫骨。下身着裙，双腿游戏坐。其下双层有茎仰莲座，莲瓣形制宽大。

22 号像：内龛右侧壁上层回栏右端半身像，高 8 厘米。头部残损不清，袒裸上身，可辨斜披络腋。

23 号像：内龛右侧壁上层回栏，22 号像左侧半身像，高 9 厘米。头部残损不清，可辨身着覆头通肩衣。

24 号像：内龛正壁上层回栏右段，23 号像左侧半身像，高 9 厘米。头部残失，身体残损严重，可见左臂上举手持棒状物。

25 号像：内龛正壁上层回栏右段，24 号像左侧半身像，高 8 厘米。头部残损，袒裸上身。双臂屈肘，双手置栏上。

26 号像：内龛正壁上层回栏右段，25 号像左侧坐像，高 8 厘米。腹部以上残失，下身着裙，结跏趺坐。

27 号像：内龛正壁上层回栏中央坐像，高 9 厘米。头部残损不清，袒裸上身，从左肩至右腋斜披络腋。左手于腹前残损不清。右手扶栏。

28 号像：内龛正壁上层回栏左段，与 26 号像对应坐像，高 9 厘米。胸部以上残失，可见袒裸上身，从左肩至右腋斜披络腋。左手于左膝处残损。右手残损不清。下身着裙，结跏趺坐。

29 号像：内龛正壁上层回栏左段，28 号像左侧像，与 25 号像对应，高 11 厘米。头部残失，上身残损，可辨袒裸上身，从左肩至右腋斜披络腋。双肘置身前横向条状物之上，双手于肩前残失。下身着裙，结跏趺坐。

30 号像：内龛正壁上层回栏左段，29 号像左侧半身像，与 24 号像对应，高 10 厘米。头部残损，袒裸上身。左前臂置左膝，左手于腹前残损。右臂向上屈肘，右手残损不明。可见左腿屈膝。

31 号像：内龛正壁上层回栏左段，30 号像左侧像，与 23 号像对应，高 13 厘米。头部残损不清，身着通肩衣。右前臂置右膝，右手于腹前残损。左手不明。游戏坐。

32 号像：31 号像左侧坐像，与 22 号像对应，高 12 厘米。头部残失。袒裸上身，从左肩至右腋斜披络腋，帛带末端外翻垂腹前。左臂残损不明。右前臂向体侧伸出，手部残损不明。下身着裙，游戏坐。

33 号像：内龛右侧壁中层回栏右端坐像，高 8 厘米。通体残损，仅剩痕迹。

34 号像：内龛右侧壁中层回栏，33 号像左侧坐像，高 9 厘米。头部残失，袒裸上身，从左肩至右腋斜披络腋。双手于腹前残损不清。下身着裙，结跏趺坐。

35 号像：内龛正壁中层回栏右段，34 号像左侧坐像，高 12 厘米。头部残损，微向左倾。袒裸上身。双手于身前抱弹琵琶。下身着裙，双腿盘坐，右膝离地翘起。

36 号像：内龛正壁中层回栏右段，35 号像左侧坐像，高 8 厘米。上半身残损，可辨微向右倾。下身着裙，双腿盘坐，可辨双膝上置条状物，似为筝。

37 号像：内龛正壁中层回栏右段，36 号像左侧坐像，高 11 厘米。上半身残损，可辨微向右倾。双臂残损不清。下身着裙，双腿盘坐，双膝离地。

38 号像：内龛中层回栏，中央拱桥上右侧坐像，高 11 厘米。风化残损严重，可辨身体呈舞姿状。

39 号像：内龛中层回栏，中央拱桥上左侧坐像，与 38 号像对应，高 10 厘米。通体残损，仅剩痕迹。

40 号像：内龛正壁中层回栏左段，39 号像左侧坐像，与 37 号像对应，高 7 厘米。风化严重，可辨双臂屈肘，双手于身前残损，双腿残损。

41 号像：内龛正壁中层回栏左段，40 号像左侧坐像，与 36 号像对应，高 9 厘米。头部残损。身体风化，袒裸上身，从左肩至右腋斜披络腋。双臂、双腿残损不明。

42 号像：内龛正壁中层回栏左段，41 号像左侧坐像，与 35 号像对应，高 14 厘米。头部残损。袒裸上身，从左肩至右腋斜披络腋。腹前置鼓，双手残损不明。

43 号像：内龛左侧壁中层回栏内侧坐像，与 34 号像对应，高 14 厘米。头部残损，可辨束高髻。身体风化严重，双臂残损不清，可辨游戏坐。

44 号像：内龛左侧壁中层回栏外侧，43 号像左侧坐像，与 33 号像对应，高 13 厘米。头部残失，身体残损，可辨双手于胸前残损，双腿残损。

45 像：内龛右侧壁下层回栏右端屈身像，高 7 厘米。头部残失，上身残损可辨向左侧屈身前倾，双臂身前残损不明。双腿屈膝，双脚尖着地而立。

46 号像：内龛右侧壁下层回栏，45 号像左侧坐像，高 5 厘米。通体残损，仅剩痕迹。

47 号像：内龛正壁下层回栏右侧拱桥上右侧半身像，高 8 厘米。头部残失，身体微扭向左侧。袒裸上身，从左肩至右腋斜披络腋。前臂被栏杆遮挡。

48 号像：内龛正壁下层回栏右段拱桥上，47 号像左侧半身像，高 10 厘米。头部残失，身体微扭向右侧。袒裸上身，从左肩至右腋斜披络腋。前臂被栏杆遮挡。

49 号像：内龛正壁下层回栏右段，48 号像左侧半身像，高 8 厘米。身体残损严重，仅剩痕迹。

50 号像：内龛龛底中央高浮雕金翅鸟，上身残失，可辨双翅残迹，正面双爪立于圆形座。其下方形高台基至外龛底。

51 号像：内龛正壁下层回栏左段，与 49 号像对应，高 9 厘米。头部残失。袒裸上身，从左肩至右腋斜披络腋。左臂向上屈肘，左手于左腋前残损。右臂残损不明。下半身被栏杆遮挡。

52 号像：内龛正壁下层回栏左侧拱桥上右侧半身像，与 48 号像对应，高 8 厘米。头部残损，身体风化残损。左臂于体侧向上屈肘，左手于肩侧风化不清。右臂于体侧残损。

53 号像：52 号像左侧半身像，与 47 号像对应，高 9 厘米。头部残损，身体风化残损。袒裸上身，从左肩至右腋斜披络腋。左手于腹前残损。右手于身前残损。下半身被栏杆遮挡。

54 号像：内龛左侧壁下层回栏内侧坐像，与 46 号像对应，高 3 厘米。身体残失，仅剩痕迹。

55 号像：内龛左侧壁下层回栏外侧，54 号像左侧像，与 45 号像对应，高 10 厘米。头部残失，上身残损可辨向右侧屈身前倾，双臂身前残损不明。双腿屈膝，双脚尖着地而立。

56 号像：右侧门柱顶端坐像，身残仅存痕迹，可见双层有茎仰莲座。

57 号像：右侧门柱中段上侧伎乐坐像，高 15 厘米。头顶束高髻，口吹排箫。袒裸上身，双手持排箫两端。下身着裙，游戏坐。其下双层有茎仰莲座，莲瓣形制宽大。

58 号像：57 号像右侧下方伎乐坐像，高 15 厘米。头部残损。袒裸上身，从左肩至右腋斜披络腋，帛带末端外翻垂腹前。双手于颈前，持物不明，应为乐器。下身着裙，游戏坐。有茎莲座残损。

59 号像：右侧门柱下段伎乐坐像，高 14 厘米。头部残损。袒裸上身，从左肩至右腋斜披络腋，帛带末端外翻垂腹前。双手于右肩前托笙。下身着裙，游戏坐。其下双层有茎仰莲座，莲瓣形制宽大。

60 号像：左侧门柱顶端伎乐坐像，高 15 厘米。头顶束高髻，口吹排箫。袒裸上身，双手于左肩前持排箫。下身着裙，游戏坐。其下双层有茎仰莲座，莲瓣形制宽大。

61 号像：左侧门柱中段上侧伎乐坐像，高 15 厘米。头顶束高髻，袒裸上身，从左肩至右腋斜披络腋，帛带末端外翻垂腹前。双手于胸前残损不清。下身着裙，游戏坐。其下双层有茎仰莲座，莲瓣形制宽大。

62 号像：左侧门柱中段，61 号像左侧下方伎乐坐像，高 14 厘米。头顶束高髻，袒裸上身，从左肩至右腋斜披络腋，帛带末端外翻垂腹前。双手于胸前残损不清。下身着裙，游戏坐。其下双层有茎仰莲座，莲瓣形制宽大。

63 号像：左侧门柱下段伎乐坐像，高 15 厘米。头顶束高髻，袒裸上身，从左肩至右腋斜披络腋，帛带末端外翻垂腹前。双臂向上屈肘，双手于右肩前持笙。下身着裙，游戏坐。其下双层有茎仰莲座，莲瓣形制宽大。

N – Y2 – 021

1. 相对位置

Y2 南崖壁，N – Y2 – 020 右侧。

2. 保存状况

外龛壁外沿风化剥离，龛底外沿残损，龛顶风化剥落。内龛壁外沿风化剥蚀，三壁皆有风化剥离现状。龛楣风化，左段残损严重。龛楣左段及正壁左部有水渍。尊像现状风化残损严重，头部多在历史时期遭人为破坏（图版三五：1）。

3. 龛窟形制

双层龛。外龛立面纵长方形，平面横长方形，宽 65、高 73、深 39 厘米，龛顶内斜，龛底平，侧壁直。内龛立面方形，平面半圆形，龛口微内收，宽 47、高 49、深 23 厘米，龛顶内斜，龛底现状外斜。龛楣浅浮雕双层屋檐，上层檐面较下层檐面窄，表面皆风化，檐下上槛悬华帐，右门柱上段可见垂帐幔，左门柱下段可见浅浮雕均匀分格。其中装饰呈团状，细节风化不清。

4. 龛内造像

内龛正壁高浮雕一佛二弟子3尊，两侧壁各高浮雕胁侍菩萨1尊，共计尊像5尊（图五二）。

内龛正壁中央佛坐像：通高37、像残高18厘米。头部残失，双层头光。内层圆形，外缘饰连珠纹。外层宝珠形，风化细节不清。通体残损严重，可辨结跏趺坐。其下束腰座，可辨束腰为三扁形球并列。

内龛正壁右侧弟子立像：通高29、像高23厘米。通体风化严重，细节不识，可辨有圆形头光。

内龛正壁左侧弟子立像：通高29、像高23厘米。通体风化严重，细节不识，可辨有圆形头光，饰放射状锯齿纹，锯齿细长状。双臂屈肘，双手置胸前。

内龛右侧壁菩萨像：残高35厘米。通体风化残损严重，仅剩痕迹。可辨有宝珠形头光、坐骑。

内龛左侧壁菩萨像：通高42、身残高24厘米。通体风化残损严重，可辨有宝珠形头光，悬裳垂座，座下有坐骑，细节残损。

0 5 10 厘米

图五二　N－Y2－021 测绘图

N－Y2－022

1. 相对位置

Y2 南崖壁，N－Y2－019 右侧。

2. 保存状况

外龛龛顶、左侧壁上部残失，壁外沿皆有风化剥蚀现状，右侧壁有水渍。内龛左侧壁外沿残损，三壁皆有风化剥离现状。龛楣风化剥离脱落，右段残损严重。尊像现状风化残损、酥粉、剥离和脱落，头部多在历史时期遭人为破坏（图版三五：2）。

3. 龛窟形制

双层龛。外龛立面纵长方形，平面横长方形，宽63、高73、深34厘米，龛顶残，龛底外斜，侧壁直。内龛立面方形，平面半椭圆形，龛口内收，宽51、高53、深21厘米。龛顶平，龛底外斜，内侧设低坛，高8厘米。龛顶与三壁过渡近直角，龛楣浅浮雕双层屋檐，上层檐面较下层窄，表面皆风化，可辨素面，上槛、门柱素面（图五三）。

4. 龛内造像

内龛正壁高浮雕一佛二弟子3尊，正壁与侧壁交接处各高浮雕胁侍菩萨1尊，内龛龛底两侧、龛门内侧浮雕天王立像各1尊，内龛龛底外侧中央方形浅台上高浮雕狮子卧像2尊。共计尊像9尊。

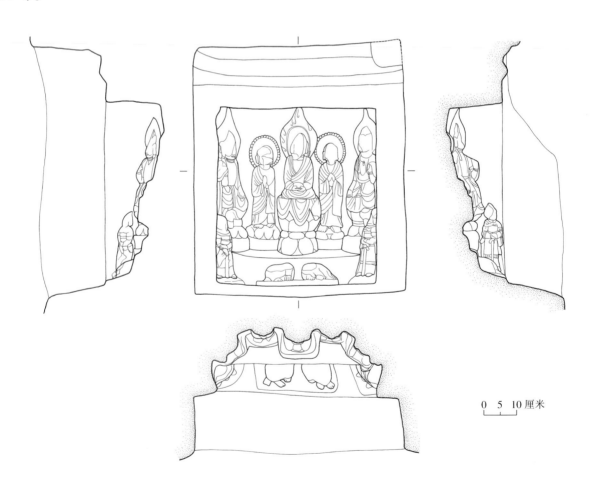

0 5 10厘米

图五三　N－Y2－022测绘图

内龛正壁中央佛坐像：通高 45、像高 20、肩宽 7 厘米。头部残损，可辨头顶有肉髻。双层头光，内层椭圆形，外层宝珠形，有火焰纹痕迹。肩部较窄，上身着露胸交领袈裟，左侧袈裟上缘覆右侧上缘至身后。双手于腹前捧钵。结跏趺坐，悬裳三角状垂覆座。束腰莲座，束腰较短，三扁球并列状。其上三层仰莲座，莲瓣厚且宽大。其下双层覆莲基座，莲瓣形制宽大。

内龛正壁右侧弟子立像：通高 29、像高 24、肩宽 5 厘米。头部残损，可辨圆顶，有圆形头光，细节风化不清。颈短，肩窄。胸部风化残损，僧服形制不明。双手于胸前合掌。下身内着裙，裙长及足背，跣足立双层仰莲座。其下有素面圆形基台。

内龛正壁左侧弟子立像：通高 29、像高 24、肩宽 5 厘米。头部残损，可辨圆顶，有圆形头光，细节风化不清。颈短，肩窄。上身着交领僧服，下缘垂覆小腿，左侧下缘衣角绕覆右前臂。双手于胸前合掌。下身内着裙，裙长及足背，跣足立双层仰莲座，莲瓣形制宽大。其下有素面圆形基台。

右侧胁侍菩萨坐像：通高 39、像高 25、肩宽 7 厘米。头部残损，可辨束高髻，戴冠。有宝珠形头光，细节风化不清。面部残损，嘴唇厚，嘴角微扬。颈部刻三道纹，胸部风化，漫漶不清。双肩覆天衣。左手抚小腿胫骨。右手于右肩前残失，可辨持天衣。可见左侧天衣末端垂座侧，右侧天衣末端沿右臂外侧垂身侧。半跏趺坐，右脚垂放座前带茎小型座，座残。下身着裙，裙裾幔状垂覆座上部。束腰莲座，束腰短鼓腹状。其上仰莲座。其下双层覆莲座，莲瓣形制宽大。下有素面圆形基台。

左侧胁侍菩萨坐像：通高 39、像高 25、肩宽 7 厘米。头部残损，可辨束高髻，戴冠。有宝珠形头光，细节风化不清。面部、颈部残损。冠缯带由耳后垂双肩前。上身风化，从左肩至右腋斜披络腋，可辨戴项圈，身披 X 形璎珞，相交腹前圆形饰后绕膝下至身后。双肩覆天衣。左手戴腕钏于左肩前持天衣。右手抚右膝，可见两侧天衣末端垂座侧。半跏趺坐，左脚垂放座前带茎小莲台。下身着裙，裙裾幔状垂覆座上部。束腰莲座，束腰短双层扁圆形。其上仰莲座。其下双层覆莲座，莲瓣形制宽大。下有素面圆形基台。

右侧天王立像：通高 23、像高 20 厘米。头部残损。身着铠甲，戴护颈，腹上系带。双臂屈肘。右手于脐前按杵据地。左手抚右前臂。双肘处垂束袖。下身着裙，长及足背，腹下系腰带，裙外着下甲，长度覆膝。双腿分开比肩宽，双脚着靴立圆形浅台。

左侧天王立像：通高 23、像高 20 厘米。头部残损。身着铠甲，戴护颈。上身着挂式甲，可见肩带，腹上系带，双肩着护肩甲，双肘处垂束袖。双臂屈肘。右手于脐前按剑据地。左手抚右手。下身着裙，长及足背，裙外着下甲，长度覆膝，腹下系腰带。双腿分开比肩宽，双脚着靴立圆形浅台。

图五四　T3 拓片

内龛龛底方形浅台上右侧狮子卧像：高9厘米。身体风化，头朝向龛外方向，前肢前伸，身体趴于台面。

内龛龛底方形浅台上左侧狮子卧像：高9厘米。身体风化，头部残失，可见身体卧状。

5. 龛内遗迹

外龛左侧壁上部现存造像题刻，编号T3（图五四）。阴刻竖书，向左书共3列。录入如下：

一佛二菩萨龛一所/右弟子卢□卢□卢/□□火卢明母□□□造

N－Y2－023

1. 相对位置

Y2南崖壁，N－Y2－022右侧。

2. 保存状况

崖面纵向裂隙从龛顶沿右侧壁至龛底而下。外龛龛顶风化剥离。内龛龛顶渗水，风化剥落，龛壁及尊像有风化现状，左侧壁生长苔藓，部分尊像头部在历史时期遭人为破坏。龛楣生长苔藓，风化严重。

3. 龛窟形制

双层龛。外龛立面纵长方形，平面横长方形，宽61、高73、深37厘米，龛顶平，龛底外斜，侧壁直。内龛立面纵长方形，上侧弧形斜撑，平面半椭圆形，龛口内收，宽45、高58、深21厘米。龛顶内斜，龛底外斜，内侧设低坛，高5厘米。龛顶与正壁直角过渡，与侧壁缓弧形过渡，龛楣风化可辨檐形，上槛、门柱素面（图五五）。

4. 龛内造像

内龛正壁高浮雕一佛二弟子3尊，侧壁高浮雕菩萨坐像各1尊，龛底两侧浮雕天王立像各1尊。外龛龛底两侧浮雕狮子像各1身。共计尊像9身。

内龛正壁中央佛坐像：通高50、身高26、肩宽9、膝宽15厘米。头部残损，可辨头顶肉髻，颈部三道刻纹较深。宝珠形单层素面头光。双肩窄，上身着通肩袈裟，右肩衣领外翻，身前衣纹细密呈U形，刻纹较浅，褶皱起伏较平。双手于腹前捧钵。结跏趺坐，悬裳三角状垂覆莲座上部。仰覆莲座，双层仰莲座较高，双层覆莲基座较浅，莲瓣形制宽大。

内龛正壁右侧弟子立像：通高37、身高29、肩宽6厘米。圆顶光头，耳廓较大，眼眶饱满，面部残损，颈部筋骨凸出。有椭圆形素面单层头光。肩部较窄，上身着僧服，衣纹细密，褶皱起伏较平。双手于胸前残失。下身内着裙，长及足背，有纵向裙褶。跣足立于仰覆莲座，上座双层仰莲，莲瓣形制宽大，基座覆莲风化。

内龛正壁左侧弟子立像：通高37、身高29、肩宽6厘米。圆顶光头，耳廓较大，面部残损，颈部刻三道纹，刻纹较浅。有椭圆形素面单层头光。肩部较窄，上身着僧服，衣纹细密，褶皱起伏较平。双手掩袖中置胸前。下身内着裙，长及足背，有纵向裙褶。跣足立于仰覆莲座，上座双层仰莲，莲瓣形制宽大，基座覆莲风化。

图五五　N－Y2－023 测绘图

　　内龛右侧壁菩萨坐像：通高 42、像高 23、肩宽 7 厘米。头部残损不清，有单层宝珠形素面头光。上身风化，可辨戴项圈，两条连珠璎珞连接项圈两侧，相交腹前圆形饰后绕膝下至身后。左手施触地印。右肘置右膝，右手于右肩前持巾状物。左腿盘坐，右腿残损不明。下身着裙坐高座，系腰带，悬裳覆座上部。高座两段式，上座与基座形制相似，皆为圆形素面。

　　内龛左侧壁菩萨坐像：通高 42、像高 23、肩宽 7 厘米。头束髻，戴花冠，面部风化不清。耳廓较大，颈短，刻三道纹。有单层宝珠形素面头光。戴项圈，有圆形垂饰，两条连珠璎珞连接项圈两侧，相交腹前圆形饰后绕膝下至身后。袒裸上身，从左肩至右腋斜披络腋，帛带末端外翻垂左腹。肩覆天衣，余段垂身侧。左手于肩前残失，似持杨柳枝。右手施触地印。半跏趺坐。下身着裙坐高座，系腰带，悬裳覆座上部。高座两段式，上座与基座形制相似，皆为圆形素面。

　　内龛坛前右侧天王立像：通高 26、身高 23、肩宽 6 厘米。头部残损，身体风化。身着铠甲，腹上系带。右臂于体侧向上屈肘，右手残失。左手抚腹，半臂袖上翻，肘后垂束袖。下身着宽腿裤，长及足背，外着下甲，长至小腿，腹下系腰带。双腿分开齐肩宽，双脚着靴立方形浅台。

内龛坛前左侧天王立像：通高 26、身高 23、肩宽 6 厘米。身着铠甲，戴护颈，上身着挂式甲，可见肩带，腹上系带，双肩着护肩甲，半臂袖上翻，肘后垂束袖。右手于脐前按杵据地。左手于胸前残失。下身着裙，长及足背，裙外着下甲，长至小腿，腹下系腰带。双腿分开比肩宽，双脚着靴立方形浅台。

外龛龛底右侧狮子卧像：高 11 厘米。身体风化，头部残失，前肢前伸，身体趴方形浅台。

外龛龛底左侧狮子卧像：高 7 厘米。身体风化，头部残失，前肢前伸，身体趴方形浅台。

牛角寨区 Y3

位于 Y2 东侧的巨石，地理坐标：N30°15′21.75″，E104°10′17.43″。造像龛 N－Y3－024～N－Y3－029 分布于巨石西面崖壁，方向 258°。Y3 以中、小型造像龛为主。崖面主要开龛一层，N－Y3－024、N－Y3－028、N－Y3－029 为主要造像龛，N－Y3－024、N－Y3－029 外龛底同高（图五六）。

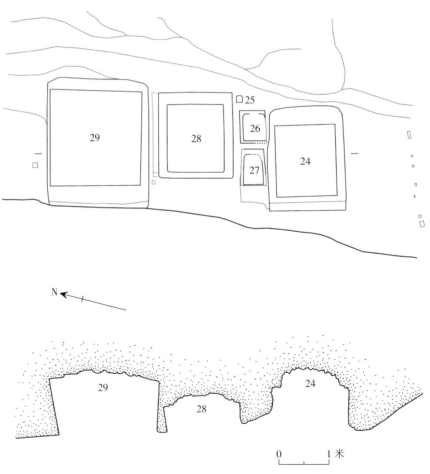

图五六　牛角寨区 Y3 龛窟分布图

崖面上部有右高左低斜向大裂隙，三主龛 N－Y3－024、N－Y3－028、N－Y3－029 高度随裂隙走向递减，避开岩层松动区。崖面除造像龛外，人工遗迹较少。N－Y3－028 右侧有与外龛同高阴刻线框，应为崖面开龛规划遗迹。N－Y3－028、N－Y3－029 之间，距现地面 49 厘米处有方形孔洞，边长

0　5　10厘米

图五七　N‑Y3‑024 正视图

5 厘米。N‑Y3‑029 龛右侧距地 57 厘米处有横长方形孔洞，宽 9 厘米（图版三六）。

N‑Y3‑024

1. 相对位置

Y3 西崖壁左端造像龛。

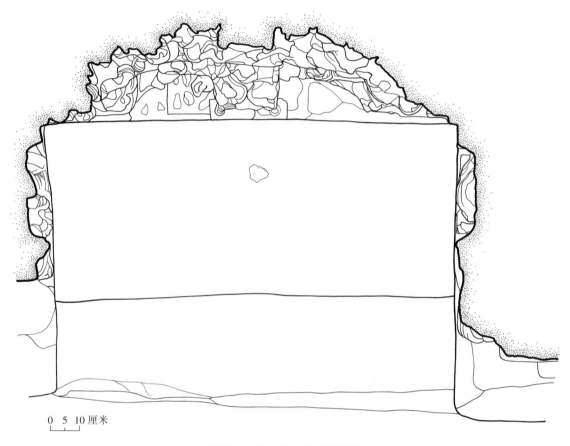

0　5　10厘米

图五八　N－Y3－024平面图

2. 保存状况

外龛龛门外沿风化剥蚀，且有岩体崩落痕迹，龛顶风化剥离。内龛三壁中部两道裂隙横向分布，正壁底部风化脱落，龛楣有水渍。尊像皆有风化现状，部分头部历史时期遭人为破坏（图版三七～四〇）。

3. 龛窟形制

双层龛。外龛立面纵长方形，平面横长方形，宽160、高186、深123厘米，龛顶、龛底平，龛底内侧设浅坛，表面有斜向人工凿痕，侧壁直。内龛立面纵长方形，平面半椭圆形，龛口直，宽141、高168、深92厘米，龛顶、龛底平（图五七～五九）。

4. 龛内造像

龛内造像主要分布于内龛、上槛及门柱。内龛造像上、中、下三段式构图，由中轴至两侧内容、分布和排列近对称。上段以中央高浮雕西方三圣三主尊为中心。二胁侍菩萨外侧各高浮雕宝塔1座，为七级八角楼阁式塔，无平座，塔檐层层挑出，檐下有柱支撑，塔身层层收分较缓，至塔顶屋面收拢置塔刹，塔身下细高柱状座，连接有茎双层仰莲座。龛顶浮雕双层团状卷云，云中雕刻乐器8组、化佛4组。中段以正壁中央浮雕短颈广口鼓腹宝瓶为中心表现莲池化生，瓶口生多枝莲，正中向上主枝承托中尊，两侧往下各一根主枝，逐节分枝蔓布龛壁，茎枝粗细均匀且对称分布，承托化生菩萨及童

23 号像：内龛右侧壁中段，19 号像下方动物像，高 14 厘米。头部残损，有翅，双脚并立于未敷莲花。

24 号像：内龛正壁中段，19、20 号像之间下方菩萨坐像，身高 20 厘米。头部残损，可辨头束高髻。身着覆头露胸通肩衣，双手于腹前结禅定印。结跏趺坐有茎双层仰莲座。

25 号像：内龛正壁中段，24 号像左侧菩萨坐像，身高 18 厘米。头部残损，可见双肩垂发。袒裸上身，从左肩至右腋斜披络腋。左手于腹前残损，可见持有茎未敷莲花。右手抚右膝。下身着裙，游戏坐有茎双层仰莲座。

26 号像：内龛正壁中段，25 号像左侧童子像，身高 11 厘米。身体侧向左侧，头部风化，可辨圆顶。上身前倾，身着袒右肩衣。左手前伸扶座。右臂残断。双腿与座残失，可辨为有茎莲座。

27 号像：内龛正壁中段，3 号像下方，与 26 号像对应童子像，身高 12 厘米。身体转向右侧，头部残损。上身风化，双手不明。右腿跪，左腿蹲。其下有茎双层仰莲座。

28 号像：内龛正壁中段，27 号像左侧菩萨坐像，与 25 号像对应，身高 16 厘米。头部残损，双肩垂发。袒裸上身，从左肩至右腋斜披络腋。左手扶膝。右手于腹前残损。游戏坐有茎双层仰莲座。

29 号像：内龛正壁中段，28 号像左侧菩萨坐像，与 24 号像位置对应，身高 18 厘米。面部残损，头束高髻。身着覆头通肩衣，双手掩衣中置于腹前。结跏趺坐有茎双层仰莲座。

30 号像：内龛左侧壁中段，22 号像下方鹦鹉像，与 23 号像对应，高 13 厘米。头部残损，双爪立于未敷莲花，尾部垂身后。

31 号像：内龛右侧壁中段，23 号像下方动物像，高 19 厘米。头部残失，振翅，双脚并立，似为鹤。

32 号像：内龛正壁中段，31 号像左侧菩萨半身像，高 13 厘米。头束高髻，双肩披发，面部丰满。袒裸上身，斜披络腋。

33 号像：内龛正壁中段，32 号像左侧菩萨半身像，高 15 厘米。头束高髻，戴发巾披肩。袒裸上身，从左肩至右腋斜披络腋。戴腕钏，双手合掌于胸前。

34 号像：内龛正壁中段，33 号像左侧菩萨半身像，高 16 厘米。头部残损，双肩披发。袒裸上身，从左肩至右腋斜披络腋。双手于左腹前持方形块状物。

35 号像：内龛正壁中段，34 号像左侧菩萨坐像，高 16 厘米。头部残损，双肩披发。袒裸上身，从左肩至右腋斜披络腋，帛带末端外翻。下身着裙，交脚坐。右手扶左小腿胫骨。

36 号像：内龛正壁中段，宝瓶左侧菩萨坐像，与 35 号像对应，高 16 厘米。头部残损，双肩垂发。上身风化残损。下身着裙，双腿身前并屈膝而坐，双手抚双膝。

37 号像：内龛正壁中段，36 号像左侧菩萨半身像，与 34 号像对应，高 14 厘米。头部、上身风化残损不清，可辨斜披络腋。

38 号像：内龛正壁中段，37 号像左侧半身像，与 33 号像对应，高 16 厘米。头部、上身风化残损不清。

39 号像：内龛正壁中段，38 号像左侧半身像，与 32 号像位置对应，高 15 厘米。头部、上身风化残损不清。头部微右倾，右手托腮。

40 号像：内龛左侧壁中段，30 号像下方孔雀头像，高 14 厘米。头部侧面，喙尖明显。

41 号像：内龛右侧壁下段，上层回栏右端立像，高 10 厘米。头部残损，裸身。右臂上举，右手于头顶残损。左臂屈肘，前臂置栏上。双腿跪坐。

42 号像：41 号像左侧力士像，高 26 厘米（图版四一）。头部残损。袒裸上身，胸腹肌肉轮廓明显。左臂于体侧残断。右臂抬肩向上屈肘，戴腕钏，手掌朝外置头顶右侧。双肩披天衣，上部环状飘于头顶，下部于身侧挂腰带，余段垂体侧。下身着裙，裙上端从腰部折返，腰部系带，裙腰反裹腰带。腿部被栏杆遮挡。

43 号像：42 号像左侧文殊菩萨坐像，高 24 厘米。头部残损。宝珠形素面头光，尖部残损。上身风化，双肩覆天衣，沿两腋垂下绕腹前，余段分别挂前臂垂座侧。双臂屈肘，双手于上腹前残损。圆形素面身光。下身着裙，悬裳覆垂座。半跏趺坐，右脚垂放座前小型莲台。座下狮子侧身像，身体朝向左侧，头部残损，四腿直立，左腿前右腿后，分别踏圆形浅台。尾巴上卷及背。

44 号像：43 号像左侧菩萨半身像，高 12 厘米。头部残损。双肩披发。袒裸上身，从左肩至右腋斜披络腋，内层帛带末端外翻。左前臂被前像遮挡。右臂向上屈肘，右手于左胸前残损。

45 号像：44 号像前方童子像，高 14 厘米。身体转向左侧，头部残损，身体风化。可见右手扶前方栏杆，右腿屈膝跨坐栏上。

46 号像：上层回栏中央平台上右侧菩萨坐像，高 15 厘米。胸部以上残失，身体微右倾，袒裸上身，斜披络腋。双手于身前持圆状物两端，持物残损。下身着裙，系腰带，交脚坐。

47 号像：46 号像左侧菩萨坐像，高 14 厘米。胸部以上残失，身体微左倾，与 46 号像动作对称，持物残损不明。

48 号像：内龛正壁下段上层回栏，47 号像左侧童子像，与 45 号像对应，高 9 厘米。头部残损，上身伏于栏上。左手扶栏杆。右腿屈膝，作攀爬状。

49 号像：48 号像后侧菩萨半身像，与 44 号像位置对应，高 12 厘米。头部残失，上身微扭向右侧。左臂残断，可见袒裸上身，从左肩至右腋斜披络腋。

50 号像：49 号像左侧普贤菩萨坐像，与 43 号像对应，高 23 厘米。头部残损。有宝珠形素面头光。上身残损，天衣绕腹前，余段垂座侧。双臂不明。圆形素面身光。下身着裙，悬裳覆座。半跏趺坐，左脚垂放座前小型莲台。座下大象侧身而立，身朝右侧，头部残损，可见长鼻。右侧腿居前，左侧腿居后，踏圆形浅台。

51 号像：50 号像左侧力士像，与 42 号像对应，高 26 厘米。头部残损。袒裸上身，胸腹肌肉轮廓明显。右臂于体侧残断。左臂抬肩向上屈肘，前臂残损。双肩披天衣，上部环状飘于头顶，下部于身侧挂腰带，余段垂体侧。下身着裙，裙上端从腰部折返，腰部系带，裙腰反裹腰带。腿部被前像遮挡。

52 号像：51 号像身前立像，与 41 号像对应，高 8 厘米。头部残失，裸身，双臂屈肘，双手于身前扶栏。双腿被栏杆遮挡，可见左腿屈膝。

53 号像：内龛右侧壁下段，下层回栏右端坐像，高 17 厘米。头部残失。袒裸上身，从左肩至右腋斜披络腋，内层帛带末端外翻。双手于胸前残失。下身着裙，交脚坐。

54 号像：53 号像左侧童子像，高 12 厘米。头部残损。身体背面朝外。左手上举抓上层围栏，右手扶下层围栏。右腿直立，左腿屈膝作蹬踏状。

55 号组像：内龛正壁下段，下层回栏之右侧拱桥上五身人物组合立像，高 17 厘米。皆侧身朝向左侧，头部残损可辨圆顶，身着大袖衣，双手合掌于胸前。

56 号像：55 号像左侧乐伎坐像，高 20 厘米。身体侧向右侧，头部朝向龛外，可见束高髻，面部残损。袒裸上身，斜披络腋。左臂向上屈肘，左手戴腕钏抚身前箜篌。下身着裙，交脚坐。

57 号像：56 号像左侧乐伎坐像，高 20 厘米。头部残损，可辨束高髻。袒裸上身，从左肩至右腋斜披络腋，内层帛带末端外翻垂胸前。双臂屈肘，双手于左肩前残损，所持乐器残损。下身着裙，交脚坐。

58 号像：内龛正壁下段，下层回栏中央平台，中央舞伎半身像，高 17 厘米。头部残损。袒裸上身，从左肩至右腋斜披络腋，内层帛带末端外翻垂胸前。右臂向上屈肘。左臂向下屈肘。双手舞动天衣。

59、60 号像：58 号像右、左侧后方半身像。二像位置对应，动作对称，高 14 厘米。身体背面朝外，头部上仰，双手于头顶上方合掌。

61、62 号像：58 号像右、左侧前方半身像。二像位置对应，动作对称，高 14 厘米。二像背面相对，身体侧向龛两侧。头部、手臂残失，上身折腰下倾。下身着裙，腰间系带，双腿盘坐于台。

63 号像：内龛正壁下层回栏，61 号像左侧乐伎坐像，与 57 号像对应，高 17 厘米。头部残损。袒裸上身，从左肩至右腋斜披络腋，内层帛带外翻垂于胸前。双手戴腕钏于右肩前捧排箫。下身着裙，游戏坐。

64 号像：63 号像左侧乐伎坐像，与 56 号像对应，高 18 厘米。头部残损，袒裸上身。双手于身前弹奏琵琶。下身着裙，腿被栏杆遮挡。

65 号组像：内龛正壁下层回栏之左侧拱桥上五身人物组合立像，高 14 厘米。与 55 号组像对应，皆侧身朝向左侧，头部残损可辨圆顶，身着大袖衣，双手掩袖置胸前。

66 号像：内龛左侧壁下层回栏内侧人像，高 7 厘米。头部残损，双手于胸前合掌，下身风化残损。

67 号像：内龛左侧壁下层回栏外侧坐像，高 15 厘米。头部残损，双肩披发。袒裸上身，从左肩至右腋斜披络腋，内层帛带末端翻出。双手于胸前残损。下身风化残损。

68 号组像：内龛上槛右端组合像。右侧人物坐像，高 14 厘米，头部风化，右肩残失。身朝左侧跪坐，上身着大袖圆领衫，下身着长裙，裙腰高系于胸，双手掩袖置胸前。左侧莲台上重檐楼阁像，高 14 厘米，屋顶正脊两端有脊饰。

69 号组像：68 号左侧组合像。右侧人物坐像，高 14 厘米，头部风化，可见束高髻，上身着大袖圆领衫，下身着长裙，裙腰高系于胸，双手掩袖中置胸前，下身风化残失。左侧莲台上坐像，高 7 厘米，头部、下身残失，身体风化严重，可辨双手置腹前。

70 号组像：69 号左侧组像。左侧人物坐像，高 7 厘米，上身着大袖圆领衫，下身着长裙，裙腰高系于胸，双手掩袖置胸前，双腿盘坐圆形台。右侧佛坐像，高 8 厘米，头部残失，素面宝珠形头光。上身内着僧祇支，腹上系带，外着露胸通肩袈裟。双臂屈肘，双手于腹前残损。素面椭圆形身光。下身及座风化。

71 号组像：70 号左侧组像。左侧人物坐像，高 12 厘米，头部残损，上身着大袖圆领衫，下身着长裙，裙腰高系于胸，双手掩袖中置胸前，双腿跪坐三层仰莲座。右侧菩萨坐像，头部残损，可辨束高髻，冠缯带垂双肩，身体风化，可见双肩覆天衣，戴璎珞，双臂屈肘，双手于腹前残损，结跏趺坐于三层仰莲座。

72 号组像：内龛右侧门柱顶部并列组像。右侧人物坐像半跪有茎三层仰覆莲座，像高 16 厘米，身体微侧向左侧。头部残损，上身着大袖圆领衫，下身着长裙，裙腰高系于胸，双手掩袖中置胸前。左侧有茎莲叶上托方形块状物。

73 号组像：72 号像下方并列组像。左侧人物跪坐有茎三层仰莲座，像高 12 厘米，身体微转向右侧。头部残失，上身着大袖圆领衫，下身着长裙，裙腰高系于胸，双手掩袖中置胸前。右侧为莲花。

74 号组像：73 号像下方并列组像。右侧人物半跪有茎三层仰莲座，像高 16 厘米，身体微转向左侧。头部残损，上身着大袖圆领衫，下身着长裙，裙腰高系于胸，双手掩袖中置胸前。左侧有茎莲叶上托宝树。

75 号组像：74 号像下方并列组像。左侧人物半跪有茎三层仰莲座，像高 12 厘米，身体转向右侧。头部残失，上身着大袖圆领衫，下身着长裙，裙腰高系于胸，双手掩袖中置胸前。右侧有茎莲叶及托物残损。

76 号组像：75 号像下方并列组像。右侧人物跪坐有茎三层仰莲座，像高 14 厘米，身体微转向左侧。头束高髻，面部残损，上身着大袖圆领衫，下身着长裙，裙腰高系于胸，双手掩袖中置胸前。左侧有茎卷莲叶上托方形块状物。

77 号组像：76 号像下方并列组像。左侧人物跪坐有茎三层仰莲座，像高 12 厘米，身体微侧向右侧。头部残失，胸部残损，上身着大袖衫，双手掩于袖中置胸前。右侧有茎卷莲叶上浮雕山岳托日。

78 号组像：内龛左侧门柱顶部并列组像。左侧人物坐像身体朝向龛中央方向，高 17 厘米，通体残损严重，可见身着大袖衫。右侧菩萨坐像，头部残损，可辨束高髻，冠缯带垂双肩。身体风化，双肩覆天衣。右手于胸前残损，左手于腹前残损。结跏趺坐三层仰莲座。

79 号组像：78 号像下方并列组像。右侧人物像胸部以下残失，残高 12 厘米。头束高髻，身着圆领衫。左侧卷云中半身像，风化不清。

80 号组像：79 号像下方并列组像。左侧人物跪像，头部残损，座残失，残高 11 厘米。上身着大袖圆领衫，下身着长裙，裙腰高系于胸，双手掩大袖中置胸前。右侧佛像身体残损严重，可辨着通肩袈裟，有头光和身光。

81 号组像：80 号像下方并列组像。右侧人物半跪有茎三层仰莲座，像高 14 厘米，身体微转向左侧。头部残损，上身着大袖圆领衫，下身着长裙，裙腰高系于胸，双手掩袖中置胸前。左侧佛像结跏趺坐有茎三层仰莲座，像高 7 厘米，头残失，身着通肩袈裟，双手置腹前，身后有圆形身光。

82 号组像：81 号像下方并列组像。两像皆风化脱落，仅剩痕迹。可辨左像人物跪像，下有茎莲座。

83 号组像：内龛左侧门柱，82 号像下方并列组像。右侧人物半跪有茎三层仰莲座，头部残失，残高 12 厘米，身体微侧向右侧。上身着大袖圆领衫，下身着长裙，裙腰高系于胸，双手掩袖中置胸前。左侧为有茎卷莲叶。

84 号组像：内龛右侧门柱底部，围栏内四身人物围立组像。内侧为二文官形象，头戴进贤冠，面部风化，身着交领广袖长衫，双手于胸前执笏。前方左侧人像，头部、胸部、左臂残失，背部微躬，右手于身前似捧物。前方右侧为武官形象，头戴平巾帻，身着圆领大袖衫。

85 号像：内龛左侧门柱底部围栏内，殿高 17 厘米。其下高台基，平面方形，单檐庑殿顶，正脊两端有脊饰。

5. 龛内遗迹

内龛龛底内侧中央有圆形孔洞，直径 7 厘米。外龛右侧壁上下凿刻两附龛，由上至下编号 N－Y3－024－1、N－Y3－024－2。外龛左侧壁下部凿刻附龛，编号 N－Y3－024－3。

N－Y3－024－1

单层龛，立面纵长方形，平面半椭圆形，龛口微外敞，宽 25、高 62、深 9 厘米，龛顶内斜，龛底平。龛顶、龛底风化剥离，尊像头部、上身风化脱落（图六一）。

正壁高浮雕佛立像：通高 60、像高 47、肩宽 17 厘米。头部风化，有双层头光，内层圆形，浅浮雕放射状窄长稀疏锯齿纹，边缘两圈连珠纹装饰带，外层可辨宝珠形，通体饰火焰纹。身着袈裟，腰部以上风化不清，下身衣纹少，近素面。左臂向上屈肘，袈裟下缘扬起，前臂残失。右臂残损，可辨于身侧持禅杖倚肩。下身内着裙，长及足背，足部风化残损。其下圆形台座残损（图版四二）。

N－Y3－024－2

单层龛，立面纵长方形，平面半椭圆形，龛口微外敞，宽 50、高 71、深 12 厘米，

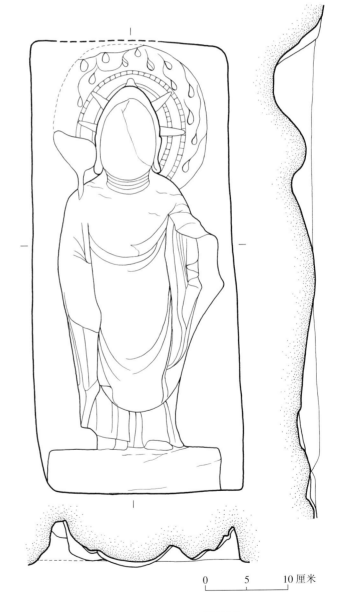

图六一　N－Y3－024－1 测绘图

0　　5　　10 厘米

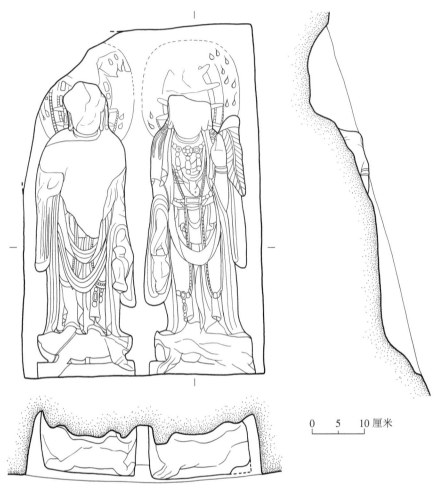

0 5 10厘米

图六二 N－Y3－024－2测绘图

龛顶内斜，龛底平。龛顶右侧石块崩落残失，龛壁右侧外沿残失。龛正壁上部风化剥落（图六二）。

正壁高浮雕并立观音菩萨立像2尊。右侧菩萨头部残损不明，通高69、像高53、肩宽17厘米。头光风化剥落，可辨双层，内层浅浮雕放射状窄长稀疏锯齿纹，边缘两圈连珠纹装饰带，外层饰火焰纹。大腿以上片状剥落。左臂垂身侧手提净瓶。右臂残失。大腿前两道天衣呈U形，天衣余段搭臂垂身侧。可见璎珞由双腿间垂下分别绕双膝至身后，膝下有垂饰。下身着裙，裙长及足背，足残损。其下仰莲座残损，下有方形浅台。

左侧菩萨头部残损不明，通高70、像高54、肩宽17厘米。头光风化剥落，可辨双层，内层椭圆形，浅浮雕放射状窄长稀疏锯齿纹，边缘两圈连珠纹装饰带，外层饰火焰纹。双肩垂发，冠缯带垂肩前。戴花形项圈，胸前有圆形、方形宝饰垂饰。袒裸上身，从左肩至右腋斜披络腋，内侧帛带末端外翻垂腹前。双肩覆天衣，沿两腋垂下，绕大腿前成U形，余段挂双臂垂下，反折绕臂垂体侧。两条连珠璎珞由双肩而下，相交腹前方形宝饰后，沿大腿内侧绕膝下而上，膝下垂饰。左手于左肩前持杨柳枝。右臂垂体侧手提净瓶。下身着裙，裙上端从腰部折返覆大腿，腰部系带，余段垂双腿之间，裙长及足背。足部残损。其下仰莲座残损，可辨双层仰莲，下有方形浅台（图版四三）。

N－Y3－024－3

立面纵长方形单层龛，平面半椭圆形，龛口微外敞，宽33、高68、深14厘米，龛顶内斜，龛底残损不明。龛顶脱落，龛上部风化严重且有横向裂隙（图六三）。

龛内正壁高浮雕佛立像：通高63、像高49、肩宽15厘米。头部风化残损，双层头光，内层素面椭圆形，外层环状连珠纹装饰带，由内层至外层有放射状窄长锯齿纹。尊像胸部以上风化脱落。可见内着袒右肩僧祇支，外着袒右肩袈裟，衣纹稀疏，下身衣纹较少，近素面。右臂向上屈肘，右手残断。左臂于身侧微屈肘，左手残失。下身内着裙，长及足背。跣足，外"八"字形立于三层仰莲座。其下有方形基座（图版四四）。

N－Y3－025

1. 相对位置

Y3西崖壁，N－Y3－024右侧上方。

2. 保存状况

龛沿风化剥落，龛底残失。尊像风化残损严重。

图六三　N－Y3－024－3测绘图

3. 龛窟形制

立面单层方拱形龛，宽17、高16、深3厘米。龛外有减地雕刻残留凿痕。龛楣拱形，两端上翘，虽风化，可见卷草装饰，龛门两侧浅浮雕立柱（图六四）。

4. 龛内造像

龛内正壁浮雕坐像，通高9、像残高6厘米。身体风化，细节不辨。

N－Y3－026

1. 相对位置

Y3西崖壁，N－Y3－025左下方。

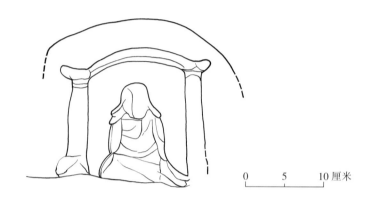

图六四　N－Y3－025 正视图

2. 保存状况

外龛龛门外沿皆有石块剥落痕迹，龛顶、龛底、左侧龛壁残失。内龛龛顶中部残失，正壁中央有纵向裂隙穿过。尊像风化，头部历史时期遭人为破坏（图版四五）。

3. 龛窟形制

双层龛。外龛立面方形，平面形制残损不明，宽50、高53、深20厘米，右侧壁直。内龛立面方形，上侧弧形抹角，平面不规则，宽43、高46、深10厘米，正壁右侧直、左侧弧形，右侧龛口直，左侧壁龛口内收，上槛右端残存华帐，右侧门柱上段垂覆帷幔（图六五）。

4. 龛内造像

内龛正壁高浮雕观音、地藏菩萨并立像。

右侧观音菩萨立像：通高48、像高35、肩宽12厘米。头部残损，可辨头顶束低发髻。冠残，缯带系结上仰，余段垂肩前。双层头光，内层椭圆形，浮雕单层莲瓣，边缘饰粗连珠纹，外层宝珠形，饰卷云纹。短颈刻三道纹，戴项圈，胸前有垂饰。袒裸上身，从左肩至右腋斜披络腋，内侧帛带末端外翻垂左腹。双肩覆天衣，沿腋垂下，余段分别挂双臂垂体侧。两条连珠璎珞连接项圈两侧，相交腹前圆形宝饰，沿大腿内侧绕膝下而上。左臂垂体侧，前臂残损，可辨手提净瓶。右臂向上屈肘，右手于右肩前残断。下身着裙，裙上端从腰部折返覆大腿根部，腰部系带，裙腰反裹腰带，裙长及足背。双足并立，足残。座残损，形制不明。

左侧地藏菩萨立像：通高46、像高33、肩宽13厘米。头部残损，可辨圆顶。短颈刻三道纹，戴项圈。上身着三层袈裟，内着袒右肩僧祇支，中衣仅露垂覆右肩部分，外层袈裟偏袒右肩，右侧衣角由身后绕腹前搭覆左肩。左臂向上屈肘，左手于左肩前残失。右臂垂体侧，前臂残失。下身内着裙，裙长及足背。双足并立，足残。座残损，形制不明。

N－Y3－027

1. 相对位置

Y3 西崖壁，N－Y3－024 右侧下方。

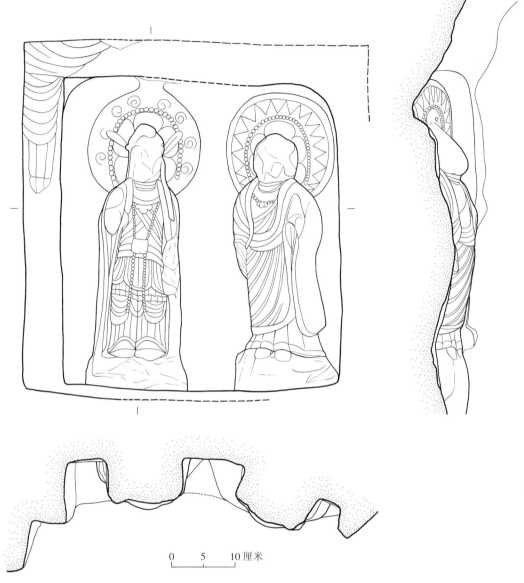

图六五　N - Y3 - 026 测绘图

2. 保存状况

外龛龛顶、左侧壁残失。内龛龛顶中段、左段残失，左侧壁上段残失，龛壁生长青苔。尊像风化，被人为破坏（图版四六）。

3. 龛窟形制

双层龛。外龛立面纵长方形，平面可辨横长方形，宽 46、高 92、深 20 厘米，龛底设高坛，高 30 厘米，与内龛龛底齐平，右侧壁直。内龛立面纵长方形，上侧弧形抹角，平面半椭圆形，宽 37、高 58、深 7 厘米，龛口微外敞，龛底平（图六六）。

4. 龛内造像

内龛正壁坐像：通高 55、像高 46、肩宽 16 厘米。头部残失。双层头光，内层素面椭圆形，外层

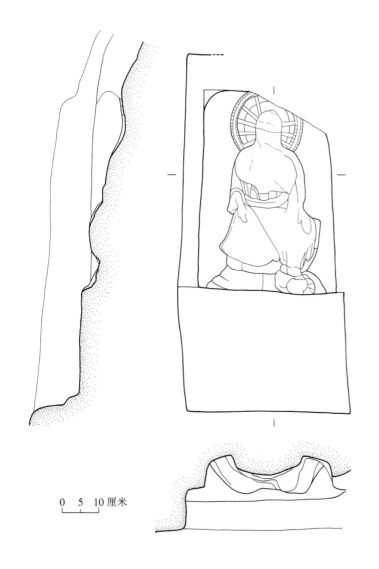

0　5　10厘米

图六六　N－Y3－027测绘图

环状连珠纹装饰带，内层放射状细长锯齿纹穿越至外层。上身残损剥落，残痕可辨身着袈裟。下身及座残损不明，可辨半跏趺坐，左脚垂放座前小型莲台。座下三层圆形浅基台，由下往上逐层收分。

N－Y3－028

1. 相对位置

Y3西崖壁，N－Y3－026、N－Y3－027右侧。

2. 保存状况

外龛左侧壁外沿风化剥蚀，龛顶、龛底层状剥离。内龛龛顶外沿风化残损。尊像皆有风化现状，头部遭人为破坏（图版四七～五〇）。

3. 龛窟形制

双层龛。外龛立面纵长方形，平面梯形，龛口微内收，宽136、高161、深53厘米，龛顶、底平。内龛立面纵长方形，平面呈半椭圆形，右侧龛口直，左侧龛口微内收，宽130、高147、深27厘米，龛顶内斜，龛底外斜，龛顶与三壁近直角过渡（图六七～六九）。

4. 龛内造像

观无量寿佛经变相。龛内造像上、中、下三段式构图，由中轴至两侧，图像内容、分布和排列近乎对称。上段以高浮雕西方三圣为中心，胁侍菩萨外侧各浮雕宝塔1座，宝塔外侧浅浮雕多株并立宝树，树冠高长，树干扭曲。内龛侧壁顶部各高浮雕宝楼1座。龛顶浮雕双层团状卷云，云中雕刻乐器、化佛。中段以正壁中央浮雕短颈鼓腹广口宝瓶为中心表现莲池化生，瓶口生多枝莲，中央一根主枝承托主尊，两侧往下各一根主枝，逐节分枝蔓布龛壁，茎粗细均匀、对称分布，承托化生菩萨及童子，共计16尊。下段以正壁中央高浮雕两层高台为中心浮雕两层回栏，下层高台正面有雕刻痕迹，可见残存二足外"八"字形而立。下层回栏下施一斗三升式斗栱，栏杆有"人"字形装饰，两侧回栏间以拱桥相通。回栏上密布尊像，包括文殊、普贤、力士、乐伎和舞伎等。

图六七　N－Y3－028 正视图

　　龛楣及两侧门柱雕刻连环表现"十六观"。龛楣浅浮雕尊像共4组。两侧门柱底部生出多枝莲，串连"十六观"组合像，莲台托人像、莲叶托观想对象为一组并列，两侧门柱各6组。门柱底部浮雕围栏，其上各1组尊像，栏杆有"人"字形装饰，围栏下施一斗三升式斗栱承托。尊像、组像编号见图七〇。

　　1号像：内龛上段中央阿弥陀佛坐像，通高35、身高21、肩宽9厘米。头部残损，可辨头顶低肉髻。双层头光，内层圆形，浅浮雕放射状锯齿纹，锯齿窄长细密，边缘饰两圈连珠纹装饰带，外层宝珠形，通体饰火焰纹。顶悬宝盖，上层八角形伞盖，伞骨尖端上翘，下层筒形多层垂幔，装饰连珠璎

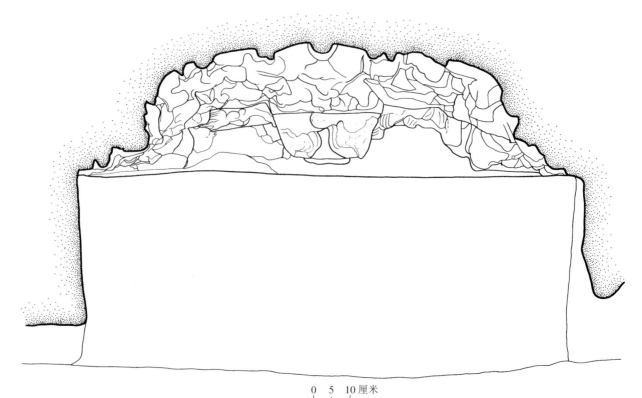

0 5 10厘米

图六八　N－Y3－028平面图

珞。身着通肩袈裟，身前衣纹稀疏呈缓弧形。左臂屈肘，左前臂残失；右臂整体残失。双腿掩袈裟中结跏趺坐。其下有茎莲座为四层仰莲，莲瓣形制较小，悬裳三角形幔状垂覆莲座上部。

2号像：1号像右侧胁侍菩萨坐像，通高28、身高20、肩宽8厘米。头部残损，可辨束高髻，可见冠缯带垂肩前。双层头光。内层圆形，浅浮雕放射状锯齿纹，锯齿窄长细密，边缘装饰两圈连珠纹装饰带。外层宝珠形，通体饰火焰纹。顶悬双层宝盖，上层八角形伞盖，伞骨尖端上翘，下层筒形多层垂幔。袒裸上身，戴项圈，两条连珠璎珞连接项圈两侧，相交于腹上圆形宝饰后沿大腿内侧绕膝下。从左肩至右腋斜披络腋，帛带末端翻出垂左胸。双肩覆天衣，沿两腋垂下绕腹前，余段挂前臂垂座侧。左臂屈肘，左手于脐前持长茎莲。可见卷莲叶及莲苞于右肩前，右前臂残断。半跏趺坐，右脚垂放座侧小型座。座残损，悬裳三角形幔状垂覆有茎莲座上部。

3号像：1号像左侧胁侍菩萨坐像，通高28、身高20、肩宽8厘米。头部残损，可见束高髻，冠缯带垂肩前。双层头光。内层圆形，浅浮雕放射状锯齿纹，锯齿窄长细密，边缘饰两圈连珠纹装饰带。外层宝珠形，通体饰火焰纹。顶悬双层宝盖，上层八角形伞盖，伞骨尖端上翘，下层筒形多层垂幔。袒裸上身，戴项圈，胸前有水滴状宝石垂物。两条连珠璎珞连接项圈两侧，相交于腹上圆形宝饰后沿大腿内侧绕膝下。从左肩至右腋斜披络腋，帛带末端翻出垂左胸。双肩覆天衣，沿两腋垂下绕腹前后垂座侧。左臂向上屈肘，左手于左胸前残损，可辨持有茎莲叶。右臂屈肘，右手于脐前捧物残损，似为净瓶。半跏趺坐，左脚垂放座侧小型座。座残损，悬裳三角形幔状垂覆有茎莲座上部。

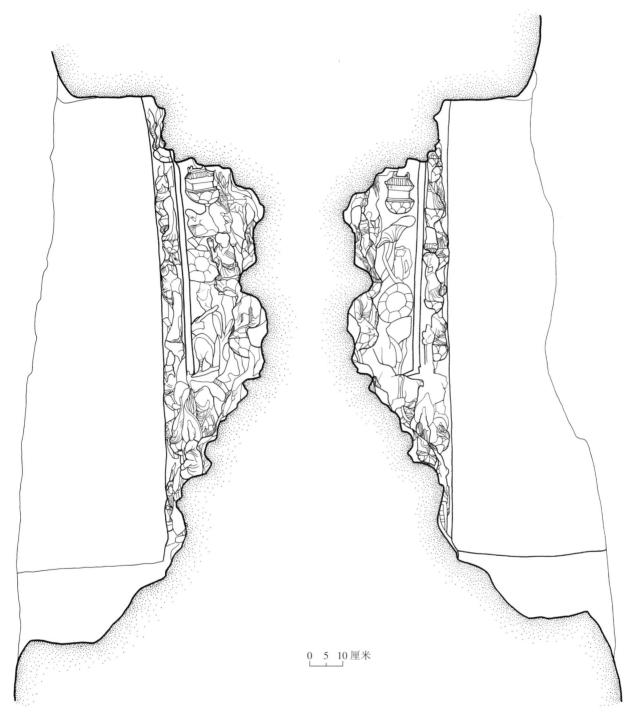

0　5　10厘米

图六九　N－Y3－028 剖面图

　　4号组像：龛顶上层卷云右端组像，宽8厘米。团状卷云中央托短圆筒状鼓。

　　5号组像：4号像左侧组像，宽10厘米。团状卷云上并列三尊坐佛，形象一致，头部风化不清，身着通肩袈裟，结跏趺坐。

　　6号组像：5号像左侧组像，宽9厘米。团状卷云中央托腰鼓。

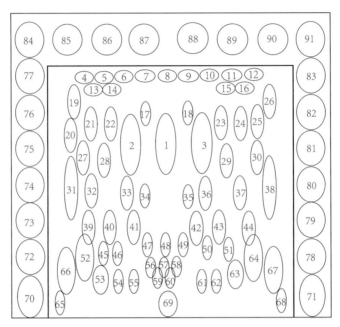

图七〇　N－Y3－028 尊像、组像编号图

7 号组像：6 号像左侧组像，宽 13 厘米。团状卷云上并列三尊坐佛，形象一致，头部风化不清，身着通肩袈裟，结跏趺坐。

8 号组像：7 号像左侧组像，宽 11 厘米。团状卷云中央托琴。

9 号组像：8 号像左侧组像，宽 10 厘米。团状卷云上并列三尊坐佛，形象一致，头部风化不清，身着通肩袈裟，结跏趺坐。

10 号组像：9 号像左侧组像，宽 13 厘米。团状卷云中央托羯鼓。

11 号组像：10 号像左侧组像，宽 14 厘米。团状卷云上并列三尊坐佛，形象一致，头部风化不清，身着通肩袈裟，结跏趺坐。

12 号组像：11 号像左侧组像，宽 12 厘米。团状卷云中央托琵琶。

13 号组像：4、5 号像下方组像，宽 13 厘米。舟状卷云上托横笛。

14 号组像：5、6 号像下方组像，宽 8 厘米。舟状卷云上托拍板。

15 号组像：11 号像右下方组像，宽 13 厘米。舟状卷云上托物残损不明。

16 号组像：11 号像左下方组像，宽 11 厘米。舟状卷云上托物残损不明。

17 号组像：内龛上段，1、2 号像头光、宝盖之间组像，宽 5、高 13 厘米。三尊比丘头像，上二身下一身错位排列，可见圆顶，面部风化不清。

18 号组像：内龛上段，1、3 号像头光、宝盖之间组像，宽 6、高 14 厘米。三尊比丘头像，上二身下一身错位排列，可见圆顶，面部风化不清。

19 号像：内龛右侧壁顶部宝殿，高 9 厘米。平面方形，双层浅台基，单檐庑殿顶，檐面刻瓦垄，正脊两端有脊饰，尾内卷。其下三层有茎仰莲座，莲瓣形制宽大。

20 号组像：内龛右侧壁，19 号像右下侧二童子组像，高 11 厘米。二像裸上身，腰间裹布。右像头部残损，侧身后仰，双腿腾空，背倚龛沿。左像风化残损严重，可辨与右像相搏。其下三层有茎仰莲座，莲瓣形制宽大。

21号像：内龛正壁右侧上部，19、20号之间左侧童子像，高13厘米。头部残损，可辨圆顶。身体略转向左侧，作攀爬状，上身袒裸，腰间裹布。双臂于身前持长莲茎。右脚跨踩身前莲茎，左脚蹬地。其下三层有茎仰莲座，莲瓣形制宽大。

22号像：内龛正壁右侧上部，2号像右侧宝塔，高14厘米。体量较小，为七级六角楼阁式塔。无平座，塔檐层层挑出，檐下有柱支撑，塔身层层内收，收分较缓，至塔顶屋面收拢置塔刹，塔刹宝珠形。塔身细高柱状座，连接有茎三层仰莲座。

23号像：内龛正壁左侧上部，3号像左侧宝塔，高15厘米。体量较小，为七级六角楼阁式塔，无平座，塔檐层层挑出，檐下有柱支撑，塔身层层内收，收分较缓，至塔顶屋面收拢置塔刹，塔刹宝珠形。塔身细高柱状座，连接有茎三层仰莲座。

24号组像：内龛正壁左侧上部，23号像左侧二童子组像，与21号像对应，高18厘米。下侧童子坐像，头部残损，可辨微上仰，袒裸上身、腰间裹布，上身前倾，左腿盘坐，右腿屈膝踩座，手扶身前长莲茎。上侧童子身体残损，可见攀爬于长莲茎上，裸上身，腰间裹布。其下三层有茎仰莲座，莲瓣形制宽大。

25号像：内龛正壁左侧上部，24号像左侧童子像，与20号像对应，高17厘米。头部残损，裸上身，腰间裹布，双手撑座倒立状。其下三层有茎仰莲座，莲瓣形制宽大。

26号像：内龛左侧壁顶部宝殿，与19号像对应，高15厘米。平面方形，双层浅台基，单檐庑殿顶，檐面刻瓦垄，正脊较高，两端有脊饰。其下三层有茎仰莲座，莲瓣形制宽大。

27号像：内龛右侧壁中段，20号像左下侧菩萨坐像，高14厘米。扭向右侧，背部朝外。头部残失，肩有垂发。袒裸上身，从左肩至右腋斜披络腋。可见左臂向上屈肘，左手扶20号像莲座。下身着长裙，系腰带，裙腰反裹腰带，裙长覆足，屈膝蹲坐状。其下有茎莲座为三层仰莲，莲瓣形制宽大。

28、29号像：分别位于2、3号像座外侧，高浮雕状，残损严重，形制不明。

30号像：内龛左侧壁中段，25号像下方菩萨坐像，高16厘米。身体侧向右壁。头部残失，肩有垂发。袒裸上身，从左肩至右腋斜披络腋。双臂前方上伸，扶25号像双臂。下身着长裙，系腰带，裙腰反裹腰带，裙长覆足。右腿跪坐，左腿屈膝踩座。其下三层有茎仰莲座，莲瓣形制宽大。

31号像：内龛右侧壁中段龛沿内侧组像，高38厘米。由上至下三身像。上像为单层多瓣花朵。中像残损不明。下像为鹤，头部残失，合翅，身后长尾，双爪并立岩座。

32号像：内龛正壁右侧中部，31号像左侧菩萨坐像，高19厘米。头部残损，可辨有垂发。袒裸上身，从左肩至右腋斜披络腋。左臂残失，可见左手置腹前。右手扶右膝。下身着长裙，裙长覆足，游戏坐。其下三层有茎仰莲座，莲瓣形制宽大。

33号像：内龛正壁右侧中部，32号像左侧菩萨坐像，高17厘米。头部残损，可辨束高髻，戴发巾。上身着通肩衣，身前衣纹呈U形。双手腹前残失。双腿残损，可辨结跏趺坐。座残损。

34、35 号像：内龛正壁中部中央，两有茎小型莲座上分别承托圆球状物，上部残损，似表现胎生，残高 7 厘米。

36 号像：内龛正壁左侧中部，35 号像左侧菩萨坐像，高 19 厘米。位置与 33 号像对应，发式、衣式、动作皆与 33 号像一致。

37 号像：内龛正壁左侧中部，36 号像左侧菩萨坐像，高 19 厘米。位置与 32 号像对应，发式、衣式、动作皆与 32 号像一致。

38 号像：内龛左侧壁中段，龛沿内侧组像，与 31 号像对应，高 38 厘米。由上至下三身像。上像为鹦鹉立莲茎之上。中像为单层多瓣花朵。下像为孔雀，喙尖明显，翅上扬，尾翘起。

39 号像：内龛右侧壁下段，32 号像下方菩萨半身像，高 10 厘米。身体被前像遮挡，头部残失，可见肩有垂发，袒裸上身，左肩斜披络腋。

40 号像：39 号像左侧菩萨坐像，高 9 厘米。左肩、头部残失，右肩垂发，袒裸上身，从左肩至右腋斜披络腋。左臂身侧屈肘，左手残失。右臂屈肘，右手于身前被前像遮挡。

41 号像：40 号像左侧，莲池中央宝瓶右侧菩萨坐像，高 11 厘米。头部残失，双肩垂发，袒裸上身，从左肩至右腋斜披络腋。双手于胸前抚右膝。双腿游戏坐。

42 号像：莲池中央宝瓶左侧菩萨坐像，高 11 厘米。头部残失，双肩垂发，袒裸上身，从左肩至右腋斜披络腋。双臂屈肘，双手于身前抱左小腿。下身着裙，游戏坐。

43 号像：42 号像左侧菩萨坐像，高 9 厘米。胸部以上残失，袒裸上身，从左肩至右腋斜披络腋。双手于身前抱块状物，持物上部残损。下身着裙，结跏趺坐仰莲座。

44 号像：43 号像左侧菩萨坐像，高 8 厘米。头部残失，袒裸上身，从左肩至右腋斜披络腋。左手于左肩前残损。右手置腹前。左腿被前像遮挡，右腿盘坐仰莲座。

45 号像：内龛正壁右侧上层回栏，40 号像右下侧乐伎坐像，高 8 厘米。头部残损，可辨束高髻，肩垂发。袒裸上身，从左肩至右腋斜披络腋。双手身前击铜钹。下身着裙，结跏趺坐。

46 号像：45 号像左侧狮子像，高 6 厘米。头部残损，可见鬃毛垂背，尾部上卷垂背。四肢呈行走状。

47 号像：内龛正壁中央上层平台右侧坐像，高 7 厘米。头部残损，可辨束高髻，肩垂发。袒裸上身，从左肩至右腋斜披络腋。前臂残失，下身着裙，结跏趺坐。

48 号像：内龛正壁中央上层平台中央童子坐像，高 9 厘米。头部残损，可辨圆顶。袒裸上身。左臂残失。右手扶身前栏杆望柱。游戏坐。

49 号像：内龛正壁中央上层平台左侧半身像，高 8 厘米。头部残损，可辨束高髻，肩垂发。袒裸上身，从左肩至右腋斜披络腋。左手于左胸前残失。右手置腹前。结跏趺坐。

50 号像：内龛正壁左侧上层回栏，与 46 号像对应狮子像，高 6 厘米。头部残损，可见鬃毛垂背，尾部上卷垂背。四肢呈行走状。

51 号像：50 号像左侧，与 45 号像对应伎乐坐像，高 9 厘米。头部残损，可辨束高髻，肩部垂发。袒裸上身，从左肩至右腋斜披络腋。双臂于身前持物，残损不明。下身着裙，双腿结跏趺坐。

52 号像：内龛右侧壁下层回栏右端力士立像，高 20 厘米。上身左倾。头部残失。袒裸上身，胸腹肌轮廓明显。左臂体侧残失。右臂抬肩向上残损。双肩披天衣，U 形横于身前，余段挂双臂垂体侧。下身着裙，裙长及膝，裙上端从腰部折返，腰部系带，裙腰反裹腰带。右腿被前像遮挡，左腿微屈膝。

53 号组像：内龛正壁下层回栏右侧拱桥上组像，共五身人物立像。头部、身体残损不清，皆身着大袖衣，可见其中一人双手胸前合掌。

54 号像：53 号组像左侧伎乐坐像，高 8 厘米。头部残损，袒裸上身，左肩斜披络腋，双手于身前弹箜篌。下身着裙，结跏趺坐。

55 号像：54 号像左侧动态童子像，高 7 厘米。上身残损不清，可见左手撑前方栏杆。左腿跪望柱，右腿悬空。

56～60 号像：内龛正壁中央下层高台上舞伎组像。56～58 号排坐平台内侧，残高 11 厘米，56 号像残损不清，57 号像头部残失，袒裸上身，左肩斜披络腋，双肩覆天衣，双臂振臂抬起，前臂残失，天衣 U 形横于身前，下身着裙，系腰带。58 号像头部残失，身体被 60 号像遮挡，袒裸上身，左肩斜披络腋。59、60 号像背对坐平台前侧，头部、手臂残失，上身折腰下倾，下身着裙，系腰带，盘腿而坐。

61 号像：内龛正壁左侧下层回栏，平台左侧动态童子像，与 55 号像对应，高 9 厘米。上身残损，腰间裹布，可见手撑前方望柱，右腿蹲踩栏杆上，左腿悬空，作攀爬状。

62 号像：61 号像左侧伎乐坐像，与 54 号像对应，高 9 厘米。头部残失，肩部垂发。袒裸上身，从左肩至右腋斜披络腋。双手身前弹反置琵琶。下身着裙，交脚坐。

63 号组像：内龛正壁左侧下层回栏间拱桥上组像，共 5 身人物立像，与 53 号像对应。头部及身体残损不清，可见皆身着大袖衣，其中一人双手合于胸前。

64 号像：内龛左侧壁下层回栏力士立像，与 52 号像对应，高 19 厘米。上身右倾。头部残失。袒裸上身，胸腹肌轮廓明显。左臂振臂上举，前臂残失。右臂于体侧屈肘，手部残失。双肩披天衣，上段扬于头后，下段 U 形横于身前，可见右侧余段挂右臂垂体侧。下身着裙，裙长及膝，裙上端从腰部折返，腰部系带，裙腰反裹腰带。左腿被前像遮挡，右腿微屈膝。

65 号像：内龛右侧壁下层回栏，龛沿内侧坐像，高 8 厘米。头部残损，双肩垂发。袒裸上身，小腹鼓起，从左肩至右腋斜披络腋。双臂于体侧屈肘，双手于右胸前持物，残损不明。下身着裙，双腿盘坐。

66 号像：内龛右侧壁下层回栏普贤菩萨骑象像，高 31 厘米。头部残损，头顶束高髻，双肩垂发。宝珠形素面头光。身体朝向龛中央方向，上身残损，可见袒裸上身，左肩斜披络腋，两条璎珞相交腹部圆形宝饰。双肩覆天衣，沿两腋垂下绕腹前，余段挂前臂垂座侧。双前臂残失。圆形素面身光。下身着裙，悬裳覆垂座，半跏趺坐仰覆莲座，三层仰莲，双层覆莲。座下大象侧身而立，鼻部残损，扇状大耳，可见前腿呈行走状。

67 号像：内龛左侧壁下层回栏文殊菩萨骑狮像，与 66 号像对应，高 30 厘米。头部残损，头束高髻，双肩垂发。宝珠形素面头光。身体朝向龛中央方向，上身残损，可见袒裸上身，左肩斜披络腋，两条璎珞相交腹部圆形宝饰后，沿大腿内侧绕膝下。双肩覆天衣，沿两腋垂下绕腹前。左臂残失。右臂屈肘，右手于右腹前残失。圆形素面身光。下身着裙，悬裳覆垂座，半跏趺坐。座下狮子侧身状，头朝向龛外。面部残损，大嘴上咧，鬃毛卷曲蓬松，胸前系铃铛。

68 号像：内龛左侧壁下层回栏龛沿内侧坐像，与65 号像对应，高7 厘米。头部残失，右肩垂发。袒裸上身，斜披络腋。左臂残失，右手于腹上部残失。下身着裙，双腿盘坐。

69 号像：内龛正壁中央下层高台正面雕刻，残损不清，残高24 厘米。头部残失，可见身侧有双翅，有双腿并立残痕。

70 号组像：内龛右门柱底部围栏内三身人物围立组像。右像头戴平巾帻，面部残损朝向左像，身着袴褶服，上身外着裲裆。中像头戴平巾帻，面朝向左像，身着袴褶服。左像头部残损，身着右衽袴褶服。左臂残损，右手上举长条状物。

71 号像：内龛左门柱底部围栏内高浮雕屋殿，高13 厘米。平面方形，单檐庑殿顶，檐面刻瓦垄，正脊左端残留脊饰。檐下两柱间浮雕人物坐像，身体局部被栏杆遮挡，可见双手置腹前，结跏趺坐。

72 号组像：内龛右门柱下段，70 号像上方并列组像，左侧人物身体侧向右，像高14 厘米，盘坐有茎三层仰莲座，头部及上身残失。右侧有茎卷莲叶上浮雕山岳托日。

73 号组像：内龛右门柱下段，72 号像上方并列组像，右侧人物身体侧向左，像高14 厘米，盘坐有茎三层仰莲座，手臂残失，下身着长裙，裙腰高系于胸。左侧有茎卷莲叶上托四边形块状物。

74 号组像：内龛右门柱下段，73 号像上方并列组像，左侧人物身体侧向右，像高13 厘米，盘坐有茎莲座，通体及座残损。右侧有茎卷莲叶后为四边形块状物。

75 号组像：内龛右门柱上段，74 号像上方并列组像。右侧人物半跪有茎三层仰莲座，像高11 厘米，身体侧向左。头部残损，上身着窄袖圆领衫，下身着长裙，裙腰高系于胸，拱手于胸前。左侧有茎卷莲叶上托宝树。

76 号组像：内龛右门柱上段，75 号像上方并列组像。左侧人物身体侧向右，像高12 厘米，盘坐有茎三层仰莲座，通体残损。右侧有茎卷莲叶上托双层仰覆莲座。

77 号组像：内龛右门柱上段，76 号像上方并列组像。右侧人物身体侧向左，像高11 厘米，盘坐有茎三层仰莲座。头部残损，拱手于胸前，上身着窄袖圆领衫，下身着长裙，裙腰高系于胸。左侧方形块面中减地浅浮雕莲叶及莲苞。

78 号组像：内龛左门柱下段，71 号像上方并列组像。左侧人物身体侧向右，像高13 厘米，头部残损，盘坐有茎三层仰莲座，上身着窄袖衫，下身着长裙，裙腰高系于胸，拱手于胸前。右侧像残损，仅见莲茎。

79 号组像：内龛左门柱下段，78 号像上方并列组像。右侧人物通体残损，残高9 厘米，可辨盘坐有茎三层仰莲座。左侧有茎三层莲座上托圆形堆状物。

80 号组像：内龛左门柱下段，79 号像上方并列组像。左侧人物身体侧向右，像11 高厘米，头部残损，盘坐有茎三层仰莲座，上身着窄袖衫，下身着长裙，裙腰高系于胸，拱手于胸前。右侧像残损，似山岳状。

81 号组像：内龛左门柱上段，80 号像上方并列组像。右侧人物身体侧向左，像高12 厘米，头部、身体残损严重，下身着裙，盘坐有茎三层仰莲座。左侧佛坐像，高 7 厘米，头部残损，身着通肩袈裟，双手掩袈裟中置腹前，宝珠形头光，圆形身光，悬裳覆座，结跏趺坐有茎三层仰莲座。

82 号组像：内龛左门柱上段，81 号像上方并列组像。左侧人物身体侧向右，像高 12 厘米，头部和上身残损，盘坐有茎三层仰莲座。右侧有茎卷莲叶上托卷云。其上坐像残损不明。

83 号组像：内龛左门柱上段，82 号像上方并列组像。右侧人物身体侧向左，像高 12 厘米，头部、身体残损，盘坐有茎三层仰莲座。左侧菩萨坐像，头部残损，上身风化，左肩斜披络腋，身披天衣，双手身前持有茎莲苞，宝珠形头光，圆形身光，悬裳覆座，结跏趺坐有茎三层仰莲座。

84 号组像：内龛龛楣右端，77 号像上方并列组像，左侧人物身体侧向右方，像高 13 厘米，盘坐有茎三层仰莲座，上身着窄袖圆领衫，下身着长裙，裙腰高系于胸，拱手于胸前。右侧有茎卷莲叶上托宝楼，高台基，重檐，正脊两端有脊饰。

85 号组像：84 号像左侧并列组像。右侧人物身体侧向左，像高 13 厘米，头部残损，可见下身着长裙，裙腰高系于胸，拱手于胸前，盘坐有茎三层仰莲座。左像为两朵长尾团状卷云，长尾飘向右上方，右侧卷云托圆状物，左侧卷云中有人物残像 1 尊。

86 号组像：85 号像左侧长尾团状卷云，长尾飘向右上方，卷云中有两尊并列坐像。右像头部残损不清。左手抚左膝。右手似托头。双腿跪坐。左像头部残损不清，双手掩袖中置腹前，双腿盘坐。

87 号组像：86 号像左侧长尾团状卷云，长尾飘向右上方，卷云中有两尊并列坐像。右像头部残损不清，左手抚左脚，右肘搁右膝手托头部，游戏坐。左像风化严重，残损不清，可辨坐像。

88 号组像：87 号像左侧长尾团状卷云，长尾飘向左上方。卷云中尊像为兽形，现状风化脱落。

89 号组像：88 号像左侧长尾团状卷云，长尾飘向左上方。卷云中有单尊像痕迹，残损不明。

90 号组像：89 号像左侧并列组像。右侧人物身体侧向左，像高 12 厘米，头部、身体残损严重，盘坐有茎三层仰莲座。左侧佛坐像，头部残损，身着袈裟，有宝珠形头光，圆形身光，双手掩袖中置胸前，结跏趺坐，莲座被前像头光遮挡。

91 号组像：内龛门楣左端并列组像。左侧人物身体侧向右，像高 12 厘米，盘坐有茎三层仰莲座，上身着窄袖圆领衫，下身着长裙，裙腰高系于胸，拱手于胸前。右侧菩萨坐像，高 8 厘米，头部残损，上身风化，可见戴项圈，左肩斜披络腋，双肩覆天衣，挂前臂垂体侧。左手抚左腿。右手腹前残损。宝珠形头光，圆形身光，悬裳覆座，结跏趺坐有茎三层仰莲座。

N - Y3 - 029

1. 相对位置

Y3 西崖壁，N - Y3 - 028 右侧。

2. 保存状况

外龛龛顶、右侧壁外沿皆有岩石崩落痕迹，龛顶风化剥离有严重水渍，且有横向和纵向裂隙。内龛龛楣、龛顶中部有水渍并严重风化剥落。崖面的纵向裂隙贯穿整龛。尊像不同程度风化，部分头部在历史时期遭人为破坏（图版五一）。

0 5 10厘米

图七一 N－Y3－029 正视图

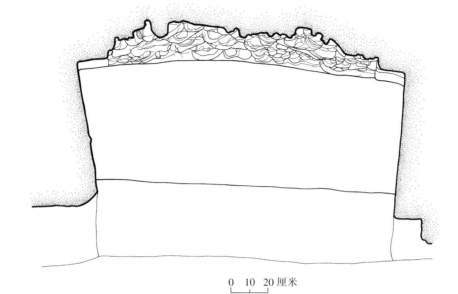

0　10　20厘米

图七二　N－Y3－029平面图

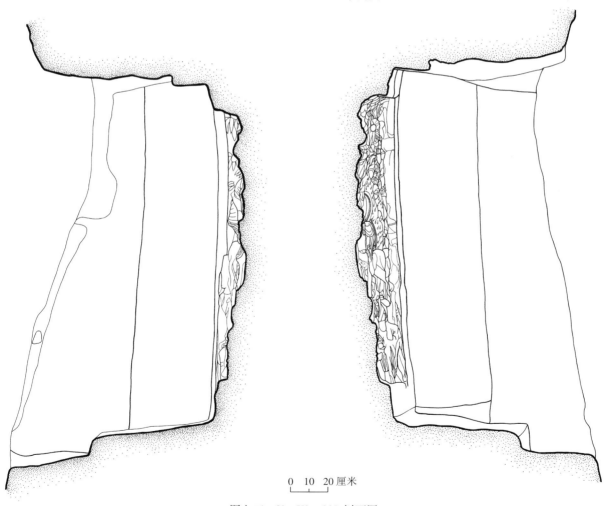

0　10　20厘米

图七三　N－Y3－029剖面图

3. 龛窟形制

双层龛。外龛立面纵长方形，平面梯形，龛口内收，宽210、高240、深53厘米，龛顶平，龛底微外斜，龛底内侧设浅坛，侧壁外侧均匀分布较细凿痕。内龛立面方形，上侧弧形抹角，平面缓弧形，龛口直，宽170、高171、深58厘米。龛顶弧形内斜，龛底平，上槛、门柱素面（图七一～七三）。

4. 龛内造像

维摩诘经变相。尊像、人物众多，采用散点透视构图，以二对坐主尊为中心，通过菩提树、建筑、山岳、水池、卷云等分割画面，形成人物、场景组合。正壁右上角浅浮雕菩提树。正壁右下角、左下角浅浮雕起伏山岳，雕刻具有水墨晕染感。正壁中央上部浅浮雕长方形水池，有围栏，池中生长莲叶、莲花，中央设拱桥。龛内尊像、组像编号见图七四。

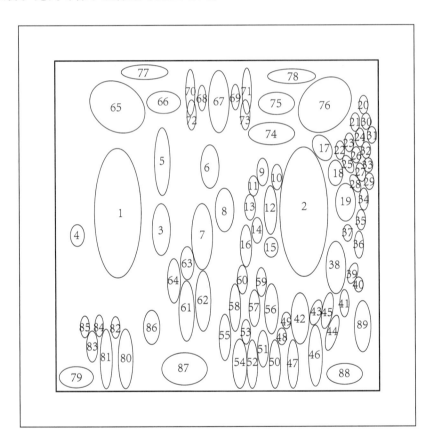

图七四　N-Y3-029 尊像、组像编号图

1 号像：内龛正壁右侧中央高浮雕维摩诘坐像，身高50、肩宽23厘米（图版五二）。面朝龛左侧方向，身体左倾倚身前凭几。头戴风帽，面部残损，大耳，腮部、下颌有细密长胡须。上身内着交领衫，肩披窄袖长袍。右臂屈肘，右手于右胸前残失；左臂屈肘，前臂及手靠扶身前凭几。下身着裙，长覆足背。游戏坐床榻。榻前长条形案上置覆盖长柄香炉，矮圈足，腹壁直，浅桶状，盖上有圆形纽。炉侧置香宝子，圈足，束腰，鼓腹，尖顶。维摩诘居高台，身后高浮雕建筑，台基前有垂带踏跺。建筑为四角攒尖亭阁式，可见亭身正面两角柱，左侧转角辅作残损，右侧完整。屋面基层雕刻椽子和飞

橼，表面刻筒瓦并饰华带。宝顶为双层仰莲托宝珠。

2 号像：内龛正壁左侧中央高浮雕文殊菩萨坐像，通高76厘米（图版五三）。头部残失，像残高37厘米。双层头光，内层圆形，边缘饰连珠纹装饰带，外层宝珠形，通体饰火焰纹。袒裸上身，戴项圈，胸前有垂饰，两条连珠璎珞连接项圈两侧，相交腹前圆形饰后沿大腿内侧绕膝下至身后。从左肩至右腋斜披络腋，帛带末端外翻垂左腹。双肩覆天衣，沿两腋垂下绕腹前，余段挂前臂垂座侧。右臂向上屈肘，右手身前残断。左臂戴臂钏，左手扶左踝。双层身光。内层圆形，边缘饰连珠纹装饰带。外层圆形，通体饰火焰纹。下身着长裙，结跏趺坐方形台座，悬裳三角状垂覆座。座下左侧狮子探头像，面部残损，竖耳，可见鬃毛，左前肢前伸。

3 号像：1 号像左侧侍者像，头部残失，残高29、肩宽10厘米。上身着交领衫，下身着长裙，胸下束绅带。双肩覆宽幅帔帛，沿两腋垂下，于腿前呈 U 形，分别挂前臂垂下。左手体侧伸出，似卧长状物，残损不明，右手扶 1 号像身前香炉盖。

4 号像：1 号像右侧侍者头像，高20厘米。戴风帽，面朝龛左侧，眉骨、颧骨凸出，双眼圆睁。

5 号像：1 号像左上侧天女乘卷云像，高37厘米。头部束高髻，面部残损，缯带垂肩侧。颈部刻三道纹，袒裸上身，戴项圈。双肩覆天衣，沿两腋垂下绕腹前、腿前，余段分别挂前臂垂体侧。双臂向上屈肘，双手于左胸前捧盘，盘中盛物。小腹微凸，下身着裙，裙长覆足。

6 号像：正壁中央上部水池拱桥上尊像，高21厘米。背朝外，头部残损，身着袈裟。双手于身前捧山形龛，龛中有坐佛，双手结禅定印，结跏趺坐。

7 号像：正壁中部，3 号像左侧菩萨形立像，头部残失，残高33厘米。从左肩至右腋斜披络腋，帛带末端翻出垂左腹。双肩覆天衣，沿两腋垂下绕腿前两道，余段分别挂前臂。微屈膝，上身前倾。右臂残失；左臂于体侧持袋装物，倾倒溢出状。下身着长裙。

8 号像：正壁中部，7 号像左侧迦楼罗立像，高22厘米。头部残损，身朝 1 号像方向。上半身为人身，胸凸出，手臂置体侧，前臂残损。下半身为鸟身，屈膝，双爪立圆形浅台，身后大尾。

9～16 号像：2 号像右侧比丘、菩萨组合群像，9～12 号像为比丘形象，皆面朝 1 号像方向，9～11 号像仅露出头部，残损可见圆顶，身体被前像遮挡，着袈裟。12 号像头部残损，可见圆顶，上身内着袒右肩衫，中衣露出垂覆右肩部分，外层偏袒右肩式袈裟，右侧衣角由身后绕右腋下从中衣内侧搭左肩。双手于身前残损。13～16 号像为菩萨形象，14 号像面朝 16 号像，其余尊像皆面朝 1 号像方向。13 号像头束高髻，肩覆天衣，双手持天衣合掌胸前。14 号像仅露半身，束高髻，戴花冠，颈部刻三道纹，戴项圈，肩垂发。15 号像仅露半身，头部残损，戴项圈，肩覆天衣，双手身前捧宝珠。16 号像腿部以下被前像遮挡，头部残损，可辨束高髻，双肩垂发，颈部刻三道纹，戴项圈，胸前垂饰繁缛，双肩覆天衣，沿两腋垂下绕腹前，余段分别挂前臂垂体侧，双手身前残损，小腹微凸，下身着长裙。

17 号像：2 号像头光尖部左侧菩萨头像，高18厘米。身体被 2 号像头光遮挡，头束髻，戴双层宝冠，下层三花冠，上层山形冠，缯带耳后系结，余段垂肩后，有圆形素面头光。

18 号像：17 号像左下侧比丘头像，高14厘米。身体被 2 号像头光遮挡，圆顶，有圆形头光。

19 号像：18 号像下方佛半身像，身体被 2 号像身光遮挡，圆顶，面部残损，身着袈裟，可见双手拱于胸前，有宝珠形身光，饰火焰纹。

20～37号像：左门柱上段内侧龛壁菩萨、天人组合群像。20～29号、34～37号像皆为菩萨头像，身体相互遮挡，除27号像束高髻、戴发饰外，其余菩萨像皆戴双层宝冠，下层为三花冠，上层为山形冠。30～33号像为天人头像。30号像竖发，怒目，小耳，颧骨凸出，嘴角下垂。31号像戴头盔，着护颈。32号为阿修罗像，三头并之，中央头顶束扇形发髻，面部风化。33号像头顶束小圆髻，怒目，小耳，颧骨凸出。34号像为菩萨半身像，头顶束高髻，戴花冠，肩部垂发，佩项圈，肩覆天衣，可见左臂屈肘，左手置腹前，下身着裙。35、37号像为菩萨半身像，头束高髻，戴花冠，肩部垂发，佩项圈，肩覆天衣，双手胸前合掌。36号像为菩萨胸像，头部残损，扭向37号方向，肩部垂发。

38～41号像：2号像宝座左侧组合像，除40号像仰头面向39号像，余像面朝1号像方向。39～41号像为38号像的侍女随从。38号像头部残损，可辨戴风帽，有素面圆形头光，上身内着右衽交领衫，下身着高腰长裙，胸上束绅带，外着双领下垂大袖袍，左臂垂体侧，右手于右腹上持宝拂。39号侍女半身像，位于38号像后，头微扬，梳双垂髻，着右衽大袖衫，双手于袖中拱于胸前。40号侍女半身像，背朝外，头梳双垂髻，身体被山岳遮挡，可见束腰带。41号像头部残损，可辨束双垂髻，上身着右衽大袖衫，下身着高腰长裙，胸上束绅带，双手于袖中拱于胸前。

42～55号像：2号像座下方组合像，42号为帝王半身像，头戴冕冠，面部残损，腮部、下颌有细密长须，身着冕服，乘步辇。43～55号像为42号像的从臣、侍者，除44、48、49号像外皆面朝1号像方向。43、44号像为42号像身后掌扇人，43号像仅现下身和所举掌扇，可见着裙束腰带。44号像背朝外，头部残损，上身内着大袖衫，外着半袖，上臂束袖上翻，腹上束带，下身着裙，腹下系带。45号像为42号像身后半身像，头戴平巾帻，面部残损，腮部、下颌有细密长胡须。46号像为42号像左后侧立像，头部残损，可辨戴平巾帻，下颌有胡须，上身内着大袖衫，外着交领半袖，上臂束袖上翻，腰束宽带，双手于胸前持笏，下身内着长裙。47号像面朝42号像，为42号像左臂外侧侍者，头部残损，上身内着大袖衫，外着半袖，上臂束袖上翻，双臂托42号像左手臂，腰束带，下身内着长裙。48号像为42号像右臂处侍女头像，面朝42号像，束双垂髻，面部残损。49号像为42号像右肩处从臣，面朝42号像，头戴平巾帻，面部残损。50号像为47号像身前右侧侍者立像，头部残损，上身内着大袖衫，外着交领半袖，上臂束袖上翻，腰束宽带，双手于胸前捧供物。51号像位于50号像右前侧，露出头部和左肩，头残，可见着大袖衫。52号像为51号像外侧立像，头残，短腮胡，上身内着窄袖衫，中层着大袖袍，外着半袖，上臂束袖上翻，下身外着裙，腰束宽带，肩上扛物，风化难辨。53号像为52号右侧立像，露上半身，头残，身着铠甲，胸前带状缔结，束腰带，肩上扛物，风化不识。54号像为52号像前方立像，背朝龛外，戴头盔，上身内着大袖衫，外着半袖，上臂束袖上翻，左手于左肩持棒状物，腰束宽带，下身内着长裙。55号像为53号像右前侧立像，头残，上身内着大袖衫，外着半袖，上臂束袖上翻，双手于身前作拱手状，下身外着长裙，裙上部外翻覆臀，腰束宽带。

56～60号像：2号像座前方比丘组合像，分两列而立，可辨圆顶，身着袈裟。外侧三像身前合掌，内侧二像仅现头部，前像右手指向1号像。

61～64号像：1号像亭前踏步组像，61号像头部微仰，身体前倾，左腿前，右腿后，微屈膝，头部残损可辨高髻，上身内着大袖衫，外着半袖，上臂束袖上翻，双手身前合掌，腰束带，下身外着长裙，裙上部外翻覆臀。62 号像为 61 号像身右侧立像，头残，腰束带，下身外着长裙。63 号像为 62 号像右前方半身像，头残，着半袖，上臂束袖上翻，双手身前合掌。64 号像为 61 号像身左侧半身像，头顶残损，可辨束高髻，上身内着大袖衫，外着半袖，上臂束袖上翻，双手身前合掌。

65 号组像：正壁右上角，1 号像上方五朵团状卷云，分别托须弥座。下排二须弥座可见方形束腰，上下分别两层叠涩。左下侧须弥座束腰前有一狮子像，作奔跑状。

66 号组像：65 号像左侧三人组合像，以桌案为中心，具场景感。案后坐像头部残损，可见腮部和下颌有细密长胡须，身着大袖长袍，右手持杖，左手抚案，案侧可见左腿游戏座。案前女子跪像，头顶束髻，风化严重，双手合掌胸前。案右侧侍者半身像，身体倚案，面朝女子。

67 ~ 73 号像：正壁上端中央，须弥座上以 67 号像为中尊的比丘、菩萨、力士七尊组合像。须弥座为长方形较短束腰，其下两层叠涩基座，其上三层反叠涩。两侧分别浅浮雕菩提树，圆形树冠状。67 号像头部残损，通高 32、身残高 17 厘米。双层头光。内层圆形，边缘饰两圈连珠纹装饰带。外层宝珠形，饰火焰纹，顶悬双层伞状宝盖，上身内着祖右肩衫，中层露胸通肩袈裟，外层偏袒右肩式袈裟，右侧衣角由身后绕右腋下从中衣内侧搭左肩。右臂残失，左手扶踝。双层圆形身光。内层圆形，边缘饰连珠纹装饰带。外层宝珠形，饰火焰纹。结跏趺坐束腰莲座，束腰较短，呈圆柱状，上座仰莲，悬裳垂覆，下座覆莲。其下有圆形基台。68、69 号像为中尊身光两侧比丘像，身高 14 厘米。露出头部和局部身体，风化严重，可见圆顶。70、71 号像为二胁侍菩萨，高 16 厘米。身体被前像遮挡，头部残损，可见束高髻，宝珠形头光，顶悬双层伞状宝盖。72、73 号像为胁侍菩萨身前二力士像。72 号像头部残失，高 17 厘米，右臂振臂上举，左臂垂身侧，天衣于身前呈 U 形，余段挂两臂垂体侧，下身着裙，左腿左展。73 号像胸部以上残失，高 14 厘米，动作与 72 号像对称。

74 号组像：正壁上段，中央须弥座左侧为俗装人物组像，共 5 人。头戴平巾帻，下颌有长须，身着交领大袖衣，右端像双手身前捧华盖。其身后两像可见身着大袖衣，双手合掌身前。余两像仅现头部。

75 号组像：74 号像上方为人物组像，共 5 人。以桌案为中心，具有场景感。案后坐像头部残失，可见下颌有细密长胡须，身着大袖长袍，右手持杖杵桌面，身体微前倾，案侧可见右腿屈膝而坐。案前两身像，外侧为女跪像，头部残损不清，上身着大袖衫，下身着高腰裙，内侧像可辨戴冠。案左侧两像仅露出头部，残损不明。

76 号组像：正壁左上角，与 65 号像对应团状卷云，上托象、马、宝珠、宝轮和三尊人像。象居前，大耳，卷鼻。其后随马，头部残，马尾扬起，二者右侧并列宝珠和宝轮。象鼻右侧半身像，风化残损，可见身着铠甲。象左前腿左侧半身像头部残失，上身着交领窄袖袍，于身前袖中作拱手状。马尾右侧半身像，风化残损细节不清。

77 号像：正壁上端右侧，65 号像上方舟状卷云托飞天像，身朝龛中央，头顶束高髻，祖裸上身，斜披络腋，双肩披天衣，天衣迎风后扬。双手身前捧供物，下身着裙，双腿跪坐。

78 号像：正壁上端左侧，76 号上方舟状卷云托飞天像，身朝龛中央，头部残损，上身风化，双肩披天衣，天衣迎风后扬，双手身前合掌，下身掩于云中。

79 号组像：正壁右下角三尊人物组像，右侧立像头部残损，下颌有长胡须，身着大袖长袍，双手于左肩前持长杖，低头面朝身前二并列坐像。前像头残，身着圆领窄袖衫，双手身前捧尖状物。后像头残，身着圆领窄袖衫，左手置腹前，右手胸前残损，双腿盘坐。

80～85 号像：正壁右下角山岳间六尊异族人物组像，皆面朝左侧。80 号像居前，头部残损，身着窄袖圆领长袍，双臂垂放体侧，袖长至小腿，腰部束宽带，身前腰带悬挂匕首，穿长靴。81 号像居 80 号像身后右侧，头部残损，可见帽帔，身着窄长袖圆领长袍，鼓腹，腰部束宽带，双手身前拱手。82 号像居 81 号像身后左侧，仅现上身，头顶戴长角高冠，身着交领衣。83 号像居 81 号像身后，头部残损，可辨卷发，着偏袒右肩衣，下身束腰带，穿长靴。84 号像居 82 号像身后，仅现头部，束高发髻。85 号像居 84 号像身后，仅现头部，头戴尖顶帽。

86、87 号组像：1 号像亭前踏步右侧四身人物组像，86 号像坐方形高台，胸部以上残失，身着大袖袍，右手胸前持宝拂，左手腹前抱桶状物，下身着裙，游戏坐。87 号组像为三尊像围绕覆钵状物，右像头部残失，上身前倾，双手扶尖状物；中像头部残失，上身朝尖状物前倾；左像上身残损，身体前倾，腰部束宽带。

88 号组像：正壁左下角六身人物组像，右端人像体型较大，倚岩而座，头部残，身着大袖袍，左手于左肩前持杖，右手身前指向前方五坐像，坐像最右像头顶束圆髻，上身着窄袖衣，双手掩袖合掌胸前，下身着裙，束宽腰带，其内侧二像残损严重，可见束髻，其后侧二坐像可见身着交领窄袖衣，手置腹前，后像头部前倾置前像左肩。

89 号像：88 号像上方三身人物组像。上侧立像头戴风帽，内着交领衫，肩悬披大袖长袍，双手胸前持长杖。其下方二像头部残，身着窄袖衫，身披帔帛，下身着高腰裙，前像似背后像。

牛角寨区 Y4

位于 Y2 东南侧、Y3 南侧巨石，地理坐标 N30°15′21.10″，E104°10′17.30″。造像龛 N－Y4－030～N－Y4－033 分布于巨石西面崖壁（图版五四），N－Y4－034 分布于北面崖壁（图版五五），方向分别为 118°和 225°（图七五）。Y4 造像龛以中型龛为主。开龛一层，间隔均匀有序，N－Y4－030、N－Y4－031 同外龛，N－Y4－032、N－Y4－033 外龛顶同高。

北面崖壁，N－Y4－030 外右侧纵向分布方形孔洞 5 个、N－Y4－033 外左侧纵向分布方形孔洞 4 个，形制、大小接近，位置近对称，边长约 4 厘米。孔洞较浅，外宽内窄。N－Y4－032 外下方无规律分布数个不规则形制和大小的孔洞，边缘风化，小孔直径约 5 厘米，大孔直径约 8 厘米。北面崖壁，N－Y4－034 外两侧无规律分布圆形孔洞，右侧 1 个，左侧 2 个，直径 9～15 厘米。

N－Y4－030

1. 相对位置

Y4 北崖壁右端造像龛。

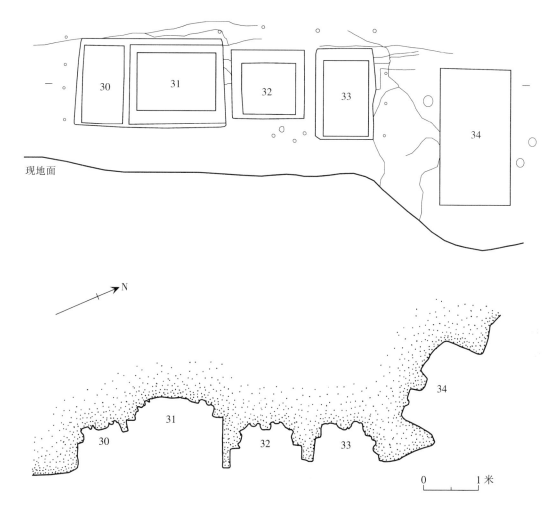

图七五　牛角寨区 Y4 龛窟分布图

2. 保存状况

龛上段生长黑色微生物。外龛龛顶、龛底、右侧龛门外沿风化剥蚀，龛顶、右侧龛壁风化剥落。内龛龛壁、尊像风化残损，尊像历史时期遭人为破坏。

3. 龛窟形制

与 N‒Y4‒031 龛同外框。双层龛，外龛立面纵长方形，平面梯形，龛口内收，宽87、高159、深31厘米，龛顶微内斜，龛底平，龛壁直。内龛立面纵长方形，上侧三角斜撑，平面横长方形，龛口微内收，宽57、高139、深23厘米，龛顶弧形内斜，龛底平，龛顶与两侧壁斜面过渡（图七六）。

4. 龛内造像

内龛正壁半圆雕观音菩萨立像1尊，通高139、身高120、肩宽23厘米。头顶束高髻，戴高宝冠，冠缯带系结，余段分长短两股垂肩前，左肩可见披发。双重头光，内层圆形，由内向外依次为莲瓣纹、连珠纹、弦纹、连珠纹。外层宝珠形，雕刻火焰纹，宝珠尖部延伸至内龛龛顶。戴连珠纹项圈，胸前有连珠垂饰。袒裸上身，从左肩至右腋斜披络腋，帛带末端外翻垂腹。双肩覆天衣，沿两腋垂下，绕

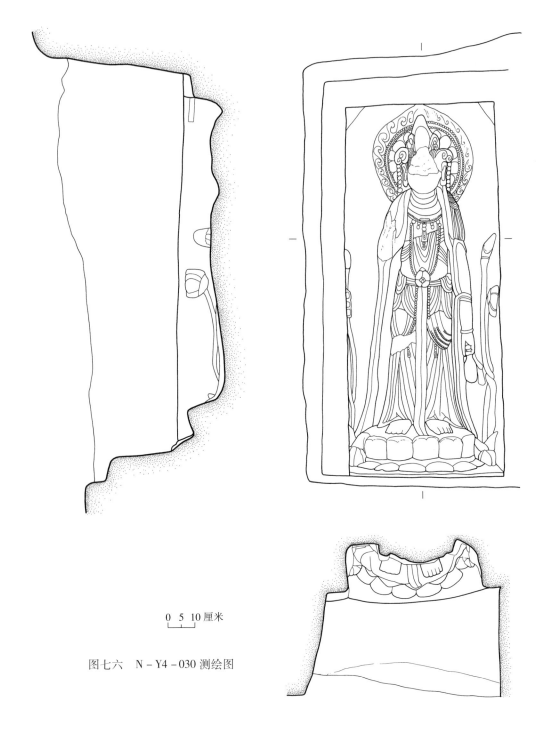

0 5 10厘米

图七六　N－Y4－030 测绘图

手腕后垂体侧。两条连珠璎珞连接项圈两侧，相交腹前花形宝饰后沿大腿内侧垂下，从膝部上绕，膝部璎珞缠绕成穗状。左臂自然下垂，手提净瓶，戴腕钏。右臂向上屈肘，前臂及手部残失。腹部微凸，下身着裙，裙长遮踝，腹下系腰带，余段自双腿之间下垂至座，裙上缘翻折覆胯部，裙纹细密，雕刻较浅，膝上呈 U 形，膝下竖纹。跣足立于束腰莲座，圆形束腰极短，上座单层仰莲，下座单层覆莲。

内龛两侧壁底部生出长、短莲茎各一枝，近乎对称，两茎相互缠绕，外侧短茎托莲花，内侧长茎托莲苞。

N – Y4 –031

1. 相对位置

Y4 西崖壁，N – Y4 –030 左侧。

2. 保存状况

龛上段生长黑色微生物。外龛龛顶、龛底、龛门外沿风化剥蚀，龛顶、龛底风化剥落。尊像现状风化严重，历史时期受到一定程度的人为破坏（图版五六～五八）。

3. 龛窟形制

与 N – Y4 –030 龛同外框。内龛立面方形，平面半椭圆形，龛口内收，宽 135、高 126、深 49 厘米。龛顶上凸，龛底平。龛楣浅浮雕双层屋檐，檐面雕饰带状卷草纹，檐下门枋悬华帐，门柱布满雕刻（图七七～七九）。

0 5 10厘米

图七七 N – Y4 –031 立面图

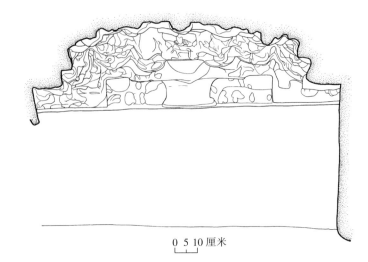

0　5　10 厘米

图七八　N – Y4 – 031 平面图

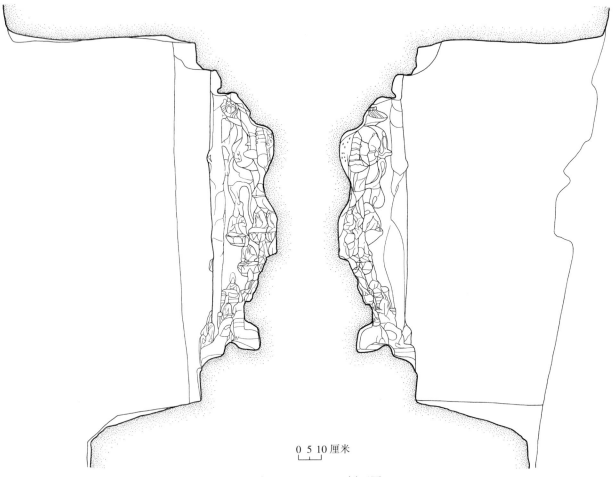

0　5　10 厘米

图七九　N – Y4 – 031 剖面图

4. 龛内造像

西方净土变相。内龛造像采用上、中、下三段式构图，中轴至两侧图像内容、分布和排列近乎对称。上段以正壁中央浮雕一佛二菩萨三尊为中心，尊像之间及外侧浅浮雕宝树。三像两侧对称浮雕宝塔与宝楼。宝塔为七级八角楼阁式塔，无平座，塔檐层层挑出，檐下有柱支撑。塔身层层内收，收分较缓，至塔顶屋面收拢置塔刹。塔身下细高柱状座，连接有茎双层仰莲座。宝楼位于正壁两侧顶部，现状风化，可见庑殿顶，屋面表现筒瓦，主脊两侧有角形脊饰。中段以浮雕短颈广口鼓腹宝瓶为中心表现莲池化生，瓶口生多枝莲，正中出一根主枝，两侧往上各一根主枝，两侧往下各一根主枝，主枝逐节分枝蔓布龛壁，茎粗细均匀上托卷状莲叶、未敷莲花、穗状果实及莲花座，均匀分布对称排列，莲座上有菩萨、组像等18尊（组）。下段高浮雕三层回栏，下层施一斗三升式斗栱，中、下层回栏间有拱桥相通。龛底浮雕莲叶、未敷莲花表现莲池。回栏上皆分布乐伎、舞伎等像，下层10尊、中层12尊、上层11尊。上槛华帐帷幔之间雕刻化佛共7尊，风化残损严重。门柱多枝莲中对称均匀分布伎乐各5尊。尊像、组像编号见图八〇。

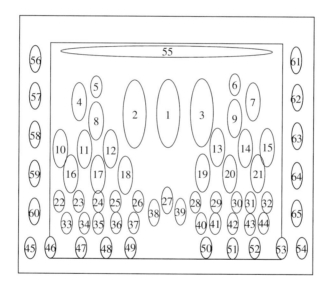

图八〇　N－Y4－031尊像、组像编号图

1号像：内龛正壁上段中央佛坐像，通高40、身残高15厘米。头部残失。双层头光，内层圆形，外层宝珠形，细节残损不明。身残损严重，可辨双手置身前。双层圆形身光，外层饰火焰纹。双腿残损，座残失。

2号像：1号像右侧胁侍菩萨坐像，通高35、身残高24厘米。头部残失。双层头光。内层椭圆形，浅浮雕放射状锯齿纹，锯齿窄长状。外层宝珠形，有火焰纹残迹。身残损不明。双层圆形身光，外层饰火焰纹。座残失。

3号像：1号像左侧胁侍菩萨坐像，通高35、身残高18厘米。头部残失。双层头光，内层椭圆形，有放射状锯齿纹残迹；外层宝珠形，有火焰纹残迹。身残损不明。双层圆形身光，外层饰火焰纹。座残失。

4号组像：内龛正壁上段右端人物组像，残损严重，高10厘米。可辨二像作相搏摔跤状。其下为有茎莲座。

5 号像：4 号像左侧像，高 13 厘米。残损严重，可辨带茎莲座。

6 号像：内龛正壁上段左侧，与 5 号像对应，高 13 厘米。残损严重，仅剩痕迹。

7 号像：内龛正壁上段左端组像，与 4 号像对应，风化残损，高 11 厘米。可辨二像作相搏摔跤状。其下有带茎双层仰莲座。

8 号像：内龛正壁中段右侧，5 号像下方菩萨像，高 10 厘米。残损严重，细腰，结跏趺坐。可辨带茎莲座。

9 号像：内龛正壁中段左侧，6 号像下方菩萨坐像，与 8 号像对应，高 11 厘米。背部朝向龛外，头上仰，双臂上举，手部残损不明。座残损。

10 号像：内龛右侧壁中段右端菩萨坐像，高 13 厘米。头部、上身残损，结跏趺坐。其下有带茎双层仰莲座。

11 号像：内龛正壁中段右侧，10 号像左侧菩萨坐像，高 14 厘米。头部残失。袒裸上身，从左肩至右腋斜披络腋。双手抚膝。结跏趺坐。其下有带茎双层仰莲座。

12 号像：11 号像左侧菩萨坐像，高 14 厘米。头部残失。身残损严重。可辨从左肩至右腋斜披络腋，身体左倾，左臂撑座。其下有带茎双层仰莲座。

13 号像：内龛正壁中段左侧，与 12 号像对应，高 13 厘米。头部残失，身体残损严重。可辨游戏坐，双手抱左膝。其下有带茎双层仰莲座。

14 号像：13 号像左侧菩萨坐像，与 11 号像对应，高 15 厘米。头部残失，袒裸上身，从左肩至右腋斜披络腋。双手抚膝，结跏趺坐。其下有带茎双层仰莲座。

15 号像：14 号像左侧菩萨坐像，高 14 厘米。头部残失。身体残损严重。可辨结跏趺坐，其下有茎莲座。

16 号像：内龛右侧壁中段，10 号像左侧下方菩萨坐像，高 10 厘米。头部残失，身体残损严重。其下有带茎双层仰莲座。

17 号像：16 号像左侧菩萨跪像，高 16 厘米。胸部以上残失。可辨身朝龛左侧，从左肩至右腋斜披络腋。下身着裙。其下有带茎双层仰莲座。

18 号像：17 号像左侧菩萨坐像，高 16 厘米。头部残损不明。袒裸上身，从左肩至右腋斜披络腋。双手置身前，双腿残失，座残损。可辨有带茎莲座。

19 号像：内龛正壁中段左侧，13 号像右侧下方菩萨坐像，与 18 号像对应，高 16 厘米。头部残失。袒裸上身，从左肩至右腋斜披络腋。双手残损，可辨置身前。腿残损，可辨结跏趺坐。其下有带茎双层仰莲座。

20 号像：19 号像左侧菩萨跪像，与 17 号像对应，高 14 厘米。胸部以上残失。身朝龛右侧方向。下身着裙，系腰带，左腿跪坐，右腿蹲坐。其下有带茎双层仰莲座。

21 号像：20 号像左侧菩萨坐像，与 16 号像对应，高 14 厘米。头部残失。上身残损。游戏坐，双手抱左小腿。其下有带茎双层仰莲座。

22 号像：内龛右侧壁下段，上层回栏右端坐像，高 8 厘米。头部残损，身着通肩衣。

23 号像：22 号像左侧坐像，高 7 厘米。头部残损。袒裸上身，从左肩至右腋斜披络腋。下身置于栏后。

24 号像：23 号像左侧童子像，高 8 厘米。身朝龛右侧方向，头部残失。身体前倾，可见左臂扶栏，双腿跨坐栏上，左腿置于栏外。

25 号像：24 号像左侧坐像，高 9 厘米。头部残损。袒裸上身，从左肩至右腋斜披络腋。下身置于栏后。

26 号像：25 号像左侧坐像，高 8 厘米。通体残损严重，仅剩痕迹。

27 号像：内龛正壁下段，上层回栏中央坐像，高 12 厘米。头部残损，双肩披发。袒裸上身，从左肩至右腋斜披络腋。结跏趺坐。下身置于栏后。

28 号像：内龛正壁下段，上层回栏左侧，与 26 号像对应，高 13 厘米。头部残失。袒裸上身，从左肩至右腋斜披络腋。结跏趺坐，下身置于栏后。

29 号像：28 号像左侧坐像，与 25 号像对应，高 12 厘米。头部残失。袒裸上身，从左肩至右腋斜披络腋。双手置腹前。结跏趺坐，下身置于栏后。

30 号像：29 号像左侧坐像，与 24 号像对应童子像，高 13 厘米。身体残损，可辨身朝龛左侧方向，双手扶 20 号像莲座茎，双腿攀栏上。

31 号像：30 号像左侧坐像，与 23 号像对应，高 12 厘米。头部残损，双肘置栏上，双手于面前残损，结跏趺坐。下身置于栏后。

32 号像：31 号像左侧坐像，与 22 号像对应，高 13 厘米。头部残损。双手于胸前残损。结跏趺坐，下身置于栏后。

33 号像：内龛右侧壁下段，中层回栏右端坐像，高 15 厘米。头部残失。袒裸上身，从左肩至右腋斜披络腋。结跏趺坐。下身置于栏后。

34 号像：33 号像左侧坐像，高 13 厘米。头部残失。袒裸上身，从左肩至右腋斜披络腋。下身残损不明。

35 号像：34 号像左侧坐像，高 13 厘米。头部残失。袒裸上身，从左肩至右腋斜披络腋。下身残损不明。

36 号像：35 号像左侧坐像，高 12 厘米。头部残失。袒裸上身，从左肩至右腋斜披络腋，结跏趺坐。下身置于栏后。

37 号像：36 号像左侧坐像，高 12 厘米。头部残失。袒裸上身，从左肩至右腋斜披络腋，结跏趺坐。下身置于栏后。

38 号像：内龛正壁下段中层回栏中央拱桥上，右侧骑兽菩萨像，高 26 厘米。残损严重。可辨宝珠形头光，圆形身光。细节不明。

39 号像：内龛正壁下段中层回栏中央拱桥上，左侧骑兽菩萨像，高 27 厘米。残损严重，细节不明。

40 号像：内龛正壁下段中层回栏左侧，与 37 号像对应坐像，高 12 厘米。头部残失。袒裸上身，从左肩至右腋斜披络腋，双手于腹前残损，结跏趺坐。下身置于栏后。

41 号像：40 号像左侧，与 36 号像对应坐像，高 11 厘米。通体残损，细节不明。

42 号像：41 号像左侧，与 35 号像对应坐像，高 13 厘米。通体残损，可辨袒裸上身，从左肩至右腋斜披络腋。

43 号像：42 号像左侧，与 34 号像对应童子像，高 13 厘米。头部残失。袒裸上身，从左肩至右腋斜披络腋。左肘置栏上，左手肩前残损。右手栏后不明。下身置于栏后，残损。

44 号像：43 号像左侧，与 33 号像对应童子像，高 11 厘米。头部残失。袒裸上身，从左肩至右腋斜披络腋，身体微右倾，双手残损不明，结跏趺坐。下身置于栏后。

45 号像：内龛右门柱底部，底层回栏右端坐像，高 15 厘米。头部残失，上身残损，结跏趺坐。下身置于栏后。

46 号像：45 号像左侧坐像，高 12 厘米。头部残失。袒裸上身，从左肩至右腋斜披络腋。左手身侧抚左膝。右肘置右膝，右手残损不明，游戏坐。下身置于栏后。

47 号像：46 号像左侧像，高 12 厘米。通体残损，仅剩痕迹。

48 号像：内龛下段底层回栏右侧拱桥上，47 号像左侧坐像，高 13 厘米。通体风化，仅剩痕迹。

49 号像：48 号像左侧像，高 10 厘米。通体残损，仅剩痕迹。

50 号像：内龛正壁下段底层回栏左侧，中央平台左侧像，与 49 号像对应，高 13 厘米。通体残损，仅剩痕迹。

51 号像：内龛下段底层回栏左侧拱桥上，与 48 号像对应，高 14 厘米。头部风化残失，身体风化严重。下身置于栏后。

52 号像：51 号像左侧坐像，与 47 号像对应，高 14 厘米。通体残损，仅剩痕迹。

53 号像：内龛左门柱底部，与 46 号像对应，高 12 厘米。头部残损。袒裸上身，从左肩至右腋斜披络腋。双手置胸前残损。下身残损不明。

54 号像：53 号像左侧，与 45 号像对应。高 15 厘米。通体残损，仅剩痕迹。

55 号组像：内龛顶部，宝楼、三尊主像宝盖上方，分布多组像，风化残损严重，细节不明。残迹可辨为多组像乘卷云。

56 号像：内龛右门柱顶部伎乐像，高 14 厘米。头部风化不清，双手于身前，所持乐器风化不明。下身着裙，结跏趺坐。

57 号像：56 号像下方乐伎像，高 15 厘米。腰部以上残失。下身着裙，结跏趺坐。

58 号像：57 号像下方乐伎像，高 15 厘米。头部风化不清，双手于身前持埙，作吹奏状。下身着裙，游戏坐。

59 号像：58 号像下方乐伎像，高 14 厘米。身体残失，仅剩痕迹。

60 号像：59 号像下方乐伎像，高 16 厘米。头残损。袒裸上身，从左肩至右腋斜披络腋。双手于左肩前持横笛，作吹奏状。下身着裙，游戏坐于有茎双层仰莲座。

61 号像：内龛左门柱顶部乐伎像，高 13 厘米。上身风化，所持乐器不明。下身着裙，结跏趺坐于有茎双层仰莲座。

62 号像：61 号像下方乐伎像。通体残损，仅剩痕迹。

63 号像：62 号像下方乐伎像。通体残损，仅剩痕迹。

64 号像：63 号像下方乐伎像。通体残损，仅剩痕迹。

65 号像：64 号像下方乐伎像，高 15 厘米。袒裸上身，从左肩至右腋斜披络腋。双手于胸前持排箫，作吹奏状。下身着裙，结跏趺坐于有茎双层仰莲座。

N – Y4 – 032

1. 相对位置

Y4 西崖壁，N – Y4 – 031 左侧。

2. 保存状况

龛上段生长黑色微生物并伴随水渍。外龛龛顶、龛底、右侧龛门外沿风化剥蚀，龛顶、龛底风化剥落。内龛龛壁、尊像风化酥粉严重，尊像头部历史时期遭人为破坏（图版五九）。

3. 龛窟形制

双层龛。外龛立面纵长方形，平面横长方形，宽 103、高 107、深 54 厘米，龛顶平，龛底外斜，龛壁直。内龛立面纵长方形，上侧弧形抹角，平面半圆形，龛口微外敞，宽 76、高 91、深 35 厘米，龛顶平，与后壁近直角过渡，与侧壁弧形过渡，龛底外斜，内侧设高坛，高 23 厘米（图八一）。

4. 龛内造像

内龛正壁高坛上半圆雕一佛二比丘二菩萨像 5 尊，两侧壁高浮雕力士立像各 1 尊，内龛龛底中央高浮雕并列狮子像 2 身，两侧各高浮雕狮子卧像各 1 身。龛内共计造像 11 身，尊像编号见图八二。

1 号像：内龛正壁中央主尊佛坐像，通高 60、身高 31 厘米。头部残损，宝珠形头光，细节风化不识。身体风化漫漶不清，可辨身着通肩袈裟，双手于腹前残损不清，结跏趺坐仰覆莲座，悬裳三角状垂覆座上部。上座为高双层仰莲，基座为低双层覆莲，莲瓣形制宽大。

2 号像：1 号像右侧比丘立像，通高 49、身高 38 厘米。头部残损，可辨圆顶，圆形头光，细节风化不识。可辨着宽袖袈裟，长及小腿。下身内着裙，垂至足背，跣足立于双层仰莲座，莲瓣形制宽大。

3 号像：1 号像左侧比丘立像，通高 49、身高 38 厘米。头部残损，可辨圆顶，圆形头光，细节风化不识。可辨身着袈裟，长及小腿。下身内着裙，垂至足背，跣足立于双层仰莲座，莲瓣形制宽大。

4 号像：2 号像右侧菩萨立像，通高 57、身高 46 厘米。头部残损，可辨束高髻，宝珠形头光，细节不识。身体风化漫漶不清，可辨从左肩至右腋斜披络腋，戴连珠璎珞，天衣挂前臂垂体侧。左臂垂放身侧，手提净瓶。右臂向上屈肘，前臂残失。下身着裙，裙长遮踝，裙上缘翻折覆胯，裙纹细密，刻划较浅，膝上呈 U 形，膝下竖纹。跣足立于双层仰莲座，莲瓣形制宽大。

0 5 10 厘米

图八一　N－Y4－032 测绘图

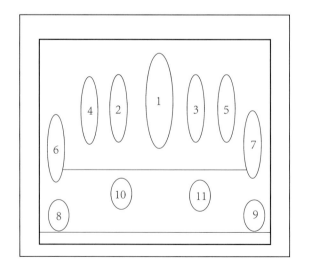

图八二　N－Y4－032 尊像编号图

5号像：3号像左侧菩萨立像，通高57、身高45厘米。头部残损，可辨束高髻，宝珠形头光，细节风化不识。身体风化剥落漫漶不清，左肩残失。右肩垂冠缯带，肩覆天衣，可见天衣余段分别挂前臂垂体侧。左臂向上屈肘，前臂残失。右臂垂放身侧，戴双圈腕钏，手部残损不明。可辨下身着裙，裙长遮踝，跣足立于双层仰莲座，莲瓣形制宽大。

6号像：内龛右侧壁力士立像，通高77、身高40厘米。头部残损，可辨束髻。袒裸上身，胸腹肌肉轮廓明显，腹部凸出。双肩悬披天衣，上部环状飘于头顶，可见右侧天衣绕上臂挂腰侧，余段垂体侧。左臂下垂，左手身侧残损。右臂振臂上举，右手于头侧残损。下身着短裙，裙长露膝，裙角当风飘逸，裙上缘从腰部折返覆胯，腰部系带，裙腰反裹腰带。双腿分开齐肩宽，跣足立于高岩座。

7号像：内龛左侧壁力士立像，通高78、身高40厘米。头部残损，可辨束髻。袒裸上身，胸腹肌肉轮廓明显，腹部凸出。双肩悬披天衣，上部环状飘于头顶，可见右侧天衣绕上臂挂腰侧，余段垂体侧。左臂下垂，左手身侧残损。右臂振臂上举，右手于头侧残损。下身着短裙，裙长露膝，裙角飘逸，裙上缘从腰部折返覆胯，腰部系带，裙腰反裹腰带。双腿分开齐肩宽，跣足立于高岩座。

8号像：内龛龛底右侧，6号像岩座前狮子卧像，高12厘米。头部残失，身体朝龛外，风化细节不清。前肢前伸，身体伏地。

9号像：内龛龛底左侧，7号像岩座前狮子卧像，高15厘米。头部残失，身体朝龛外，风化细节不清。前肢前伸，身体伏地。

10号像：内龛龛底中央右像，残失仅剩痕迹。

11号像：内龛龛底中央左侧狮子像，高21厘米。头部残失，身体朝向龛外，因风化细节不清。可见身侧兽足。身下方形浅台。

5. 龛内遗迹

外龛右侧壁中部施造像题刻1幅，编号T4。阴刻竖书，共4列，上部残损不明（图八三）。内容录入如下：

……/……□敬造永为供养/……□□□□□□□/……□□□萨一躯□□□□□娘敬造/……□□菩萨龛……

N－Y4－033

1. 相对位置

Y4西崖壁，N－Y4－032左侧。

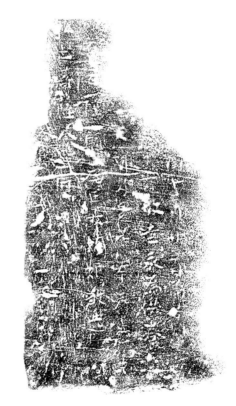

图八三　T5拓片

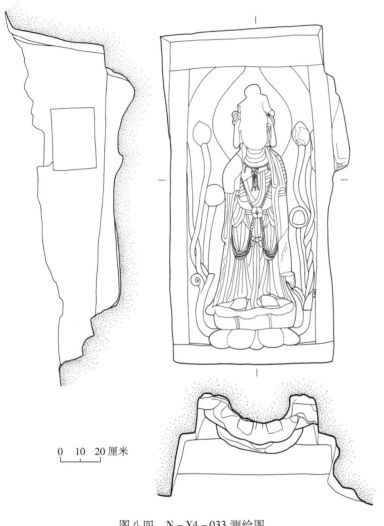

图八四　N－Y4－033 测绘图

0　10　20厘米

2. 保存状况

龛上段生长黑色微生物并伴随大面积水渍。外龛龛顶、龛底风化层状剥落，龛沿上段岩石疏松。内龛龛壁、造像风化酥粉严重。尊像历史时期遭人为破坏（图版六〇）。

3. 龛窟形制

双层龛。外龛立面纵长方形，平面不规则，宽81、高152、深48厘米。右侧壁外敞，左侧壁内收，龛顶微内斜，龛底外斜。内龛立面纵长方形，上侧三角形斜撑，平面横长方形，宽63、高131、深21厘米。龛顶弧形内斜，与侧壁斜面过渡，龛底外斜，龛壁直（图八四）。

4. 龛内造像

内龛正壁中央半圆雕观音菩萨立像1尊，通高138、身高107、肩宽27厘米。头顶束高发髻，宝冠残损，可见双耳上方冠缯带系结，余段分两股垂下，短股至肩，长股至腋。右肩风化残损，左肩垂发。面部丰满，五官风化残损，颈部刻三道纹。有宝珠形头光，尖部延伸至内龛龛顶，细节风化不清。戴连珠纹项圈，胸前有连珠垂饰。袒裸上身，从左肩至右腋斜披络腋，帛带末端外翻垂腹。肩披天衣，沿两腋垂下，可见余段垂体侧。两条连珠璎珞连接项圈两侧，相交腹前花形宝饰后沿大腿内垂下，自膝部上绕，膝部璎珞呈穗状。左臂垂放体侧，手部残失。右臂向上屈肘，前臂、手部残失。下身着裙，裙长遮踝，裙上缘翻折覆胯部。裙内系腰带，余段于双腿间系结下垂至座。裙纹较浅，为纵向细密竖纹。双足残损，可辨跣足立仰覆莲座，上座仰莲座，基座可辨双层覆莲。莲座两侧各生一茎，其上再分三支长莲茎，近乎对称。外侧为两长茎相互缠绕，长及菩萨耳侧，分别托莲苞和卷状莲叶，内侧短茎长至菩萨腰侧，上托莲蓬。

5. 龛内遗迹

外龛左侧壁上部施浅龛，编号N－Y4－033－1。龛形立面纵长方形，平面方形，左侧壁残失。龛

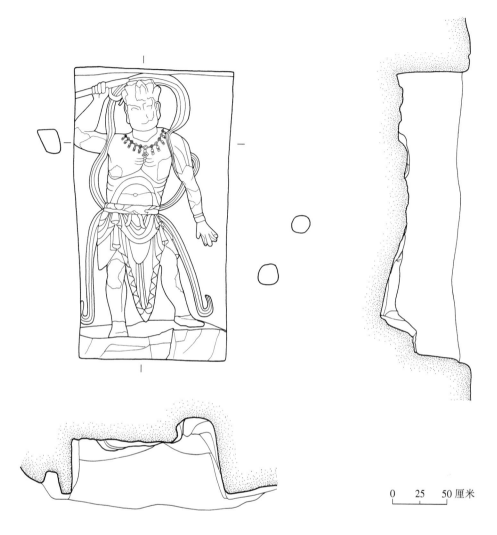

图八五　N－Y4－034 测绘图

内正壁浮雕佛立像 1 尊，头部残损，头光形制残损不明。身披袈裟，形制不明。左臂垂体侧，右臂残失。下身着裙，长覆脚踝，裙纹刻划较浅，呈细密竖纹。双足残损，可辨跣足立双层覆莲座，座残损。

外龛右侧壁上部施造像题刻，编号 T5。外框纵长方形，其内有文字风化残损不辨。

N－Y4－034

1. 相对位置

Y4 北崖壁中部。

2. 保存状况

龛上段生长黑色微生物并有大面积水渍。龛顶、龛底风化层状剥落，龛顶、右侧壁及龛底外沿风化残损。龛壁及造像风化酥粉。尊像历史时期遭人为破坏（图版六一）。

3. 龛窟形制

单层龛。立面纵长方形，平面横长方形，龛口微外敞，宽122、高238、深68厘米，龛顶平，龛底外斜，龛壁直，龛顶与三壁直角过渡（图八五）。

4. 龛内造像

正壁中央半圆雕力士立像1尊，通高228、身高213厘米。头顶束髻，戴三叶宝冠，缯带飞扬。短额，圆目，小耳，鼻、嘴残损。短颈，宽肩，胸腹肌肉轮廓明显。袒裸上身，双肩悬披窄幅天衣，上部环状飘于头顶，沿肩部而下挂腰侧腰带，余段垂体侧。左臂振臂垂体侧，五指摊开，手背朝外。右臂抬肩向上屈肘，右手于头侧横举杵。下着短裙，裙长露膝，中央裙裾三角状垂至座，裙上缘从腰部折返覆胯。双腿分开齐肩，右腿直立，胯部微右凸，左腿向左侧伸出。双足残，可辨跣足立低岩座。

牛角寨区 Y5

位于Y2、Y4之间南侧20米的巨石，坐标N30°15′20.40″，E104°10′17.38″。造像龛仅N–Y5–035，开凿于巨石东崖壁中部，方向125°（图版六二）。

龛外上侧覆斗状槽，中段较两侧深且宽，中段中央上方三角状凹槽，长满青苔有排水痕迹。中段与侧段转角上方各有1个方形孔洞，宽13、高19厘米。侧壁龛沿中段分别有对称纵长方形槽，宽15、高35厘米。侧壁龛沿下段分别有对称纵长方形凹槽，宽11、高65厘米。左侧龛外崖壁岩石松动脱落，右侧壁龛外35厘米处，纵向间隔均匀分布4个圆形孔洞，直径约3厘米。

N–Y5–035

1. 相对位置

Y5东面崖壁中部。

2. 保存状况

龛门中段岩层松动脱落。龛楣、龛顶有水渍。龛壁、龛内造像风化，造像身体残损。

3. 龛窟形制

单层龛。立面纵长方形，平面横长方形，宽153、高264、深113厘米。龛顶平，与三壁直角过渡，龛底外斜，侧壁直（图八六）。

4. 龛内造像

龛内正壁半圆雕力士立像1尊，通高245、像高219、肩宽52厘米。头顶高发髻，束带后侧扬起，戴宝珠形髻饰。圆目，小耳，面部残损。颈部筋骨凸出。双肩较窄，戴连珠项圈，胸部有垂饰。袒裸上身，肌肉线条较浅，轮廓不明显。双肩悬披窄幅天衣，上部环状飘于头顶，沿两腋垂下挂腰侧，余段垂体侧。左臂振臂屈肘上举，左手戴腕钏于头侧握拳。右臂垂放体侧，前臂残损，右手于大腿上部残损。下身着短裙，裙长露膝，裙角当风飘逸，腰部系带，裙腰反裹腰带。双腿分开齐肩，小腿残损，跣足，外"八"字状立低岩座。

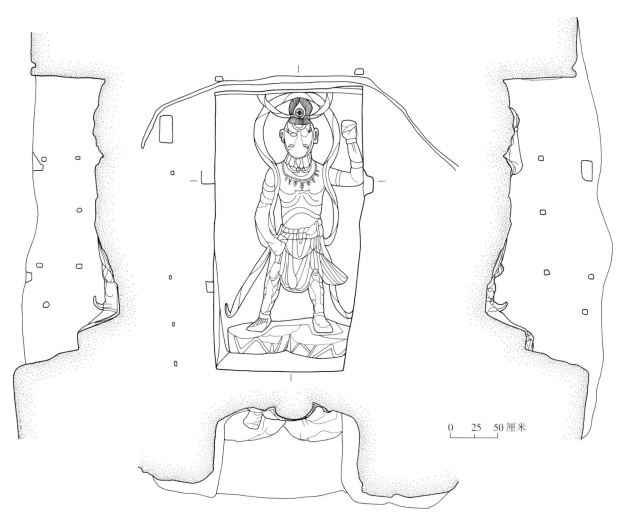

图八六　N – Y5 –035 测绘图

5. 龛内遗迹

两侧壁对称各布 6 个圆孔，位于两壁中部及外沿，纵向三孔呈两列规律排列。圆孔形制、大小均同。

牛角寨区 Y6

位于 Y3 东南方向约 35 米的巨石，坐标 N30°15′20.56″，E104°10′19.01″。仅 N – Y6 –036 开凿于巨石南面崖壁，方向 192°。

N – Y6 –036

1. 相对位置

Y6 南面崖壁中部下侧。

图八七　N－Y6－036 测绘图

2. 保存状况

龛壁及塔身生长苔藓，塔身风化残损，塔基被泥土掩埋。整体保存较好（图版六三）。

3. 龛窟形制

立面尖拱形单层龛，平面横长方形，宽98、高169、深21厘米，龛顶尖拱形，龛底不明，龛壁直。正壁、侧壁有不规则凿痕（图八七）。

4. 龛内造像

正壁中央高浮雕单层塔1座，高62厘米。为楼阁式塔，由塔基、塔身、塔刹三部分组成。塔基束腰须弥座，束腰素面，平面呈方形，下枋埋入土中可见双层，上枋单层。其上置素面平座。塔身近方形。其下有双重反叠涩浅基座。塔身正面有斜向规律人工凿痕，中央刻圆拱形塔门。三重叠涩出檐，檐顶平面六角形，垂脊下伸，可见三坡水，坡度较大。塔刹下为覆钵状，表面风化残损，可辨其上施刻花纹，覆钵上托宝珠。

牛角寨区 Y7

位于 Y4 东南方向约 40 米、Y5 西南方向约 20 米的巨石，坐标 N30°15′19.88″，E104°10′18.98″。造像龛分布于北面崖壁，方向210°（图八八）。

壁面开龛一层，共2龛，N－Y7－037、N－Y7－038 外龛龛顶同高，N－Y7－038 外龛底延伸至 N－Y7－037 龛下方，且 N－Y7－038 左侧外龛极浅，基本未表现，应为组合龛。

N－Y7－037

1. 相对位置

Y7 北面崖壁左侧造像龛。

2. 保存状况

外龛龛顶风化剥落，右侧壁外沿上段、左侧壁、龛底外沿岩石崩落。内龛龛顶外沿风化剥蚀，正壁有横向岩层裂隙。尊像不同程度风化，部分头部遭人为破坏（图版六四）。

3. 龛窟形制

双层龛。外龛立面横长方形，平面横长方形，龛口微内收，宽157、高105、深38厘米。龛顶内斜，龛底平。内龛立面横长方形，上侧弧形抹角，平面半椭圆形，龛口微外敞，宽131、高94、深24

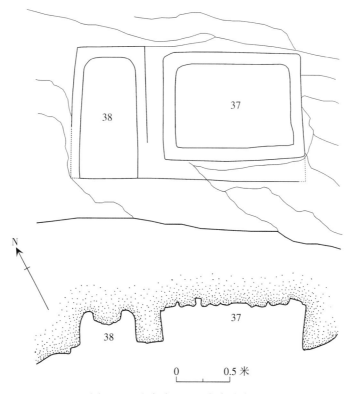

图八八　牛角寨区 Y7 龛窟分布图

厘米。龛顶弧形内斜，龛底平（图八九）。

4. 龛内造像

内龛正壁中央上下各高浮雕坐像 2 尊，两侧各高浮雕天王像 2 尊，内龛门柱下部各浮雕供养人立像 1 身，共计造像 8 身。

内龛正壁中央上侧坐像：通高 47、像高 38 厘米。头部面部残损，可辨高髻，似戴冠。颈部可辨有髯须残迹。肩部削窄，上身着大袖交领衣。双臂屈肘，前臂与双手于腹上部残失，可见身前残存凭几腿，蹄形足。结跏趺坐，座残损。应为老君像。

内龛正壁中央下侧坐像：高 30 厘米。头部、面部残损，可辨高髻，似戴冠。颈部残存两道刻纹，上身穿交领衣，外着高腰裙，于胸部系带。双臂屈肘，双手掩于袖中置腹前。结跏趺坐龛底。应为天尊像。

内龛正壁右侧中尊右侧天王立像：通高 80、像高 66、肩宽 20 厘米。头戴宝冠，面部残损。戴护颈，身着明光甲，护胸甲分左、右两片，有带状缔结，由颈下纵束至胸前再向左右分束到背后。肩部着弧形披膊，鳍袖外露上翻。左臂身前屈肘，左手于腹前残损。右臂身侧屈肘，右手腹前残损，可辨双手同持杵。下身内着裙，束腰带，外着护腿下甲，裙缘外露覆膝。足蹬战靴分别踏夜叉肩、膝。夜叉面朝龛外作侧卧状，裸上身，下身覆巾，左手撑头，腰间裹布，左腿伸直，右腿屈膝上翻。

内龛正壁右侧第二尊天王立像：通高 77、像高 62、肩宽 20 厘米。头部、面部残损，可辨戴冠。

图八九　N－Y7－037 测绘图

戴护颈，身着明光甲，护胸甲分作左、右两片，有带状缔结，由颈下纵束至胸前再向左右分束到背后。肩部着弧形披膊，鳍袖外露上翻。左臂屈肘，左手腰前残损。右臂向上屈肘，右手持长戟。下身内着裙，束腰带，外着护腿下甲，裙缘外露覆膝。足蹬战靴踏夜叉身背。夜叉作俯身状，裸身，屈肘、屈膝，四肢趴地。

内龛正壁左侧中尊左侧天王立像：通高81、像高64、肩宽20厘米。头部、面部残损，可辨戴冠。戴护颈，上身残损，由残迹可辨身着明光甲。双臂残损，可见右臂振臂高举于头侧，手持宝剑。下身内着裙，束腰带，外着护腿下甲，裙缘外露覆膝。足蹬战靴分别踏夜叉身背、臀。夜叉头部残失，作俯身状，裸身，屈肘、屈膝，四肢趴地。

内龛正壁左侧第二尊天王立像：通高81、像高64、肩宽20厘米。头部、面部残损，可辨戴冠。戴护颈，上身风化残损细节不辨。左臂身侧向上屈肘，鳍袖外露下翻，手残可辨托宝塔。右臂残损，右手于右大腿处残失。下身内着裙，腰部风化残损，外着护腿下甲，裙缘外露覆膝，足蹬战靴分别踏夜叉。夜叉正面朝龛外，竖发，面残，左手托天王左脚，右臂残失，袒裸上身，腰间覆巾，双腿屈膝。

内龛右门柱下部凿浅龛，龛高43、宽13厘米。高浮雕立像，高31厘米。胸部以上残损不明，似有高髻。身着双领下垂式长袍，双手掩袖中合置胸前，双脚并立。

内龛左门柱下部凿浅龛，龛高41、宽14厘米。高浮雕立像，残高27厘米。胸部以上残损不明，身着双领下垂式大袖长袍，双手掩袖中合置胸前，双脚并立。

5. 龛内遗迹

外龛右侧壁上段施造像题刻 1 则，编号 T6。阴刻竖书，共 7 列（图版六五）。内容录入如下：

贞元十一年太岁乙亥元月建戊寅廿八日书镇嶋嶋□□□/□□□□山□海昂□□……/敬造□世释梵四王一□□……/□□□□□道□观世有情……/……宝……/□养李生□泉□为□□□□……/陈期上□□会……/

N－Y7－038

1. 相对位置

N－Y7－037 右侧造像龛。

2. 保存状况

外龛右侧壁下部、左侧壁上部、龛底岩石崩落。内龛龛顶风化剥离，龛楣有水渍。尊像风化残损，面部历史时期遭人为破坏（图版六六）。

3. 龛窟形制

双层龛。外龛立面纵长方形，左侧龛壁较浅近浮雕，且下段未雕刻龛壁，宽 82、高 145 厘米，右侧外龛深 13 厘米，左侧外龛最深 3 厘米，龛顶平，龛底残损形制不明。内龛立面纵长方形，上侧弧形抹角，平面拱形，宽 63、高 132、深 37 厘米，龛顶、龛底平，侧壁直。龛顶与正壁直角过渡，与侧壁弧形过渡（图九〇）。

4. 龛内造像

内龛正壁高浮雕菩萨立像 1 尊，通高 133、像高

0　10　20厘米

图九〇　N－Y7－038 测绘图

119、肩宽24厘米。头部残损，可辨束高髻，两侧冠缯带系结，余段垂肩前。三层头光，内层素面舟形，中层舟形，浅浮雕放射状锯齿纹，锯齿较短且紧密，外层宝珠形，尖部至龛顶，饰火焰纹。戴项圈，胸前有复杂垂饰，两条连珠璎珞连接项圈两侧，相交于腹前，后沿大腿内侧绕膝下。从左肩至右腋斜披络腋，帛带末端翻出垂左胸。双肩覆天衣，左侧天衣沿腋垂下绕腹前挂右臂垂体侧，右侧天衣绕大腿前挂左臂垂体侧。左臂垂放体侧，手部残损。右臂残失。双层椭圆形身光，下端低至足，上端高至颈部，内层素面无纹，外层装饰三角状火焰纹。下身着裙，裙长至足背，裙纹阴线刻，裙褶较浅。跣足立双层仰莲座。

牛角寨区 Y8

位于 Y7 西南方向约 30 米的巨石，地理坐标 N30°15′18.83″，E104°10′17.81″。仅在东面崖面分布一龛，方向 28°。

图九一　N-Y8-039 测绘图

N-Y8-039

1. 相对位置

Y8 东崖壁中央底部，距现地面 10 厘米。

2. 保存状况

龛风化残损。塔通体生长苔藓、黑色微生物，风化和残损严重。整体保存较差。

3. 龛窟形制

立面尖顶单层浅龛，侧壁不明显，宽 110、高 210、深 11 厘米（图九一）。

4. 龛内造像

龛正壁浮雕单层塔，高 105 厘米，为楼阁式塔，由塔基、塔身、塔刹三部分组成。两层方形台基，其上为束腰须弥座，束腰素面，平面呈方形，下枋双重反叠涩，上枋双重叠涩。塔身纵长方形，正面中央刻圆拱形塔门。檐顶残损，形制难辨。塔刹宝瓶式。

牛角寨区 Y9

位于 Y8 西南方向约 80 米的巨石，地理坐标 N30°15′17.04″，E104°10′19.09″。仅在北面崖壁分布 N-Y9-040 一龛，方向 340°。

N – Y9 – 040

1. 相对位置

Y9 北崖壁右段中部，距地 172 厘米。

2. 保存状况

龛壁及塔身生长苔藓，塔身风化剥落。整体保存状况较差。

3. 龛窟形制

立面尖拱形单层浅龛，侧壁微外敞，宽 91、高 256、深 13 厘米。正壁、侧壁分布不规律凿痕（图九二）。

4. 龛内造像

龛正壁高浮雕单层塔，高 256 厘米。为楼阁式塔，由塔基、塔身、塔刹三部分组成。两层方形台基，其上为束腰须弥座，方形束腰素面较短，下枋双重反叠涩，上枋双重叠涩。塔身纵长方形，正面中央刻圆拱形塔门。檐顶残损，可见两侧檐角起翘。塔刹宝瓶式。

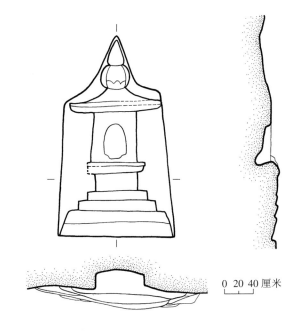

0 20 40 厘米

图九二　N – Y9 – 040 测绘图

坛神岩区龛像

坛神岩区位于石板坡以北，玉皇顶东崖下（图版六七）。此次在坛神岩所在山坡缓地上调查了6处雕刻的巨石，分别编号为坛神岩区 Y1～Y6（图九三）。

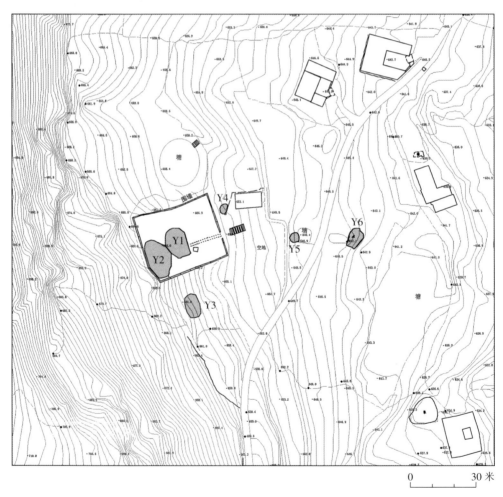

图九三　坛神岩区巨石分布图

坛神岩区 Y1

坛神岩 Y1 巨石现修建保护垣墙、铁栅栏、值班房，地理坐标：北纬 30°15′34.64″，东经 104°

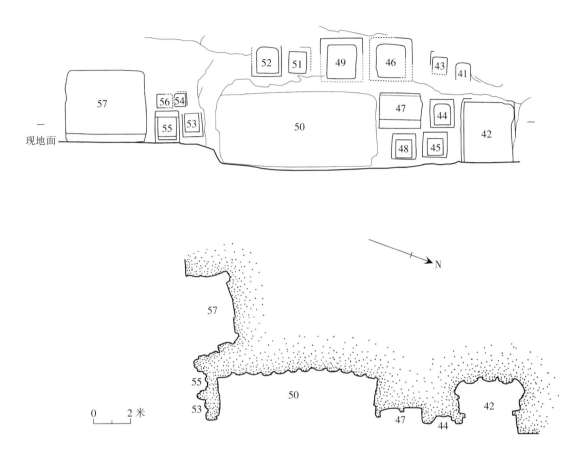

图九四　坛神岩区 Y1 龛窟分布图

10′02.59″。巨石上共有造像 17 龛，分布于东崖面和南崖面，朝向分别为 70°和 160°。按由上而下，由左及右的顺序编号为 T－Y1－041～T－Y1－057（图九四）。

东崖面造像龛大致分为两层，分布 T－Y1－041～T－Y1－050（图版六八）。南崖面造像龛大致分为一层，分布 T－Y1－053～T－Y1－057（图版六九）。东崖面上层龛窟包括 T－Y1－041、T－Y1－043、T－Y1－046、T－Y1－049、T－Y1－051、T－Y1－052，基本开凿于同一水平面。下层龛窟第 T－Y1－042、T－Y1－050、T－Y1－057 基本水平，间隔等距，应为主龛。此三大主龛间的崖面空处各开龛 4 个。

T－Y1－041

1. 相对位置

坛神岩区 Y1 东崖壁上层，左起第一龛，T－Y1－043 左侧。

2. 保存状况

龛门、楣残损严重，龛内造像表面严重风化，长苔，起层、断裂脱落（图版七〇）。

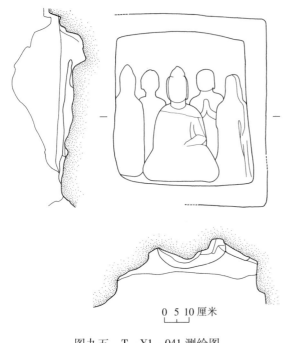

图九五　T－Y1－041 测绘图

3. 龛窟形制

方形双层龛，内龛高 55、宽 52、深 22 厘米，龛楣方形，龛壁缓弧形。外龛仅见痕迹，残高 65、宽 68、深 30 厘米（图九五）。

4. 龛内造像

内龛高浮雕造像 5 尊。

中尊跏趺坐像：通残高 53 厘米。头顶有宝珠形发髻，座低平，座式不明。两侧各有胁侍立像两尊，左起第二尊可见双手合十于胸前。右起第一尊头顶可见宝珠形发髻。

T－Y1－042

1. 相对位置

坛神岩区 Y1 东崖壁下层，左起第一窟，T－Y1－044、T－Y1－045 左侧。

2. 保存状况

外窟门、楣残损严重，窟内左侧壁浸水，表面长苔。窟内正壁右尊、右壁造像头部近代盗失（图版七一～七三）。

3. 龛窟形制

纵长方形双重窟，内窟高 203.2、宽 159.4、深 130.3 厘米，有窟门，宽 164.5、厚 12 厘米。窟内各壁较直，转角处呈缓弧形。外窟高 227.4、宽 232、深 184.6 厘米。左侧窟壁残损严重，右侧窟壁直，残存大量斜向凿痕（图九六、九七）。

4. 龛内造像

内龛正壁高浮雕造像 3 尊，两侧壁各 1 尊，共计造像 5 尊。

正壁中尊立像：高浮雕，通高 190、身高 158、肩宽 38 厘米。头顶束莲花髻。戴束发冠，冠面纵长方形。头部发纹素面，发际线缓平，额上正中有竖向分发线。面部方圆，眉弓微凸，阴线刻眉，细长上弧形。双眼细长微闭，眼尾略向上。鼻高而大，鼻根平，鼻头三角形。嘴小，略宽于鼻翼，双唇丰满，唇线凹凸，立体感强。下颌圆润饱满。双耳紧贴头侧，上耳廓与眉弓齐，下耳廓与下唇齐。下颌有中长髯，连双耳间，分三缕，呈倒“山”字形，中缕较长。双臂屈肘，前臂残断，仅见肘弯。上身可见着三层衣。内层对襟。中层右衽交领，垂至膝上，底边平。外层对襟，胸前系带，前短后长，前襟垂至膝上，底边尖角，后襟垂至小腿中部，应为氅类衣物。下着长裙，遮踝，双腿上浅浮雕竖向弧线裙纹。脚着履，露云头，上边略呈圭形，正面阴线刻半圆形装饰。立于双层仰莲台，下有方形台基。通高 38 厘米，莲台高 26、宽 41 厘米，台基高 12、宽 39 厘米。莲台莲瓣椭圆形，宽约 10、高约 9 厘米。

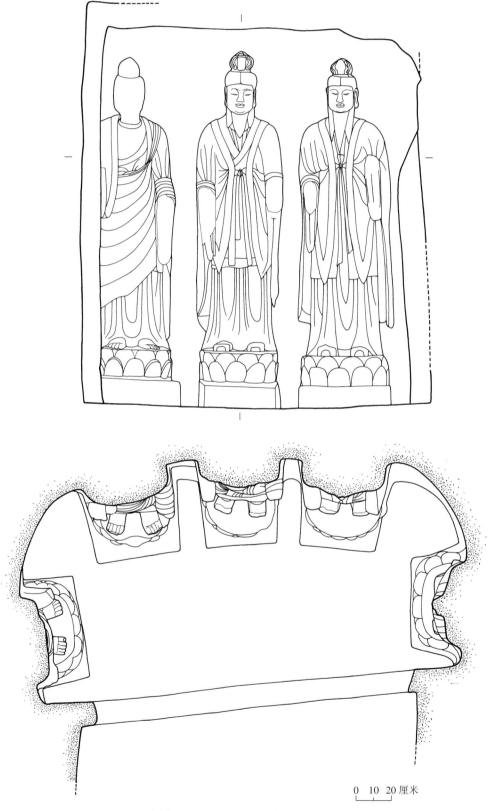

0　10　20厘米

图九六　T－Y1－042 正视、平面图

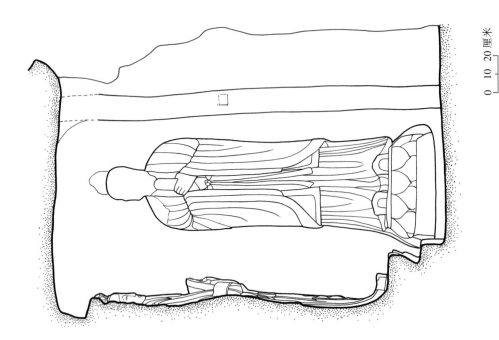

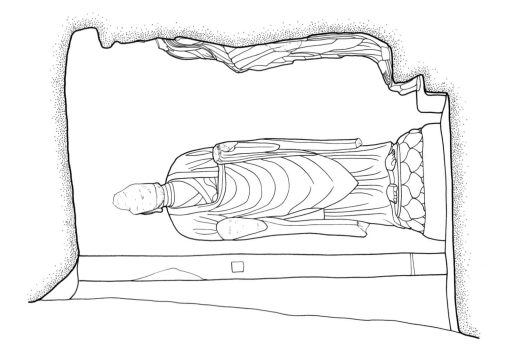

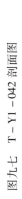

图九七　T－Y1－042 剖面图

正壁左尊立像：高浮雕，通高184、身高157、肩宽38厘米。头部与正壁中尊造像相似，面略朝向右侧，面稍短。束莲花髻，戴束发冠，冠面略残损。下颌有长髯，三缕，倒"山"字形。上身可见着两层衣，内层对襟，底边平，长遮膝。外层对襟，前短后长，两片前襟底边呈尖角，略长于正壁中尊。后襟较长，垂至小腿中部。下身着长裙，裙长遮踝，浅浮雕竖线状裙纹。着履，样式与正壁中尊造像一致。立于双层仰莲台，样式与中尊一致，通高38厘米，莲台高26、宽41厘米，台基高12、宽39厘米。莲瓣椭圆形，宽约10、高约9厘米。

正壁右尊立像：高浮雕，通残高176、身残高162、肩宽38厘米。头部近年遭不法分子盗走。残存头部轮廓，可见圆球状高髻，残存右侧耳垂。颈部浮雕三道纹。胸部露出。双臂屈肘，上臂残断。上身可见着三层衣。内衣右衽，自左肩到右胁下，胸前有阴线刻系带褶皱衣纹。中衣披覆双肩，左襟被外衣遮盖，右襟下垂覆盖手臂，左膝处可见中衣底边平角。外衣袒右，自左肩至右胁下，左襟盖中衣，右襟绕中衣下，底边左高右低，自左膝至右小腿中部，略呈波浪形，身前浅浮雕七道左高右低的弧线衣纹。下身着裙，裙长遮踝，小腿部阴线刻竖向弧线裙纹。赤足，略呈外"八"字形站立。立于双层仰莲台，莲台正面上层莲瓣略残损，样式与正壁中尊一致。通高38厘米，莲台高26、宽41厘米，台基高12、宽39厘米。莲瓣椭圆形，宽约10、高约9厘米。

左侧壁立像：高浮雕，通高175、身高148、肩宽38厘米。头部因浸水风化严重，顶部高髻脱落，仅留壁面轮廓，为桃形。面部五官漫漶，表面石片脱落。肩部衣纹漫漶。双手合于胸前捧笏板，左手在外，右手在内，笏板圆头。双膝处可见中衣底边平。双腕处下垂外衣襟，内短外长，腹前可见系带下垂。下身着长裙，裙长遮踝。浅浮雕竖线衣纹。着履，履头方形，上边圭状，正面阴线刻椭圆形装饰。立于双层覆莲台上，有方形台基。通高30厘米，莲台高20、宽44厘米，台基高10、宽43厘米。莲瓣较尖，宽约8、高约10厘米。

右侧壁立像：高浮雕，通残高156、身残高130、肩宽38厘米。头部近年盗失，仅留壁面轮廓，可见有球形高髻，残见右耳垂。颈部浮雕三道纹，胸口裸露。双臂屈肘，前臂残断。上身可见着两层衣。内衣交领右衽，腹前可见阴刻系带衣纹，双膝处可见底边平角。双肩外披大衣，左襟直下垂，右襟绕腹前搭左肘部。身前衣纹自上而下依次为四道U形、三组对称斜向弧线。大衣底边尖角，尖角置两小腿中部之间。下身着裙，裙长遮踝，浅浮雕竖向弧线裙纹。赤足，略呈外"八"字状站立。立于双层覆莲台上，有方形台基。通高28厘米，莲台高18、宽44厘米，台基高10、宽43厘米。莲瓣较圆，宽约10、高约10厘米。

5. 龛内遗迹

内窟顶残左部风化严重，不规则分布成组同向平行直线和波浪状凿纹，似表现山岩。内窟门中部有对称方孔各一，右门下部有一横槽。

T-Y1-043

1. 相对位置

坛神岩区Y1东崖壁上层，左起第二龛，T-Y1-041右侧。

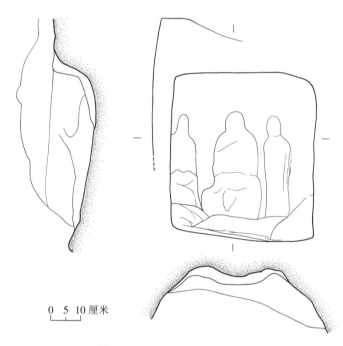

图九八　T－Y1－043 测绘图

0　5　10厘米

0　5　10厘米

图九九　T－Y1－044 测绘图

2. 保存状况

龛门、楣残损严重，龛内造像表面严重风化，长苔，起层、断裂脱落。右龛壁残失。

3. 龛窟形制

纵长方形双层龛，内龛高 59.2、宽 47.3、深 24.6 厘米，右侧壁大部残失，龛楣方形，龛壁平。外龛大部残失，残见右侧龛壁，残高 78.1、宽 60.3、深 33.3 厘米（图九八）。

4. 龛内造像

内龛残见 3 尊造像轮廓。中尊为坐像，两侧各有立像 1 尊。细节、题材不明。

T－Y1－044

1. 相对位置

坛神岩 Y1 东崖壁下层，T－Y1－042 右侧，T－Y1－045 上侧。

2. 保存状况

龛门、楣残损，龛内造像严重风化，长苔，起层脱落。造像头部残失（图版七四：1）。

3. 龛窟形制

纵长方形双层龛，内龛高 68.3、宽 53.2、深 21 厘米，龛壁弧形，龛楣残损，现状圆拱形。外龛高 90.9、宽 80.5、深 33.7 厘米（图九九）。

4. 龛内造像

内龛高浮雕造像 5 尊，外龛残见造像 2 尊，共 7 尊。

内龛正壁中尊：高浮雕佛倚坐像，通高 69、身高 52、肩宽 16 厘米。有宝珠形头光，宽 32、高 38 厘米，头光尖部延伸至龛顶。双肩石片脱落仅剩轮廓，胸前残见 U 形衣纹。双手下垂，前臂残断，手势不明。倚坐于束腰台座，台面方形，束腰和座基叠涩。

内龛正壁左尊：高浮雕比丘立像，身高 32、肩宽 9 厘米。有圆形头光，头肩部残失，残见双手合于胸前，下腹部可见左高右低斜向衣纹。

内龛正壁右尊：高浮雕比丘立像，身高 32、肩宽 9 厘米。有圆形头光，头肩部残失，残见双手合于胸前，下腹部可见左高右低斜向衣纹。

内龛左侧壁立像：高浮雕菩萨像，通高 65 厘米。有宝珠形头光，身体表面石片严重脱落，细节不明。跣足立于圆形台上，足侧可见天衣垂角。

内龛右侧壁立像：高浮雕菩萨像，通高 65 厘米。有宝珠形头光，身体表面石片严重脱落，右手屈肘置于肩部，持物，细节不明。跣足立于圆形台上。

外龛正壁左、右下侧各有立像轮廓一尊，应为两尊力士立像。严重残损，细节不明。

T – Y1 –045

1. 相对位置

坛神岩 Y1 东崖壁下层，T – Y1 –042 右侧，T – Y1 –044 下侧，T – Y1 –048 左侧。

2. 保存状况

龛壁及龛内造像表面严重风化，长苔（图版七四：2）。

3. 龛窟形制

方形双层龛，内龛高 53.5、宽 57.4、深 24.9 厘米，龛楣浅浮雕双层檐，龛壁平。外龛高 82.6、宽 83.1、深 37.5 厘米，两侧壁部分脱落（图一〇〇）。

4. 龛内造像

内龛高浮雕造像 5 尊，正壁 3 尊，两侧壁各 1 尊。外龛浅浮雕供养人群像 15 身（图一〇一、一〇二）。共计造像 19 尊。

内龛正壁中尊：佛跏趺坐像，高浮雕，通高 49、身高 30、肩宽 11 厘米。头部漫漶，有凿痕。可见头顶有半圆形肉髻。残见宝珠形头光。双手下垂合于腹前，掌心朝上左上右下相叠，捧半圆形物，应为钵。可见着三层佛衣，内衣自左肩至右胁下，中衣覆盖双肩下垂，大衣披覆左肩。结跏趺坐，左腿在内，右腿在外，两小腿部衣纹为横线弧形，相交于左侧呈"人"字形。佛衣下垂覆座台面，呈三个倒三角形，浅浮雕两三道倒三角形衣纹。束腰座，台面纹样漫漶不识，座基浅浮雕覆莲瓣，莲瓣肥圆。

内龛正壁左尊：比丘立像，高浮雕，通高 44、身高 37、肩宽 10 厘米。头部漫漶，可见颈部有三道纹，双手于胸前合十，着佛衣，立于小圆台上。

内龛正壁右尊：比丘立像，高浮雕，通高 44、身高 37、肩宽 10 厘米。头部漫漶，有凿痕。可见颈部较细。双手合于胸前捧横长方形物，应为经箧。着佛衣，手臂下部可见左高右低斜向衣纹。立于覆莲座上。

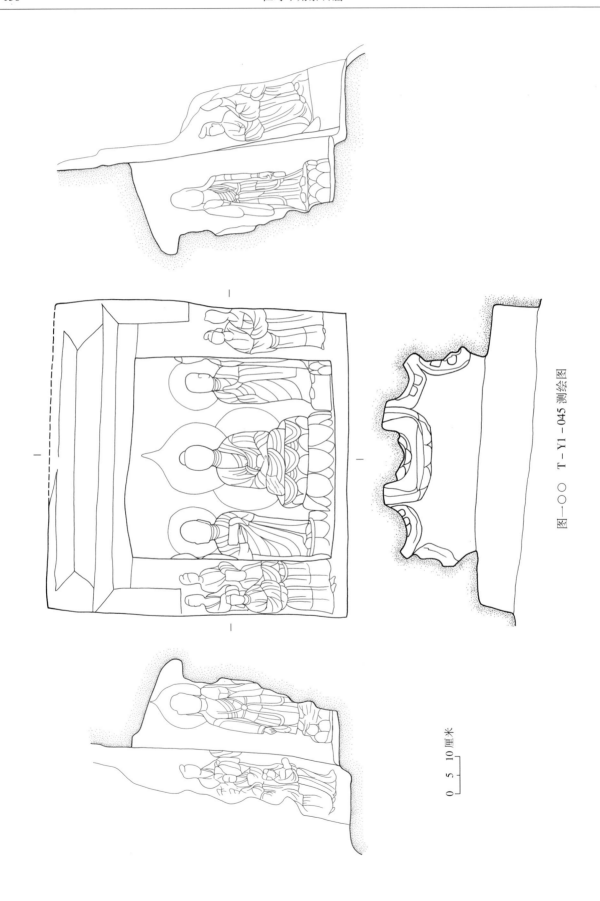

图一〇〇 T-Y1-045 测绘图

0 5 10 厘米

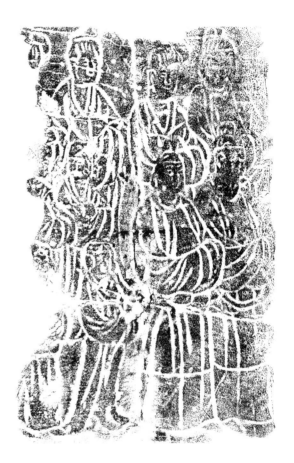

图一〇一　T－Y1－045 左侧供养人像拓片　　　　图一〇二　T－Y1－045 右侧供养人像拓片

内龛左侧壁菩萨立像：高浮雕，通高 51、身高 37、肩宽 10 厘米。身体表面漫漶，可见头顶有高发髻。左手下垂提净瓶，右手屈肘置右肩。左肩可见下垂天衣，肩披连珠璎珞，在身前呈 X 形，相交于腹前圆形牌饰，下垂至膝部。下身着长裙遮踝，立于圆形仰莲台上，浅浮雕三层仰莲瓣，莲瓣椭圆形，较肥厚。

内龛右侧壁菩萨立像：高浮雕，通高 51、身高 37、肩宽 10 厘米。头顶有高发髻，面部残见五官。左手屈肘置左肩部持柳枝状物，右手下垂持天衣末端。上身可见着络腋，自左肩至右胁下。肩披连珠璎珞，在身前呈 X 形，相交于腹前圆形牌饰，下垂至膝部。膝下漫漶。

外龛正壁左侧供养人立像 2 身：阴线刻，右像居前，左像居后而立，皆面朝龛内。右像男供养人头戴短尾幞头，身着宽松圆领长袍，腹下束带，双手笼袖内合拱于胸前。左像女供养人似束髻，内着交领衣，外着高腰长裙，双手笼袖内合拱于胸前。

外龛正壁右侧供养人立像 4 身：阴线刻，左、右二像呈两排站立，皆面朝龛内。下排右像男供养人头戴幞头，与下排左像男供养人皆身着宽松圆领长袍，腹下束带，双手笼袖内合拱于胸前。上排左侧男供养人像，身体被前像遮挡，头戴幞头，身着宽松圆领袍。上排右尊男供养人像，身体被前像遮挡，头部漫漶，身着交领袍。

外龛左侧壁供养人立像 2 身：阴线刻，前后而立，皆面朝龛内。前像男供养人头戴无尾幞头，身着宽松交领长袍，腹下束带，双手笼袖内合拱于胸前。中像女供养人头部残损，上身内着宽松交领衣，外着高腰长裙，胸上束带，双手笼袖内合拱于胸前，可见着履。后像身形较矮，残损仅见局部，应为侍女像。

外龛右侧壁供养人立像 6 身：阴线刻，前后二像身形一致，呈三排站立，皆面朝龛内。下排二侍女像，束双垂髻，前像可见内着交领衣，外着高腰长裙，双手于身前捧供物。中排二侍者像，后像残损严重；前像可辨身着宽松交领袍，腹下束带，双手笼袖内合拱于胸前。上排二男供养人像，后像残损；前像可见头戴无尾幞头，身着宽松交领长袍，双手笼袖内合拱于胸前。

T–Y1–046

1. 相对位置

坛神岩 Y1 东崖壁上层，左起第三龛，T–Y1–043 右侧，T–Y1–049 左侧。

2. 保存状况

龛顶、内壁至左侧壁岩体开裂、错位。龛门、楣严重风化脱落，龛内造像表面严重风化，仅存轮廓（图版七五）。

3. 龛窟形制

纵长方形双层龛，内龛高 109.2、宽 83.6、深 43.2 厘米，龛楣方形，龛壁呈缓弧形。外龛高 146.1、宽 140.3、深 67.9 厘米（图一〇三）。

4. 龛内造像

内龛高浮雕造像 7 尊、浮雕头像残见 5 尊，共计残存造像 12 尊。

正壁中尊坐像：有宝珠形头光，身体大部残失漫漶，推测应为佛跏趺坐像。

中尊两侧各有立像 3 尊。自中尊始，依次为比丘立像、菩萨立像、力士立像，均仅存身形轮廓。比丘立像有圆形头光。菩萨立像稍高，有宝珠形头光。左侧壁力士立像残见面朝龛外，残高 49 厘米，右手高举，赤裸上身，胸肌发达。

龛壁上部，浮雕头像 5 尊。中尊头光左上侧头像有三头多臂。左侧壁菩萨立像头光左上侧头像头顶有长角状物。其余漫漶不识。推测应为天龙八部造像。

T–Y1–047

1. 相对位置

坛神岩 Y1 东崖壁下层，左起第三列，T–Y1–044 右侧，T–Y1–046 下侧，T–Y1–048 上侧，T–Y1–050 左侧。

2. 保存状况

龛门、楣风化、断裂脱落，龛内造像保存较好，正壁左侧有浸水痕迹。中尊坐像前臂及右手持物残损，右尊坐像右前臂及持物残损，岩体开裂（图版七六~七八）。

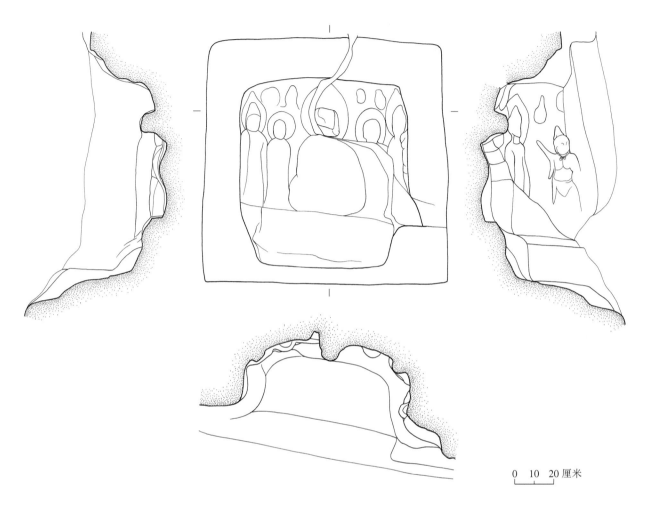

0　10　20厘米

图一〇三　T－Y1－046测绘图

3. 龛窟形制

单层横长方形龛，高132.7、宽140、深77.6厘米，龛楣方形，龛正壁缓弧形，侧壁平直。正壁下部有基坛，高27厘米，左部风化严重，中部有圆雕物与中尊坐像相连，右部有浅浮雕壸门装饰。壸门横长，上边为对称三道连弧，相接后尖部向上（图一〇四）。

4. 龛内造像

正壁高浮雕造像5尊。

中尊比丘跏趺坐像：身高74、肩宽32厘米。圆顶，额头宽而前凸，浅浮雕横向皱纹、眉心皱纹。眼小，上下眼纹明显，浅浮雕鱼尾纹。鼻部和嘴略残，嘴大，嘴角平，可见明显深纹。脖颈较粗圆，浅浮雕倒V形筋肉，胸骨凸出。为老年相。双手下垂。左前臂残失不明。右前臂屈肘平置，手折腕下垂，似护持物。持物残，形制不明，上端延伸置右肩部，残见上大下小棍状物。上身着三层衣。内衣圆领，襟处有竖条状凸带，左颈处高领。中衣交领，右衽。外衣披风状，覆双肩外侧，交于胸前，系带打结下垂。结跏趺坐，膝部残损，形制不明。腿中部有物与基坛下相连，风化严重。

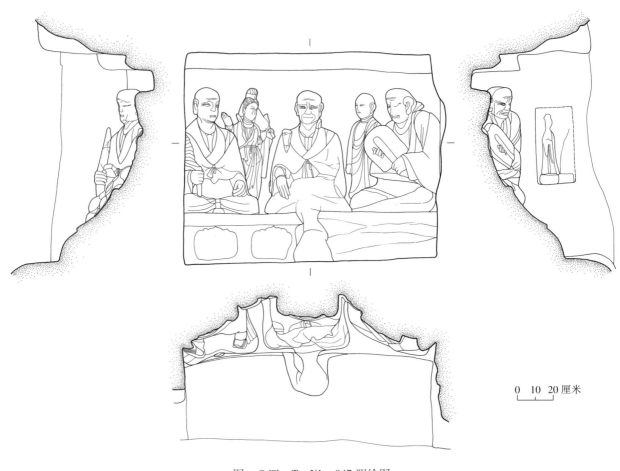

图一○四 T－Y1－047测绘图

　　左尊比丘跏趺坐像：身高72、肩宽33厘米。圆顶，头顶平。额前凸，浅浮雕横向皱纹。眼、鼻部漫漶。嘴大，嘴角上翘，呈微笑状。脖颈粗圆，浅浮雕圆润下颌。耸肩。双手合于胸前持扇。左手握柄下端。右手护柄中部，中指、无名指和小指扶柄。扇面素面。上身着三层衣。内衣圆领，右颈处高领。中衣交领。左手腕处可见窄袖，应为内衣或中衣之袖。外衣披风状，可见覆左肩外侧。腹前有凭几，未见几足。结跏趺坐，腿部漫漶。可见左腿在外，右腿在内。

　　右尊比丘跏趺坐像：身高73、肩宽32厘米。圆顶，额宽而圆，浅浮雕横向波状皱纹。眼漫漶，可见浅浮雕鱼尾纹。鼻高直，鼻头略残。嘴较小，微张。下颌至颈阴刻三道弧形深纹。双手下垂。左手置左膝上，手指微屈，手背朝外，拇指与食指、中指相捻。右前臂屈肘平置，手持宝拂，手握下柄，上部残断，仅见浅浮雕横向羽毛状。上身着三层衣。内衣圆领，襟处有竖条状凸带。中衣交领，右衽。外衣披风状，覆双肩外侧，交于胸前，阴线刻打结衣纹。腹前有凭几残痕，中部几足残迹明显。结跏趺坐，右膝部残损。腿部阴线刻斜向衣纹，相交于腿中部，呈"人"字形。

　　中尊身后左侧比丘立像：身高58、肩宽16厘米，面朝中尊。圆顶，额宽圆，五官扁平，大耳。下颌圆润凸出。颈部刻三道纹。双手下垂置身侧。上身着三层衣。内衣右衽，自左肩至右胁下，中衣可见覆右肩下垂，外衣披左肩，绕腹前，在右胁部盖于中衣下。外衣长，身前衣纹呈左高右低斜向弧线。小腿隐于左尊坐像腿后，未雕刻足及座。

中尊身后右侧俗装立像：身高71、肩宽14厘米，面朝中尊。梳高发髻，"人"字形发际线，阴线刻发纹。五官脸型清秀，为女性。颈部三道纹。双手屈肘外举，左手执扇状物置左肩后，右手掌心朝外，掌心内有小圆形物，似宝珠。上身着二层衣。内衣圆领，对襟处有三道竖棱，外着半袖衣，脖后竖领外撇，胸前交领右衽，腹部系带，底边垂胯下呈U形，系带垂膝下。左臂上臂可见鳍袖，腕处可见窄袖内衣，外覆宽袖外衣，垂至膝上。下身着长裙，竖向裙纹。小腿隐于右尊坐像后，未雕刻足及座。

5. 龛内遗迹

龛左侧壁有附龛一个，编号T－Y1－047－1。

T－Y1－047－1：纵长方形龛，高63、宽25、深8厘米。龛内造像风化严重，残见右侧有立像1尊，身着长袍。有圆形台2个。左侧像风化不识。

T－Y1－048

1. 相对位置

坛神岩Y1东崖壁下层，T－Y1－045右侧，T－Y1－047下侧，T－Y1－050左侧。

2. 保存状况

龛门、楣风化，龛内和造像表面严重长苔，内龛右门中部略残缺（图版七九）。

3. 龛窟形制

长方形双层龛，内龛高58.6、宽57.3、深36.3厘米，龛楣方形有弧形斜撑，浅浮雕双层檐顶，龛壁缓弧形。外龛高81.1、宽83.6、深48厘米（图一〇五）。

4. 龛内造像

内龛高浮雕造像5尊，外龛高浮雕造像2尊，共造像7尊。

内龛正壁中尊佛跏趺坐像：通高55、身残高32、肩宽15厘米。有宝珠形头光，高22、宽19厘米。头顶、面部人为凿毁，残见双大耳。颈部残见三道纹。双手下垂合于腹前置腿上，捧扁圆形物。掌心朝上，左手在内上，右手在外下。上身着三层衣，内衣右衽，自左肩到右胁下，系带，未见打结。中衣覆双肩，下垂至左胸、右上腹部掩于外衣下。外衣披左肩，自左肩下垂绕腹前至右胁下。佛衣下垂覆座，呈三片半圆形。结跏趺坐于束腰莲座上。台面浅浮雕双层仰莲瓣，上层莲瓣掩于佛衣下。座基方形，素面。

内龛正壁左侧比丘立像：通高48、身高37、肩宽8厘米，身体窄瘦。头部人为凿毁，可见左耳残存。有圆形头光。双手合于胸前，手势不明。上身可见着三层衣，均为交领。左腕处下垂两道衣角，一道覆左臂垂膝下，底边平；一道掩左臂下，绕身体右部，底边左高右低。下身着裙，裙长遮踝。赤足立于覆莲台上。台面为较高素面框，台侧可辨浅浮雕莲瓣纹。

图一〇五　T－Y1－048 测绘图

内龛正壁右侧比丘立像：通高48、身高37、肩宽8厘米，身体较宽。头部被人为凿毁，可见右耳残存。有圆形头光。双手合于胸前，手势不明，捧物似为经箧。上衣交领，层次不明。左腕下有两道衣角，一道覆左臂垂膝下，底边平，一道掩左臂下，绕身体右部，底边左高右低，衣纹类同。下身着裙，裙长遮踝。赤足立于莲台上。台面为较高素面框，下部纹饰漫漶不清。

内龛左侧壁菩萨立像：通高54、身高47、肩宽8厘米，面部被人为凿毁，可见残存右耳。有宝珠形头光，高20、宽11厘米。头顶残存高发髻轮廓，头右侧可见素框冠台，缯带下垂。颈部有三道纹。左手屈肘置左肩处，似握杨柳枝，覆左肩。右手下垂置身侧，手指微屈，持物不明。上身可见着络腋，自左肩至右胁下。右肩处可见披连珠璎珞，交于腹前圆形饰物。身体两侧可见天衣下垂。下身着裙，裙长遮踝覆足面，露前足。赤足立于莲台上。台面为较高素面框，下部浅浮雕莲瓣纹，莲瓣较宽。

内龛右侧菩萨立像：通高53、身高41、肩宽8厘米。有宝珠头光，高20、宽112厘米。头顶束高发髻，左半部残损，戴冠，素框冠台，缯带耳后下垂。面部、颈部漫漶，左肩处可见垂发。宝珠形头光。左手下垂置身侧持净瓶，食指勾持瓶颈，瓶身椭圆形。右手屈肘置右肩处，似握杨柳枝，覆右肩。

上身可见着络腋，自左肩至右胁下。肩披连珠璎珞，交于腹前圆形饰物，后下垂至两膝处，绕腿后。身体两侧可见天衣下垂。下身着裙，裙长遮踝覆足面，露前足。赤足立于双层覆莲台上。台面为较高素面框，下部纹饰漫漶。

外龛正壁左侧力士立像：面朝右侧。通高48、身高37厘米。身体表面漫漶，头顶有半球形高发髻轮廓。赤裸上身，浅浮雕胸肌、腹肌、臂肌凸出。左手高举置内龛门侧，握拳。右手下垂身侧，手势不明。下身着裙，可见两层，均呈倒"山"字形，双腿间、双腿侧较长，上层遮胯，下层垂膝上。露膝和小腿，筋骨凸出，赤足立于岩座上。

外龛正壁右侧力士立像：面朝左侧，通高48、身高37厘米，与左尊力士像类似。头顶束双髻，左手高举，前臂残断，右手下垂。

T－Y1－049

1. 相对位置

坛神岩 Y1 东岩壁上层，T－Y1－046 右侧，T－Y1－051 左侧，T－Y1－050 上侧。

2. 保存状况

外龛门、楣残损严重，龛内造像表面严重起层、断裂脱落（图版八〇）。

3. 龛窟形制

双层龛。方形内龛高107.3、宽97.6、深47厘米，龛楣方形，龛壁平。纵长方形外龛下部残损，高135.5、宽132、深52厘米（图一〇六）。

4. 龛内造像

内龛高浮雕造像7尊，残见浅浮雕胸像、半身像8尊，外龛高浮雕造像2尊。共计17尊，编号见图一〇七。

1号像：内龛正壁中央主尊，佛坐像。肩胸部和座下部残损严重，残通高95、像高58厘米。有宝珠形头光，素面。高肉髻，覆钵形。面部尚见五官轮廓。双耳较大。肩颈至胸腹部衣纹不明。双手下垂合于腹前，无持物，施禅定印。结跏趺坐，双膝较薄，起层脱落。残见圆形仰莲台。大衣覆座，下垂莲台，呈三片倒三角形，中片残存，两侧仅存上部。莲台雕刻三层仰莲瓣，莲瓣较宽而平板。座下部残失，形制不辨。

2号像：内龛正壁主尊左侧比丘立像。小腿部以下漫漶，残高66厘米。有圆形头光，圆顶，胸前可见交领，双手合十而立。衣纹漫漶不识。

3号像：内龛正壁主尊右侧比丘立像，通高65厘米。圆形头光，圆顶，头部较瘦削。上身衣纹漫漶，可见双手合于胸前，捧方形物，应为经箧。下身可见大衣垂至膝盖下，衣纹斜向，左高右低。下着长裙遮踝。未见足。

4号像：内龛正壁主尊左侧菩萨立像。通高82厘米，身体表面漫漶。有宝珠形头光，可见头顶束高发髻，冠缯带沿头部两侧下垂至肩。左手屈肘置左肩部。右手沿身体右侧下垂。腿部风化不识。

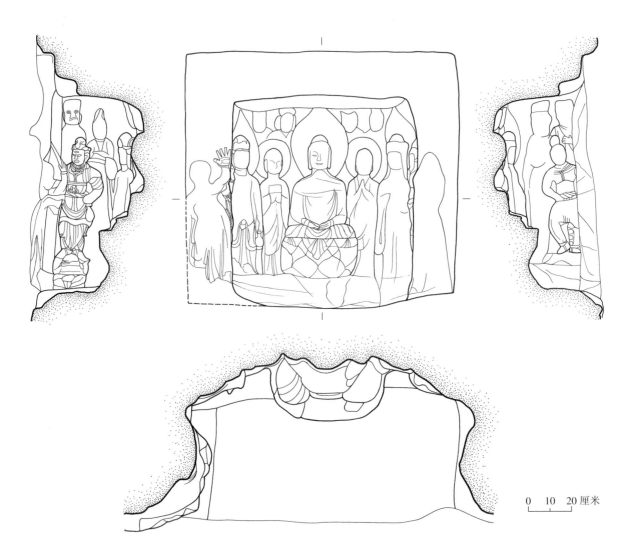

图一〇六　T-Y1-049 测绘图

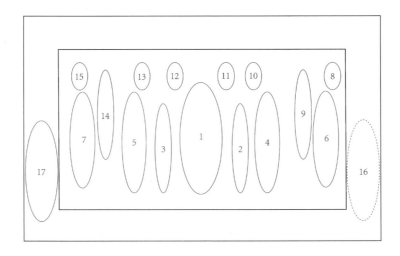

图一〇七　T-Y1-049 尊像编号图

5 号像：内龛正壁主尊右侧菩萨立像。通高 78 厘米，身体表面部分脱落。有宝珠形头光，头顶束高发髻，戴宝冠，三面，正面为较大圆形。冠缯带沿头部两侧下垂至肩。左手沿身体右侧下垂，手指勾持长颈鼓腹净瓶。右手屈肘置右肩部，持柳枝状物于右肩外。

6 号像：内龛左侧壁外侧天王立像。脚下风化，残高 72 厘米。头顶束高髻，面部漫漶。左臂不明，右臂屈肘叉腰。身穿铠甲，胸前可见横向胸甲，腰部系带，裙甲漫漶。左腿直立，右腿朝主尊方向屈膝微抬，足尖着地。戴腿甲，小腿后侧可见三层横向椭圆形结构。脚下踩物，风化脱落不识。

7 号像：内龛右侧壁外侧天王立像，脚踩夜叉，残高 77 厘米。头顶束球状高发髻，戴冠，冠面小，宝珠形。可见连弧状发际线。五官尚存，额上有横向波状皱纹，圆目大睁，鼻头残，嘴大而嘴角上翘。下颌有络腮短髯，垂至锁骨处。左手屈肘按左胯上，手执布袋状物。右手屈肘置右肩外，执短剑，戴腕钏。肩披领巾，胸戴胸甲，可辨裲裆式。腹部微鼓覆甲，甲面浅浮雕对称卷云纹。天王立像脚下夜叉单腿跪像，头部石质风化脱落，高 15 厘米。可见双手屈肘举于头部两侧，手托天王双脚，腹部赤裸，朝龛内左足屈膝踩地，右膝跪地，腿部筋肉凸出。

8 号像：内龛左侧壁上部头胸像，天王头部左上侧。大部漫漶，可见头颈肩部，左手横置于胸前。

9 号像：内龛左侧壁内侧，天王立像右侧，立像，通高 61 厘米。圆顶，双手合于胸前，身体漫漶细节不识。

10~13 号像：内龛正壁上部，4 尊头胸像。严重漫漶，仅见椭圆头部凸起。第 13 号像可见有三头三面。

14 号像：内龛右侧壁内侧上部立像，高 48 厘米。头顶可见竖长形物，五官漫漶，仅见轮廓。上身着交领衣，左手屈肘横置胸前似持物。足部漫漶。

15 号像：内龛右侧壁上部外侧，头高 24 厘米，圆顶，五官狰狞，眼大鼻宽，上排牙齿咬唇外露，齿为三角形。

16 号像：外龛正壁左侧，立像残驱。

17 号像：外龛正壁右侧，力士立像，残高 53 厘米。身体表面岩石大部分脱落，左手举头左上侧，五指大张。下身着裙，垂至足上。座式不明，座下岩石脱落。

T－Y1－050

1. 相对位置

坛神岩 Y1 东崖壁下层，T－Y1－047、T－Y1－048 右侧，T－Y1－049、T－Y1－051、T－Y1－052 下侧。

2. 保存状况

龛内造像保存较好，部分造像头顶宝髻残失。龛门、楣略残，龛壁上部、龛顶有油苔，正壁上排造像头光有现代涂泥（图版八一~八三）。

3. 龛窟形制

横长方形双层龛，内龛龛高 243.9、宽 543.9、深 98.9 厘米。龛楣方形，龛壁平。外龛仅剩上部及右侧痕迹（图一〇八）。

4. 龛内造像

龛内正壁高浮雕立像两排，下排 12 尊，上排 13 尊。龛左侧壁造立像两排，下排 3 尊，上排 2 尊。龛右侧壁造立像两排，下排 3 尊，上排 2 尊。共计造立像 35 尊，编号见图一〇九。按造像形制可分为四类。第一类：戴宝冠、戴项圈立像。第二类：有髯立像。第三类：无髯立像。第四类：佛立像。

造像按照先正壁、后侧壁，先下后上、先左后右的顺序编号。其中标注中灰色的 1、3、5、7、9、11、31 号像为戴宝冠、戴项圈立像。标注浅灰色的 13、14、16、18、20、22、24、25、26、29、34、35 号为无髯立像。标注深灰色的 33 号像为佛立像。其余均为有髯立像。总体雕刻扁平。

1 号像：正壁下排左起第一尊，戴项圈立像。头顶宝髻大部残失，残通高 157、身高 140、肩宽 31 厘米。头戴冠，三冠面，正冠面略残，中为植物纹，两侧垂珠。"人"字形发际线。脸方圆，五官扁平，下颌有脂肪袋。颈部有三道纹。左手屈肘置左肩前，手部残断。右手下垂置右身侧，手心朝左握衣角。胸前戴连珠项圈，下垂植物纹装饰、珠、穗。上身内着对襟大衣，有宽衣边，上腹部系带打结，底边垂至膝下。肩披天衣，细长条形，右侧天衣沿身侧下垂，执于右手。下身着长裙，裙长覆足背，露方形履头，饰半圆形。立于覆莲台，莲瓣大部漫漶（图一一〇）。

2 号像：正壁下排左起第二尊，有髯立像。头顶残失，残通高 157、身高 141、肩宽 29 厘米。缓弧形发际线，未雕刻发纹。面方圆，五官扁平，眉细长，丹凤眼，嘴小，唇厚薄适中，模样端庄。下颌两耳间有髯，分三股呈倒三角形下垂胸前。左手屈肘置左肩前，掌心朝外，右手下垂置右身侧，手心朝内，手指微屈似握物。上臂衣纹竖向弧线，前臂衣纹横向，较密集。上身内着对襟衣，左腕下可见窄袖，底边平，垂膝上。外披大氅，对襟系带于上腹部，打结下垂，底边呈倒三角形，垂至膝下。下身着长裙，竖向裙纹，裙长覆足背，露横长方形方形履头，饰半圆形。立于覆莲台，莲瓣浅浮雕，宽而扁平。

3 号像：正壁下排左起第三尊，戴项圈立像。头顶宝髻残失，残通高 159、身高 141、肩宽 31 厘米。头戴三冠面，正冠面宝珠形，浅浮雕植物纹，中央和两侧垂珠，两侧冠面椭圆形，素面。"人"字形发际线。脸扁圆，五官扁平，眉细长，眉尾略下吊。嘴小唇薄，嘴角略上翘。下颌圆润凸出。双耳大，耳垂肥厚。左手屈肘置左肩前，手部残断，右手下垂置右身侧，手心朝左握衣角。脖根处可见着交领右衽内衣。胸前戴项圈，素圈，下垂珠、穗。上身外着对襟大衣，肩披天衣，下身着长裙，露方形履头，立于覆莲台，与 1 号像近似。莲台圆形，浅浮雕双层覆莲瓣，莲瓣扁平（图一一一）。

4 号像：正壁下排左起第四尊，有髯立像。头顶残失，残通高 160、身高 142、肩宽 33 厘米。面部五官、长髯与 2 号像近似，两侧髯稍细。下颌圆润凸出。左手屈肘置左肩前，手及左肩头残，右手下垂置右身侧，手心外，屈指握宝珠，宝珠圆形，有火焰状光芒。着衣及履与 2 号像相似。立于覆莲台，莲瓣残失。

5 号像：正壁下排左起第五尊，戴项圈立像。头顶宝髻残失，残通高 164、身高 145、肩宽 32 厘米。头戴三冠面，正冠面头略残，浅浮雕植物纹，两侧冠面竖长水滴形，后侧垂珠。波浪形发际线，

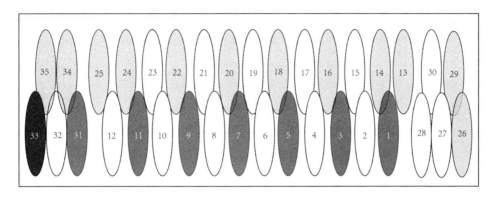

图一○九　T－Y1－050 尊像编号图

雕刻发纹。面相五官与 1 号像相似，颈部有三道纹。左手屈肘，前臂残断，左肩略残。右手下垂置身侧，手心朝内握衣角。胸前岩石脱落，上腹部残见垂珠、穗。着衣、履与 1 号像相似，莲台漫漶（图一一二）。

　　6 号像：正壁下排左起第六尊，有髯立像。头大部残失，残通高 154、身高 133、肩宽 31 厘米。仅存下颌，可见厚唇、耳垂。颌下垂长髯，分三缕，两侧缕较细，髯尖向外侧略翻翘。左肩头残。左臂屈肘，手置左肩处，手残，可见下垂衣袖。右臂下垂至身侧，手部残，前臂部有横向褶皱衣纹。上身可见内着右衽内衣，有宽衣边，底边平，垂至膝，外披大氅，上腹部系带打单结，带下垂至大腿部，底边尖细，垂至膝部。下身着长裙，裙长遮踝覆履。双履头残。立于双层覆莲台上，形制与前似。

　　7 号像：正壁下排左起第七尊，戴项圈立像。头顶宝髻、冠正面残失，残通高 160、身高 138、肩宽 29 厘米。戴三冠面，仅存两侧冠面，竖长水滴形。面部风化，下颌漫漶。残存五官与 1 号像相似，颈部有三道纹。双肩头略残。左手屈肘置左肩，手部残断。右手下垂置右身侧，手部残失，可见内窄外宽两重袖口。胸戴项圈，圈为连珠，下垂卷草、垂珠璎珞。上身着内衣，可见胸部有三道横向衣纹。其下为竖向衣纹，垂至足，遮踝覆履，外披大氅，腹部系带打结，下垂至胯。大氅宽边，底边平，垂至膝上。履与 1 号像相似，履头略残。立于双重覆莲台，上层莲瓣略漫漶。莲瓣下有台基，双层略束腰，素面（图一一三）。

　　8 号像：正壁下排左起第八尊，有髯立像。头顶宝髻残失，残通高 165、身高 143、肩宽 31 厘米。发际线缓平，两侧略高。头部发纹素面，宽扁。面部较 2 号像清秀。眉眼细长，尾部略下垂。

0　5　10厘米

图一一○　T－Y1－050　1 号像

0　5　10厘米　　　　　　　　0　5　10厘米　　　　　　　　0　5　10厘米

图一一一　T‐Y1‐050　3号像　　　　图一一二　T‐Y1‐050　5号像　　　　图一一三　T‐Y1‐050　7号像

鼻尖、唇部漫漶。颔下垂髯，分三缕，较2、4、6号像短、较细，两侧髯尖向外侧略扬。右肩略残。左臂屈肘，手置左肩下，手残，可见下垂内窄外宽两重袖口。右臂下垂至身侧，手部残，前臂部有横向褶皱衣纹，可见内窄外宽两重袖口。上身着三层衣。内着交领内衣，右衽，有宽衣边，底边呈缓弧形，垂至大腿中部。中衣可见覆双肩下垂，有宽衣边，底边平，垂至膝上。外披大氅，悬披肩头两侧，上腹部系带未打结，带下垂至大腿部。大氅宽边，底边尖细，绕双肘部呈Z形褶皱。下身着长裙，有竖向内弧形裙纹。裙长遮踝覆履。双履头残。立于台上，大部残失，形制不明。两侧部残见莲瓣。

　　9号像：正壁下排左起第九尊，戴项圈立像。头部残失，仅存下颔轮廓。残通高162、身高139、肩宽30厘米。颈部有三道纹。左手屈肘置左肩，手部残断。右手下垂置右身侧，手心朝外，屈指握枝。枝头粗圆，置于手指下端，枝干自手腕处分三小股，枝头有圆形物，左、右股短，右侧股枝头残，仅存痕迹，中股长，伸至肘部。双手下侧可见内窄外宽两重袖口。胸戴项圈，圈为涡状大连珠，中为心形牌，圈下垂三股大连珠短璎珞，中股长、两侧股短。上身着三层衣。内衣交领。中衣横领，宽衣边，束内衣上，底边垂至足，遮踝覆履。外衣大氅，腹部系带打结，左短右长下垂至胯。大氅宽边，底边平，垂至膝上。双肩头可见披天衣，右襟下垂至右腕处。履与1号像相似，履头略残。此像衣着为女装。立于双层覆莲台，莲台大部残。仅见右侧残存莲瓣（图一一四）。

10 号像：正壁下排左起第十尊，有髯立像。头顶宝髻残失，残通高 165、身高 142、肩宽 31 厘米。发际线缓平，头部发纹素面，较高。面部较 2 号像清秀。眉弯长，眼、鼻、唇部漫漶。颌下垂髯，分三缕，中间长，两侧短。左臂屈肘，手置左肩下，手残，可见下垂内窄外宽两重袖口。右臂下垂至身侧，手残，手下有细颈鼓腹瓶轮廓。上身着三层衣，与 8 号像相似。下身着长裙，双腿部有竖向弧形裙纹。裙长遮踝覆履。可见双履头，样式与前同。立于双层覆莲台上，下层莲瓣大部残损。

11 号像：正壁下排左起第十一尊，戴项圈立像。头顶发髻略残，通高 159、身高 141、肩宽 31 厘米。头顶高发髻尚存下半部，可见竖向凹凸发纹。戴宝冠，冠台较宽，三冠面，正面三角形，浅浮雕植物纹和垂珠，两侧面水滴状，有三道横向冠缯带结。波浪形发际线，浅浮雕宽带状发纹。双耳完整，无耳饰。眉眼扁平，鼻、眼漫漶，唇薄而小，嘴角上扬。下颌圆润凸出。颈部刻三道纹。左手屈肘置左肩，手部残断。右手下垂置右身侧，手部残失。双手下侧可见内窄外宽两重袖口。胸戴项圈，圈为涡状大连珠，下垂三股短璎珞，中股长，两侧股短。上身着三层衣，与 9 号像同。立于双重覆莲台，莲瓣大部漫漶，仅存上层右侧莲瓣（图一一五）。

12 号像：正壁下排左起第十二尊，有髯立像。头顶宝髻残失，残通高 159、身高 142、肩宽 29 厘米。"人"字形发际线，发纹素面，较高。面宽圆，眉弯长，眼、鼻漫漶，厚方唇，嘴角上翘。双耳保存完整，耳垂略外翻。下颌圆润凸出，垂髯，分三缕垂直下垂，中缕粗，两侧缕较细。左臂屈肘，左手置左肩下，手残，可见下垂内窄外宽两重袖口。右臂下垂至身侧，拇指直伸，余指内卷。上身仅见两层衣，内衣右衽，外披大氅，与 6 号像同。下身着长裙，腿部有竖向裙纹。裙长遮踝覆履。可见双履头，样式与前同。立于双层覆莲台上，下层莲瓣大半漫漶。

13 号像：正壁上排左起第一尊，无髯立像，年轻相。通高 164、身高 148、肩宽 29 厘米。头顶束高髻，戴莲花冠，正面略残。发际线、发纹漫漶。面宽圆、扁平，五官漫漶，可见痕迹。双耳大，耳垂略残。下颌略残，无髯。颈部无刻纹。有圆形双层素面

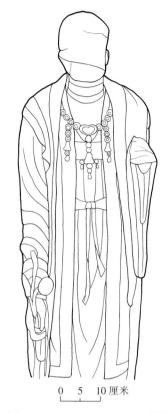

0　5　10厘米

图一一四　T－Y1－050　9 号像

0　5　10厘米

图一一五　T－Y1－050　11 号像

头光。左臂屈肘，左手置左肩，手背朝外握柄，持拂尘状物，上部略残。可见腕部有窄袖口，外披宽袖。右臂下垂至身侧。上身仅见两层衣，内衣交领右衽，外披大氅，腹前系带，与6号像同。胯以下掩于1号像与28号像身后。

14号像：正壁上排左起第二尊，无髯立像，年轻相。通高167、身高151、肩宽31厘米。头顶束高髻，戴莲花冠，正面可见竖长冠面。发际线、发纹漫漶。面宽圆、扁平，五官漫漶，可见痕迹。双耳大，耳垂略残。颌略残，无髯。颈部无刻纹。有圆形双层素面头光。左臂下垂掩1号像身后。右臂屈肘上举至右肩下，手心朝外竖向握卷轴。上身见三层衣，内衣交领右衽，中衣覆双肩，外披大氅，腹前系带未打结。胯以下掩于1号像与2号像身后。

15号像：正壁上排左起第三尊，有髯立像。通高164、身高139、肩宽29厘米。头顶束高髻，大部残失，均存轮廓。发际线缓平，中分。面宽圆、扁平，眉弓平，无明显眉线。眼细长，鼻尖略残，嘴扁而薄。双耳保存完整，耳垂贴髯。颌下垂髯，分三股，下端尖细，中股长，两侧股短。双层素面头光，外层宝珠形，内层圆形。左臂屈肘，手置左肩下，手背朝外竖握瓶颈。瓶口小，鼓腹，圆饼状底。右臂不明。上身见三层衣，内衣横向领，中衣覆双肩，外披大氅，腹前系带打单结。腹以下大部掩于2号像与3号像身后，立于双层仰莲台，着履。莲瓣漫漶。

16号像：正壁上排左起第四尊，无髯立像，老相。通高166、身高151、肩宽29厘米。头顶束高髻，戴莲花冠，正面有竖长冠面。未见发际线。面略窄瘦，额上有三道横向细纹，眉弓平，无明显眉线。眼小，上眼睑深陷，鼻尖略残，嘴扁薄，嘴角略下撇，两侧有法令纹。双耳保存完整，较小。颈部有四道竖向筋骨纹样。双层圆形素面头光。双手屈臂合于胸前握笏板，笏板竖长条形，上圆下方。手背朝外，左手在上，拇指伸直护笏板，其余四指横置握笏板；右手在下，可见四指横握笏板。上身见三层衣，内衣、中衣覆双肩，外披大氅，腹前系带打单结。腹以下大部掩于3号像与4号像身后，立于双层仰莲台，着履。阴刻莲瓣。

17号像：正壁上排左起第五尊，有髯立像。通高168、身高153、肩宽29厘米。头顶束高髻，戴莲花冠，有竖长形冠面。发际线平，未雕刻发纹。面宽圆、扁平，眉线细长，眼细长，鼻尖略残，嘴扁而薄。双耳保存完整，耳垂长。颌下垂髯，分三股，下端尖细，中股长、两侧股短略朝外撇。双层素面头光，外层宝珠形，内层圆形。左臂下垂，掩于4号像身后，不明。右臂屈肘，右手置右肩下，手心朝外，拇指伸直，其余四指半握状，食指与拇指捻一小圆珠。上身见三层衣，内衣交领右衽，中衣覆双肩，外披大氅，腹前系带未打结。腹以下大部掩于4号像与5号像身后，立于三层仰莲台，着履。浅浮雕三层仰莲瓣。莲台下浅台基。

18号像：正壁上排左起第六尊，无髯立像，老相。通高169、身高151、肩宽29厘米。头顶束高髻，戴连花冠，未见发际线。面宽瘦，额上有三道横向细纹，眉弓平，无明显眉线。眼小，眼角三道横向鱼尾纹。鼻、嘴漫漶，两侧各有两道法令纹。双耳较小，贴头。颈部有四道竖向筋骨凸出。双层圆形素面头光。与16号像似。屈臂，双手笼于窄袖中，合拱于胸前。上身着三层衣，内衣交领右衽，中衣覆双肩，外披大氅，腹前系带未打结。腹以下大部掩于5号像与6号像身后，立于三层仰莲台，着履。浅浮雕三层莲瓣，下可见台基。

19 号像：正壁上排左起第七尊，有髯立像。通高167、身高151、肩宽30厘米。头顶髻失，仅存残迹。发际线缓平，中分，素面发纹。面宽圆，阴刻眉线细长，眼角细长略下撇，鼻尖、唇漫漶，嘴角上扬。双耳完整，耳垂长。颌下垂髯，分三股，下端尖细，中股长、两侧股短，朝外侧撇开。双层素面头光，外层宝珠形，内层椭圆形。双臂屈肘，握长尺状物，上端略呈扇形，似如意。左手置左腹侧，手背朝外，拇指伸直护尺，食指中指握尺。右手举右肩下，手背朝外，拇指护扇形侧面，其余四指握扇形下部。上身着三层衣，内衣交领右衽，中衣覆双肩，外披大氅，腹前系带打单结。腹以下大部掩于6号像与7号像身后，立于三层仰莲台，着履。浅浮雕三层仰莲瓣。莲台下浅台基。

20 号像：正壁上排左起第八尊，无髯立像，老相。通高168、身高153、肩宽30厘米。头顶束高髻，戴莲花冠，未见发际线。面宽瘦，额上有三道横向细纹，眉弓平，可见眉线轮廓。眼小，眼角三道横向鱼尾纹。鼻、嘴两侧各有两道刻纹。双耳较小，贴体。颈部有四道竖向凸出筋骨。双层素面头光，外层椭圆形，内层圆形。与18号像似。屈臂，双手于胸前持衣襟。左手较低，手背朝外，拇指压襟，其余四指覆襟内。右手较高，手心朝外四指弯曲握襟。上身见三层衣，内衣交领右衽，中衣覆双肩，外披大氅，腹前系带。腹以下大部掩于6号像与7号像身后，立于三层仰莲台，着履。浅浮雕三层莲瓣，下可见台基。

21 号像：正壁上排左起第九尊，有髯立像。通高167、身高153、肩宽30厘米。顶束高髻，戴莲花冠，正面残破。发际线缓平，素面发纹。面宽圆，无明显眉线，眼角细长，鼻尖、唇漫漶。双耳完整，耳垂较长。颌下垂髯，分三股，下端尖细，中股被笏板遮挡，两侧股短，略朝外侧撇开。双层素面头光，外层宝珠形，内层椭圆形。屈臂，双手合于胸前握笏板，笏板竖长条形，上圆下方。手背朝外，右手在上，拇指伸直护笏板，其余四指横置握笏板，食指、小指微张。左手在下，可见四指横握笏板。上身见三层衣，内衣交领、中衣覆双肩，外披大氅，腹前系带打单结。腹以下大部掩于8号像与9号像身后，立于双层仰莲台，仅见左履。浅浮雕莲瓣，下有台基。

22 号像：正壁上排左起第十尊，无髯立像，年轻相。通高165、身高153、肩宽30厘米。头顶束高髻，侧面可辨戴莲花冠。无明显发际线。面宽圆、扁平，无明显眉线，眼长，上眼线平，鼻、唇漫漶。双耳大，耳垂长。颌略残，无髯。颈部有刻纹。有圆形双层素面头光。屈臂，双手笼于窄袖中，合拱于胸前。上身见两层衣，内衣交领，外披大氅，腹前系带未打结。腹以下大部掩于9号像与10号像身后，立于双层仰莲台，着履。莲瓣下可见台基。

23 号像：正壁上排左起第十一尊，有髯立像。通高168、身高152、肩宽30厘米。头束髻，戴莲花冠，正面有竖长冠面。发际线平，素面发纹。面宽圆，无明显眉线，眼角细长，鼻尖、唇漫漶。双耳完整，耳垂较长。颌下垂髯，分三股，下端尖细，中股被持物遮挡，两侧股短，略朝外侧撇开。双层素面头光，外层宝珠形，内层圆形。双臂屈肘，握扇状物，有长柄，竖长扇面，匕状长夹，上有四颗圆钉。左手置左腹前，手背朝外，拇指伸直按扇柄，食指伸直，其余三指握柄。右手举右肩下，可见四指护扇面下部。上身见三层衣，内衣交领，中衣覆双肩，外披大氅，腹前系带下垂。腹以下大部掩于10号像与11号像身后，膝部可见平底边。立于双层仰莲台，着履。莲瓣下可见台基。

24 号像：正壁上排左起第十二尊，无髯立像，年轻相。通高167、身高153、肩宽31厘米。头束髻，戴莲花冠，正面有纵长方形冠面。无明显发际线。面宽圆、扁平，无明显眉线，眼细长，鼻、唇漫漶。双耳较小。下颌圆润凸出。有圆形双层素面头光。左臂屈肘，左手置左肩下，手心朝外，拇指与食指、中指捻一圆珠状物，其余二指弯曲。右臂屈肘，右手置左胸部，手背朝外，握香炉柄，上托香宝子，香炉横置胸前，右高左低。上身着三层衣，内衣交领右衽，中衣覆双肩，外披大氅，腹前系带打结。腹以下大部掩于 9 号像与 10 号像身后，膝部可见衣底边。立于双层仰莲台，着履。莲瓣下有台基。

25 号像：正壁上排左起第十三尊，戴项圈立像。通高 159、身高 145、肩宽 29 厘米。头顶高髻，戴莲花冠，正面有纵长方形冠面。发际线平，中分，素面发纹。五官扁平，眉骨略凸，无明显眉线，上眼睑下垂，微闭眼，鼻尖残损，双唇较宽厚，嘴角上扬。双耳完整，耳垂长，略向外撇。下颌圆润凸出。颈部有刻纹。左臂屈肘置左腹前，手背朝外，握长颈瓶，瓶小口、鼓腹、饼状底。右臂屈肘，手置右肩下，手心朝外，握柳枝干，柳枝穗状，沿手臂右侧下垂至肘。戴项圈，圈为涡状连珠，下垂三股短璎珞，中股长，两侧股短。上身着衣层数不明，内可见右衽宽衣边，外披两层宽衣边大衣，与 9 号像同。立于双重仰莲台，台基方形。

26 号像：左侧壁下排外起第一尊，无髻立像。通高 178、身高 138、肩宽 31 厘米。头、颈、肩部表层石脱落，仅存轮廓。可见双耳较大，耳垂长，略朝外撇。左臂、胸腹部残失。右臂下垂置右身侧，手背朝外，屈指握衣襟。大腿处可见垂带、衣平底边、大氅尖底边。下着裙，双腿处有内向弧线裙纹。着履，立双重覆莲台上，左侧表层石片脱落。

27 号像：左侧壁下排外起第二尊，有髻立像。头顶高髻脱落，残通高 179、身高 153、肩宽 30 厘米。头顶现存高髻为龛前出土，戴莲花冠。发际线平，中分，素面发纹。面宽圆，无明显眉线，眼、鼻、唇漫漶，下颌圆润凸出。双耳耳垂较长。颌下垂髯，分三股呈倒"山"字形，中股较宽、较长，两侧股短。左臂微屈下垂置左身侧，手部残失。右臂屈肘置右肩下，手部残失。双腕下可见内窄外宽双重袖。上身可见两层衣，内衣对襟，垂至膝部，底边平。外披大氅，腹前系带下垂，垂至膝部，底边尖。下身着裙，膝部可见较密集竖向裙纹，小腿部漫漶。着履，履头较低，素面。立于双重覆莲台。

28 号像：左侧壁下排外起第三尊，有髯立像。头顶高髻脱落，残通高 167、身高 139、肩宽 30 厘米。"人"字形发际线，中分，素面无纹。面宽圆，有眉弓轮廓，眼、鼻、唇漫漶，下颌圆润凸出。双耳大。颌下垂髯，分三股呈倒"山"字形，中股较宽、较长，两侧股短。左臂屈肘置左肩下，手部残失。右臂下垂置右身侧，手心朝左，拇指下垂，其余四指弯曲，拇指与食指捻一圆珠状物。双腕下可见内窄外宽双重袖。上身可见两层衣，与 27 号像类似。胸部系带未打结。下身着裙，双腿部各有内向弧线裙纹。着履，履头较高，有阴刻半椭圆形装饰。立于双重覆莲台。上层莲瓣大部漫漶。

29 号像：左侧壁上排外起第一尊，无髯立像。通高 148、身高 137、肩宽 28 厘米。头顶宝髻残失，头部石质开裂，右肩胸部石片脱落。左眼轮廓尚存。可见双耳，耳垂略朝外撇。颈部有刻纹。有双层头光，内层圆形，外侧椭圆形，素面。双手笼于袖中，合拱于胸前。手部下垂宽衣边。身体大部掩于 26 号像与 27 号像后。着履，立单层仰莲台上。莲台下有台基。

30 号像：左侧壁上排外起第二尊，有髯立像。身高 78、肩宽 29 厘米。头顶高髻右侧略残，戴莲花冠。"人"字形发际线，中分，素面发纹。面宽圆，阴刻线眉连鼻梁，眼细长，鼻头残失，唇厚圆。双耳大。颌下垂髯，分三股，下部掩于扇下。有双层头光，内侧圆形，外层宝珠形，素面。左、右手屈臂合于胸前持扇。左手仅见手指弯曲扶扇面下缘。右手手背朝外握扇柄，拇指伸直按柄侧，其余四指弯曲握柄。上身外衣有宽衣边，腹前系带下垂。胸部系带未打结。身体大部掩于 27、28 号像后。着履，立于单层仰莲台上。莲台下有台基。

31 号像：右侧壁下排内起第一尊，戴项圈立像。头部残失，面部现存方形凹坑，上身严重长苔。残通高 143、身高 127、肩宽 29 厘米。左手屈肘置左肩，手部残断。右手下垂置右身侧，手掩于宽袖下。胸戴项圈，圈为大连珠，下垂三股璎珞，中股长，两侧股短。上身着三层衣，内衣交领，中衣横领胸前，外披大氅，胸前系带打结下垂。右肩部可见披天衣。着履，立于双重覆莲台。莲瓣大部漫漶，仅存上层右侧莲瓣。莲台下有台基，31、32、33 号像同此台基。

32 号像：右侧壁下排内起第二尊，有髯立像。头顶残失，残通高 155、身高 139、肩宽 29 厘米。面宽圆，残见眼细长，双耳大。颌下垂髯，分三股，表面石质呈酥粉状。左臂屈肘置左肩下，手部漫漶。右臂下垂置右身侧，手背朝内握衣角。上身可见双层衣，内衣右衽，有宽衣边，垂至膝，底边平，外披大氅，垂至膝下，底边尖，腹前系带下垂。下身着裙，遮踝覆履。着履，立于单层仰莲台上。

33 号像：右侧壁下排内起第三尊，佛衣立像。头部残失，肩胸部石片脱落。残通高 150、身高 137、肩宽 28 厘米。左臂屈肘置左肩下，手部漫漶。右臂下垂置右身侧，手背朝左，拇指伸直下垂，其余四指弯曲。大衣衣纹自左肘向下，左高右低呈弧线状。大衣下可见着长裙，遮踝。赤足，立于双层覆莲台上。

34 号像：右侧壁上排内起第一尊，无髯立像。通高 161、身高 148、肩宽 30 厘米。头顶有宝髻，戴莲花冠，左肩残失。眉眼轮廓尚存，可见左眼细长，鼻根处凹陷。双耳大。有双层圆形头光，外层右侧略掩于 35 号像头光之后。屈肘，双手合于胸前持笏板。左手在上，手心朝内，拇指护笏板侧面，其余四指弯曲握笏板。右手类似。上身可见着衣两层，均有宽衣边。身体大部掩于 31、32 号像后。着履，立于双层仰莲台上。莲台下有台基。

35 号像：右侧壁上排内起第二尊，无髯立像。通高 161、身高 146、肩宽 28 厘米。头顶有宝髻，戴莲花冠，表面漫漶。发际线缓平。面部方圆，可见眉眼轮廓。双耳大。有双层头光，外层宝珠形，顶部略漫漶，内层圆形。右肩石片起层。左手屈肘置左腹前，手心朝上捧三角形物。右臂屈肘，横置胸前，手背朝内，持物不明。上身可见着衣三层。身体大部掩于 32、33 号像后。着履，立于双层仰莲台上。莲台下有台基。

T－Y1－051

1. 相对位置

坛神岩 Y1 东崖壁上层，T－Y1－049 右侧，T－Y1－052 左侧，T－Y1－050 上侧。

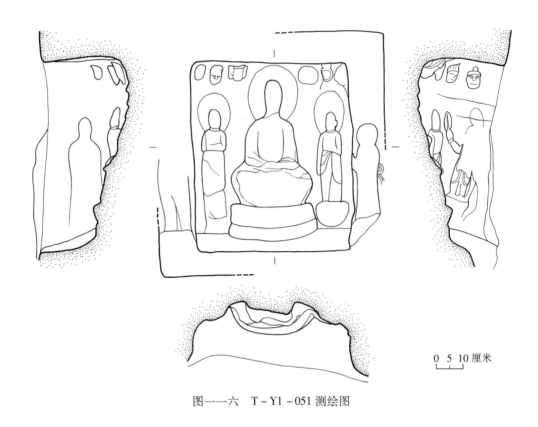

0 5 10 厘米

图一一六　T－Y1－051 测绘图

2. 保存状况

外龛门、楣残损严重，龛内造像表面严重起层、断裂脱落（图版八四：1）。

3. 龛窟形制

纵长方形双层龛。内龛高 71.9、宽 59.9、深 25 厘米，龛楣方形，龛壁平。外龛下部残损，残高 87.5、宽 79.9、深 35 厘米（图一一六）。

4. 龛内造像

内龛高浮雕造像 5 尊，残见浅浮雕头像 7 尊。共计造像 12 尊。

内龛正壁中尊佛跏趺坐像：残通高 57 厘米。身体表面岩石严重起层、脱落，造像仅存轮廓。有椭圆形头光。双臂下垂合于腹前。其下有双层圆形座基。

正壁主尊左侧比丘立像：残通高 37 厘米，身体表面漫漶。有椭圆形头光。左臂屈肘置胸前，前臂漫漶。右臂下垂置右身侧。身前可见左高右低袈裟衣纹。

正壁主尊右侧比丘立像：残通高 43 厘米，身体表面漫漶。有椭圆形头光。左臂屈肘置胸前，右臂不明。

左侧壁菩萨立像：身体大部脱落，可见右臂屈肘外张，戴腕钏，手持叶状物。双膝处可见两股璎珞绕膝。身体左侧可见天衣一角下垂。

右侧壁立像不明，仅存轮廓。

正壁中央主尊头光左侧残见头像 4 尊，右侧残见头像 3 尊。主尊头光右侧第一尊残见有三面，应为阿修罗像。此类头像应为天龙八部造像。

T－Y1－052

1. 相对位置

坛神岩区 Y1 东崖壁上层，T－Y1－051 右侧，T－Y1－050 上侧。

2. 保存状况

外龛门、楣残损严重，龛内造像表面严重起层、断裂脱落（图版八四：2）。

3. 龛窟形制

纵长方形双层龛。内龛高 80.5、宽 65.3、深 35.9 厘米，龛楣圆拱形，龛壁平。外龛上部残损，残高 92.3、宽 85.6、深 65.3 厘米（图一一七）。

4. 龛内造像

内龛正壁高浮雕造像 5 尊，残见浅浮雕头像 5 尊，外龛正壁高浮雕造像 2 尊。残存造像共计 12 尊。

内龛正壁中尊佛倚坐像：通高 70、身高 52、肩宽 16 厘米。身体表面岩石风化严重，造像仅存高浮雕轮廓。有宝珠形头光。头顶肉髻残存。颈部有三道纹。双臂下垂合于腹前。束腰方座。

正壁主尊左侧比丘立像：残通高 48、肩宽 10 厘米。身体表面漫漶，有椭圆形头光。双手合十于胸前。

正壁主尊左侧菩萨立像：残通高 48、肩宽 10 厘米。身体表面漫漶，可见有头光，上部残失，形制不明。头部两侧下垂冠缯带。颈部有三道纹。左臂屈肘，左手持物置左肩下。右臂下垂置身体右侧，手持天衣下垂。腿部可见裙纹。座漫漶。

正壁主尊右侧比丘立像：残通高 56、肩宽 11 厘米。身体表面漫漶，有椭圆形头光。面部残存鼻、眼轮廓。双手合于胸前。

正壁主尊右侧菩萨立像：残通高 61、肩宽 11 厘米。身体大部表面漫漶。可见有宝珠形头光。头顶束高发髻，"人"字形发际线，浮雕粗条状发纹，可见眉眼轮廓。身体衣纹不明。左臂下垂置身侧。右臂屈肘外张，手持物。

内龛头像 5 尊：正壁中央主尊头光左侧残见头像 2 尊，右侧残见头像 3 尊。主尊头光右侧第一尊残见有高发髻，第二尊残见多面，应为阿修罗像。主尊头光左侧第一尊残见头部有高冠面。此类头像应为天龙八部像。

外龛正壁立像：左、右力士造像各 1 尊，仅存立像轮廓。右侧力士立像可见左手屈肘上举至内龛右侧壁，上臂部下垂天衣，残高 49 厘米。下着裙，立于高台。

T－Y1－053

1. 相对位置

坛神岩区 Y1 南崖壁下层左起第一龛，T－Y1－050 右侧转角崖面上。

0　5　10厘米

图一一七　T－Y1－052 测绘图

2. 保存状况

外龛门、楣残损严重，龛内造像表面严重起层、断裂脱落。龛正壁上部可见明显的竖向连续点状凿痕（图版八五：1）。

3. 龛窟形制

纵长方形双层龛。内龛高63.3、宽56.5、深24.5厘米，龛楣方形，龛壁平。外龛上部残损，残高96.4、宽76.9、深36.8厘米（图一一八）。

4. 龛内造像

内龛高浮雕造像5尊，外龛高浮雕造像2尊，共计造像7尊。

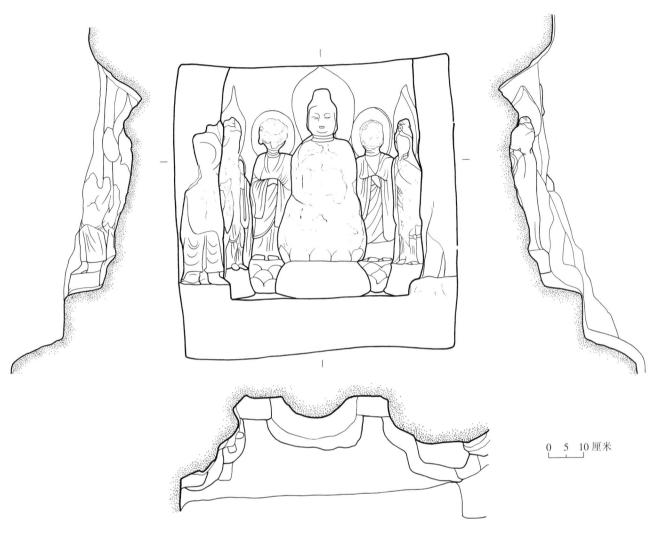

图一一八　T－Y1－053 测绘图

内龛正壁中尊佛跏趺坐像：通高 63、身高 33、肩宽 14 厘米。身体表面岩石严重起层、脱落。有椭圆宝珠形头光。头顶肉髻高，头大，面部上窄下宽。可见眉弓，眼微闭俯视。嘴小。颈部有刻纹。双手下垂合于腹前。腿部残失。束腰莲座，莲台可见三层仰莲瓣，仅存下层。座基圆形，素面。

正壁主尊左侧比丘立像：头部残失。通高 47、身高 32、肩宽 9 厘米。有椭圆形头光。左手低，右手高，拱于胸前。上身可见内着交领内衣，左衽。外披袈裟，腹前可见左高右低袈裟衣纹，左侧衣襟长，右侧衣襟短。下身着裙。赤足，立于仰莲台。莲台阴刻三层尖仰莲瓣。

正壁主尊右侧比丘立像：有圆形头光。通高 47、身高 31、肩宽 9 厘米。双手置胸前，似为拱手状。外披袈裟，身前可见左高右低袈裟衣纹，左侧衣襟比右侧衣襟略长。下身着裙，立于仰莲台。莲台阴刻三层圆仰莲瓣。

左侧壁菩萨立像：风化严重。通高 56、身高 39、肩宽 9 厘米。可见宝珠形头光，头顶有高发髻。

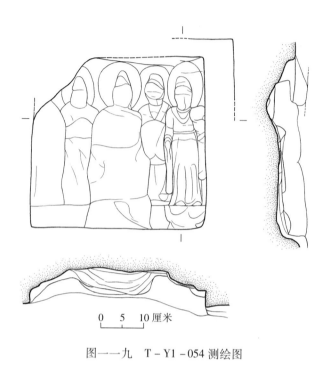

图一一九 T‐Y1‐054 测绘图

左臂残失。右臂下垂置身体右侧，手持天衣下垂。小腿部可见裙纹。座残，样式不辨。

右侧壁菩萨立像：风化严重。通高56、身高40、肩宽9厘米。可见宝珠形头光，头顶有高发髻。左臂屈肘置左肩，右臂不明。小腿部可见璎珞绕膝，有裙纹。立于圆座，样式不辨。

外龛正壁左、右两侧力士立像各1尊，风化严重，仅存轮廓。右侧立像可见直立，高40厘米。着长裙。

T‐Y1‐054

1. 相对位置

坛神岩区Y1南崖壁上层，T‐Y1‐053上侧，T‐Y1‐056左侧。

2. 保存状况

外龛门、楣残损严重，内龛右上角残失。龛内造像表面严重起层、断裂脱落。长苔（图版八五：2）。

3. 龛窟形制

方形双层龛。内龛高44.3、宽40.5、深7厘米，龛楣方形，龛壁平。外龛上部残损，残高52、宽50、深12厘米（图一一九）。

4. 龛内造像

内龛残存尊像轮廓5尊。

内龛正壁中尊：有头光，残见头顶高髻。残通高44、像高23厘米。细节不明。

主尊左侧立像：残通高35、像高32厘米。可辨束髻，有圆形头光，双手合拱于胸前。

主尊左侧第二尊立像：残通高39、像高33厘米。可见头光，头顶有高发髻痕迹。可辨身着大袖交领衣，右衽。左臂屈肘，手置左肩持物。右臂下垂置身体右侧。下身着长裙，束腰带，小腿部可见裙纹。座残，样式不辨。

主尊右侧立像：残通高35、像高32厘米。双手合拱于胸前。

主尊右侧第二尊立像：不明，头部残失，身体风化严重，细节不辨。

T‐Y1‐055

1. 相对位置

坛神岩区Y1南崖壁下层，T‐Y1‐053右侧，T‐Y1‐056下侧。

2. 保存状况

外龛顶残失，龛壁长苔。龛内造像表面风化严重。主尊面部残失（图版八六、八七）。

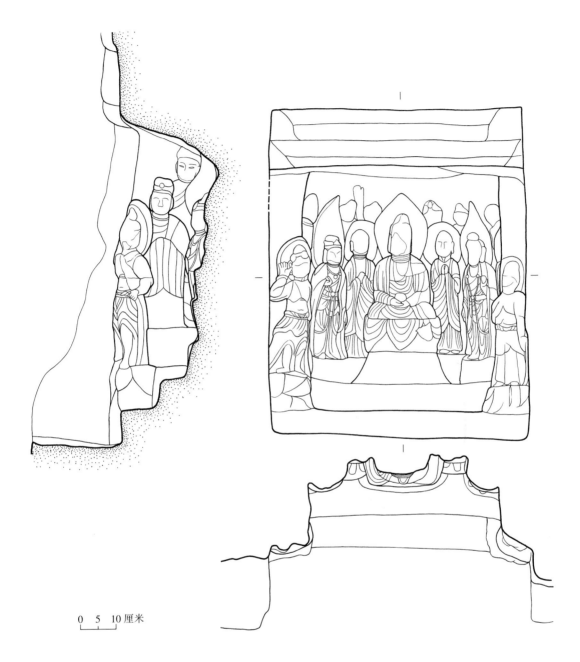

0 5 10厘米

图一二〇 T – Y1 – 055 测绘图

3. 龛窟形制

纵长方形双层龛。内龛高 90.1、宽 62.7、深 31.4 厘米，龛楣方形，阴线刻双层屋檐，龛壁平，龛底有两层基坛。外龛上部残损，残高 113.7、宽 85.3、深 43.5 厘米（图一二〇）。

4. 龛内造像

内龛正壁高浮雕造像 5 尊、头像 6 尊。内龛左、右侧壁各浅浮雕立像 1 尊。外龛正壁左、右两侧各高浮雕立像 1 尊。共计造像 15 尊。

内龛正壁中尊为佛跏趺坐像：通高 63、身高 35、肩宽 15 厘米。面部残失。可见有高肉髻轮廓。

有宝珠形头光，上部锐角状。双耳大，贴头部。颈部有三道纹。左肩略残。双手下垂相叠于腹部，持圆钵状物。手掌朝上，左手在下，右手在上。上身可见内衣袒右肩。腹前有 U 形衣纹。右肩衣边下垂至腹部。衣角自双前臂向两侧下垂覆两膝。腿部衣纹为平行上弧线。衣角覆座台面，在座前左、中、右三股倒三角状下垂，呈倒"山"字形。束腰座，台面覆衣，座基圆形，素面。

内龛正壁中尊左侧比丘立像：通高 55、身高 41、肩宽 10 厘米。有圆形头光。圆顶，鼻、眼轮廓尚见，面部肌肉下垂状。双耳贴头。颈部有纵向筋骨。老年相。双手合拱于胸前。双肩可见佛衣下垂。左臂下垂衣角长至膝部，右臂下垂衣角覆右臂。身前衣纹自左臂下左高右低。下身着裙，裙长覆踝。赤足立于素面方台上。

内龛正壁中尊左侧菩萨立像：通高 57、身高 41、肩宽 10 厘米。有宝珠形头光。高髻、面部的表面残损。颈部三道纹。左臂屈肘，左手置左肩下持物，漫漶不识。右手下垂置右身侧，手腕绕天衣下垂。肩披 X 形璎珞，相交于腹前圆牌，下垂至膝后朝身体两侧延伸。上身披络腋，自左肩到右胁下。下身着裙，上缘翻折遮胯，呈倒"山"字形。裙长遮踝。赤足立于素面圆台上。

内龛正壁中尊右侧比丘立像：通高 55、身高 41、肩宽 10 厘米。有圆形头光。圆顶，面部圆润，五官漫漶。颈部三道纹。双手合拱于胸前。双肩可见佛衣下垂。左臂下垂衣角覆盖左臂，右臂下垂衣角长至膝部。身前衣纹自右臂下右高左低。下身着裙，裙长覆踝。赤足立于素面方台上。

内龛正壁中尊右侧菩萨立像：通高 55、身高 41、肩宽 10 厘米。有宝珠形头光。扁圆高髻，戴冠，正冠面宝珠形。发际线平，发纹阴刻线粗疏。面部漫漶，右下颌略残。颈部三道纹。左手下垂置左身侧，手腕绕天衣下垂。右臂屈肘，右手置右肩下，手心朝上手指弯曲，持宝珠状物。胸戴项圈，下垂圆形物。肩披璎珞，着衣与主尊左侧菩萨像类似。

内龛正壁 6 尊头像：中尊佛头光两侧、菩萨立像头光两侧各有头像 1 尊。漫漶，身份不辨。

内龛左侧壁立像：通高 51、像高 40 厘米。头部残失仅存轮廓。双手笼袖中合拱于胸前。双肩下垂宽衣边。下身裙长遮踝，立于素面方座上，足部漫漶。

内龛右侧壁立像：通高 53、像高 41 厘米。头顶结双髻，戴冠，冠面漫漶，天冠台较粗。发际线平，面宽圆，残存五官轮廓。双手笼袖中合拱于胸前。双肩下垂宽衣边。下身裙长遮足，无裙纹。立于素面方座上。

外龛正壁力士立像 2 尊：左侧力士像通高 52、像高 37 厘米。头部残失，可见圆形天衣绕头。左臂下垂置身体左侧持天衣下垂。右臂屈肘举右胸前，漫漶不辨。赤裸上身，下身着长裙。裙上缘翻折遮胯，呈倒"山"字形。裙长露踝。赤足立于岩座。右侧力士像通高 55、像高 41 厘米。头顶有高髻轮廓，面部漫漶，可见圆形天衣绕头。左臂下垂按左胯部。右臂屈肘外张，举于头右侧，手掌朝外，五指伸直。赤裸上身，肌肉凸出，胸部略残。下身着短裙。裙上缘翻折遮胯，呈倒"山"字形。裙下缘垂膝上，双腿两侧衣缘长垂至座，呈倒"山"字形。赤足立于岩座。

T－Y1－056

1. 相对位置

坛神岩区 Y1 南崖壁上层，T－Y1－054 右侧，T－Y1－055 上侧。

2. 保存状况

外龛右侧顶、右壁残失，龛壁长苔。龛内造像表面风化、残损严重。

3. 龛窟形制

方形双层龛。内龛高 46、宽 44.5、深 9 厘米，龛楣不辨，龛壁平。外龛残高 58、宽 61、深 13 厘米。内外龛同底（图一二一）。

4. 龛内造像

内龛正壁高浮雕造像 5 尊。

内龛正壁中尊：通高 45、身高 24、肩宽 10 厘米。面部、身体表面残失。有高髻轮廓、宝珠形头光。身前有横向凭几台面轮廓。腿部残损。座有四层，依次是高圆台、窄束腰和下座高座基。纹饰不明。

内龛正壁中尊左侧浮雕立像：通高 39 厘米。有圆形头光。头顶束髻，颈部有纵向筋骨。双手合拱于胸前。身体大部掩于两侧像后。可辨着履，露云头。

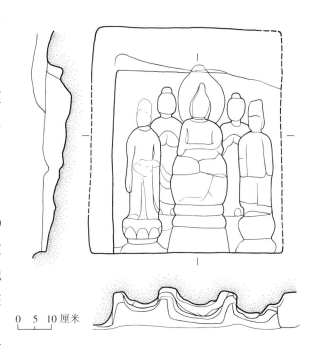

图一二一　T－Y1－056 测绘图

内龛正壁中尊左侧第二尊高浮雕立像：身体严重残损，细节不辨。立于束腰座上。

内龛正壁中尊右侧浮雕立像：通高 37 厘米。头顶束髻，双手合拱于胸前。身体大部掩于两侧像后。可辨着履，露云头。

内龛正壁中尊右侧第二尊高浮雕立像：头部残失，通残高 30 厘米。可见右手下垂置右身侧。可辨大袖垂身侧。立于束腰座上，座台面可见仰莲瓣。

T－Y1－057

1. 相对位置

坛神岩区 Y1 南崖壁右侧，T－Y1－055、T－Y1－056 右侧。

2. 保存状况

龛门外侧石片脱落，长苔。龛顶、龛顶与龛壁转角处严重酥粉、风化脱落，形成凹坑。正壁上部可见左高右低的平行斜向凿痕。龛内造像表面风化。龛内正壁左侧主尊坐像头部、左侧壁主尊坐像头部、右侧壁下排戴璎珞立像头部残失（图版八八～九二）。

3. 龛窟形制

方形龛。龛高 243.1、宽 285.8、深 202.5 厘米，龛楣方形，龛壁平。龛内正壁下部、左侧壁下部有基坛，高 29 厘米（图一二二、一二三）。

0　10　20 厘米

图一二二　T－Y1－057 正视、平面图

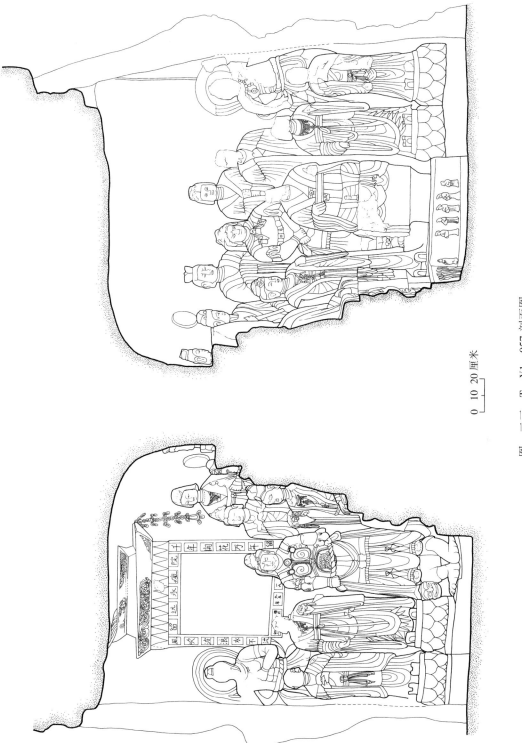

图一二三　T－Y1－057 剖面图

0　10　20厘米

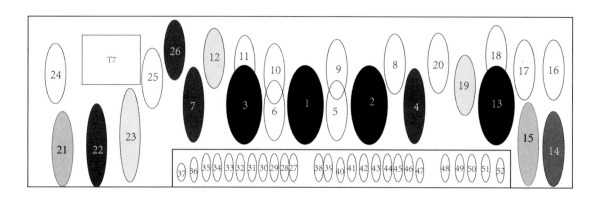

图一二四　T‑Y1‑057 尊像编号图

4. 龛内造像

正壁造像 33 尊，包括主尊坐像 3 尊、立像 9 尊、供养人立像 21 尊。左侧壁造像 13 尊，包括坐像 1 尊，立像 7 尊、供养人立像 6 尊。右侧壁造像 6 尊。碑形题记一则。造像分布及编号见图一二四。

本龛造像共计 52 尊，包括龛内高浮雕造像 26 尊，基坛浅浮雕小供养人立像 26 尊。高浮雕造像包括：坐像 4 尊（黑色），为 1、2、3、13 号像，着长袍立像 10 尊，包括 5、6、8、9、10、11、17、18、20、25 号像，戴项圈立像 5 尊，为 4、7、15、22、26 号像（深灰色）；武士装立像 3 尊，为 12、19、23 号像（浅灰色）；双髻立像 2 尊，为 15、21 号像（中灰色）；力士立像 2 尊，为 16、24 号像。

1 号像：正壁中央，中尊结跏趺坐像。通高 153、身高 85、肩宽 33 厘米。有头光，形似仰莲瓣。主尊头顶有高髻，正面略残，戴莲花冠。脸形方扁。发际线缓平，发纹素面。五官漫漶，仅见轮廓。下颌有短髯，分三股，呈倒“山”字形垂至颈下，下端略残。双耳大，耳垂略残。左臂屈肘，左手举左肩下，手部残失。右臂下垂置右膝头，手心朝上，手指弯曲，持宝珠。上身着衣三层，交领内衣、中衣横领束胸部、外衣大氅，披肩搭臂，胸前系带下垂，底边尖细，垂于腿部。腿部衣纹左高右低平行。垂衣覆座台面，边缘表现衣下莲瓣形状。垂衣分两层，内层呈三道向上弧线，外层呈四条尖角状下垂。座为三层仰莲台。台下中央有兽头，兽嘴角两侧吐出卷草枝条，分布于台下，延伸至台两侧。下为基坛。

2 号像：正壁左侧，主尊结跏趺坐像，通高 150、身高 82、肩宽 33 厘米。有头光，形似仰莲瓣。主尊头部近年遭盗割。左臂屈肘，左手置左肩下，手部残失。右臂下垂，右手置右膝头，手心朝下抚膝。上身着衣三层，与中尊相似，内衣交领、中衣横领束胸部、外衣大氅状。垂衣覆座台面，垂衣分两层，内层呈两道向上弧线，外层呈三片下垂，中片 U 形，两侧半 U 形。座为方台。台面素面方形，素面方形束腰。下为基坛。

3 号像：正壁右侧，主尊结跏趺坐像，通高 150、身高 83、肩宽 33 厘米。有头光，形似仰莲瓣。主尊头顶有高髻，顶部略残，可辨戴莲花冠。脸形方扁。发际线缓平，发纹素面。五官可见，眉弓平，右眼细长。鼻短而大，鼻头略残。双唇扁圆，唇薄。下颌有短髯，分三股，呈倒"山"字形垂至颈下。双耳大，耳垂略残。左臂屈肘，左手持扇置左肩下，食指伸直微曲，中指、无名指、小指弯曲握柄。扇柄可见四圆钉，扇面竖长，上圆下方，顶部略残。右臂下垂，右手置右膝头，手心朝下抚膝。上身着衣三层，与中尊相似，内衣交领右衽，中衣横领束胸部，外衣大氅。垂衣覆座台面，与2号像近似。座为方台，与2号像近似，台面素面方形，束腰素面方框。下为基坛。

4号像：正壁下排左起第一尊立像，戴璎珞立像，身高117、肩宽31厘米。头顶束髻，右侧残缺，左侧可见仰莲瓣状装饰。发际线缓平，戴冠，正冠面浮雕卷草纹，天冠台为较宽素面框，头部两侧可见冠缯带下垂。双耳宽，贴头。颈部三道纹。左臂屈肘，左手置左肩下，手残失。右手下垂置右身侧，拇指、食指捻花枝状物，置于1号像座左侧。胸戴项圈，圈为素框，下垂卷草及垂珠。上身着衣三层，内衣交领，掩于项圈下，中衣横束胸前，系带打结。外衣大氅，披肩下垂，腹部系带束双襟，底边尖角状。衣长遮足，着履，露高履头，呈浅浮雕椭圆形。立于基坛上。

5号像：正壁下排左起第二尊立像，着长袍立像，身高79、肩宽31厘米。头顶戴冠，冠面为两瓣仰莲状。未见发际线。面部宽圆。眉骨扁平，眼细长，眼角有三道阴刻鱼尾纹。鼻头略残，嘴小，口微张，两侧有深纹。应为老年相。双耳宽，略朝外撇。颈部素面。双手合于胸前持笏板，左手下，右手上。可见肩披长袍，双腕下垂宽大衣襟。下身掩于1、2号像身后。

6号像：正壁下排左起第三尊立像，着长袍立像，身高77、肩宽31厘米。头向右侧偏。头顶戴冠，上部残，下部方形。未见发际线。面部宽圆，眉骨扁平，眼细长，眼角有三道阴刻鱼尾纹。鼻头略残，嘴小，下颌圆润饱满。应为年青相。双耳宽，耳垂大。颈部素面。双手合于胸前持笏板，左手下，右手上。可见肩披长袍，双腕下垂宽大衣襟。下身掩于1、3号像身后。

7号像：正壁下排左起第四尊立像，戴璎珞立像，通高140、身高121、肩宽31厘米。头顶束髻，正面略残，戴冠，左侧可见仰莲瓣状。头部两侧可见冠缯带下垂。双耳宽，贴头。颈部三道纹。左手下垂置左身侧，手指勾衣带状物下垂。右臂屈肘，右手置右肩外侧，手背朝外，拇指、食指相捻，余指弯曲，持卷草状物。胸戴项圈，圈为素框和涡状大连珠，下垂三股垂珠。上身可见着衣两层，内衣交领右衽，遮于项圈下；外衣大氅，披肩下垂，腹部系带，底边尖角状。衣长遮足，着履，露高履头，浅浮雕椭圆形。立于覆莲台，由上到下依次为素面框、双层覆莲瓣、素面基。莲台左侧为基坛。

8号像：正壁上排左起第一尊立像，着长袍立像，头顶圆形物。身高114、肩宽32厘米。头顶束髻，戴小冠，有三冠面，正面宝珠状。面部方，发际线缓平，发纹素面。额上有三道横纹，眉弓平，眼略残，眼袋下垂，眼角有三道鱼尾纹。鼻小而平，嘴小，侧有深纹。下颌圆润饱满。双耳较宽贴龛壁。颈部有竖向筋骨。应为老年相。双手于身前持如意状物。左手下垂，于左腹部握柄下部。右手屈肘置右胸前，握柄上部。如意头部置右肩上。上身可见着衣两层，内衣袒右，自左肩到右胁下，外衣披双肩下垂，

9号像：正壁上排左起第二尊立像，着长袍立像。身高62、肩宽31厘米。头顶束髻，戴小冠，冠面呈T字形。面部方，"人"字形发际线，发纹素面。眉弓平，眼略残，眼袋下垂，眼角有三道鱼尾纹。鼻短，鼻头宽，嘴小，嘴角上翘。下颌圆润饱满。应为年青相。双耳较宽贴龛壁。双手笼于袖中

合拱于胸前，肩披大衣。身体大部掩于5号像后。

10号像：正壁上排左起第三尊立像，着长袍立像，身形较矮。身高53、肩宽31厘米。头顶束髻，戴小冠，冠面残。面部方，发际线平，发纹素面。额上有三道横纹，眉弓平，眼略残，眼袋下垂，眼角有三道鱼尾纹。鼻塌，侧有深纹。下颌圆润饱满。双耳较宽，贴龛壁。颈部素面。应为老年相。可见右手屈肘置右胸上，手背朝外似持物。可见肩披大衣。身体大部掩于6号像后。

11号像：正壁上排左起第四尊立像，着长袍立像。身高70、肩宽31厘米。头顶束高髻，束发分两侧下垂。面部方圆，发际线缓平，发纹素面。眉弓平，眼略残，鼻长，嘴小，嘴角上翘。应为年青相。右耳残失。双手于胸前持笏板。可见肩披大衣。身体大部掩于3号像后。

12号像：正壁上排左起第五尊立像，着武士装立像，头顶圆形物。身高113、肩宽31厘米。头顶束高髻，戴冠。冠正面为宝珠，头部两侧可见冠缯带下垂。右面部石片酥粉脱落。可见波浪形发际线，额上有横纹，眉根处为竖向皱纹。颈部有竖向筋骨。左手下垂合于腹部按物。右臂屈肘，手于右肩头持棍状物于右肩头。肩头略漫漶。可见着胸甲、腹甲，肩头系甲带，腹甲上部山岩形。外披长袍状物，可见覆左臂。

13号像：左侧壁下排，主尊坐像。头部残失，残通高107、身高62、肩宽31厘米。颈部残见刻纹。身前置几，双手下垂扶凭几台面，几足置座台面，为兽足状。上身可见着衣三层，与3号像相似，内衣交领右衽，中衣横束系带，外衣披双肩。垂衣覆座，右部略残，可见双层，下层为上弧线下垂，上层为U形下垂。方座，台面为素面方形，束腰为素面方形，置基坛上。

14号像：左侧壁下排，外起第一尊立像，残身高106、肩宽24厘米。头部及肩、右臂残失，仅存轮廓。双手合于胸前捧物，双腕下垂宽袖。可见上身外披长袍，交领右衽，腰系带，底边垂至大腿处，呈U形。下身着长裙，裙长遮踝覆履。露履头，左履头残失，右履头高，顶部呈三瓣状，正面浮雕椭圆形纹饰。

15号像：左侧壁下排，外起第二尊，戴璎珞立像，身高115、肩宽27厘米。头上部及面部残失。头部两侧可见双髻垂发。颈部三道纹。左臂屈肘，左手置左肩下，手部残失，腕下垂宽衣袖。右手下垂置右胯部，手背朝外执胸部系带尾部，肘部束袖上翻，腕部下垂宽衣袖。胸戴项圈，圈为双层素面，环下有一圈大圆珠，圆珠下垂三串连珠，中长，两侧短。上身着交领半袖衫，外束高腰裙，系带打结下垂。身前衣纹由上到下依次为：垂至胯部的上连弧短缘，垂至踝上的长衣缘，自左胯到右踝可见斜向弧形宽衣边，沿衣边有连续三角锯齿状物分布。脚着履，履头高，呈"凹"字形，正面有阴刻半圆形装饰。

16号像：左侧壁上排，外起第一尊，力士立像。通高116、身高106、肩宽34厘米。身体表面石片脱落。头顶可见半圆形天衣，右部可见三道竖向褶皱。双肩头残损。左臂高举，大部残失，右臂屈肘按右胯部。右胸部可见乳和乳头状凸起。胸前残见项圈，圈为连珠，下垂三股垂珠。下身着裙，上缘翻折垂胯部，腰系带。右腰部可见天衣下垂。下半身掩于14号像后。

17号像：左侧壁上排，外起第二尊，着长袍立像。残通高121、身高97、肩宽29厘米。头部残失，双手合拱于胸前，左手在下，右手在上，双腕下垂宽衣边。肩披大衣，有宽衣边（领），平行竖向衣褶。下半身掩于 13、15 号像身后。

18 号像：左侧壁上排，外起第三尊。着长袍立像。身高 65 厘米。头顶有扁髻，略残。面部方圆，发际线平，中分，素面发纹。眉骨微凸，眼、鼻漫漶，嘴小唇薄，下颌圆润饱满。颈部三道纹。双手相叠于胸前持物，手背朝外，左手下，右手上，持物不明。肩披大衣，交领右衽，肩部宽领。

19 号像：左侧壁上排，外起第四尊，武士装立像，通高 125、身高 106、肩宽 30 厘米。头部岩石开裂，部分脱落。头顶束髻，大部残失。戴冠，可见正冠面有植物纹，冠台中为素框，上、下饰连珠纹，头部两侧下垂冠缯带。波浪形发际线。眉根凹陷，眼大圆睁，鼻头宽略残，嘴张。下颌略残，双手下垂合于右腹部，手背朝外。右手握左手腕，戴腕钏。戴领巾，上身披裲裆甲，双肩可见甲带、肩覆甲。上臂束袖上翻。腰部系腰带，有扣、方形牌饰。腰右侧可见束带打结下垂。腿部可见下甲，下着长裙，足蹬靴，下踩一物，漫漶不辨。身体左部掩于 13 号像后。

20 号像：左侧壁上排，外起第五尊。着长袍立像。身高 89、肩宽 29 厘米。头部右侧有岩体裂缝，右耳垂残失。头顶束髻，戴冠，冠面仰莲瓣形。面匀称，发际线缓平，眉弓平，眉根处有皱纹。双眼细长。鼻长匀称。嘴小，唇薄，有明显人中。下颌圆润饱满。颈部三道纹。双手笼于袖中合于胸前，手腕处有窄、宽两层衣袖下垂，竖向平行衣褶。上身可见着衣两层，内层交领，外层披双肩下垂，有宽衣边。身体下部掩于 4、19 号像后。

21 号像：右侧壁下排，外起第一尊，双髻立像。通高 106、身高 88、肩宽 24 厘米。头顶残失，头两侧可见双髻垂发。面部丰腴，五官漫漶仅存轮廓。颈部三道纹。双手合于胸前捧半球状物，表面略残。拇指向上护持物，其余四指伸直托物。双腕下垂宽衣袖。上身着交领右衽长袍，腰部系带打结下垂，底边平，至膝上。下身着裙，裙长遮踝覆履。履头呈"凹"字形，正面阴刻半圆形装饰。立于覆莲台。台面素框，下为三层覆莲瓣，台基素面框。

22 号像：右侧壁下排，外起第二尊，戴璎珞立像。位于题记框右下侧。头、颈部残失，残通高 115、身高 95、肩宽 28 厘米。右肩略残。左臂屈肘，左手持植物枝置左肩下，手心朝外，拇指与食指、中指捻植物枝干置手心，叶覆手两侧下垂，手腕处下垂宽衣袖。右手下垂，在右胯部握裙短缘衣角。肘部有竖向凸起衣褶，应为半袖束袖，手腕处下垂内衣宽衣袖。戴项圈，圈为双层素面环，下有卷草纹和三股垂珠，中长，两侧短。上身可见两层衣，与 15 号像相似。内衣不明，外衣着交领半袖衫，腰部系带打结下垂。身前衣纹由上到下为：垂至胯部的上连弧短衣缘，垂至小腿的 U 形长衣缘，自右大腿到左小腿可见连续三角锯齿状物分布。下身着裙，裙长遮踝覆履。履头高，正面有阴刻半圆形装饰。立于覆莲台，台面素框，下为三层覆莲瓣，台基较高，素框，与 24 号像基台相连。

23 号像：右侧壁下排，外起第三尊，武士装立像。位于题记框左下侧。通高 143、身高 117、肩宽 31 厘米。头顶束高髻，表面略残。戴冠，冠面略残，浅浮雕兽面。天冠台素面框，头两侧可见下垂冠缯带。面部方圆，发际线缓平。眉弓平，眉根可见凹坑、皱纹。眼部漫漶，可见大眼圆睁。鼻梁略残，抿嘴。下颌有短胡须状凸起。左臂屈肘，左手举左肩下，手部残失。右臂下垂，右手握天衣末端，戴腕钏。身披铠甲。上身着胸甲，双肩系甲带，胸甲两侧对称，由外到内浅浮雕连珠纹、涡纹。颈下圆牌下垂绳带，横向系胸甲下方。右肩可见肩甲，兽头状。双肘部可见束袖上翻。腹部有半圆形腹甲，由外向内浅浮雕素面框、连珠纹、兽面。兽面头顶有火焰状毛发，"八"字形眉，圆眼，双颊三角形饰，鼻孔圆，大嘴露齿，口咬腰带。腰带拧麻花状系胯部。下身外有短裙甲，对襟。一股天衣自胯两侧呈 U 形垂裙甲上，置胯两侧打结后沿身体下垂。下身内着长裙，自膝下起褶，底边呈 M 形，垂至座。腿部可见腿甲，着靴。双脚踩夜叉卧像。高 25、宽 41 厘米。头向龛外、面朝主尊跪卧，身体呈 π 形。秃顶，眉弓凸出，圆眼大鼻，大嘴咧开，露牙。赤裸上身，着裤。下有台基，与 22 号像台基相连。

24 号像：右侧壁上排，外起第一尊，力士立像。位于题记框右侧。通高 101、身高 87、肩宽 28 厘米。身体表面漫漶。圆形天衣绕头。头顶残见高髻，面部可见眉头紧皱。颈部有竖向筋骨纹路。左臂屈肘，左手置胸前，握拳，手背朝外，戴腕钏，臂部肌肉凹凸。右臂屈肘，右手举头部右侧，五指张开，置天衣上。戴项圈，残见下垂两股垂珠。腹部可见肌肉凸起。下身着裙，系腰带，腰部翻折裙纹呈波浪状。天衣自腋下束腰部，自腰部下垂于身侧。

25 号像：右侧壁上排，外起第二尊，着长袍立像。位于题记框左侧。身高 54、肩宽 30 厘米。头顶髻略残，面部有石裂痕迹。可见发纹素，中分。面宽圆，五官轮廓尚存，扁平。下颌圆润饱满。双耳大，贴龛壁。双手合于胸前相握，左手在上，右手在下。上身可见着交领右衽长袍。腕部下垂宽衣袖。身体下部掩 7、24 号像后。

26 号像：右侧壁上排，外起第三尊，戴璎珞立像。身高 57 厘米。头顶略残，似戴帽下垂遮耳部。面方圆，五官扁平，细眼，短鼻，嘴小。左臂屈肘，手置左腹部，扶腰部系带尾部。右臂不明。胸戴项圈，圈为素条与连珠缠绕，下垂珠五股，中股较长。上身可见肩披交领衣，衣领外缘连弧状，弧尖有圆珠。胸下束高腰裙，系带打结下垂。身体下部掩于 25 号像后。

27 ~ 37 号像：正壁基坛右侧框内，供养人立像 11 尊，像高 11 ~ 18 厘米（图一二五）。由左至右第一尊为 27 号像，向右依次编号，末尊为 37 号像，均面朝左侧站立。27 ~ 32 号像为戴冠、披交领大氅立像。其中，27、29、30、32 号像着交领衣，足穿高头履；27、28 号像双手于胸前持笏板；29、30、31 号像双手笼于袖中，合拱于胸前；32 号像于胸前手持长柄香炉，香炉与 T – Y1 – 050 第 24 号像所持香炉相似，右手上托香宝子，应为供养道士像。33 ~ 36 号像为戴幞头、着圆领宽松长袍男性俗人立像，其中 33、34 号像较高，35、36 号像较矮，双手笼于袖中，合拱于腹前，长袍宽松，腰部系带，袍长遮踝，足着靴。37 号像与 36 号像距离较疏，发中分，束双髻下垂，双手笼于袖中，合拱于腹前，着圆领长袍，系腰带，袍长遮踝，右足足尖着地。

38 ~ 47 号像：正壁基坛左侧框内，供养人立像 10 尊，像高约 18 厘米（图一二六）。由右至左第一尊为 38 号像，向左依次编号，末尊为 47 号像，均面朝右侧站立。38、39、40 号为戴幞头、着圆领宽松长袍男性俗人立像，着装与 36 号像相似。41 ~ 47 号像为梳髻女性俗人立像，41 号像头顶束髻向前，"人"字形发际线，双手笼袖中，合拱于胸前。41 ~ 43 号像可见着窄袖尖领衣，帔帛横于胸前，末端长垂肩后，下身着高腰长裙，胸下束带。44 ~ 47 号像着交领宽袖外衣，内裙长遮踝覆足。

48 ~ 52 号像：左侧壁基坛框内，供养人立像 5 尊，像高 11 ~ 18 厘米（图一二七）。由右至左第一尊为 48 号像，向左依次编号，末尊为 52 号像，均面朝龛内站立。48 ~ 51 号像为女性俗人立像，48 号

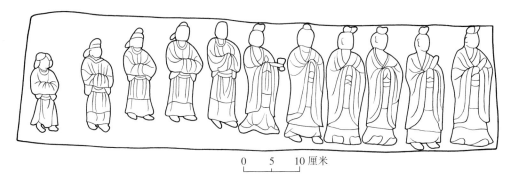

0   5   10 厘米

图一二五　T－Y1－057 正壁基坛右侧供养人像

0   5   10 厘米

图一二六　T－Y1－057 正壁基坛左侧供养人像

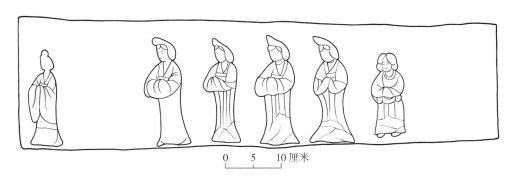

0   5   10 厘米

图一二七　T－Y1－057 左侧壁基坛供养人像

像与 47 号像相似，49～51 号像内着窄袖尖领衣，外束高腰裙。48、49 号略瘦，50、51 号像略胖，52号像为梳双垂髻立像，与 37 号像相似。双手笼袖内合拱，着圆领长袍，系腰带。

5. 龛内遗迹

左侧壁中上部，浮雕重檐形碑，编号 T7。通高 106、宽 76 厘米。双层檐面皆浮雕卷草纹，檐下阴线刻三角形垂帐纹。碑身双层框。外框四周分格，上五格，左、右七格，下见三格。格子内现有 1995 年刻文字，一侧：千年开花万年留，另一侧：风吹波浪永不流，横批：院疯永远留。下格题时间：一九九五年腊月初六。

T7：碑身内框阴刻竖书，共 19 列（图一二八）。

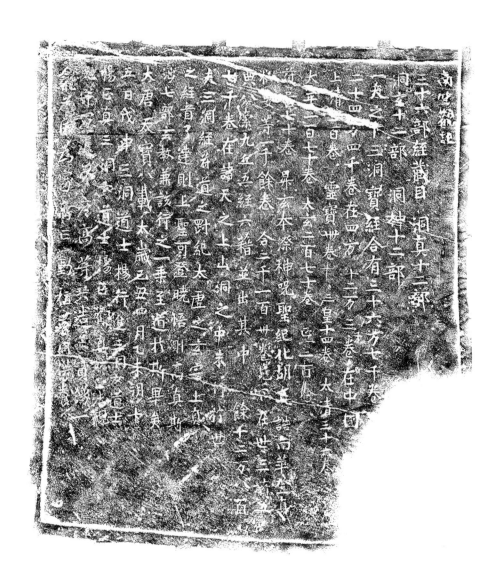

图一二八　T7 拓片

内容抄录如下：

南竺观记/三十六部经藏目　洞真十二部/洞玄十二部　洞神十二部/一夫之下三洞宝经合有三十六万七千卷/二十四万四千卷在四方　十二万三卷在中□/上清□百卷　灵宝卌卷　　三皇十四卷　太清三十六卷□□/太平一百七十卷　太玄二百七十卷　正一二百卷/符百七十卷　升玄本祭神咒圣纪化胡□诰南华登真/□□等一千余卷　合二千一百卅卷□□在世三坟五/典八索九丘五经六籍并出其中

余十二万八百/七千卷在诸天之上山洞之中未行于世/夫三洞经符道之对纪太虚之玄宗上真/之经首了达则上圣可登晓悟则高真斯/沺七部玄教兼该行之一乘至道于斯毕矣/大唐天宝八载太岁巳丑四月乙未朔十/五日戊申三洞道士杨行进三洞女道士/杨正真三洞女道士杨正观真□□法观/元守□进弟彦高等共造三宝像一/龛为国为家□正动□□同供养

坛神岩区 Y2

坛神岩 Y2 巨石位于 Y1 西侧地势较高处。地理坐标：北纬 30°15′34.42″，东经 104°10′02.42″。造像共 6 龛分布于 Y2 东崖壁，方向 98°，按从左到右顺序编号为 T－Y2－058～T－Y2－063（图一二九）。崖面造像龛开龛一层，大致呈"一"字形排列，T－Y2－062 为大型主龛，位于崖面较中部，其左侧为 T－Y2－058～T－Y2－061，右侧为 T－Y2－063。T－Y2－58～T－Y2－061 朝向相同，分布间隔均匀，T－Y2－063 紧挨 T－Y2－062，且龛底同平（图版九三）。

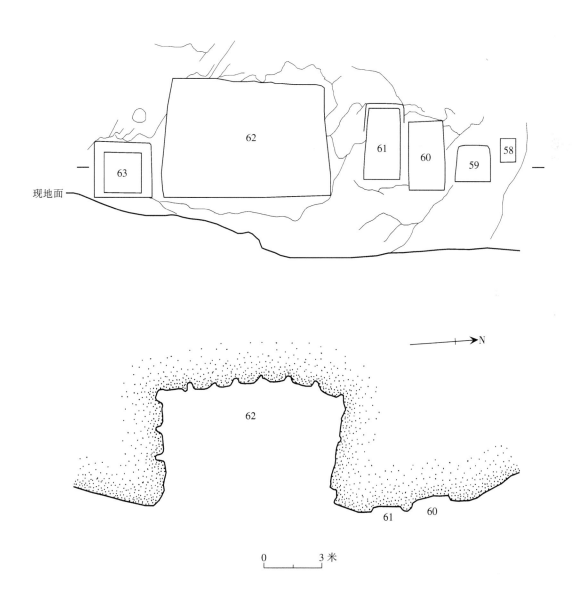

图一二九　坛神岩区 Y2 龛窟分布图

T－Y2－058

1. 相对位置

坛神岩区 Y2，左起第一龛，T－Y2－059 左侧。

2. 保存状况

龛门、楣残损严重，龛内造像表面严重风化，长苔，起层、断裂脱落。

3. 龛窟形制

纵长方形龛，高 39.7、宽 32.8、深 5 厘米，龛楣方形，龛壁平。

4. 龛内造像

内龛残存高浮雕立像轮廓 2 尊。

左像残见有高发髻，通高 38、像高 33 厘米。左臂屈肘，肘下有天衣下垂身侧。右臂下垂右身侧，手持天衣下垂。

右像通高 38、像高 31 厘米。右肩、胸部石片脱落，残见左手下垂左身侧，右肘下有天衣垂右身侧。

T－Y2－059

1. 相对位置

坛神岩区 Y2，左起第二龛，T－Y2－058 右侧，T－Y2－060 左侧。

2. 保存状况

龛门、楣残损严重，龛右壁下部残失。龛内造像表面严重风化，长苔，起层、断裂脱落。

3. 龛窟形制

方形双层龛，内龛高 60、宽 62.7、深 25 厘米，龛楣浅浮雕双层屋檐，龛壁平。外龛仅见痕迹，残高 86、宽 79、深 32.7 厘米（图一三〇）。

4. 龛内造像

内龛正壁高浮雕造像 3 尊，浮雕头像若干。两侧壁各高浮雕立像 1 尊。外龛正壁左侧尚存立像 1 尊。

内龛正壁中尊坐像：通高 57、像高 32、肩残宽 15 厘米。表面大部分脱落，仅存轮廓。可见有宝珠形头光，头顶有高髻，下颌有髯下垂。束腰座。主尊两侧立像仅存轮廓。主尊头光两侧有 4 个浮雕头像轮廓，其中右侧头像尚可见发髻、五官轮廓。其余风化不识。

内龛左侧壁立像：仅存轮廓，可辨头束髻，垂宽袖。右侧壁立像大部分残失。

外龛正壁左侧可见立像轮廓 1 尊，右侧残失不辨。

T－Y2－060

1. 相对位置

坛神岩区 Y2，左起第三龛，T－Y2－059 右侧，T－Y2－061 左侧。

2. 保存状况

龛门、楣残损严重，龛底残失。龛内造像表面严重风化，断裂脱落，仅存轮廓。

图一三〇　T－Y2－059 测绘图

3. 龛窟形制

纵长方形间单层龛，高 118、宽 68、深 13 厘米，龛楣方形（图一三一）。

4. 龛内造像

内龛正壁高浮雕立像 2 尊。均可见头顶有高髻痕迹，头两侧下垂冠缯带。左像通高 118、像高 115 厘米。屈左肘，肘下垂长天衣于身左侧。右像通高 118、像高 115 厘米，屈右肘，肘下垂长天衣于身右侧。其余风化不识。

T－Y2－061

1. 相对位置

坛神岩区 Y2，左起第四龛，T－Y2－060 右侧，T－Y2－062 左侧。

2. 保存状况

龛门、楣残严重风化，龛底断裂脱落（图版九四）。

3. 龛窟形制

纵长方形双层龛，内龛高138、宽64.8、深16厘米，龛楣方形。外龛高158、宽72.5、深22厘米，龛底残失（图一三二）。

4. 龛内造像

内龛正壁高浮雕立像2尊。

左尊菩萨立像：通高139、身高109、肩宽20厘米。冠面、腹部石片脱落。有浅浮雕椭圆宝珠形头光，残存火焰纹痕迹。头顶高髻，戴高冠，冠面不识，头两侧下垂打结冠缯带。面部椭圆，五官尚存，眉眼弯长，鼻头残失，唇丰满。下颌圆润饱满，颈部三道纹。头部两侧垂发覆耳、肩，发纹横向弧线。左臂屈肘，贴龛左侧壁举至左肩，漫漶。右臂下垂，右手持净瓶置身体右侧，手背朝外，屈中指、无名指勾瓶口部，其余手指伸直。瓶为细长颈、椭圆鼓腹、饼状底。肩胸部漫漶，残见戴项圈，有卷草、连珠。腕戴钏，三层素框，正面有一圆牌。前臂绕天衣。胯、膝处有两道天衣弧形横置。大腿部可见各有一串连珠下垂，至膝下分别绕身后。足部

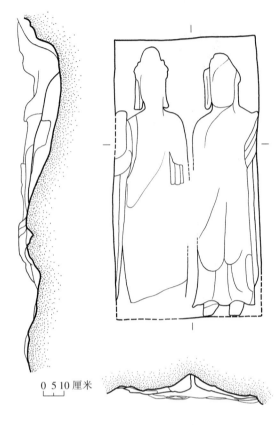

图一三一　T－Y2－060 测绘图

0 5 10 厘米

漫漶，立于莲台，残见两层较宽莲瓣。

右尊菩萨立像：通高139、身高113、肩宽20厘米。有浅浮雕椭圆宝珠形头光，右侧残存植物纹样。头顶可见桃形高髻，戴三面冠，冠面漫漶，头两侧下垂打结冠缯带。面部椭圆，波浪状发际线，中分。五官尚存，眉眼弯长，鼻、嘴漫漶。下颌圆润饱满，颈部三道纹。头部两侧垂发覆耳、肩，发纹横向弧线。左臂下垂，左手持天衣末端，手背朝外，拇指、食指残失，前臂绕天衣。右臂屈肘，贴龛右侧壁举至右肩，手漫漶，肘下垂天衣。戴项圈、璎珞。项圈中垂大珠璎珞，两侧各垂一股连珠璎珞，至腹部交于圆牌，后沿腿下垂，至膝处挂横长牌，牌下垂三串珠。腕戴钏，三层素框，正面有一圆牌。上身着袒右衫，腰部系带。肩披天衣，下身着裙，翻折裙沿遮胯部，裙长遮踝。足及其下残失。

T－Y2－062

1. 相对位置

坛神岩 Y2 区，左起第五龛，T－Y2－061 右侧，T－Y2－063 左侧。

2. 保存状况

龛门下部残损严重，龛内造像部分保存较好，部分头部残失或表面石片断裂脱落。造像身体侧面残存大量斜向凿痕，未精细修整（图版九五～一〇〇）。

3. 龛窟形制

横长方形单层龛，龛高209.3、宽304.9、深195.2厘米，龛楣方形。龛底有基坛，下排像立于下层基坛（图一三三、一三四）。

4. 龛内造像

龛内正壁高浮雕造像两排，下排7尊，上排6尊，共13尊。左侧壁高浮雕造像两排，下排4尊，上排4尊，共8尊。右侧壁高浮雕造像两排，下排3尊，上排3尊，共6尊。龛内共计造像27尊，编号见图一三五。其中，佛装立像5尊（黑色），菩萨装立像4尊（深灰），圆顶比丘立像1尊，武士装立像2尊，无髯道袍立像3尊（中灰），有髯道袍立像7尊（浅灰），戴璎珞道袍立像1尊，特殊装束造像2尊，无法判断装束造像1尊。此龛应为佛、道合龛题材造像。道教造像主要集中在正壁左部和左侧壁，佛教造像主要集中在正壁右部和右侧壁。

1号像：正壁下排左起第一尊，有髯道袍立像。头顶发髻残损，通高162、残身高134、肩宽34厘米。发纹素面，

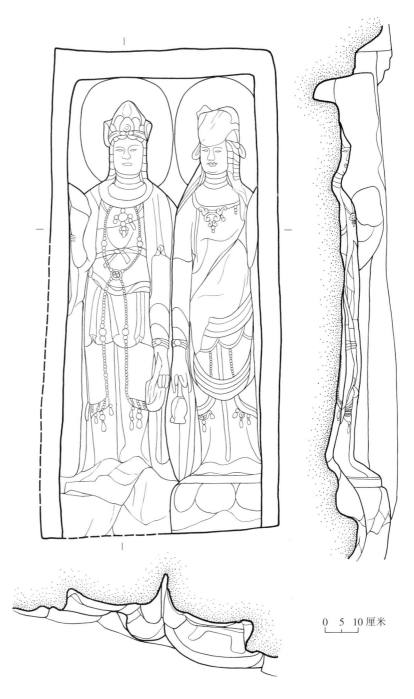

图一三二　T－Y2－061测绘图

0　5　10厘米

发际线缓平，两鬓角垂发。耳匀称。面宽圆，五官扁平。面部漫漶。下颌垂髯，分三股下垂于胸，呈倒"山"字形。左臂肩部以下残失，可辨有向上屈肘残迹。右臂下垂置右身侧，前臂残失。上身着衣两层，内衣交领右衽，底边平，垂至膝处。外着大氅，双领下垂，腰部系带，底边尖角状，垂至膝下。下身着长裙，裙长遮踝覆座。足着履。

0 10 20 厘米

图一三三　T－Y2－062 正视、平面图

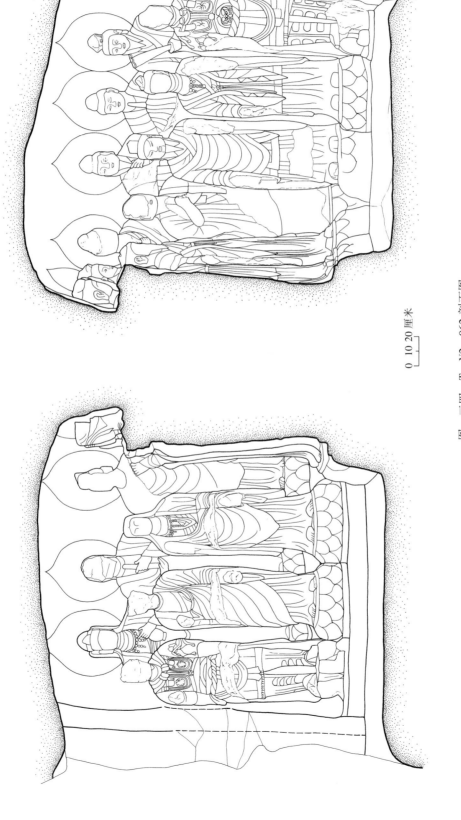

图一三四　T–Y2–062 剖面图

0 10 20 厘米

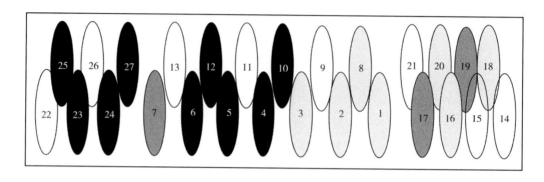

图一三五　T－Y2－062 尊像编号图

2 号像：正壁下排左起第二尊，有髯道袍立像。头顶发髻残失，残通高 160、残身高 131、肩宽 31 厘米。发纹素面，发际线缓平，两鬓角垂发。耳匀称。面宽圆，五官扁平。不见眉线，眼细长，鼻、唇部漫漶。下颌垂髯，分三股下垂于至胸，呈倒"山"字形。左臂屈肘，左手置左肩下，手部残失。右臂下垂置右身侧，手部残失。上身可见着衣两层，内衣交领右衽，底边平，垂至膝处。外衣大氅，披双肩下垂，腰部系带，底边尖角状，垂至膝下。下身着长裙，裙长遮踝覆座。足着履，履头略残。立于覆莲台，台面素框，下为三层覆莲瓣，基为素框。台下为基坛。

3 号像：正壁下排左起第三尊，有髯道袍立像，与 2 号像相似。头顶发髻残失，残通高 158、残身高 132、肩宽 32 厘米。面部略椭圆，"人"字形发际线。姿态、衣着与 2 号像同，大氅下垂右侧衣角翻折至右手处下垂。立于覆莲台。台面素框，下为三层覆莲瓣，基为素框。台下为基坛。

4 号像：正壁下排左起第四尊，佛装立像。头顶肉髻残失，存轮廓，残通高 161、残身高 135、肩宽 35 厘米。面部椭圆，五官扁平，可见眉弓、眼和唇轮廓。下颌圆润饱满。双耳大，耳垂长。颈部有三道纹。左肘微屈，前臂残失。右臂屈肘，右手置右肩下，手部残失。上身可见着衣两层，内衣交领右衽，可见系带痕迹，底边平，垂膝下。外衣披覆双肩，右襟绕腹前于左肩挂袈裟扣、搭左肘，底边尖，垂于小腿中部。下身着裙，竖向较密集裙褶皱，裙长遮踝覆座。赤足立于覆莲台。莲台与 2 号像似。台下为基坛。

5 号像：正壁下排左起第五尊，菩萨装立像，头朝右略偏，胯朝右略偏，左膝略抬，身体略扭曲。头顶高髻残。残通高 158、身高 132、肩宽 27 厘米。戴三面宝冠，正面残见卷草纹，两侧面为水滴状，头侧有冠缯带下垂搭肩。"人"字形发际线，发纹素面。面方圆，五官扁平。眉弓平，鼻头残，嘴小唇较厚。下颌圆润饱满。颈部三道纹。双耳大，匀称贴头两侧。左、右两臂残失。残见左臂下垂。右臂屈肘，右手置右肩前。胸戴项圈，圈两层，上层交叉，下层大连珠。中部下垂三串垂珠，两侧下垂长连珠璎珞，呈 X 形垂于身前，至膝处交叉和大连珠牌、垂珠，绕膝后。上身内着袒右内衣，自左肩到右胁下，上腹部系带打结。肩披"父"字形天衣，沿身侧下垂至下腹部，左襟在胯处绕搭右肘，右襟在膝处绕身前。下身着裙，裙缘翻折，短襟遮胯，底边呈 M 形圆弧状。长襟下垂遮踝，赤足立于覆莲台。莲台样式与前同。台下为基坛。

6 号像：正壁下排左起第六尊，佛装立像。头部残失仅存轮廓，残通高 157、残身高 132、肩宽 31 厘米。左臂下垂身侧，前臂残失。右臂屈肘，右手置右肩下，前臂残失。上身可见通肩式外衣，披覆双肩，右襟绕胸搭肩，底边尖，垂于小腿中部。下身着裙，腿间为 U 形衣纹，两侧竖向褶皱，裙长遮踝覆座。赤足立于覆莲台。莲台与前像似。台下为基坛。

7 号像：正壁下排左起第七尊，无髯道袍立像。头残失，残通高 162、残身高 136、肩宽 31 厘米。下颌无髯。左臂下垂置左身侧，手心朝右，拇指、食指捻圆珠。右臂屈肘举右肩下，手部残失。上身可见着衣三层。内衣袒右，锁骨下有较密集衣褶，左高右低。中衣覆双肩下垂，有宽衣边，胸前系带打结，底边平，垂至膝处。外衣大氅，有宽衣边，披双肩下垂，底边尖角状，垂至膝下。下身着长裙，竖向弧线裙纹，裙长遮踝覆座。足着履，履头略残，素面。立于覆莲台，样式与前似。台下为基坛。

8 号像：正壁上排左起第一尊，有髯道袍立像。头顶高髻略残，戴莲花冠，残通高 163、残身高 139、肩宽 33 厘米。有圆形头光。"人"字形发际线，发纹素面，两鬓角垂须。耳匀称。面宽圆，五官扁平。可见细眉弓，眼细长，鼻尖残，嘴小唇厚。下颌垂短髯，分三股下垂于胸处，呈倒"山"字形。左臂下垂，手势不明。右臂屈肘，右手持扇斜置胸前，左高右低，右手拇指护扇柄，其余四指握扇柄。扇面呈椭圆形。肩部可见三道宽衣纹。上腹部可见外衣系带打结。下身石质斜向酥粉风化。着履，履头略残，素面。立于仰莲台，可见两层仰莲瓣，素框台基。下身大部掩于 1、2 号像后。

9 号像：正壁上排左起第二尊，特殊装束立像。通高 160、身高 138、肩宽 34 厘米。有圆形头光，头光右上侧被 10 号像头光遮挡。头顶有桃形发髻，尖向左偏。戴三面宝冠，冠面宝珠形，中心阴刻圆珠，下为莲瓣状、四周火焰纹状，右侧冠面残失，天冠台较宽，纹饰不明。头两侧有冠缯带一股下垂搭肩。面部方，波浪形发际线，中分。两鬓无垂发，无髯。耳较小，贴头部。颈部三道纹。左臂掩于 2 号像后，不明。右臂屈肘，手握长柄扇状物置腹部，右高左低。下部被 2 号像遮挡。持物柄为细长条状，柄下可见椭圆形面，有浅浮雕素面边。上身可见着衣三层。内衣尖领，有三道竖向褶皱。内起第二层衣交领右衽。外衣披双肩。底边平，垂至膝。下束高腰裙，束带打结下垂，下可见长裙，裙长覆踝。着履，履头高，素面。立于仰莲台。下身大部掩于 2、3 号像后。

10 号像：正壁上排左起第三尊，佛装立像。通高 163、身高 138、肩宽 31 厘米。头顶有宽扁圆髻，戴莲花冠。发际线平，发纹素面。面部方圆，眉弓平，眼细长正视，鼻梁较粗，嘴小唇薄。下颌圆润饱满。双耳匀称贴头。颈部三道纹。左臂掩于 3 号像后，姿势不明。右臂屈肘，右手置右胸前，手心朝外，拇指与中指捻圆丸，其余手指弯曲。上身披通肩式大衣，右襟绕胸前搭左肩，胸前衣纹呈 U 形。身体大部掩于 3、4 号像后，下身未雕刻衣纹。赤足，立于"凸"字形方形台。

11 号像：正壁上排左起第四尊，特殊装束立像。通高 165、身高 140、肩宽 33 厘米。头顶束高髻，发巾覆头遮耳，见波浪形发际线。面圆，可见眉弓弯，眼细长，眼尾高。鼻短小，嘴小唇薄，下颌圆润饱满。颈部有三道纹。双手合于胸前捧盘持物。左手在内，右手在外，手指伸直护盘，盘上有桃状物。披通肩大衣，右襟绕左肩。身前衣纹呈 U 形。身体大部掩于 4、5 号像后，下身斜向酥粉风化，未见衣纹。赤足，立于仰莲台，上为二层仰莲瓣，下为素面台基。

12号像：正壁上排左起第五尊，菩萨装立像。通高161、身高140、肩宽33厘米。身体大部掩于5、6号像身后，足、座未雕刻。头顶有圆球状高髻，戴三面宝冠，正冠面浅浮雕卷草纹，两侧面圆形，未见冠缯带。面方圆，发际线平，五官扁平，可见眉弓平，眼细长，上眼睑略下垂。鼻头残，嘴小唇薄。下颌圆润饱满。头侧披发覆肩头。颈部三道纹。左臂掩于5号像身后，姿势不明。右臂屈肘，右手持柳枝置右胸前。手背朝外，拇指护枝，其余四指握枝，枝分两小枝向右弯曲下垂。戴项圈，圈素面，垂大连珠串。上身披络腋，可见左高右低衣褶。左肩可见覆天衣。

13号像：正壁上排左起第六尊，圆顶比丘立像。头部右侧岩石斜向开裂、风化。通高150、身高125、肩宽34厘米。圆顶，眉弓平，眼细长，鼻头残，嘴小唇厚。面左下侧残。左耳仅存上端。右耳垂大，略外翻。颈部无刻纹。左臂掩于6号像后，不明。右臂屈肘，右手于胸前持念珠状物（素面，无珠纹）。肩披通肩式大衣，胸前呈U形领。下身未雕刻衣纹，可见赤足，立于仰莲台。双层仰莲瓣，下素框台基。

14号像：左侧壁下排外起第一尊，武士装立像。头部残失，仅存轮廓。通高150、身高128、肩宽32厘米。残见头顶有高髻痕迹。左、右臂均残失，残见左臂屈肘，左手举左肩下。身着铠甲。系领巾，双肩下垂甲带。右肩部可见兽头状肩甲，上臂束袖外翻。胸甲两侧装饰纵长方形框，细节不明。胸口下垂系带于甲下系带相交于腹部圆牌。腹微鼓，腹甲浅浮雕二相对兽头组成圆环，内有兽面。下着两片式下甲，短遮膝。腰带粗，扭曲绳索状。一条U形天衣绕裙甲上。左腿直立，右膝略弯。着腿甲，腿两侧呈三道连弧状。脚蹬靴。脚下踩夜叉，头及肩部残失，姿态不明。

15号像：左侧壁下排外起第二尊，戴璎珞道袍立像。头顶高髻略残，残通高150、身高130、肩宽32厘米。面方圆，发髻高，发际线平，发纹素面。五官扁平，漫漶。双耳匀称，贴头两侧。颈长，有三道纹。左臂残失。右臂下垂贴右身侧，手部残失。胸戴连珠项圈，下垂三股垂珠。上身着衣可见两层。内衣交领右衽，底边平，垂至膝。外衣大氅，披双肩下垂，有宽衣边，下部呈连续S形，腹部系带相束，底边尖，垂膝下。下身着裙，裙长覆踝。足着履，履头残。立于覆莲台，下部风化严重。残见素框台面、两层覆莲瓣。

16号像：左侧壁下排外起第三尊，有髯道袍立像。通高157、身高133、肩宽33厘米。头顶戴方冠。面部方圆，"人"字形发际线，发纹素面。面部风化，残见鼻梁、小嘴方唇。下颌圆润饱满。下颌垂短髯至胸，分三股，呈倒"山"字形。左臂屈肘，臂部残失，仅见左腕置左肩下。右臂下垂贴右身侧，手部残失。上身可见着衣两层，内衣交领右衽，底边平，垂至膝部。外披通肩式大氅，左襟下垂至膝下，底边尖角，右襟绕身前搭于右腕处，底边尖圆，垂膝上，身前衣纹呈上弧形。立于台，台座表面石片脱落，仅存台面素框。其右下可见一覆莲瓣。

17号像：左侧壁下排外起第四尊，无髯道袍立像。头上部残失，残通高157、身高134、肩宽37厘米。头顶残见高髻轮廓，面部尚存嘴部，颈部无刻纹。双耳匀称贴头两侧。双手于胸前持笏板，左手在内，右手在外，右前臂石片脱落。双肩可见宽衣边下垂，两腕下垂宽袖，竖向平行衣褶。造像胯部以下严重风化、酥粉。立于覆莲台，样式同前。

18 号像：左侧壁上排外起第一尊，有髯道袍立像。身体大部掩于 14、16 号像身后。通高 152、身高 129、肩宽 32 厘米。头部高髻桃形，略残戴莲花冠。发际线缓平，发纹素面。五官轮廓尚存，可见眉线凸出，眼袋明显。鼻梁高，鼻头残，嘴小唇薄。下颌垂短髯，分三股下垂至胸，呈倒"山"字形。双耳较大，贴头两侧。左臂屈肘，左手握长尺状如意置右肩，如意顶呈三道连弧状。上身可见着衣两层，内层交领右衽，外衣披肩双领下垂。

19 号像：左侧壁上排外起第二尊，无髯道袍立像。通高 153、身高 130、肩宽 32 厘米。头顶高髻方形，正面残。面部五官仅存轮廓。双耳匀称，贴头两侧。下颌无髯。颈部无刻纹。双手掩宽衣袖中，持笏板于胸颈处。双肩下垂宽衣边，双手处下垂宽衣袖，平行竖向衣褶。身体大部分掩于 15、16 号像后。

20 号像：左侧壁上排外起第三尊，有髯道袍立像。高 58、肩宽 36 厘米。头顶有桃形高髻，正面残，戴莲花冠。面方圆，发际线平，发纹素面。五官轮廓尚存。眉弓高处石片脱落，眼细长，上眼睑略垂。鼻梁高，鼻头小，嘴小唇薄。下颌垂短髯，上部分三股，下部略残。左臂屈肘，左手捋髯。右臂不明。上身衣纹漫漶。身体大部掩于 16、17 号像后。

21 号像：左侧壁上排外起第四尊，装束无法判断立像。通高 154、身高 124、肩宽 33 厘米。身体大部掩于 17 号像后。头顶残，面部严重漫漶。残见有高髻痕迹，无垂髯。可见有内衣，外披大衣，细节不明。

22 号像：右侧壁下排外起第一尊，武士装立像。头部残失，可见轮廓。残通高 152、身高 129、肩宽 33 厘米。左臂下垂贴左身侧，手残断。右臂屈肘，右手举右肩下，手残失。身着铠甲。系领巾，双肩可见甲带系胸甲。胸甲装饰竖长条框，内浅浮雕兽面。领巾下垂绳索与胸甲下侧绳索相交于腹部圆牌。腹部可见横向素框。下着裙甲，系扭索状腰带，腰两侧打结下垂。裙甲对襟，垂至膝下。裙甲上绕 U 形天衣。小腿上有腿甲。足蹬靴，脚下踩跪卧夜叉。夜叉四肢跪伏基坛上，埋头枕手部。像体表面石片脱落，细节不明。

23 号像：右侧壁下排外起第二尊，佛装立像。头颈部残失，壁面可见三道纹。残通高 145、残身高 105、肩宽 33 厘米。颈右侧面可见三道纹。左臂下垂贴左身侧，肘略弯，前臂残断，手部残失。右臂屈肘，肘以下残断。上身可见着衣三层。内衣袒右肩，有宽衣边，腹部可见系带痕迹。中衣覆双肩，左襟略露衣边，右襟覆右肩、臂下垂，于右腹部披入大衣内。大衣袒右肩，自左肩到右胁下，身前衣纹左高右低斜向弧线，底边左高右低。下身着裙，裙长覆踝。赤足立于莲台。上为素框台面，其下双层覆莲瓣，下有素框台基。莲台下为基坛。

24 号像：右侧壁下排外起第三尊，菩萨装立像。头顶略残，通高 150、身高 126、肩宽 33 厘米。垂发遮耳、覆肩。面椭圆。"人"字形发际线。眉弓微凸，眼袋略凸。鼻梁高，鼻头残。嘴部及下颌残。颈部有三道纹。左臂下垂贴左身侧，肘微弯，前臂残断，手部残失。右臂屈肘，肘以下残失。戴项圈，素圈下有大涡状连珠圈，圈下垂珠五股，中股长。上身内着络腋，自左肩到右胁下，衣角自胸部由内向外翻出，下垂呈三角状。外披大衣（袈裟），披双肩下垂，右襟绕过腹前，搭左前臂下垂，身前衣纹 U 形，底边尖角，垂至膝下。下身着裙，竖向弧线裙纹，裙长覆踝。赤足立于莲台。莲台样式同前。莲台下为基坛。

25 号像：右侧壁上排外起第一尊，菩萨装立像。通高 156、身高 137 厘米。头顶束桃形高发髻。戴三面宝冠，正冠面宝珠形，纹饰漫漶，两侧面水滴状，天冠台宽，素面，头部两侧可见冠缯带下垂肩后。椭圆形面，波浪形发际线，五官漫漶不辨。双耳肥，贴头两侧。耳后有垂发覆肩头。颈部有三道纹。左臂屈肘，左手于胸前持瓶，手背朝外，拇指按瓶口沿，其余四指握瓶颈，食指微伸。瓶为敞口、细颈、椭圆鼓腹、圆饼状底。戴项圈，圈为素圈，下有大连珠，垂珠可见四股。上身可见着络腋，自左肩到右胁下。双肩披天衣下垂。下身衣纹漫漶，身体大部掩于 22、23 号像后。赤足立于仰莲台，可见素框台面、两层仰莲瓣，素框台基。

26 号像：右侧壁上排外起第二尊，装束无法判断，立像。头部残失，通高 152、残身高 129、肩宽 32 厘米。有阴线刻圆形头光。头顶残见高髻痕迹。颈部阴刻三道纹。双手持笏板于胸前，左手在上，拇指护板侧面，其余四指握板，食指微张。右手手心朝上，手指伸直，托板底部。双肩下垂宽衣边，右襟向左绕。下身衣纹漫漶，赤足立于仰莲台。莲台无素框台面。身体大部掩于 23、24 号像后。

27 号像：右侧壁上排外起第三尊，佛装立像。通高 161、身高 136、肩宽 35 厘米。头顶有球状高髻，表面漫漶。面部、颈部、右肩胸部石质酥粉严重，细节不识。可见左臂屈肘，左手置左胸部，拇指伸直，其余四指弯曲，似护物。身前可见外衣 U 形衣纹，底边尖圆，垂膝下。无裙纹。赤足立于仰莲台，无素框台面，浅浮雕两层仰莲，有台基。

T - Y2 - 063

1. 相对位置

坛神岩区 Y2，左起第六龛，T - Y2 - 059 右侧。

2. 保存状况

外龛左壁、左龛门残失，楣残损。龛内造像表面严重风化，部分头部破损（图版一〇一~一〇四）。

3. 龛窟形制

方形双层龛，内龛高 74.9、宽 72.3、深 38.6 厘米，龛楣浅浮雕建筑屋檐。外龛高 100.5、宽 96.2、深 57.1 厘米。龛正壁有较明显斜向点状凿痕（图一三六）。

4. 龛内造像

内龛正壁高浮雕坐像 1 尊、立像 2 尊，浮雕胸像 4 尊。内龛左侧壁浮雕造像 4 尊，内龛右侧壁浮雕造像 3 尊，内龛两侧龛门下各有蹲狮 1 尊。外龛右侧壁浮雕立像 1 尊。外龛左侧壁有对应立像残迹 1 尊。龛内现存造像 19 尊，编号见图一三七。

1 号像：内龛正壁中尊佛坐像，通高 66、身高 37、肩宽 14 厘米。有宝珠形头光，较厚，高 19、宽 23 厘米，残见圆形坑洞。佛头、面残损，仅见左耳上部。颈部有三道纹。双手下垂合于腹部持物，应为钵。手心向上相叠，左手上，右手下。身披通肩式大衣，左肩胸覆斜向衣缘。身前有平行 U 形衣纹。腿部衣纹呈"八"字形。座为束腰莲座。台面浅浮雕四层仰莲瓣，座基圆形，表面漫漶。

0 5 10 厘米

图一三六　T－Y2－063 测绘图

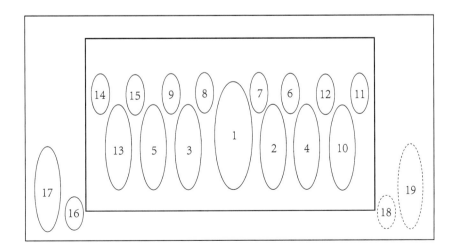

图一三七　T－Y2－063 尊像编号图

2 号像：内龛正壁中尊左侧比丘立像，通高 52、身高 40、肩宽 11 厘米。有圆形头光。头、面、颈残损，仅见右耳。双手合于胸前。右肩可见大衣下垂。膝部可见下垂衣缘，左方右弧。下着长裙，覆足，赤足立于覆莲台。莲台有素框台面、两侧覆莲瓣、素框台基。

3 号像：内龛正壁中尊右侧比丘立像，通高 52、身高 40、肩宽 11 厘米。有圆形头光，头、面损，仅见右耳。双手合于胸前捧横长方形盒状物，应为经箧。双肩可见大衣交领状下垂。双腕处下垂衣缘，左侧长至膝，方衣角，右侧短覆臂，圆衣角。身前有斜向衣纹，自左腕处到右膝，左高右低。下着长裙，足部残。立于覆莲台，可见两层覆莲瓣，有素框台基。

4 号像：内龛左侧壁菩萨立像，通高 61、身高 41、肩宽 10 厘米。有宝珠形头光。头、面损，可见左耳。左臂屈肘，左手置左肩头持物，风化不识。右手下垂至右身侧，肘部残断，持物不明。胸前可见披 X 形连珠璎珞，交于腹部圆牌，下垂至膝部延伸到腿后侧。下着长裙，赤足立于覆莲台，可见两层覆莲瓣。

5 号像：内龛右侧壁菩萨立像，通高 61、身高 42、肩宽 12 厘米。有宝珠形头光。头顶束三角形高髻，戴冠，正面冠宝珠形，头两侧可见冠缯带打结下垂。面部左下侧略残。可见波浪形发际线，两鬓垂发披肩，横向弧线发纹。面部五官扁平，眼部轮廓尚存，眼细长。颈部三道纹。左手下垂至左身侧提净瓶，食指弯曲勾瓶口，其余指护瓶颈。瓶为小敞口、细长颈，椭圆鼓腹，瓶底较厚。右臂屈肘，右手举右肩部持植物状物。戴项圈，中部下垂三圆珠，两侧下垂 X 形连珠璎珞，交于腹部圆牌，下垂置膝部延伸到腿后侧。戴腕钏。上身披络腋，自左肩到右胁下。下着长裙，赤足立于覆莲台，足、莲瓣残破损，可见两层覆莲瓣。

6 号像：内龛正壁上部左起第一尊，高双髻胸像，高 16 厘米。身体大部掩于 2、4 号像头光后。面部圆，两颊略鼓，五官轮廓尚存。"人"字形发际线，头顶有高双髻。

7 号像：内龛正壁上部左起第二尊，三面胸像，高 24 厘米。身体大部掩于 1、2 号像头光后。有三面，正面竖长，戴山形高冠，左面漫漶，右面圆眼大嘴，忿怒相。应为阿修罗。

8 号像：内龛正壁上部左起第三尊，胸像，高 28 厘米。身体大部掩于 1、3 号像头光后。头顶束桃形高发髻，弧形发际线。面部五官扁平，嘴较大。颈部三道纹。头侧有长兽足状物下垂搭肩，置胸前。

9 号像：内龛正壁上部左起第四尊，兽头帽胸像，高 13 厘米。身体大部掩于 3、5 号像头光后。头顶戴兽头帽，兽有三角形耳，圆眼大睁，狮鼻，嘴大张，露一排大齿。五官轮廓尚存，扁平。

10 号像：内龛左侧壁下部，武士装立像。肩腹部残失。通高 52、身高 43 厘米。头部可见束高髻，面部眉弓凸出。左臂残失。右臂可见屈肘高举，手置头侧持剑。系腰带，着短裙。小腿部着甲。脚下踩一跪卧夜叉。夜叉四肢跪卧台基上，面枕手而置。台基方形，素面。

11 号像：内龛左侧壁上部外侧，尖角胸像，高 18 厘米。残见头顶有三角形状尖角，面部眉弓凸，眼大，颧骨凸出。身体大部掩于 10 号像头光后。

12 号像：内龛左侧壁上部内侧，胸像，高 20 厘米。身体大部掩于 4、10 号像后。头顶有高尖髻，似戴冠，发际线缓平。面椭圆，五官扁平。

13 号像：内龛右侧壁下部，武士装立像。通高 54、身高 44、肩宽 10 厘米。头顶有半球形高髻，戴胄。左臂下垂，左手按左胯。右臂屈肘外张，右手举至右肩外侧。着铠甲，裙甲短至膝上，腿部有甲，细节漫漶。脚踩跪卧夜叉。夜叉头部及肩部残失，可见弯曲前肢轮廓。下有基台，紧贴蹲狮头部。

14 号像：内龛右侧壁上部外侧，炎发胸像，高 20 厘米。身体大部掩 12 号像后，头顶有尖角状炎发，向左侧偏。圆眼凸出，咧嘴。

15 号像：内龛右侧壁上部内侧，戴胄胸像，高 27 厘米。头顶有高髻，头两侧下垂物似胄。圆眼大睁，鼻尖和唇部漫漶不辨。

16 号像：内龛右龛门下部，蹲狮像，高 13 厘米。朝左侧蹲，面朝外侧。后肢蹲卧，前肢直立。

17 号像：外龛右侧龛壁，力士立像。通高 53、身高 43 厘米。面部残。残见头顶有高髻。左臂下垂贴龛壁。右臂屈肘上举，右手置头右侧。胸部可见肌肉凸出。下身着裙。裙缘翻折系腰带。短缘垂大腿，底边呈 M 形。腿部右侧可见竖向裙纹。赤足，立于岩座上。

18、19 号像：18 号像为外龛左侧狮子像残迹，19 号像近乎残失，二像应与 16、17 号像对应。

坛神岩区 Y3

坛神岩区域，Y1、Y2 南侧，南围墙外巨石，位置与 Y2 对应，距离约 16 米。地理坐标：北纬 30°15′34.88″，东经 104°10′03.65″（图版一〇五）。分布造像龛编号 T－Y3－064～T－Y3－068（图一三八）。

T－Y3－064

1. 相对位置

坛神岩区 Y3 造像龛分布左端。

2. 保存状况

外龛左壁、龛门残失，楣残损。内龛正壁左侧岩体开裂，开裂处有树根，尊像残失。龛内造像表面严重风化，部分头部破损。龛外右上方有斜向排水沟。

3. 龛窟形制

方形双层龛，内龛高 82.5、残宽 92.5、深 41.5 厘米，龛楣方形。外龛残高 102、残宽 115、深 65 厘米，龛楣方形（图一三九）。

4. 龛内造像

内龛正壁高浮雕坐像 1 尊、立像 2 尊、浮雕头像 4 尊。内龛左侧壁浮雕立像 1 尊、胸像 1 尊、头像轮廓 1 尊。外龛正壁右侧残存立像轮廓 1 尊。龛内现存造像共计 11 尊。

内龛正壁主尊佛坐像：面部残损，腿部及座残损。通高 82.5、身高 46 厘米、残见椭圆头光痕迹、球形高肉髻。头部两侧残见大耳垂。颈部三道纹。双臂屈肘，双手合于胸前，手部残失。着通肩式大衣，身前衣纹呈 U 形，双腕处下垂宽衣边。座为束腰方座，细节不辨。

主尊左侧第一尊立像：有圆形头光，圆顶，应为比丘立像，细节不辨，通高 75 厘米。

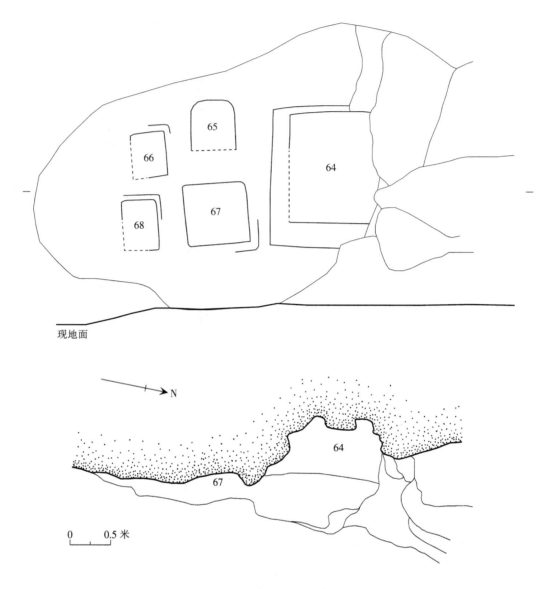

图一三八　坛神岩区 Y3 龛窟分布图

　　主尊左侧第二尊位于断裂岩石上，仅存半身造像，残高 50 厘米。可见宝珠形头光，头顶有高发髻。左手举左肩处。应为菩萨立像。

　　主尊右侧第一尊立像：比丘立像，通高 71 厘米。有圆形头光，圆顶。左手置腹前，似执物，残损不明。右手横置右腹部，细节不明。胸前可见大衣下垂，双腕下垂宽衣边。立于台上，细节不辨。

　　主尊右侧第二尊立像：菩萨立像，通高 80 厘米。有宝珠形头光，头部残失。残见左臂下垂置左身侧，右臂屈肘，右手置有肩处，细节漫漶。立于台，台面漫漶。

　　主尊头光两侧残见头像三尊，风化严重。头光右第一尊似有三面，右第二尊头顶有长物。

　　内龛右侧壁立像：表面严重漫漶。残高 57.5 厘米。头顶有高髻，细节不辨。其左上侧有胸像 1 尊，

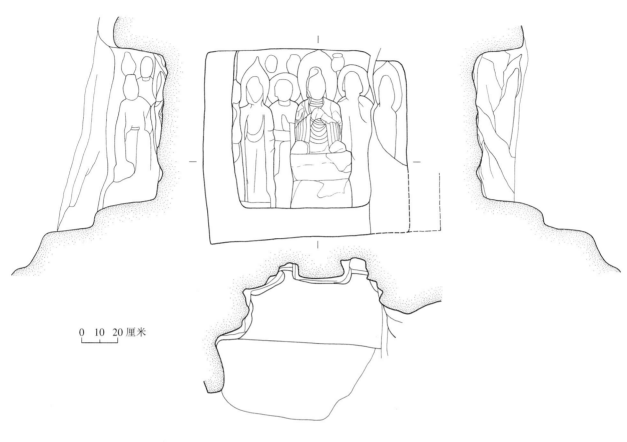

图一三九　T – Y3 – 064 测绘图

残见有高髻，头顶有凸起物，似头像轮廓。

　　外龛正壁右侧，残见立像 1 尊，足部轮廓尚存，赤足立于岩座，应为力士立像。

T – Y3 – 065

T – Y3 – 064 右侧上层第一龛：高 62、宽 57、深 8 厘米，龛楣圆拱形，风化残损，现状无造像。

T – Y3 – 066

T – Y3 – 064 右侧上层第二龛：高 52、宽 41、深 7 厘米，龛楣方形，风化残损，现状无造像。

T – Y3 – 067

T – Y3 – 064 右侧下层第一龛：高 75、宽 79、深 18 厘米，龛楣方形，内有造像轮廓 2 尊。

T – Y3 – 068

T – Y3 – 064 右侧下层第二龛：高 68、宽 40、深 7 厘米，龛楣方形，内有造像轮廓 1 尊。

坛神岩区 Y4

坛神岩区 Y4 为田间巨石，分布于 Y1、Y2 保护围墙外东南侧约 3 米，距离 Y1 约 15 米，地理坐标：北纬 30°15′34.88″，东经 104°10′03.65″。巨石部分被泥土覆盖，可见龛窟 6 个。自左向右依次编号为第 T－Y4－069～T－Y4－074（图一四〇）。

Y4 造像龛大致呈"一"字形排列，T－Y4－071、T－Y4－072 龛较小，T－Y4－073 位置略低。Y4 造像保存差，严重风化脱落（图版一〇六）。

T－Y4－069

1. 相对位置

坛神岩区 Y3 东崖壁，左起第一龛，T－Y4－070 左侧。

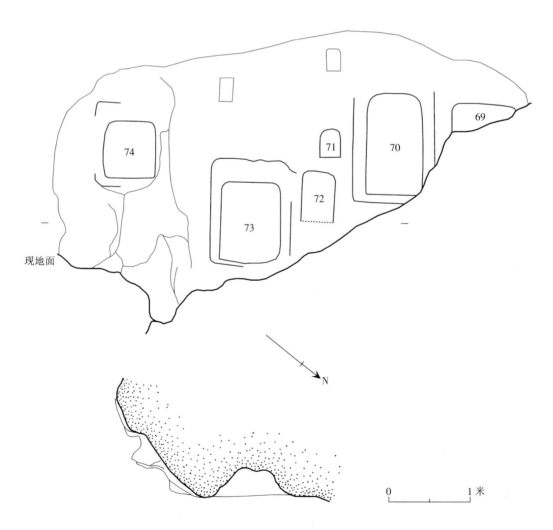

图一四〇　坛神岩区 Y4 龛窟分布图

2. 保存状况

大部分掩埋土内，龛门及龛内造像严重风化，长苔。

3. 龛窟形制

不详，可见部分高约60、宽约55、深17厘米，龛楣方形，龛壁平。

4. 龛内造像

不详。

T－Y4－070

1. 相对位置

坛神岩区Y3东崖壁，左起第二龛，T－Y4－069右侧，T－Y4－071、T－Y4－072左侧。

2. 保存状况

龛门及龛内造像严重风化，长苔。

3. 龛窟形制

纵长方形龛，高93、宽50、深11厘米，龛楣不详，龛壁平。

4. 龛内造像

未见造像。

T－Y4－071

1. 相对位置

坛神岩区Y3东崖壁，左起第三龛，T－Y4－070右侧，T－Y4－072上侧。

2. 保存状况

龛门严重风化，长苔。

3. 龛窟形制

龛形不明，未见龛底，残高30、宽23、深9厘米，龛楣不详，龛壁平。

4. 龛内造像

未见造像。

T－Y4－072

1. 相对位置

坛神岩区Y3东崖壁，左起第四龛，T－Y4－070右侧，T－Y4－071下侧。

2. 保存状况

龛门严重风化，长苔。

3. 龛窟形制

龛形不明，未见龛底，残高63、宽31、深6厘米，龛楣不详，龛壁平。

4. 龛内造像

未见造像。

T－Y4－073

1. 相对位置

坛神岩区 Y3 东崖壁，左起第五龛，T－Y4－072 右侧。

2. 保存状况

龛门、龛内造像严重风化，长苔。

3. 龛窟形制

纵长方形双层龛，内龛高 70.3、宽 55.5、深 23.1 厘米，龛楣圆拱形，龛壁平。外龛高 76.1、宽 55.5、深 34.9 厘米，龛楣圆拱形，龛壁平。

4. 龛内造像

正壁残见立像轮廓 1 尊，左右侧壁残见立像轮廓各 1 尊，细节不辨。

T－Y4－074

1. 相对位置

坛神岩区 Y3 南侧崖壁，T－Y4－072 右侧转角面上部。

2. 保存状况

龛门、龛内造像严重风化，长苔。

3. 龛窟形制

方形龛，内龛高 55、宽 45、深 15 厘米，龛楣圆拱形，龛壁平。

4. 龛内造像

未见造像。

坛神岩区 Y5

坛神岩区域，Y1、Y2 东侧保护围墙外约 35 米处，村道旁水塘内侧巨石，地理坐标：北纬 30°15′34.91″，东经 104°10′04.72″（图版一○七）。巨石平面约呈不规则七边形，大体分为 A、B、C、D、E、F、G 壁，朝向分别为 87°、67°、150°、290°、235°、210°、150°，且巨石周壁皆分布有造像龛（图一四一）。A、E 崖壁可能存在被水塘、耕地掩埋的造像龛。

B 壁造像龛分布两层，其余壁面皆开龛一层。巨石因处于农田之中，经土改后环境改变较大，现状倾斜。除目前被水塘掩埋的龛外，T－Y5－075、T－Y5－076、T－Y5－077 龛底同高，且间隔均匀。T－Y5－078、T－Y5－079 同外龛。T－Y5－082、T－Y5－083、T－Y5－088、T－Y5－089 龛底同高。T－Y5－090、T－Y5－091 龛底同高。

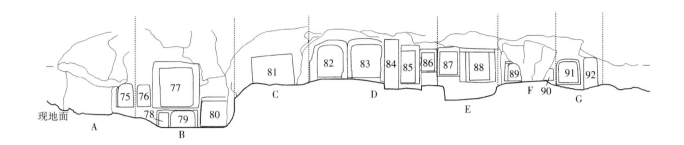

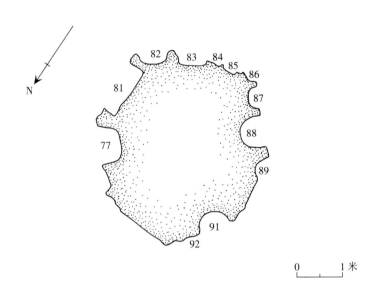

图一四一　坛神岩区 Y5 龛窟分布图

T－Y5－075

1. 相对位置

巨石 A 壁左端。

2. 保存状况

龛、像风化严重，仅剩残痕，且生长苔藓和地衣。

3. 龛窟形制

可辨纵长方形双层龛。外龛基本残失，仅剩侧壁下部和龛底，残宽 45、深 14 厘米。内龛龛顶残损，可辨有弧形斜撑（图一四二）。

4. 龛内造像

内龛正壁残存造像 3 尊。

中尊坐像：头部残失，残高 55 厘米，身体风化仅剩残痕。其下束腰座风化脱落，形制不明。

右胁侍立像：头部残失，残高 45 厘米，身体风化仅剩残痕，可见天衣垂身侧，座残损不清。

左胁侍立像：通体风化仅剩痕迹，可辨立像，残高 42 厘米。

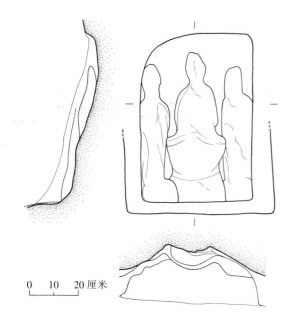

图一四二　T－Y5－075 测绘图

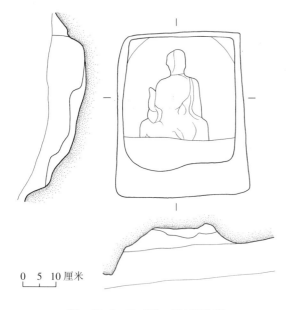

图一四三　T－Y5－076 测绘图

T－Y5－076

1. 相对位置

巨石 B 壁右端。

2. 保存状况

龛、像风化严重，仅剩残痕，且生长苔藓和地衣。

3. 龛窟形制

双层龛。外龛纵长方形，残损严重，可辨痕迹，宽 37.8、高 49、深 10 厘米。内龛方形，上侧两角有三角形斜撑，宽 24.4、高 37.8、深 6.7 厘米（图一四三）。

4. 龛内造像

内龛正壁坐像 1 尊，头部残失，残高 40 厘米，通体风化剥落，细节不辨。

T－Y5－077

1. 相对位置

巨石 B 壁，T－Y5－076 左侧。

2. 保存状况

外龛龛顶、右侧壁残失仅剩痕迹，左侧壁上部残损，龛底风化层状剥落，且生长苔藓。内龛龛顶、龛底风化剥落，龛外沿风化剥蚀。造像风化酥粉严重，表面生长黑色微生物（图版一〇八、一〇九）。

3. 龛窟形制

双层龛。外龛立面方形，残宽 47.7、高 44.6、深 33.8 厘米，可见龛底外斜。内龛立面方形，上侧两角弧形斜撑，平面半椭圆形，龛宽 33.8、高 33.9、深 21.5 厘米，龛顶内斜，龛底平，两侧壁外侧微内收（图一四四）。

4. 龛内造像

内龛正壁中央半圆雕佛坐像 1 尊，正壁与两侧壁交接处各半圆雕比丘立像 1 尊，两侧壁各半圆雕菩萨立像 1 尊。内龛正壁中尊两侧各高浮雕立像 1 尊，两侧壁上部各高浮雕头像 3 尊，应为天龙八部。外龛两侧半圆雕力士像各 1 尊。共计造像 15 尊，编号见图一四五。

图一四四　T‑Y5‑077 测绘图

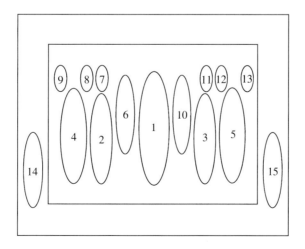

图一四五　T‑Y5‑077 尊像编号图

1 号像：内龛正壁中央佛坐像，通高 75、身高 41、肩宽 16 厘米。头顶低肉髻，短额，耳垂较大，面部风化不清。有宝珠形头光，细节不清。身体风化漫漶，袈裟形制风化不明，可见由左肩至右腋缓弧形线刻衣纹。双手于腹前残损。双腿掩袈裟中结跏趺坐束腰莲座，悬裳覆座上部。束腰较短圆形，上座三层仰莲座，莲瓣雕刻较浅且形制较小，下座风化残损不明。

2 号像：右侧壁比丘立像，通高 60、身高 49、肩宽 13 厘米。圆顶光头，面部风化不清。圆形头光，细节不清。颈部较长，上身内着袒右肩僧祇支，外着双领下垂式袈裟，长至小腿，可见衣纹刻划较深，由左腹缓弧形向右侧发散。双手于身前捧经箧。下身内着裙，小腿以下风化残损，座残损不明。

3 号像：左侧壁比丘立像，通高 64、身高 50、肩宽 14 厘米。圆顶光头，面部风化不清。有圆形头光，细节不清。颈部较短，上身着偏袒右肩袈裟，长至小腿，衣纹疏朗，由左腹缓弧形向右侧发散。右臂垂体侧。左臂向上屈肘，左手于左胸处残损。下身着裙，小腿以下风化残损，座不明。

4 号像：内龛右侧壁菩萨立像，通高 74、身高 56、肩宽 13 厘米。头部风化，可辨束发髻。有宝珠形头光，细节不清。身体风化严重，服饰不明，仅见天衣垂身体右侧。左臂垂体侧手提净瓶。右臂残失。腿部及座风化残损不明。

5 号像：内龛左侧壁菩萨立像，通高 74、身高 56、肩宽 13 厘米。头部风化，可辨束发髻，戴宝冠。有双层头光，内层素面椭圆形，外层宝珠形，细节风化不清。身体风化漫漶，服饰不明，可见身体两侧垂天衣。左臂向上屈肘，前臂残失。右臂垂体侧，右手持天衣末端。左腿直立。右腿微屈膝，小腿以下风化残损不明。座残损不明。

6 号像：内龛正壁右侧，1 号像右侧立像，高 54 厘米。头部残损，可辨戴冠，双肩垂放兽足。身体风化，着长袍，细节不明。可辨左臂向上屈肘，左手于右胸处残损。座风化残损。

7 号像：内龛右侧壁，2 号像头光后方半身像，高 24 厘米。风化残损严重，仅剩痕迹。

8 号像：内龛右侧壁，2、4 号像之间后方立像。头部风化，可见头顶有尖状痕迹。身体风化，可辨双臂屈肘，双手于胸前风化残损。座残损不明。

9 号像：内龛右侧壁外侧，4 号像头光右侧头像，风化残损严重，仅剩痕迹。

10 号像：内龛正壁左侧，1 号像左侧立像，高 56 厘米。头部残损，可辨戴冠。身着宽袖长袍，细节风化不明。双臂屈肘，双手风化不明。座残损不明。

11 号像：内龛左侧壁，3 号像头光后方半身像，高 60 厘米。头顶束髻，三头并之，细节不清。上身被 3 号像头光遮挡。应为阿修罗像。

12 号像：内龛左侧壁，5 号像头光后方半身像，高 60 厘米。风化残损严重，细节不明。

13 号像：内龛左侧壁外侧，5 号像头光左侧像，风化脱落，仅辨痕迹。

14 号像：外龛右侧立像，身体残失，仅见局部岩座。

15 号像：外龛左侧力士立像，身体风化残损严重，细节不辨。

T－Y5－078

1. 相对位置

巨石 B 壁，T－Y5－077 下方右侧。

2. 保存状况

龛下半部被水池淤泥掩埋。龛通体生长苔藓。外龛龛顶残失仅剩痕迹，侧壁残损。尊像风化严重。整体保存状况差（图版一一〇：1）。

3. 龛窟形制

双层龛。与 T－Y4－079 同外龛，因掩埋形制不明，宽83 厘米。内龛因掩埋形制不明，进深较浅，宽21 厘米。

4. 龛内造像

内龛正壁半圆雕菩萨并立像 2 尊。

右像：下身被掩埋仅露出上半身，头部残损。可辨束高髻，戴宝冠，冠缯带垂肩前。有宝珠形头光，尖部延伸至龛顶。左臂垂于身侧。右臂向上屈肘，前臂残损。

左像：下身被掩埋仅露出上半身，头部残损。可辨束高髻，冠缯带垂肩前。有宝珠形头光，尖部延伸至龛顶。右臂垂于身侧。左臂向上屈肘，前臂残损。

T－Y5－079

1. 相对位置

巨石 B 壁，T－Y5－078 左侧。

2. 保存状况

龛下半部被水池淤泥掩埋。龛通体生长苔藓。外龛龛顶残失仅剩痕迹，侧壁残损。尊像风化严重。整体保存状况差（图版一一〇：2）。

3. 龛窟形制

双层龛。与 T－Y4－078 同外龛。内龛因掩埋形制不明，宽50 厘米。上侧两角有弧形斜撑，内龛进深较浅。

4. 龛内造像

内龛正壁中央半圆雕佛坐像 1 尊，两侧壁各半圆雕胁侍菩萨立像 1 尊，共计造像 3 尊。

中尊：头部风化残损，可辨肉髻。宝珠形头光，尖部延伸至龛顶。身着袈裟风化，形制不明。双臂体侧屈肘，双手于腹前残损。圆形身光。结跏趺坐，座被掩埋，形制不明。

右侧胁侍菩萨：仅现上半身。头部残损，可见束高髻，戴宝冠，冠缯带垂肩前。宝珠形头光，尖部延伸至龛顶。左臂向上屈肘，前臂残损。右臂垂于身侧。

左侧胁侍菩萨：仅现上半身。头部残损，可见束高髻，戴高宝冠，冠缯带垂肩前。宝珠形头光，尖部延伸至龛顶。左臂垂身侧。右臂向上屈肘，前臂残损。

T－Y5－080

1. 相对位置

巨石 B 壁左端造像龛，T－Y5－079 左侧。

2. 保存状况

外龛龛底被水池淤泥掩埋。龛壁生长苔藓，风化剥落严重。外龛龛顶有岩石崩落现状，左侧壁残失，右侧壁外沿风化剥蚀。尊像风化酥粉，层状脱落，并生长苔藓。整体保存状况差（图版一一一）。

3. 龛窟形制

双层龛。外龛纵长方形，现高80、残宽73、深10厘米。内龛立面方形，上侧两角有弧形斜撑，宽68、高65、深28厘米。龛顶内斜，龛底平，龛顶与三壁连接处有缓弧形过渡。内龛龛底沿三壁施低坛，转角呈直角（图一四六）。

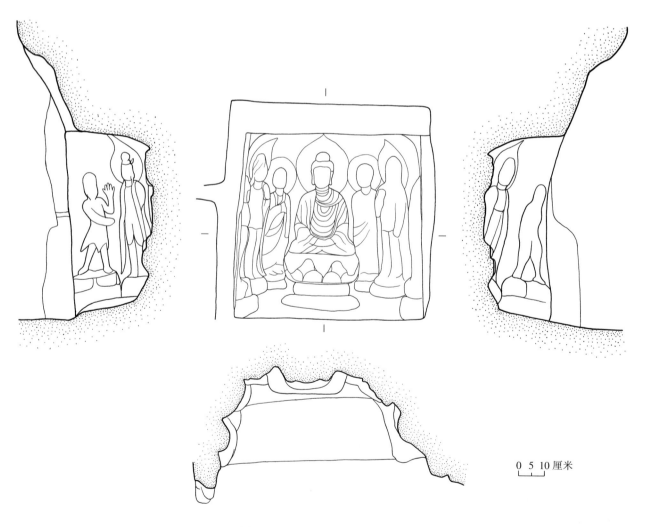

0　5　10厘米

图一四六　T－Y5－080 测绘图

4. 龛内造像

造像皆于内龛低坛之上，正壁半圆雕一佛二比丘三尊像，正壁与两侧壁转角处半圆雕菩萨立像各1尊，两侧壁半圆雕力士立像各1尊，共计造像7尊。

中尊佛坐像：通高52、身高34、肩宽13厘米。头顶高肉髻，面部风化不清。头光宝珠形，尖部延伸至龛顶。上身风化可辨着通肩袈裟。双手施禅定印。结跏趺坐莲座，悬裳三角状覆座上部。座为两段式，上座三层仰莲，基座风化不清。

右侧比丘像：通高45、身高37厘米。圆顶光头，面部风化不清。圆形头光，素面细节风化不辨。身体风化剥落，袈裟形制不辨，双手胸前合掌。腿部及座风化不清。

左侧比丘像：通高45、身高37.5厘米。圆顶光头，面部风化不清。圆形头光，素面细节风化不辨。身体风化剥落，袈裟形制不辨，双臂残损不明，腿部及座风化不清。

右侧胁侍菩萨像：通高53、身高41厘米。头顶束高发髻，戴三叶状宝冠，可见冠缯带垂肩前。面部风化不清。宝珠形头光，尖部延伸至龛顶。上身风化细节不明。可辨左臂向上屈肘，前臂残失。右臂垂体侧，手部风化不明。可见天衣垂体侧。下身着裙，左膝现存璎珞残痕。双脚风化残损，座风化不明。

左侧胁侍菩萨像：通高52、身高43厘米。头部残损，可辨头顶束高发髻，头部两侧有冠缯带残迹。宝珠形头光，尖部延伸至龛顶。上身风化细节不明，双臂残损不明。可见天衣垂体侧。下身着裙，有两道天衣绕腿前残迹。双脚残损，座风化残损不明。

右侧壁力士像：通高45、像高35厘米，头部残损，可辨头顶束高发髻。上身风化细节不明。左臂振臂向上屈肘，手部于头侧风化残损。右臂横于身前，右手于左胯处残损。下身着露膝短裙，裙角飘逸。胯部左凸，左腿直立，右腿右伸，跣足踏双岩座。

左侧壁力士像：胸部以上风化残失，残高38厘米，上身细节不明，下身着裙，右腿直立，左腿左伸，跣足踏双岩座。

T－Y5－081

1. 相对位置

巨石C壁中央。

2. 保存状况

龛下部被泥土掩埋，整体保存较好。

3. 龛窟形制

单层龛，因被掩埋形制不明。龛外沿立面平整，左侧外沿立面有斜向人工凿痕。龛内正壁凹凸不平，右侧有纵向深槽，侧壁有不规律人工凿痕。

4. 龛内造像

空龛，无造像。

T－Y5－082

1. 相对位置

巨石 D 壁右端。

2. 保存状况

外龛龛顶右侧残失，右侧壁上段残失，龛壁生长青苔。内龛龛沿风化剥蚀，龛顶风化层状剥落，龛壁上部生长青苔并有水渍。尊像身体尤其头部遭到人为破坏，且有风化现像。整体保存状况一般（图版一一二、一一三）。

3. 龛窟形制

双层龛。外龛立面方形，右侧壁较深，左侧壁上部极浅，下部未表现，残宽76、高74、深27 厘米。残存龛顶平，龛底微外斜。内龛立面纵长方形，平面近半圆形，龛口微内收，龛宽55、高60、深16 厘米。龛顶内斜，正壁下段向龛外倾斜，龛底略外斜，龛顶与三壁有缓弧形过渡（图一四七）。

0 5 10厘米

图一四七　T－Y5－082 测绘图

4. 龛内造像

内龛正壁半圆雕一佛二比丘三尊像，两侧壁半圆雕胁侍菩萨立像各 1 尊。外龛两侧半圆雕力士立像各 1 尊。龛内共计造像 7 尊。

中尊佛坐像：通高 54、身高 30、肩宽 14 厘米。头部残损，可辨覆钵状低肉髻。宝珠形头光，现状素面无纹。胸部残损。可辨身着通肩袈裟，腹前衣纹呈 U 形。双手于腹前施禅定印。跏趺坐三层仰莲座，莲瓣形制饱满。其下素面八角基台。

右侧比丘立像：通高 47、身高 35、肩宽 10 厘米。头部残损，可见圆顶光头。圆形头光，现状素面无纹。身体风化。可见身着大袖袈裟，长及小腿。双手于胸前残损。下身内着裙，垂至足背。跣足立座。其座平面圆形，三段式，上为素面浅台，中段鼓腹并施双层覆莲，下为素面浅基台。

左侧比丘立像：通高 45、身高 33、肩宽 10 厘米。颈部以上残损，可见圆顶光头。圆形头光，现状素面无纹。上身内着交领窄袖衫，外着偏袒右肩袈裟，衣长至小腿，右侧袈裟衣角搭左前臂垂下，袈裟衣纹疏朗，刻纹较深。双手胸前合掌。下身内着裙，长及足背，裙纹细密竖纹。跣足立座。其座平面圆形，三段式，上为素面浅台，中段鼓腹并施双层覆莲，下为素面浅基台。

右侧壁胁侍菩萨立像：通高 50.8、身高 36、肩宽 12 厘米。颈部以上残损仅剩痕迹。有宝珠形头光，现状素面无纹。上身残损，细节不辨。左臂自然垂体侧，手部残损，可辨持天衣末端。右臂向上屈肘，前臂残失，可见右侧天衣垂体侧。下身着裙，裙长及足背，裙上缘从腰部折返覆胯。可见有两条璎珞沿双腿内侧下垂并绕膝下。双腿直立，跣足立座。其座平面圆形，三段式，上为素面浅台，中段鼓腹并施双层覆莲，下为素面浅基台。

左侧壁胁侍菩萨立像：通高 52、身高 38、肩宽 12 厘米。头顶发髻残损，冠残损，可见耳后垂冠缯带，有宝珠形头光。颈部刻三道纹，刻纹较深。上身袒裸，小腹微凸。戴项圈，胸部有圆形连珠垂饰。从左肩至右腋斜披络腋，帛带末端外翻垂左腹。左肩残损，可见天衣垂体侧。右肩覆天衣，沿腋垂下。左臂残损，可辨向上屈肘。右臂自然垂体侧，右手持天衣末端。下身着裙，裙长及足背，裙上缘从腰部折返覆胯。两条璎珞连接项圈两侧，相交腹前小型圆饰后沿双腿内侧垂下并绕膝下。双肩覆天衣，沿两腋垂下，末端分别挂前臂垂体侧至龛底。右腿直立，身体重心居右脚，左腿微屈膝，跣足立座。其座平面圆形，三段式，上为素面浅台，中段鼓腹并施双层覆莲，下为素面浅基台。

外龛右侧力士立像：残高 46 厘米。腰部以上残损仅剩痕迹，可辨双臂振臂状。细腰，下身着长裙，垂至足踝，裙角右侧飘逸，可见裙上缘从腰部折返覆胯。胯部左凸，左腿直立，身体重心居左脚，右腿右伸。跣足立高岩座。

外龛左侧力士立像：残高 45 厘米。身体残损仅剩痕迹。细腰，可见有天衣垂身侧，下身着长裙，垂至足踝，双腿并立，跣足立高岩座。

T－Y5－083

1. 相对位置

巨石 D 壁，T－Y5－082 左侧。

2. 保存状况

外龛龛顶左端残失，右侧壁外沿风化，龛壁生长青苔。内龛龛沿风化剥蚀，左侧壁上端残损，龛顶层状风化剥落。尊像身体和头部在历史时期遭人为破坏，且现状风化。整体保存状况一般（图版一一四）。

3. 龛窟形制

双层龛。外龛立面方形，右侧壁较浅，仅雕刻上段，未雕刻左侧壁，宽86、高88米，龛顶残损不明，龛底被泥土掩埋。内龛立面方形，上侧弧形斜撑，平面横长方形，龛口直，宽71、高72.6、深40.2厘米。龛顶、龛底平，龛顶与三壁缓弧形过渡，侧壁平面较直（图一四八）。

4. 龛内造像

内龛正壁半圆雕一佛二比丘三尊像，两侧壁半圆雕胁侍菩萨立像各1尊。外龛两侧半圆雕力士立像各1尊。龛内共计造像7尊。

0 5 10厘米

图一四八　T－Y5－083 测绘图

中尊佛坐像：通高72.6、身高33、肩宽18厘米。头部残损，可辨覆钵状低肉髻。宝珠形头光，现状素面无纹。颈部较短，双肩宽平，上身着通肩袈裟，胸腹衣纹呈U形。双手于腹前捧钵。结跏趺坐三层仰莲座，莲瓣形制饱满。其下素面八角基台。

右侧比丘立像：通高58.8、身高40、肩宽12厘米。头部残损，可见圆顶光头。有圆形头光，现状素面无纹。身体风化，可见身着交领袈裟，长及小腿。双臂屈肘，双手于胸前残损。下身内着裙，垂至足背。足部残损，可辨跣足立于座。座平面圆形，三段式，上为素面浅台，中段鼓腹，施双层覆莲，下为素面浅基台。

左侧比丘立像：通高58、身高40.2、肩宽12厘米。头部残损，可见圆顶光头。圆形头光，现状素面无纹。身着交领袈裟，长及小腿。双手于胸前合掌。下身内着裙，长及足背，裙纹为细密纵纹。足部残损，跣足立于座。其座平面圆形，三段式，上为素面浅台，中段鼓腹并施双层覆莲，下为素面浅基台。

右侧壁胁侍菩萨立像：通高63.3、身高44、肩宽13.5厘米。头顶束高髻，戴三面宝冠，可见冠缯带垂于肩前。宝珠形头光，现状素面无纹。上身残损，细节不辨。可见天衣垂体侧，左臂自然垂于体侧，手部残损，可辨持天衣末端。右臂向上屈肘，前臂残失。下身着裙，裙长及足背，裙上缘从腰部折返覆胯。可见有两条璎珞沿双腿内侧垂下并绕膝下。右腿直立，身体中心居右脚，左腿微屈膝，跣足立于座。其座平面圆形，三段式，上为素面浅台，中段鼓腹并施双层覆莲，下为素面浅基台。

左侧壁胁侍菩萨立像：残通高55.4、身高42.6、肩宽13厘米。头部残损，可辨束高髻，冠缯带垂肩前，头光左侧残失。上身残损，细节不辨。可见天衣垂体侧。左臂向上屈肘，前臂残损，右臂自然垂于体侧。右手持天衣末端。下身着裙，裙长及足背，裙上缘从腰部折返覆胯。足部残损，可辨跣足。其座平面圆形，上段残损，中段鼓腹，施双层覆莲，下为素面浅基台。

外龛右侧力士立像：残高54.5厘米。头部残损不明。上身风化。左臂振臂上举，左手于头侧残损。右臂垂于身侧，右手残损。下身着长裙，垂至足踝，裙上缘从腰部折返覆胯。足部残损，可辨跣足立于高岩座。

外龛左侧力士像：整体残失，位置与右侧力士像对应，仅见岩座残迹。

T－Y5－084

1. 相对位置

巨石D壁，T－Y5－083左侧。

2. 保存状况

龛顶外沿残失，左侧壁上段残失，右侧壁外沿残失，龛底外沿残失，龛壁生长青苔。尊像身体和头部在历史时期遭人为破坏，且有风化现状。整体保存状况一般（图版一一五：1）。

3. 龛窟形制

单层龛。立面呈纵长方形，平面呈梯形，宽36、残高130、深18厘米。龛顶内斜，龛底平，侧壁外敞（图一四九）。

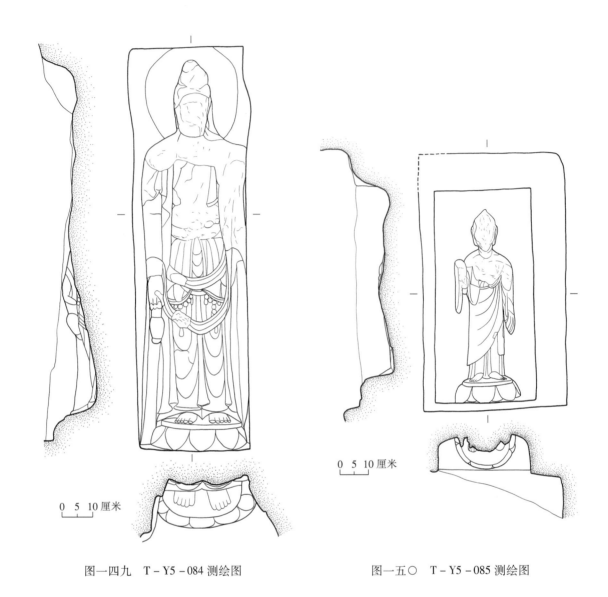

图一四九　T－Y5－084 测绘图　　　　　　图一五〇　T－Y5－085 测绘图

4. 龛内造像

龛内正壁半圆雕菩萨立像，通高 130、身高 126、肩宽 33 厘米。胸部以上残损严重，可辨头顶束高髻。从左肩至右腋斜披络腋。天衣沿腋垂下，右侧天衣绕腹前挂左臂垂体侧，左侧天衣绕腿前挂右腕垂体侧。左臂残失。右臂自然垂体侧，右手提净瓶。下身着长裙，垂至足背，裙上缘从腰部折返覆胯。可见璎珞沿双腿内侧绕腿后。左腿直立，右腿微屈膝，腿前衣纹较疏呈 U 形。跣足立于双层覆莲座。

T－Y5－085

1. 相对位置

巨石 D 壁，T－Y5－084 左侧。

2. 保存状况

外龛龛顶外沿残损，左侧壁中段残损严重，龛底外沿残损。内龛右侧壁外沿残损，尊像身体和头部在历史时期遭人为破坏。整体保存状况一般（图版一一五：2）。

3. 龛窟形制

双层龛。外龛立面纵长方形，平面不规则，无右侧壁，宽56.6、高95.7、深31.4厘米。龛顶、龛底平，侧壁直。内龛立面纵长方形，平面拱形，龛口直，宽34、高78、深12厘米，龛顶、龛底平（图一五〇）。

4. 龛内造像

龛内正壁半圆雕佛立像：通高76、身高59.4、肩宽14厘米。腰部以上残损严重，身着袈裟，长及小腿，因残损形制不明，可见衣纹刻划较深，由左腹部至身体右侧缓弧形发散。左臂垂体侧，手持袈裟衣角。右臂向上屈肘，前臂残失。下身内着裙，纵向裙褶较深，腿部线条明显。双脚呈外"八"字状，跣足立于双层覆莲座。

T－Y5－086

1. 相对位置

巨石D壁左端，T－Y5－085左侧。

2. 保存状况

外龛龛顶残损严重且右端残失，左侧壁残损近残失，龛底外沿残损。内龛龛顶外沿、左侧壁外沿、龛底外沿残损，右侧壁残损严重近残失，龛楣右段残损，尊像身体和头部历史时期遭人为破坏。整体保存状况一般（图版一一六：1）。

3. 龛窟形制

双层龛。外龛立面纵长方形，左侧壁残损近残失，无右侧壁，残宽45.5、高63.2、深17.8厘米，龛顶内斜，龛底平。内龛立面纵方形，宽13.2、高45.5、深10，平面梯形，龛口外敞，龛顶内斜，龛底平，龛顶与三壁过渡近直角。龛楣现存单层檐（图一五一）。

4. 龛内造像

内龛正壁半圆雕佛坐像1尊，两侧壁半圆雕菩萨立像各1尊。共计造像3尊。

中尊佛坐像：通高45.5、身高22.5、肩宽10厘米。头部残损，可辨覆钵状肉髻，颈部刻三道纹。上身着袒右肩袈裟，衣纹刻划较深，由左胸至身体右侧缓弧形发散。双臂屈肘，双手于腹前残损。结跏趺坐四层仰莲座。其下施平面六角形浅基座。下有束腰须弥座，平面呈六角形，束腰素面较高，上施两层正叠涩，下施两层反叠涩。

右侧胁侍菩萨：因龛壁残失仅剩痕迹，残高40.2厘米。可见右臂向上屈肘，有天衣垂身体右侧，下身着裙。

左侧胁侍菩萨：通高41、身高30、肩宽8厘米。头部残损，可辨束低发髻，戴宝冠。残痕可辨宝珠形头光。颈部刻三道纹，肩有垂发。袒裸上身，小腹微凸。从左肩至右腋斜披络腋，帛带末端翻出垂左腹。双肩覆天衣，沿两腋垂下，绕腕垂身体两侧。可见两条璎珞相交于腹下椭圆形饰后，沿双腿

图一五一　T－Y5－086测绘图

垂下并绕膝至身后。左臂自然垂于身侧，手持天衣末端。右臂向上屈肘，右手于肩前持物残损不明。下身着裙，腹下系腰带，裙长覆踝，裙上缘从腰部折返覆胯，裙褶风化残损。双腿并立，跣足外"八"字状立于双层覆莲座。

　　5. 相关遗迹

　　龛下方岩壁残存浅浮雕供养人像两组，共5身（图版一一六：2）。左侧组像3身，中像头戴长脚幞头，面朝右侧，身着团领长袍，双臂屈肘，双手于右肩前持长柄香炉。中像左侧可辨有人像残迹，细节不明。中像右侧小型人像，身高至中像胯部。头部残损，可辨束双髻。身体风化，衣式不明，双手于身前残损，可见于肩上侧有棍状物。右侧组像 2 身。左像头部残，仅剩痕迹，胸部风化残损衣式不明，可辨身着团领长袍，腰部束带，双臂屈肘，双手于左腹处残损。右像头部风化不清，身体风化细节不明，可辨身着长袍。

T – Y5 –087

1. 相对位置

巨石 E 壁右端。

2. 保存状况

外龛龛顶残损，右侧壁残损近残失，龛底外沿残损。内龛保存较好，龛顶风化剥落，龛楣风化，龛内尊像亦有风化现状，头部历史时期遭人为破坏。整体保存状况好（图版一一七、一一八）。

3. 龛窟形制

双层龛。外龛立面纵长方形，平面长方形，宽 45、高 59、深 2 厘米，龛顶现状内斜，龛底平。内龛立面方形，上侧两角有外弧形斜撑，平面近半椭圆形，龛口微内收，宽 43、高 44、深 8 厘米。龛顶、龛底平，龛顶与三壁缓弧形连接，龛楣双层檐形，上槛、门柱素面（图一五二）。

0   5   10 厘米

图一五二   T – Y5 –087 测绘图

4. 龛内造像

内龛正壁半圆雕一佛二比丘三尊像，两侧壁半圆雕菩萨像各1尊，共计造像5尊。

中尊佛坐像：通高54、身高30、肩宽11.2厘米。头部较大，头顶低覆钵状肉髻，现状素面无螺发，发际线较低，面部圆润，双颊丰满。耳垂较大，双肩削窄，颈部刻三道纹。宝珠形头光，尖部及龛顶，现状素面无纹。身着三层袈裟，内着僧祇支，中衣只露出覆右肩下垂部分。外着袒右肩袈裟，衣纹较密，刻划较深，腹前呈U形。双手于腹前结禅定印。结跏趺坐三层仰莲座，莲瓣形制宽大。其下有圆形素面基座。

右侧胁侍比丘立像：通高43.4、身高33、肩宽8厘米。头部较大，圆顶光头。耳垂较大，双肩削窄。圆形头光，现状素面无纹。上身内着交领衫，仅露出覆右肩部分。外着袒右肩袈裟，长覆小腿，右侧袈裟衣角搭左前臂垂下，衣纹较密，刻划较深，从左腹至身体右侧缓弧形发散。下身内着裙，跣足，外"八"字状立于素面圆形高座。

左侧胁侍比丘立像：通高47、身高35、肩宽8厘米。头部残损，可辨圆顶光头。双肩削窄，颈部刻三道纹。圆形头光，现状素面无纹。上身内着交领衫，仅露出覆右肩部分，外着偏袒右肩袈裟，长覆小腿，右侧袈裟衣角搭左前臂垂下，衣纹较疏，刻划较深，从左腹至身体右侧缓弧形发散。下身内着裙，跣足，外"八"字状立于素面圆形高座。

右侧胁侍菩萨立像：通高46.8、身高33.6、肩宽7.3厘米。头部残损，头顶残失，双肩削窄，覆垂发。可辨宝珠形头光。袒裸上身，小腹凸出，有项圈残痕，从左肩至右腋斜披络腋，帛带末端外翻垂左腹。双肩覆天衣，沿两腋垂下，绕手腕垂身体两侧。可见两条较粗连珠璎珞连接项圈两侧相交于腹前，后沿双腿垂下绕膝下至身后。左臂向上屈肘，左手于肩前残损。右臂垂放身侧，手持天衣末端。下身着裙，裙长及踝，腹下系腰带，裙腰外裹覆腰带，裙上缘从腰部折返覆胯，裙褶风化残损。左腿直立，右腿微屈膝，胯部左凸，身体重心居左脚，跣足，外"八"字状立于双层覆莲座。其下为圆形浅基座。

左侧胁侍菩萨立像：通高49、身高32.5、肩宽8厘米。头部残损，头顶可辨束高髻，双肩削窄，覆垂发。双层头光，内层椭圆形，外层宝珠形，现状纹饰不明。袒裸上身，小腹凸出，戴项圈，两条较粗连珠璎珞连接项圈两侧相交于腹前，后沿双腿垂下并绕膝下至身后。从左肩至右腋斜披络腋，帛带末端外翻垂左腹。双肩覆天衣，沿两腋垂下，绕手腕垂身体两侧。左臂垂放身侧，左手持天衣末端。右臂向上屈肘，右手于右肩前残损不明。下身着裙，裙长及踝，裙下系腰带，裙腰外裹覆腰带，裙上缘从腰部折返覆胯，裙褶风化残损。右腿直立，左腿微屈膝，胯部右凸，身体重心居右脚，跣足，外"八"字状立于双层覆莲座。其下为圆形浅基座。

5. 相关遗迹

外龛外沿左侧上方浅浮雕供养人像一组，共2身（图版一一九）。右像高26厘米，头部残损不明，可辨戴幞头，面朝中尊方向。身着团领长袍，双手掩袖中于右腋前作拱手状，双脚着靴前后而立。左像高17厘米，头部残损，可辨梳双垂髻，紧随右像身后，身着团领长袍，腹下系带，双手于腹上部作拱手状，双脚着靴，前后而立。

T – Y5 – 088

1. 相对位置

巨石 E 壁，T – Y5 – 087 左侧。

2. 保存状况

外龛龛顶外沿残损，生长青苔。内龛龛顶风化剥落，龛壁上部有水渍且碱化。龛内尊像亦有风化现状，部分尊像头部历史时期遭人为破坏。上槛风化酥粉。整体保存好（图版一二〇，一二一：1、2）。

3. 龛窟形制

双层龛，外龛立面纵长方形，平面横长方形，宽 57、高 66、深 45 厘米，龛顶、龛底平，龛口微内收。内龛立面纵长方形，平面梯形，宽 65、高 60、深 28 厘米，龛口微内收，龛顶、龛底平，龛顶与三壁缓弧形过渡，上槛、门柱素面（图一五三）。

4. 龛内造像

内龛正壁半圆雕一佛二比丘三尊像，两侧壁半圆雕菩萨像各 1 尊，外龛两侧半圆雕力士立像各 1 尊，龛内共计造像 7 尊。

中尊佛坐像：通高 59、身高 21、肩宽 13 厘米。头顶低覆钵状发髻，面部风化残损。双肩削窄，可辨颈部刻三道纹。有宝珠形头光残痕。上身内着袒右肩僧祇支，腹上束带，外着覆肩袒右式袈裟，右侧袈裟覆肩臂，左侧袈裟偏袒露胸腹，衣纹细密，线条刻划较深。双手于腹前施禅定印。下身着高腰裙，僧祇支内露出高腰裙上缘一角。结跏趺坐束腰座，束腰较短平面呈圆形，其上三层仰莲座，莲瓣形制宽大，其下六角形素面基座。

右侧胁侍比丘立像：通高 41.5、身高 34、肩宽 12 厘米。头部较大，圆顶光头，双肩削窄。身体前倾，探头望龛外。有圆形头光残迹。上身内着袒右肩衫衣，外着双领下垂式袈裟，长覆小腿，可见右侧袈裟衣角搭左前臂垂下，衣纹较密，刻划较深，从左腹至身体右侧缓弧形发散。双手胸前合掌。下身内着长裙，双脚残损。其下为素面圆形座。

左侧胁侍比丘立像：通高 40、身高 33、肩宽 12 厘米。圆顶光头，双肩削窄。有圆形头光残迹。上身内着袒右肩衫，外着覆肩袒右式袈裟，长覆小腿，右侧袈裟覆肩臂，左侧袈裟偏袒露胸腹，衣纹细密，线条刻划较深。右臂垂放体侧。左臂向上屈肘，左手于左胸前残损。下身内着长裙，跣足，外"八"字状立于素面圆形座。

右侧胁侍菩萨立像：通高 56、身高 39、肩宽 12 厘米。头顶束髻，戴宝冠，颈部刻三道纹，双肩削窄，覆垂发。袒裸上身，细腰，小腹微凸。戴项圈，两条连珠璎珞连接项圈两侧相交于腹前，后沿双腿垂下并绕膝下至身后。从左肩至右腋斜披络腋，帛带末端翻出垂于左胸。双肩覆天衣，右侧天衣覆上臂外侧而下绕手腕垂身侧，左侧天衣沿腋垂下，绕前臂垂身侧。左臂向上屈肘，左手于左肩前持杨柳枝。右臂垂放身侧，手提天衣末端。下身着裙，裙长覆踝，腹下系腰带，裙上缘从腰部折返覆胯，裙纹细密，刻划较深，呈纵向竖纹状。右腿直立，左腿微屈膝，胯部右凸，身体重心居右脚，跣足，外"八"字状立于双层覆莲座。其下为圆形浅基座。

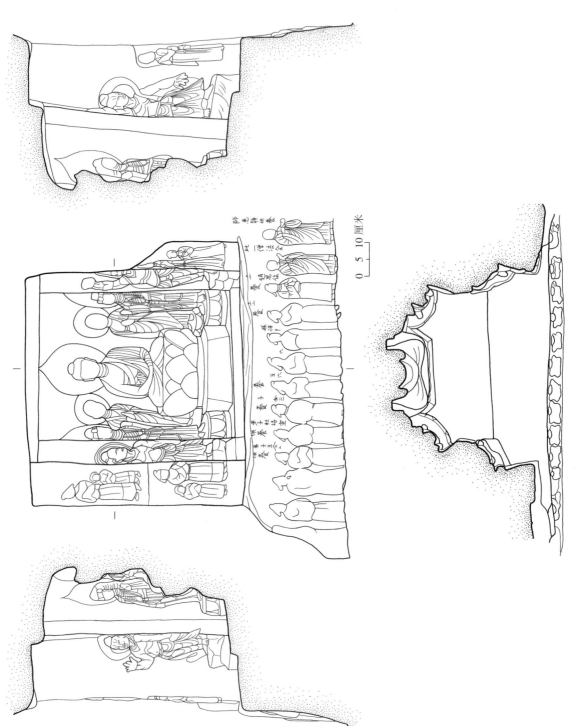

图一五三　T－Y5－088 测绘图

左侧胁侍菩萨立像：通高56、身高39、肩宽12厘米。头顶束髻，戴宝冠，颈部刻三道纹，双肩削窄，覆垂发。袒裸上身，细腰，小腹微凸。戴项圈，两条连珠璎珞连接项圈两侧相交于腹前圆形饰，沿双腿垂下并绕膝下至身后。从左肩至右腋斜披络腋，帛带末端翻出垂左胸。双肩覆天衣，左侧天衣覆上臂外侧而下，绕腕部垂于身侧，右侧天衣沿腋垂下，绕前臂垂身侧。右臂向上屈肘，右手于右肩前残损。左臂垂放身侧，手捻天衣末端。下身着裙，裙长覆踝，腹下系腰带，裙上缘从腰部折返覆胯，裙纹细密，刻划较深，呈纵向竖纹状。左腿直立，右腿微屈膝，胯部左凸，身体重心居左脚，跣足，外"八"字状立于双层覆莲座。其下为圆形浅基座。

外龛右侧力士立像：通高46、身高36厘米（图版一二一：3）。头顶束髻，面部残损，可见双目鼓圆。颈部筋骨凸出，袒裸上身，戴项圈，胸腹肌肉轮廓明显。双肩披天衣，上部环状飘于头顶，下部沿两腋而下挂腰带两侧垂体侧，右侧天衣末端上卷。双臂肌肉凸出。右臂向上屈肘，右手背朝外摊掌状置颈侧。左臂垂放身侧，左手向内握拳状。下身着长裙，腰部系带，裙腰反裹腰带，裙上端从腰部折返覆胯，裙长及踝，裙角飘逸。胯部右凸，右腿直立，左腿左伸，身体重心居右脚，跣足，外"八"字状立于岩座。

外龛左侧力士立像：通高54、身高38厘米。头顶束髻，面部残损，嘴部张开忿怒相。颈部筋骨凸出。袒裸上身，戴项圈，胸腹肌肉轮廓明显。双肩披天衣，上部环状飘于头顶，下部沿两腋而下挂腰带两侧垂体侧。双臂肌肉凸出，右臂振臂上举，右手残损可辨握拳状。左臂振臂垂体侧，手背朝外摊掌状。下身着A形长裙，腰部系带，裙腰反裹腰带，裙上端从腰部折返覆胯，裙长及踝，裙角飘逸。胯部右扭，右腿直立，左腿左伸，身体重心居右脚，跣足立于岩座。

5. 相关遗迹

龛外有供养人像三组，共计17身。

龛门左侧下方浅浮雕供养人像一组，共2身（图一五四）。右像较高，女性供养人，高26.5厘米，身朝龛内，头部残损，可辨梳高髻，上身着交领窄袖衫，可见身披帔帛，双手胸前合掌，下身着高腰长裙。左像较矮，高16厘米，紧随右像后，为侍者像，头部残损，上身着交领窄袖衫，双手掩袖中作拱手状，下身着高腰长裙（图版一二一：4）。

龛门右侧下方浅浮雕供养人像一组，共2身，对应左侧供养人像。左像较高，为男性供养人，高23厘米，身朝龛内，头戴长脚幞头，身着团领长袍，腰部束带，双手胸前合掌。右像较矮，高16厘米，紧随右像后，为侍者像，身着圆领袍，腰部束带，双手拱于身前。

龛底外沿下方浅浮雕供养人像一组，共13身，身形大体一致，高22厘米，皆身朝左侧列队状。头部左侧皆有阴刻竖书榜

0　　10　　20厘米

图一五四　T－Y5－088 左侧供养人像

题，残存 19 列，编号 T8。由左至右，第一尊比丘像，圆顶，身披袈裟，长覆小腿，可见右侧袈裟衣角绕腹前搭左前臂。左手于左胸前持念珠，右手于胸前持长柄香炉。下身内着裙，长及足背，脚风化残损。该像头部前方题刻："□师惠静供养。"第二尊比丘像，圆顶，身着交领式袈裟，长覆小腿，可见右侧袈裟衣角绕腹前搭左前臂垂下。双手于左胸前持带茎莲苞。下身内着裙，长及足背，脚部风化残损。该像头部前方题刻："此□一僧法全/□□。"第三尊俗人像，头戴长脚幞头，身着团领长袍，腹下束带，双手于胸前残损，脚风化残损。该像头部前方题刻："上□赵思侯/□养。"第四尊俗人像，头戴长脚幞头，身着团领长袍，腹下束带，腿部及脚残损不明。该像头部前方题刻："……/□养。"第五尊俗人像，头戴长脚幞头，身体风化，胸部以下残失。该像头部前方题刻："□孙待□/□□。"第六尊俗人像，头戴长脚幞头，身体风化，可辨身着长袍，双手置胸前。该像头部前方题刻仅存痕迹，风化不识。第七尊俗人像，头戴长脚幞头，身体风化，可辨身着长袍，腹下束带，双手置胸前。该像头部前方题刻："□□王六/□养。"第八尊俗人像，头戴长脚幞头，身体风化，可辨身着长袍，腹下束带，双手置胸前。该像头部前方题刻："弟子□安三/□养。"第九尊俗人像，头戴长脚幞头，身体风化，可辨身着长袍。该像头部前方题刻："弟子杜待宣/供养。"第十尊俗人像，头戴长脚幞头，身体风化，可辨身着长袍，双手置胸前。该像头部前方题刻："弟子王令□/供养。"第十一尊俗人像，身体残损，可辨头戴长脚幞头。该像头部前方题刻："弟子□□□/……"第十二尊俗人像，身体残损，可辨头戴长脚幞头，双手置胸前。该像头部前方题刻风化不识仅剩残痕。第十三尊俗人像，腰部以上残失，风化仅剩残痕。该像头部前方题刻风化不识仅剩残痕。

T－Y5－089

1. 相对位置

巨石 F 壁右端。

2. 保存状况

外龛龛顶残失仅剩右端残痕，左侧壁残失，龛底被耕地掩埋。内龛龛顶残损近残失，左侧壁残失，龛底左段残失，上槛残损。龛整体左部残失，主尊左侧尊像皆残失。通龛风化，且生长苔藓。整体保存状况差（图版一二二）。

3. 龛窟形制

双层龛，因残损严重形制不明，外龛残宽 64、高 76、深 41 厘米，龛底平，两侧壁外侧微外敞。内龛立面纵长方形，平面近半圆形，残宽 54、高 55、深 19 厘米。侧壁微外敞，龛底平，龛顶与三壁连接处较直（图一五五）。

4. 龛内造像

内龛残存半圆雕造像 3 尊，外龛残存半圆雕造像 1 尊，现存共计 4 尊像。

中尊佛坐像：残通高 54.5、残像高 34、肩宽 12.5 厘米。头部残损，可辨肉髻，有头光残迹。颈

0　　5　　10 厘米

图一五五　T－Y5－089 测绘图

部刻三道纹。上身内着袒右肩僧祇支，外着覆肩袒右式袈裟，右侧袈裟覆肩臂，左侧袈裟偏袒露胸腹。双手于腹前结禅定印。结跏趺坐三层仰莲座。其下施平面六角形素面高基座。

　　右侧胁侍比丘立像：通高 47.5、像高 37、肩宽 10.5 厘米。头部残损，可辨圆顶，有双层椭圆形头光，细节风化不明。颈部刻三道纹，身着交领袈裟，垂覆小腿，下身内着裙，足部残损不明。其下为素面圆座。

右侧胁侍菩萨立像：通高 60、身高 41、肩宽 11 厘米。头顶残失，面部风化不清，颈部刻三道纹，双肩削窄，覆垂发。双层头光，内层椭圆形，外层宝珠形，素面无纹。袒裸上身，细腰，小腹凸出。戴项圈，两条连珠璎珞连接项圈两侧相交于腹前小型圆饰，后沿双腿垂下并绕膝至后。从左肩至右腋斜披络腋，帛带末端翻出垂于左胸。双肩覆天衣，可见两侧天衣绕腕垂于体侧。右臂向上屈肘，右手于右肩前残损。左臂垂放身侧，手捻天衣末端。下身着裙，裙长覆踝，腹下系腰带，裙上缘从腰部折返覆胯。右腿直立，左腿微屈膝，胯部右凸，重心居右脚，跣足，外"八"字状立双层覆莲座。

外龛右侧壁力士立像：通高 56、身高 44 厘米。头部、上身因风化细节不辨，头后有环状天衣残痕。左臂振臂上举头侧，手残损。右臂振臂下垂体侧，手向内握拳。下身着 A 形长裙，裙长覆踝，腹下系腰带，裙上缘从腰部折返覆胯。胯部左凸，左腿直立，右腿右侧伸出，重心居左脚，跣足，立于双岩座。

T－Y5－090

1. 相对位置

巨石 F 壁左端。

2. 保存状况

龛整体上部、右部石块崩落残失，主尊右侧尊像皆残失。龛通体生长苔藓。整体保存较差。

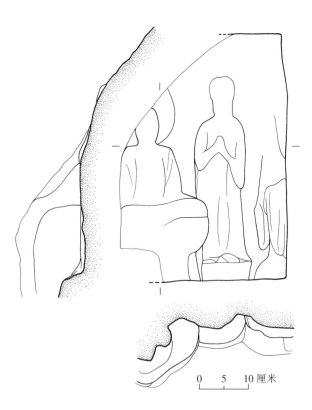

图一五六　T－Y5－090 测绘图

3. 龛窟形制

残损严重形制不明，残宽 33、残高 42、深 20 厘米（图一五六）。

4. 龛内造像

龛内残存高浮雕造像共 3 尊。

主尊：身体残损严重，残高 30 厘米。右肩、胸部、头部残失。可见左臂屈肘，左手于腹前残损。结跏趺坐束腰须弥座，束腰素面较高，平面六角形。其上三层仰莲座。其下六角浅基座。

主尊左侧比丘像：残高 40 厘米，身体风化细节不辨。双臂屈肘，双手于胸部残损，双足外"八"字状立于座。座平面呈圆形，风化细节不明。

左侧胁侍菩萨：胸部以上残失，残高 42 厘米。身体风化严重。可见身体两侧垂天衣。下身着裙。双足外"八"字状立于座。座平面呈圆形，因风化细节不明。

T－Y5－091

1. 相对位置

巨石 G 壁右端。

2. 保存状况

外龛龛顶残损，右侧壁残失，左侧壁、龛底外沿残损。内龛龛顶层状风化脱落，外沿残损。造像风化严重，历史时期遭人为破坏（图版一二三）。

3. 龛窟形制

双层龛。外龛方形，残宽 83、高 83、深 46 厘米。龛顶现状内斜，龛底外斜，侧壁外敞。内龛立面方形，平面近半圆形，残宽 66、高 67、深 33 厘米。侧壁外敞，龛顶现状内斜，龛底外斜，龛顶与三壁弧形过渡，上槛、门柱素面（图一五七）。

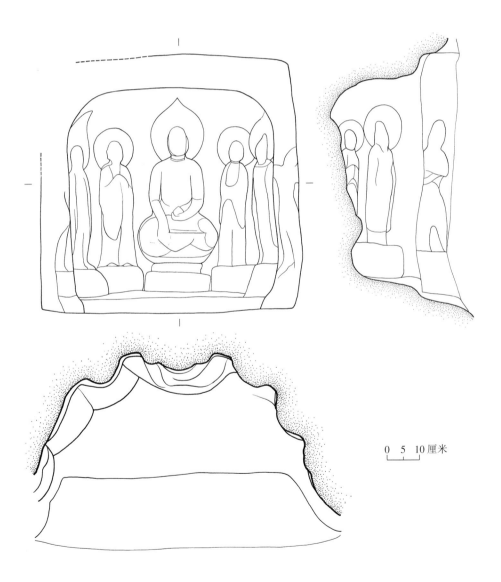

0　5　10 厘米

图一五七　T－Y5－091 测绘图

4. 龛内造像

内龛正壁半圆雕一佛二比丘三尊像，两侧壁半圆雕菩萨像各 1 尊，外龛两侧半圆雕力士立像各 1 尊，龛内共计造像 7 尊。

中尊佛坐像：通高 62、身高 33、肩宽 14 厘米。头部残损，可辨头顶发髻，双肩较宽。有宝珠形头光残痕。袈裟风化，形制不明。左手脐前似捧钵，右手残损，似施触地印。有袈裟覆座残痕。结跏趺坐束腰座，上座、束腰风化残损，基座残失。

右侧胁侍比丘立像：通高 51、身高 40 厘米，肩宽 9 厘米。头部残失，有头光残痕。上身残损严重，细节不辨。下身着裙。座残损不明。

左侧胁侍比丘立像：通高 52、身高 40、肩宽 9 厘米。风化残损严重，可辨圆形头光。圆顶。身着袈裟。下身着裙。座残损不明。

右侧胁侍菩萨立像：残高 49 厘米。通身风化残损严重且生长青苔，可见天衣余段垂身侧，其余细节不辨。

左侧胁侍菩萨立像：通高 59、身高 41、肩宽 9 厘米。可辨宝珠形头光残迹。通身风化残损严重，可见天衣余段垂身侧，其余细节不辨。

外龛两侧力士残损仅剩痕迹。

T – Y5 –092

1. 相对位置

巨石 G 壁，T – Y5 –091 左侧。

2. 保存状况

龛顶残失，龛底被耕地掩埋，侧壁外沿风化残损。通体生长青苔。

3. 龛窟形制

单层龛，纵长方形，宽 52、残高 100、深 13 厘米。龛形制残损不明。

4. 龛内造像

正壁半圆雕立像 1 尊。龛内共计造像 1 尊。

立像残高 93、肩宽 33 厘米。通体风化，细节不辨。

坛神岩区 Y6

坛神岩区 Y6 巨石位于距离 Y1、Y2 东围墙东南方向约 65 米的田间高坎上，地理坐标：北纬 30°15′35.03″，东经 104°10′05.88″。共有造像 10 龛，依次编号为 T – Y6 –093 ～ T – Y6 –102，其中 T – Y6 –093 ～ T – Y6 –096 分布于巨石西崖面，田间高坎上，朝向 293°（图一五八）。T – Y6 –097 ～ T – Y6 –102 分布于巨石东崖面，田间高坎下，朝向 130°（图一五九）。龛基本呈"一"字形排列（图版一二四、一二五）。

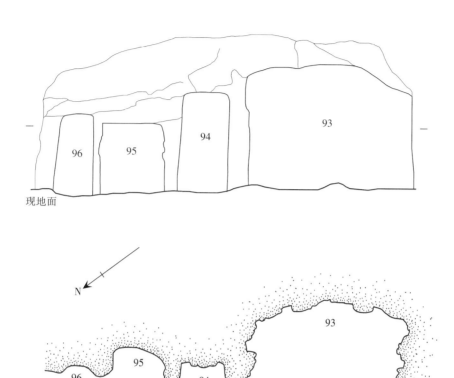

图一五八　坛神岩区 Y6 西崖壁龛窟分布图

T‐Y6‐093

1. 相对位置

坛神岩区 Y6 西崖壁左起第一龛，T‐Y6‐094 左侧。

2. 保存状况

龛顶、龛门残损严重，左侧龛顶、左侧壁大部不存。龛内造像表面风化，长苔，下排造像头部残失。龛底被淤土掩埋，进行清理后暴露（图版一二六、一二七）。

3. 龛窟形制

横长方形龛，龛顶残，残高 200、宽 252.8、深 154.5 厘米，龛壁平，壁面有明显左高右低斜向凿痕（图一六○）。

4. 龛内造像

正壁残存高浮雕造像 11 尊，下排 5 尊，上排 6 尊。左侧壁残见下排造像 2 尊。右侧壁残见造像 4 尊，下排 2 尊，上排 2 尊。共计 17 尊。编号见图一六一。

17 尊造像中，有 8 尊着佛装（深灰色），包括 2、3、4、10、12、13、16、17 号像。4 尊着菩萨装（浅灰色），包括 8、9、11、15 号像。3 尊着道袍（中灰色），包括 1、5、14 号像。另有 2 尊漫漶不辨。

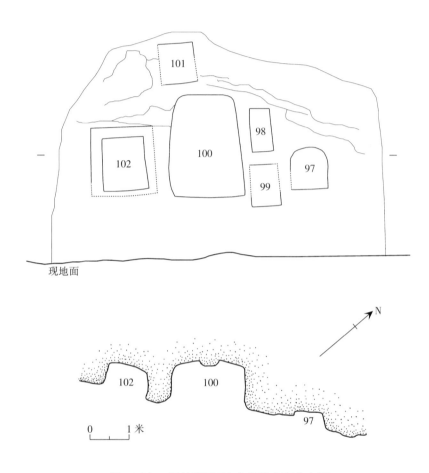

图一五九 坛神岩区 Y6 东崖壁龛窟分布图

1 号像：正壁下排左起第一尊，着道袍立像。头部及肩、胸部残失，残通高 79 厘米。左臂屈肘，手残失。右臂下垂贴右身侧，手残失。外披大氅，胸部系带打结下垂，底边尖。下着长裙遮踝。着履，履头残。

2 号像：正壁下排左起第二尊，佛装立像。头、肩残失，残通高 66 厘米。左臂下垂贴左身侧，手心朝外，四指弯曲握物，部分残失，细节不辨。右臂屈肘，右手置胸前，持念珠状物下垂，手上部残。上身可见双肩披通肩式大衣（袈裟），右襟自右肩下垂绕过胸前，挂于左肩下的袈裟扣，沿左上臂下垂。身前衣纹袈裟扣以下左高右低斜向，底边同。下身着长裙，遮踝。赤足，足部以下被耕地掩埋。

3 号像：正壁下排左起第三尊，佛装倚坐像。头、肩残失，残通高 60 厘米。双手下垂合于腹部，手部漫漶。上身着通肩式大衣（袈裟），颈下可见翻转衣褶，身前衣纹呈 U 形。大腿及膝残失，仅见小腿下部。赤足踩小台。座为方座，细节不辨。

4 号像：正壁下排左起第四尊，佛装立像。头、肩残失，残通高 69 厘米。左臂屈肘，左手置左肩下，腕部下垂衣袖。右臂下垂贴右身侧，手部残失。上身可见着衣两层。内衣交领右衽，有宽衣边，上腹部有系带痕迹。外衣通肩式，右襟自右肩下垂，于上腹部绕过腹前，身前衣纹 U 形。胯部以下石片脱落。残见着长裙，赤足，足部以下被耕地掩埋。

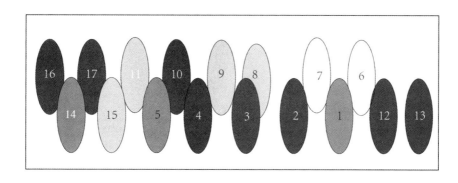

图一六一　T－Y6－093 尊像编号图

5 号像：正壁下排左起第五尊，持扇着道袍立像。头、肩残失，残通高71厘米。左肘微屈，左手持扇于腹前，手握扇柄下部，扇面呈纵长方形斜置腹前。右臂屈肘，右手置右肩处，手残失。上身可见着衣两层，内衣交领右衽，外衣披双肩下垂，有宽衣边。胯部以下石片脱落，残见下身着长裙，遮踝。足着履，履头残失。赤足，足部以下被耕地掩埋。

6 号像：正壁上排左起第一尊，立像。仅见头、颈轮廓，残高86厘米。身左侧有天衣下垂，下身裙纹，其余漫漶不辨。

7 号像：正壁上排左起第二尊，持物立像。头、上身石片脱落，仅见轮廓，通高86厘米，身高77厘米。残见头顶有高髻。右臂屈肘，右手置腹前竖持尺状物，下细上粗，有竖向平行线纹。膝处可见左高右低斜向底边。赤足立于仰莲台，莲台浮雕两层仰莲瓣，下有素框台基。

8 号像：正壁上排左起第三尊，菩萨装立像。头顶发髻正面残，通高85、身高76、肩宽23厘米。头顶有高发髻，轮廓似桃形。戴三面宝冠，正冠面轮廓尚存，纹饰漫漶，两侧冠面水滴形，天冠台宽，头两侧可见系冠缯带，打结下垂于肩前。残见发际线痕迹，面部五官漫漶。颈部三道纹。左臂屈肘，左手持物置胸前，持物椭圆形，细节漫漶。右臂不详。戴项圈，腹部残见两股连珠璎珞交于腹部圆牌后下垂，呈 X 形。未见足，下有方台。

9 号像：正壁上排左起第四尊，菩萨装立像。通高82、肩宽21厘米。头顶有圆球状高发髻。戴三面宝冠，正冠面宝珠形，纹饰漫漶，两侧冠面水滴形，天冠台宽，头两侧可见系冠缯带，打结下垂于肩、胸部。"人"字形发际线，五官漫漶。颈部三道纹。左臂不详。右臂屈肘，右手持圆球状物置胸前，细节漫漶。上身着帔帛，自左肩到右胁下。肩披天衣。腹部可见着裙系腰带。戴项圈，圈为素面，下有大连珠，两侧垂两股连珠璎珞交于腹部圆牌后分四股下垂，两侧股向胯后延伸，中两股下垂。未见足，下有方台。

10 号像：正壁下排左起第五尊，佛装立像。通高81、肩宽22厘米。头顶有高髻，头两侧有覆发下垂披肩两侧。面部残破，颈部三道纹。左手于下腹部施印，手背朝外，食指、中指弯曲，其余手指伸直。右手置胸前持物，手心朝上，手指伸直，持物竖长方体。上身着通肩式外衣，右襟自右肩绕过胸前，搭左肩，身前衣纹呈左高右低斜向。膝以下未见雕刻，有方台。

11 号像：正壁上排左起第六尊，菩萨装立像，通高 81 厘米。头顶有桃形高发髻。戴三面宝冠，细节漫漶，可见天冠台宽，头两侧有冠缯带，打结下垂于肩、胸部。五官不存。颈部无刻纹。左臂不详。右臂屈肘，右手持柳枝状物置右肩前，手背朝外。上身着络腋，自左肩到右胁下。肩披天衣。腹部可见着裙系腰带。戴项圈，圈为大连珠，下垂三股垂珠。下身衣饰漫漶。赤足立于莲台，可见两层仰莲瓣。

12 号像：左侧壁下排外起第一尊，佛装立像，身体大部分残失，残通高 72.8 厘米。残见右臂屈肘，右手举右肩下，手部残失。身前为左高右低斜向衣纹，底边同。下着长裙。

13 号像：左侧壁下排外起第二尊，佛装立像。头部残失，残通高 66 厘米。双手于胸前相握，手背朝外，左手在外，右手在内。双肩下垂宽衣边。双腕处下垂宽衣袖，垂至膝下。身前衣纹上为弧形，下为交叉弧形，底边尖，垂膝下。下身着长裙，遮踝。赤足，足部以下被耕地掩埋。

14 号像：右侧壁下排外起第一尊，着道袍立像。头、肩部残失，残高 72 厘米。双手持长如意状物于身前，持物上粗下细。左臂屈肘，左手置左肩下，手背朝外护持物上端。右臂微屈，右手置右下腹部握持物下端，小指伸直，其余四指弯曲。上身可见着衣两层，内衣交领右衽，外衣披双肩下垂，腹部系带打结。下身衣纹漫漶。可见裙长覆踝，着履，履头残。足部以下被耕地掩埋，可辨覆莲座。

15 号像：右侧壁下排外起第二尊，骑像菩萨结跏趺坐像。头顶高髻残，残通高 77 厘米，残身高 28、肩宽 15 厘米。面部漫漶，头部两侧可见冠缯带打结下垂。双手合十于胸前。双肩可见披天衣，绕双腕下垂。腹部略鼓，残见璎珞呈 X 形。结跏趺坐，左腿在外在上，右腿在内在下。腿部衣纹呈"入"字形。坐仰莲台，垂裳覆莲台上部，衣纹呈三道弧线。下部可见两层仰莲瓣。莲台下为大象正面立像，可见有长鼻，下部残断，双大耳贴头部，腿部直立，可见趾。象立于覆莲台。

16 号像：右侧壁上排外起第一尊，戴冠佛装立像。头部残破，仅见轮廓。残通高 86、残身高 75、肩宽 20 厘米。头顶有高髻痕迹，头两侧有冠缯带打结下垂至肩前。左手置右胸部，手心朝上持扁圆物。右臂下垂贴右身侧，手持念珠一串，右臂外侧贴龛门内壁。身披大衣（袈裟），身右侧可见半 U 形衣纹。未见足。下有仰莲台，通高 8 厘米，浮雕仰莲瓣，下有台基。

17 号像：右侧壁上排外起第二尊，戴冠佛装立像。通高 82、身高 74、肩宽 22 厘米。头顶有桃形高髻，戴三面宝冠，细节漫漶。"人"字形发际线，两鬓下垂，长发覆肩两侧。五官轮廓尚存，下颌残。左手下垂置胯部执花蕾状物，手背朝外，拇指、食指夹持细茎，花蕾垂手下方。右手置胸前，手心朝上捧物。上身着内衣，腰部有系带痕迹。外衣（袈裟）自右胁处向上搭左肩，身前衣纹左高右低斜向。下身衣纹漫漶。赤足立于莲台。

T－Y6－094

1. 相对位置

坛神岩区 Y6 西崖壁左起第二龛，T－Y6－093 右侧，T－Y6－095 左侧。

2. 保存状况

龛顶、龛门保存尚好，龛壁右部长苔。龛下部被淤土掩埋，经清理后暴露。造像面部和右手残缺（图版一二八）。

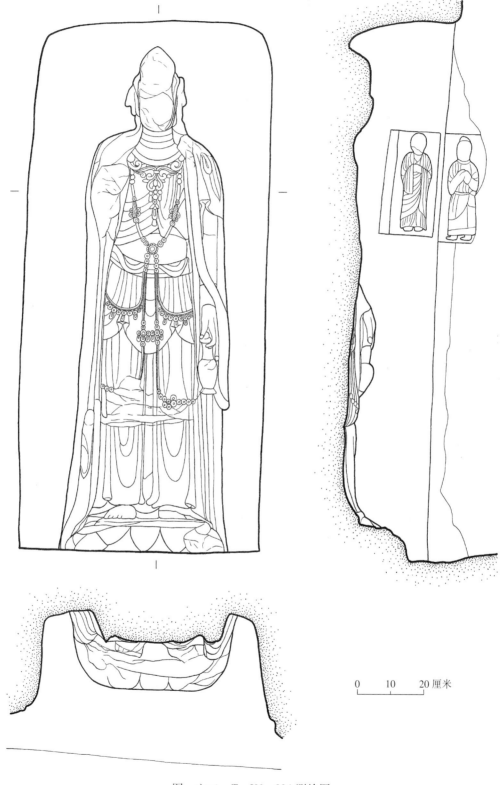

图一六二　T-Y6-094 测绘图

3. 龛窟形制

纵长方形单层龛，内龛高 163.4、宽 72.5、深 39.8 厘米，龛顶转角圆拱形，龛壁平，壁面有明显点状凿痕（图一六二）。

4. 龛内造像

正壁残存高浮雕菩萨立像 1 尊。

菩萨立像通高 155、身高 135、肩宽 37 厘米。头顶残见有高冠轮廓，头两侧有冠缯带下垂肩部轮廓，左侧冠缯带自左肩内侧下垂至左臂内侧，绕左腕部下垂。面部椭圆形，五官不存。颈部三道纹。双肩头略残，左手下垂于身侧提净瓶。瓶长颈、椭圆鼓腹、侈口。手心朝右，拇指压瓶口上沿，食指、中指弯曲勾瓶口下沿，其余两指护瓶颈。右臂屈肘，肘部以下残失。戴项圈，圈上层残见粗素圈，下层为卷草纹。中部下垂短连珠、流苏一串，两侧各下垂一股长连珠璎珞，交于腹部圆形珠牌，后垂直下垂，至大腿上部时主干向左、右两侧分支绕于胯部后侧，主干下垂至膝部绕向身后。上身披络腋，自左肩到右胁下，一端自左胸前翻出。下身着长裙，上沿翻折垂于胯部，底边呈 M 形。裙下沿长垂覆踝，赤足略残，立于覆莲台上。莲台为双层莲瓣。

5. 龛内遗迹

左侧壁内侧施附龛，编号 T‒Y6‒094‒1。左侧壁外侧施附龛，编号 T‒Y5‒094‒2。

T‒Y6‒094‒1：高 32.6、宽 11.6 厘米。龛内浮雕比丘立像 1 尊，身高 31 厘米。圆顶，面部残，颈部可见三道纹。双手合拱于胸前，持方形物。左肩披大衣袒右，右肩覆肩衣，下垂至胯部，大衣绕右肘下横过腹部搭于左前臂，下垂于膝部。左臂覆肩衣，下垂至胯部。下身着长裙，覆踝。足似着履，未见脚趾。

T‒Y6‒094‒2：上下可见龛楣、龛底痕迹，高 33.7、残宽 7 厘米。龛内浮雕男性俗人供养人立像 1 尊。头顶戴幞头。双手合拱于胸前。身着团领长袍，系腰带。着靴。

T‒Y6‒095

1. 相对位置

坛神岩区 Y6 西崖壁，T‒Y6‒094 右侧，T‒Y6‒096 左侧。

2. 保存状况

龛顶保存尚好，两侧龛门石块脱落，龛外壁长苔。龛大部被淤土掩埋，经清理后暴露。造像表面漫漶（图版一二九）。

3. 龛窟形制

纵长方形龛，高 113.5、宽 100、深 58.9 厘米，龛顶、龛壁平。龛底有"凹"字形基坛，高 7.4 厘米（图一六三）。

4. 龛内造像

正壁高浮雕佛坐像 1 尊、比丘立像 2 尊、菩萨立像 2 尊，浮雕头胸像 4 尊。左侧壁高浮雕力士立像 1 尊、头胸像 2 尊。右侧壁高浮雕力士立像 1 尊、头胸像 2 尊。共计造像 15 尊。编号见图一六四。

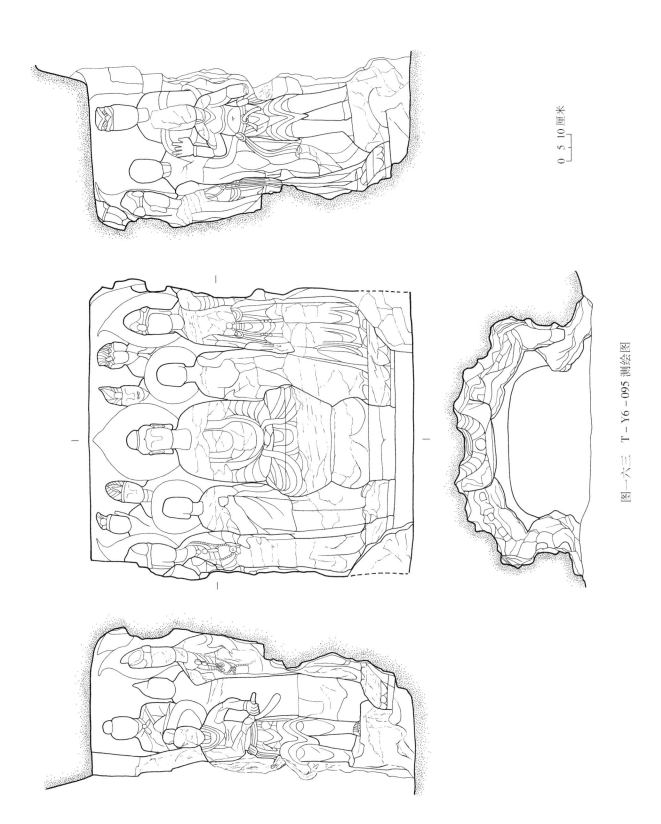

图一六三 T-Y6-095 测绘图

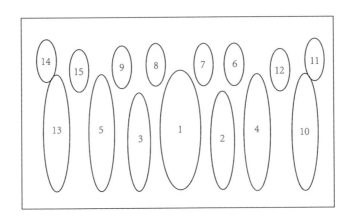

图一六四　T－Y6－095 尊像编号图

1 号像：正壁中央主尊佛结跏趺坐像。通高 117、身高 57、肩宽 24、膝宽 37 厘米。有宝珠形头光，宽 27、高 30 厘米。头顶有半球形高肉髻，发际线缓平。面部五官漫漶，仅见轮廓。双耳大，贴头两侧。颈部刻三道纹。双手下垂合于腹部，相叠，手心朝上，持一残存扁圆形物。身体衣纹大部漫漶，残见双腕部下垂衣边，覆座台面，沿座正面下垂。结跏趺坐于束腰台座上。台面石片脱落，束腰处窄扁，座基扁圆鼓状，残见左、右二连弧状结构，细节不明。

2 号像：正壁主尊左侧比丘立像。通高 90.5、身高 76.5 厘米。有圆形头光。面部及颈部表面风化严重，细节不明。腹部石片残缺，腿部衣纹漫漶。跣足立于浅台。台面石片剥落，下端可见覆莲瓣尖，其余细节不明。

3 号像：正壁主尊右侧比丘立像。通高 88.3、身高 74 厘米。有圆形头光。面部及颈部表面风化严重。双手合于胸前，捧方形物。下身衣纹不明，跣足立于浅台。台面石片剥落，细节不明。

4 号像：正壁主尊左侧菩萨立像。通高 98、身高 88 厘米，身体表面细节大部风化。有宝珠形头光，宽 20、高 30.5 厘米。头顶有三角形高发髻，戴宝冠，天冠台较厚，正冠面为大三角形，正中有圆形物，头两侧下垂冠缯带覆肩。左臂屈肘，手置左肩头，持柳枝状物。右臂下垂，右手置右身侧，持物残失不明。身前衣纹大部残失，可见腹部有裙上沿翻折，小腿部有竖向弧线裙纹，赤足立于浅台。台面上部石片剥落，下部可见两层覆莲瓣尖。

5 号像：正壁主尊右侧菩萨立像。通高 98、身高 88 厘米。有宝珠形头光，宽 20、高 30 厘米。头顶有三角形高发髻，戴宝冠，正冠面为大三角形，头两侧下垂冠缯带覆肩。左臂微屈肘，左手置左胯部，持物残失不明。右臂屈肘，右手置右肩头，持物。肩胸部衣纹漫漶。腹部可见身着络腋，有两股下垂璎珞相交于腹部圆牌。腹部有竖向衣纹褶皱，腿部衣纹大部残失。赤足立于浅台。台面上部石片剥落，下部可见覆莲瓣尖。

6 号像：正壁上部左起第一尊胸像，三头，高 22 厘米。正面头宽圆，有高发髻，戴冠，冠面细长尖状。两侧头较小，仅见侧面。双手合十于胸前。右肩部可见披衣领为 V 形。

7 号像：正壁上部左起第二尊胸像，高 19.6 厘米。头顶束高髻，朝左侧倾斜，戴冠，正冠面尖长，头两侧有冠缯带下垂。面部五官凸出，大眼、高颧骨。

8 号像：正壁上部左起第三尊胸像，高 17.5 厘米。头顶束高发髻，戴冠，正冠面尖长。面部宽圆，五官扁平。

9 号像：正壁上部左起第四尊胸像，高 22 厘米。头顶束高发髻，头部两侧有兽足状物下垂于肩，合于胸前（此足可能为龙足）。

10 号像：左侧壁下部高浮雕力士立像，头部大部残失，仅存轮廓。通高 94、身高 72 厘米。左手外张下垂，手部残失。右臂屈肘，右手高举头右侧，手掌朝外，五指张开。头部两侧有半圆形天衣伸出，呈 Φ 形。右肘处天衣下垂系腰侧，后飘扬下垂置身体右侧，末端呈鱼尾状。戴 V 形项圈，胸部肌肉发达，有明显肚脐。下身着短裙，腰部系带打结。裙短垂于膝上，底边呈 M 形。小腿赤裸，细长而直，赤足立于岩座，足、座均残。

11 号像：左侧壁上部外侧兽头帽胸像，面部及肩、胸石质酥粉脱落，细节不明，残高 43.5 厘米。残见头部戴兽头帽状物，兽头有三角形耳，眼圆而大，三角形鼻头，嘴大咧，略残。

12 号像：左侧壁上部内侧尖耳立像，身体表面漫漶，残高 69 厘米。可见头为圆顶，面部扁，眉弓凸出，眼大、嘴大、颧骨凸出。左臂屈肘，左手持物于腹前，持物不明。下半身有椭圆形凸物。

13 号像：右侧壁下部高浮雕力士立像，通高 91、身高 72 厘米。头顶有球状高髻，外侧残失。面部五官漫漶，颈部残失。头左侧有半圆形天衣伸出。左手外张下垂至左腰外侧，持剑状物。右臂屈肘横于身前，至左腰侧，按剑。戴 V 形项圈，胸部肌肉发达。左侧腰下垂短带飘扬。下身着短裙，腰部系带打结。着两层裙短，上层应为上沿翻折下垂，遮胯部，底边呈 M 形，下层为下沿，垂于膝上，底边呈尖锐的 M 形。小腿赤裸，细长而直，赤足立于岩座，右足、座正面残。

14 号像：右侧壁上部外侧武士装胸像，高 28 厘米。戴胄。头顶有髻。胸前系领巾。左臂屈肘，左手置胸前持细长棍状物。

15 号像：右侧壁上部内侧立像，残高 78 厘米。风化严重，仅存轮廓。头顶有三角形高角状。双手合于胸前。其余细节不明。

T – Y5 – 096

1. 相对位置

坛神岩区 Y6 西崖壁，T – Y6 – 095 右侧。

2. 保存状况

龛顶、龛门石块脱落，龛外壁长苔。龛下部被淤土掩埋，经清理后暴露。造像表面漫漶。

3. 龛窟形制

纵长方形龛，高 136、宽 55.5、深 15 厘米，龛壁平（图一六五）。

4. 龛内造像

高浮雕菩萨立像 1 尊。身体表面石片残失，大部分仅存轮廓。通高 137、身高 108 厘米。有宝珠形头光，高 39、宽 31 厘米。头顶束高发髻，头部两侧可见冠缯带下垂覆肩。左臂屈肘，残失不明，肘部

下垂天衣置身左侧。右臂下垂置右身侧，手持净瓶，右手拇指按瓶口，食指、中指勾瓶口下沿，其余手指伸直护瓶颈。瓶平侈口，细长颈，椭圆形腹部，圆饼底。右手腕部可见天衣下垂于身右侧。

T－Y6－097

1. 相对位置

坛神岩区 Y6 东崖壁，左起第一龛，T－Y6－098、T－Y6－099 龛右侧。

2. 保存状况

龛壁长苔。龛内造像严重残损。

3. 龛窟形制

纵长方形龛，高 64、宽 58.6、深 26.2 厘米，龛顶圆拱形，龛壁平，龛壁转角接近直角（图一六六）。

4. 龛内造像

高浮雕造像 1 尊。可辨坐像轮廓，残高 68 厘米。下部残存高浮雕横长方形物，宽 30 厘米，应为高座。

0 5 10 厘米

图一六五　T－Y6－096 测绘图

T－Y6－098

1. 相对位置

坛神岩区 Y6 东崖壁，T－Y6－097 右上侧，T－Y6－099 上侧，T－Y6－100 左侧。

2. 保存状况

龛壁长苔。龛内造像严重残损，仅存轮廓。

3. 龛窟形制

双层龛。内龛纵长方形，高 66.4、宽 35.8、深 14 厘米。龛顶、龛壁平，龛壁转角近直角。外龛仅剩痕迹（图一六七）。

4. 龛内造像

残存立像轮廓 2 尊。左侧立像残高 51 厘米，身体右侧可见天衣下垂。右侧立像残高 60 厘米，可见右手屈肘置右肩，肘部下垂天衣。应为二菩萨立像。

T－Y6－099

1. 相对位置

坛神岩区 Y6 东崖壁，T－Y6－097 右侧，T－Y6－100 左侧，T－Y6－098 下侧。

2. 保存状况

龛顶、两侧门严重残失，壁长苔。龛内造像严重残损。

3. 龛窟形制

双层龛。内龛纵长方形龛，高 66.7、宽 30.6、深 18 厘米。龛楣不存，龛壁平，龛壁转角接近直角（图一六八）。外龛残存痕迹。

4. 龛内造像

残存菩萨立像轮廓 2 尊，并列而立，残高约 59 厘米。均有头光，形制不明。左侧立像身体两侧有天衣下垂。右侧立像可见天衣绕膝，身体右侧有天衣下垂。

T - Y6 - 100

1. 相对位置

坛神岩区 Y6 东崖壁，T - Y6 - 098、T - Y6 - 099 右侧，T - Y6 - 101 下侧。

2. 保存状况

两侧龛门部分石块脱落，外壁长苔。龛内造像严重风化，壁面酥粉，起层脱落（图版一三〇）。

3. 龛窟形制

梯形单层龛，龛顶略窄，龛底略宽。高 160.7、宽 124.1、深 85.8 厘米。龛顶、龛壁平。龛壁转角接近直角（图一六九）。

4. 龛内造像

正壁高浮雕千手观音立像 1 尊，通高 159、像高 134、肩宽 22 厘米。头顶有球形大高发髻，戴三面宝冠，正面冠面上有佛坐像 1 尊，仅存轮廓，两侧冠面装饰圆形团花状物。双耳后侧可见垂发或冠缯带下覆肩。面部五官漫漶。颈部刻三道纹。

千手分为高浮雕、浮雕、极浅浮雕三类。高浮雕手臂两只，双手合于胸前，手部漫漶。

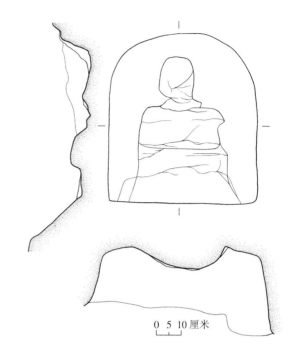

0　5　10 厘米

图一六六　T - Y6 - 097 测绘图

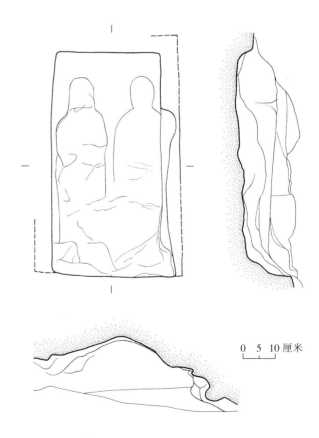

0　5　10 厘米

图一六七　T - Y6 - 098 测绘图

浮雕手臂 24 只，身体两侧各 12 只，手持物，持物大部漫漶不识。极浅浮雕数层小圆形，似掌若干，分布于龛正壁观音身围，构成身光之形，宽 100、高 106 厘米，现仅存痕迹。

胸部衣纹漫漶，可见肩披天衣沿身体两侧下垂，至下腹部呈上下两道绕过身前，上搭肘部后再沿身体两侧下垂。腹部赤裸，圆鼓，可见两股璎珞交于腹部圆形牌饰，后分两股沿腿部内侧下垂至膝。下身着裙，系腰带，于腹部打结下垂。裙上沿翻折下垂覆胯部，底边呈"入"字形。腿部残见阴刻竖线状裙纹，膝以下漫漶。立于小方台上，仅存轮廓。

5. 龛内遗迹

左侧壁下部，阴线刻竖长框，高 85、残宽 27 厘米。框内残见阴刻线衣纹若干，细节不辨。

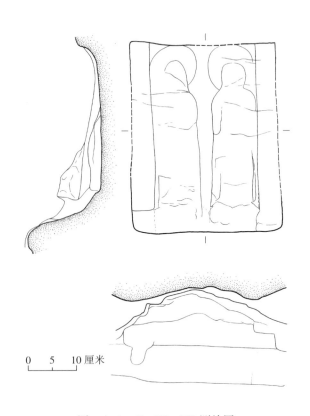

图一六八　T‑Y6‑099 测绘图

右侧壁下部，阴线刻竖长框，下部残，残高 82、残宽 30 厘米。框内未见雕刻。

T‑Y6‑101

1. 相对位置

坛神岩区 Y6 东崖壁，T‑Y6‑100 上侧。

2. 保存状况

两侧龛门严重残损，外壁、内壁上部长苔。龛内造像岩石起层脱落，仅存轮廓。

3. 龛窟形制

方形双层龛。内龛残高 67、宽 65、深 35 厘米，龛顶、龛壁平，龛口外敞。外龛大部残失，仅见左侧龛门痕迹（图一七○）。

4. 龛内造像

龛内造像大部残损，残见造像轮廓 6 尊。

内龛正壁中央主尊，坐像 1 尊，有宝珠形头光，座为束腰座，台面可见仰莲瓣。

内龛正壁主尊两侧，可见立像各 1 尊，均有圆形头光，左侧立像可见披袈裟，双手合于胸前，立于浅台。

内龛左、右侧壁残见立像各 1 尊，右侧壁立像可见宝珠形头光。

外龛正壁左侧可见立像轮廓 1 尊。

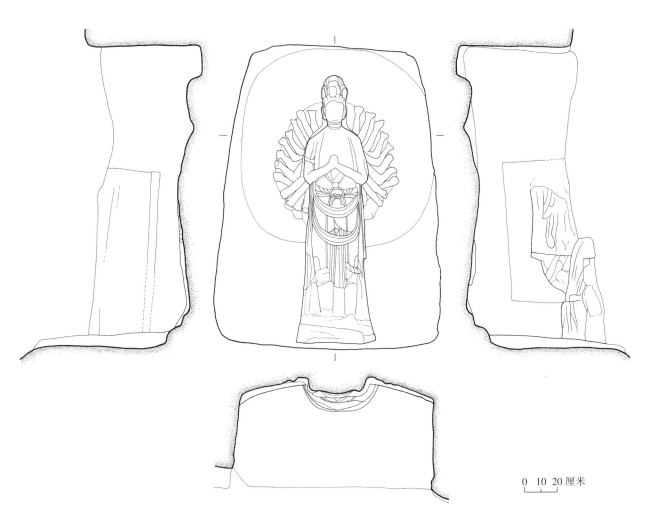

图一六九　T－Y6－100 测绘图

T－Y6－102

1. 相对位置

坛神岩区 Y6 东崖壁，T－Y6－100 右侧。

2. 保存状况

外侧左侧龛门严重残损，右侧龛门下部残失。外壁长苔。龛内造像岩石酥粉、脱落，细节不存（图版一三一、一三二）。

3. 龛窟形制

双层龛。内龛纵长方形高 82.1、宽 74.9、深 39.1 厘米。龛顶外斜，龛楣浮雕屋檐，龛壁平，龛口直。外龛纵长方形，高 109、宽 95、深 47.8 厘米（图一七一）。

4. 龛内造像

内龛正壁高浮雕佛倚坐像 1 尊，比丘立像 2 尊，正壁上部浮雕头胸像 4 尊。内龛左侧壁高浮雕菩萨立像 1 尊、力士立像 1 尊，头像 2 尊。内龛右侧壁高浮雕菩萨立像 1 尊、力士立像 1 尊，头像 2 尊。外龛正壁左右两侧各高浮雕力士立像 1 尊。共计造像 17 尊。尊像分布见图一七二。

1 号像：内龛正壁中央佛倚坐像。通高 75、身高 48、肩宽 16 厘米。有宝珠形头光，高 26、宽 18 厘米。头顶有半球形高肉髻，发际线缓平，五官漫漶。双耳贴头侧。颈部漫漶。双臂下垂，双前臂搁膝上，双手合于腹前，持物不明。肩部衣纹漫漶，胸前可见 U 形衣纹。双腿下垂，倚坐于方座，脚踩小台，细节漫漶。方座高 21、宽 25 厘米。台面、座基略宽，腰部较窄。

2 号像：内龛正壁中尊左侧比丘立像，

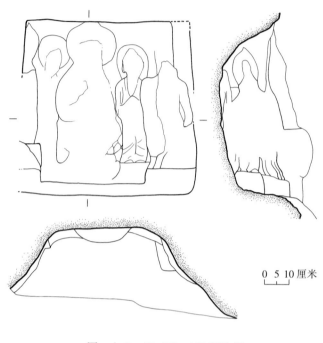

图一七〇　T－Y6－101 测绘图

0　5　10 厘米

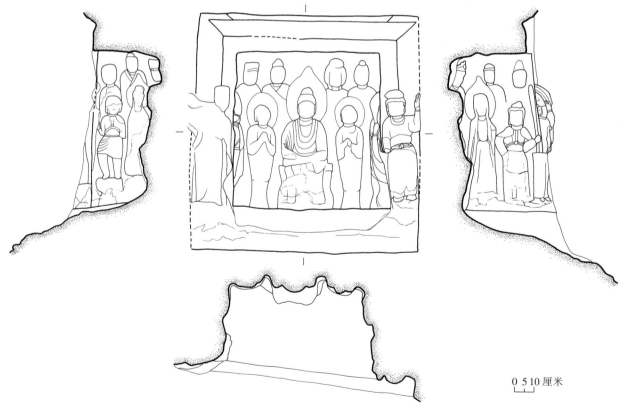

0　5　10 厘米

图一七一　T－Y6－102 测绘图

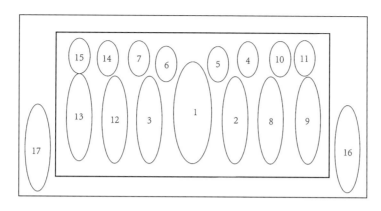

图一七二　T－Y6－102 尊像编号图

通高 54、身高 45、肩宽 12 厘米。有圆形头光，高 14、宽 15 厘米。圆顶，面部和身体表面衣纹漫漶。双手合十于胸前。踝以下风化不存。

3 号像：内龛正壁中尊右侧比丘立像，通高 54、身高 45、肩宽 12 厘米。有圆形头光，高 14、宽 15 厘米。圆顶，颈部三道纹。面部和身体表面衣纹漫漶。双手合于胸前，手势不明。踝以下风化不存。

4 号像：内龛正壁上部左起第一尊头像，高 36 厘米。头顶束髻，侧面可见卷云纹。面部方圆，五官扁平，残见轮廓。颈部以下细节漫漶。

5 号像：内龛正壁上部左起第二尊头像，高 47 厘米。三头，基本为等宽 10 厘米，正面五官漫漶，两侧头为四分之三侧面，可见五官轮廓。胸前可见双手合十。

6 号像：内龛正壁上部左起第三尊头像，高 37 厘米。头顶有高圆发髻，面部宽圆，五官轮廓扁平。颈部两侧可见有兽足搭肩，风化严重，细节不明。

7 号像：内龛正壁上部左起第四尊头像，高 45 厘米。头戴帽，天冠台较宽，帽顶两侧为三角形翘起状。

8 号像：内龛左侧壁内侧，菩萨立像。通高 67、身残高 48 厘米，身体细长，身体表面细节大部漫漶。有宝珠形头光。头顶束高发髻，头部两侧可见冠缯带（或垂发）下垂覆肩。左臂屈肘，左手置左肩头，持物不明。右臂下垂置右身侧，手下有长条形轮廓，细节不明。下半身风化严重，足、座风化不存。

9 号像：内龛左侧壁外侧，武士装立像，残高 51 厘米。头戴胄，顶部有髻。左臂屈肘，左手外张，持长棍状物（戟）竖立于龛门内侧；右臂屈肘，右手按右腰处。胸前可见胸甲中带，膝处可见裙甲底边，下身着短甲、短裙，左足蹬靴。

10 号像：内龛左侧壁上部内侧头像，高 30 厘米。头顶有三角形炎发，面部椭圆，五官轮廓突出，眉弓宽而高，大眼，咧嘴。

11 号像：内龛左侧壁上部外侧头像，高 24 厘米。面部窄长，颈部似有兽足，头左侧及头顶有龙形雕刻延伸到龛顶。

12 号像：内龛右侧壁内侧立像，通残高 63 厘米。残见头顶有高发髻，身体大部风化漫漶，细节不识。

13 号像：内龛右侧壁外侧，武士装立像，残高 44 厘米。头上部残失，下部两侧可见胄下沿。左手姿势不明。右臂屈肘外张，右手举与肩平。右胸前可见胸甲残迹，下身着短裙甲。左腿直立，右腿略屈膝上抬。

14 号像：内龛右侧壁上部内侧头像，高 43 厘米。面大而宽，面部肌肉凸出，大眼。

15 号像：内龛右侧壁上部外侧头像，高 17 厘米。头部上侧略残，面部漫漶。细节不明。

16 号像：外龛正壁左侧力士立像，残损严重，残高 58 厘米。可辨束髻。颈短，戴项圈。肌肉发达。左臂振臂上举。右臂垂放身侧。下身着裙残失，似长裙，腰部系带。足、座残损。

17 号像：外龛正壁左侧力士立像，残损严重，残高 59 厘米。通体残失，仅剩轮廓痕迹。

相关散件

N‑S‑1

可能为牛角寨区 N‑Y1‑002 岩石崩落的散件。高56、宽24、厚40厘米。仅一面有刻像，应为龛侧壁某部，具体不明。保存两像，与 N‑Y1‑002 供养菩萨体型大小一致。上侧坐像，头残失。袒裸上身，从左肩至右腋斜披络腋，末端翻出垂胸前。肩覆天衣，可见左侧绕臂垂身侧。双手于身前，共持瓶状物，左手握颈，右手托底。腹下系裙。游戏坐。下侧跪坐像，高22厘米。侧身，头朝正面。头束高髻，戴宝冠，耳侧垂冠缯带。面相方圆，五官清秀，嘴角微笑状。肩覆天衣，绕臂，双臂屈肘，双手于身前残损，似持天衣末端。腹下系裙，裹足（图一七三）。

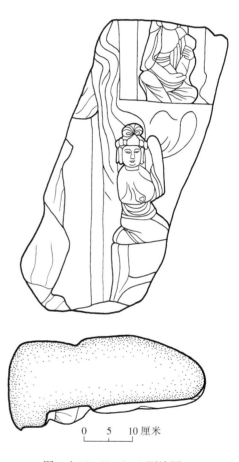

图一七三　N‑S‑1 测绘图

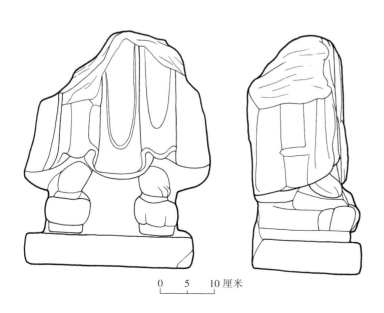

图一七四　N‑S‑2 测绘图

N－S－2

单尊残像，高 42.3、宽 34.3、厚 20 厘米。背后残损，不明是否为圆雕像，采集地不明。仅保存腿部以下部分，腿形凸出，双腿可见 U 形衣纹。应为倚坐像，方形较高束腰，其上悬裳覆座，其下方形基座。跣足，踩小型双层莲台，上为仰莲，下为六角形素面浅台。其下有方形浅基座（图一七四）。

结　语

一　保存现状

牛角寨石窟摩崖造像龛开凿体属于红砂岩材质，质地松软，虽易雕塑，也易受侵蚀，现均为自然状态保存。影响因素主要是自然因素和历史损坏，自然因素主要是风化病害以及岩体病害。目前，牛角寨石窟尊像的头部基本残损，手部亦有不同程度残损。因野外保存，还有不同程度的风化现状。根据统计将牛角寨石窟保存状况分为好、一般、较差、差四个等级。划分标准是，好：龛形制保存较完整，造像内容保存完整，造像和龛窟装饰细节保存较好；一般：龛形制保存较完整，造像内容保存较完整，造像细节保存较差；较差：龛形制保存较完整，龛内造像保存不完整；差：龛形制，造像内容残损难辨。

牛角寨区造像龛整体保存较好。保存差的龛仅占牛角寨区造像龛总量的14%，保存较差的龛占16%，历史信息较完整，内容可辨的造像龛占70%。

坛神岩区造像龛整体保存较差。保存较好的龛基本为大型龛，仅占坛神岩区造像龛总量的13%。历史信息可辨、保存一般的龛仅占22%。保存较差的龛占18%。残损严重的造像龛占47%，其中许多龛风化残损仅存龛形轮廓痕迹，尤其坛神岩区Y3、Y4开龛浅的龛基本因风化尊像不存。

龛窟保存现状详见附表二之龛窟保存现状统计表。

二　造像龛窟

（一）龛窟规模

根据外龛的大小，分为微型龛、小型龛、中型龛、大型龛及特大型龛五个类型，划分标准为：最长边长50~100厘米的为微型龛；最长边长小于50厘米的为小型龛；最长边长100~200厘米的龛为中型龛；最长边长200~600厘米的为大型龛；最长边长400厘米以上的为特大型龛[1]。

---

[1]　组合龛按单龛内龛数据统计。

仅牛角寨区大佛龛为特大型龛。牛角寨区 Y1～Y6 皆分布有大型龛（共 6 个龛），坛神岩区仅 Y1、Y2、Y6 分布有大型龛（共 5 个龛）。牛角寨石窟大型龛数量较少，共计 11 龛，占总数量的 11%。中型龛主要分布于牛角寨区 Y2、Y3、Y4、Y5（共 17 龛），坛神岩区 Y1、Y2、Y3、Y6（共 15 龛）。牛角寨石窟中型龛共计 32 龛，占总数量的 30%。小型龛是牛角寨石窟的主要形制，分布于牛角寨区 Y2 和 Y3（共 14 个龛），坛神岩区 Y1～Y6（共 35 个龛），共占总数量的 52%。微型龛多为附属龛。

中、小型龛是牛角寨区开凿的主流形制，小形龛是坛神岩区开凿的主流形制。详见附表三之龛窟规模分类统计表。

（二）龛窟形制

根据造像龛立面、平面形制进行分析。详见附表四之龛窟形制分析表。

1. 立面龛形

仁寿牛角寨石窟的造像龛以双层龛为主。单层龛仅占 32%，基本为特大型、大型龛和微型龛（附属龛为主）。其中大型龛占单层龛总量的 18%，代表龛有牛角寨区 N－Y1－001、N－Y2－006、N－Y1－002－1、N－Y2－007－1，坛神岩区 T－Y1－057、T－Y2－062 等。

牛角寨石窟立面龛形可分为四边形、拱形、尖拱形三类。其中拱形、尖拱形皆为单层龛，拱形龛有 N－Y3－025、T－Y6－097，尖拱形龛有 N－Y2－010－1、N－Y6－036、N－Y8－039、N－Y8－040。其中 N－Y2－010－1 是作为附龛的微型龛，N－Y6－036、N－Y8－039、N－Y8－040 同为塔龛。牛角寨石窟现存绝大部分为四边形龛，近总数的 93%，除 T－Y6－100 为较为特殊的上窄下宽的梯形外，主要可分为横长方形、纵长方形和方形三类。

单层中、大型龛除牛角寨区 N－Y4－034、N－Y4－035（皆为金刚力士龛）为纵长方形外，立面龛形皆为横长方形。而单层小形龛、微型龛的立面龛门形式大多为纵长方形。

双层龛的龛门立面形式丰富，包括外横内横、外纵内纵、外纵内方、外纵内横、外横内方、外横内纵、外方内方、外方内纵。其中外纵内纵龛是开凿的主流龛门立面形式，占统计总数的 48%。其余龛门立面形式皆为少量，外纵内横龛与外方内纵龛分别仅有 1、2 个龛，包括 N－Y2－007 和 T－Y1－049、T－Y5－082；外横内纵龛和外横内方龛分别有 2、3 个龛，以 N－Y2－012、T－Y5－078 和 N－Y2－014、N－Y4－031 为代表；外纵内方龛和外方内方龛分别有 7、8 个龛，以 N－Y2－013、N－Y3－029 和 N－Y3－026、T－Y1－048 为代表。外横内横龛主要分布于牛角寨区 Y2；外纵内纵龛主要分布于牛角寨区 Y2、Y3、Y4 和坛神岩区 Y1、Y2、Y4、Y5、Y6；外纵内方龛主要分布于牛角寨区 Y2，其次为牛角寨区 Y3 和坛神岩区 Y2、Y5；外纵内横龛仅 N－Y2－007；外横内方龛分布于牛角寨区 Y2、Y4 和坛神岩区 Y4；外横内纵龛分布于牛角寨区 Y2、Y4 和坛神岩区 Y3、Y5。外方内方龛分布于牛角寨区 Y3 和坛神岩区 Y1、Y2、Y5、Y6；外方内纵龛分布于坛神岩区 Y1 和 Y5。

经分析，相同龛门形式的龛体现了或集中分布、或相邻分布、或仅出现在同区的特征。

2. 平面龛形

牛角寨石窟单层龛平面龛形分为六类，即方形、横长方形、梯形、半椭圆形、半圆形和拱形。仅 N – Y1 – 001 为龛深较深的方形平面，N – Y2 – 006、N – Y2 – 016、N – Y2 – 017、T – Y1 – 047、T – Y5 – 084、T – Y6 – 094 为龛口内收或外敞的梯形平面。仅 T – Y6 – 095 为龛深较深、龛口直的半圆形，T – Y2 – 057、T – Y6 – 093 为侧壁、龛口直，后壁弧形的拱形。单层龛平面以三壁较直的横长方形和三壁弧形、龛深较浅的半椭圆形为主流，其中横长方形可见龛口直和微敞两种形式。

牛角寨石窟双层龛外龛平面形制可以分为两类：横长方形和梯形。其中以三壁较直的横长方形为主流。仅 N – Y2 – 013、N – Y3 – 028、N – Y3 – 029、N – Y3 – 030、N – Y4 – 031、T – Y1 – 048 为龛口内收或外敞的梯形，数量较少。牛角寨石窟双层龛内龛平面形制丰富，可以分为五类，即半椭圆形、半圆形、横长方形、拱形、弧形。其中以半椭圆形为主，占总数量的 40%，且集中分布于牛角寨区。其龛较浅，龛口一般为直口、微外敞或内收，以 N – Y2 – 013、N – Y4 – 020 等为代表。半圆形占总数的 20%，主要分布于坛神岩区域。其龛较深，龛口有直口、微内收、微外敞三种形式，以 N – Y2 – 012、N – Y5 – 080、N – Y5 – 082 等为代表。龛口内收或外敞的梯形占总数量的 15%，皆分布于坛神岩区的 Y1 和 Y5，以 T – Y1 – 044、T – Y1 – 049、T – Y5 – 075 等为代表。内龛平面为横长方形的龛较少，仅有 N – Y4 – 030、N – Y4 – 033、T – Y1 – 042、T – Y5 – 083、T – Y6 – 102，龛口一般较直。内龛为正壁弧形，侧壁、龛口直的拱形平面的数量少，仅有 N – Y2 – 011、N – Y7 – 038、T – Y1 – 055、T – Y5 – 085。内龛为三壁弧形、龛深浅、龛口外敞的弧形平面的仅有 N – Y2 – 009、N – Y2 – 010、N – Y2 – 015、N – Y3 – 029，基本见于牛角寨区。

据以上分析，牛角寨石窟造像龛相同或者相似龛平面形制的，具有较为集中分布的特征。

3. 龛顶

牛角寨石窟造像龛龛顶的形式丰富，包括平顶、内斜顶、外斜顶、拱形顶、尖拱形顶、上凸顶、双层叠涩顶。其中拱形顶、尖拱形顶、上凸顶、双层叠涩顶属于较少出现的特别形式，而平顶、内斜顶、外斜顶为普遍出现的形式。

单层龛的龛顶形制包括平顶、内斜顶、拱形顶、尖拱形顶。除残损不明的龛顶，其中平顶占 42%，为主要形式。内斜顶占 27%。其余形制仅少量。

双层龛的外龛龛顶形式单一，包括平顶、内斜顶。除残损不明的龛，大多为平顶，较少出现内斜顶，在牛角寨区和坛神岩区皆如此体现。双层龛的内龛龛顶形式，包括平顶、内斜顶、上凸顶。平顶占总数的 50%，内斜顶占总数的 47%，在牛角寨区和坛神岩区皆有体现。上凸的龛顶形式出现较少，仅有 N – Y2 – 020、N – Y2 – 031。

4. 龛底

单层龛的龛底形式包括平底、外斜两种。除残损不明的龛外，平底形式居多，占统计总量的 70%。

双层龛的外龛龛底形制包括平底、外斜两种，其中平底是主流形式，占统计总量的 62%。外龛平底设坛的有 N－Y3－024、N－Y2－027、T－Y2－055，其中后两龛设坛与内龛龛底齐高，较为特别。外斜龛底基本为向外下斜，以 N－Y2－014、N－Y3－027 等为代表。仅 N－Y2－003、N－Y2－007 为特别的向外微上斜。

双层龛的内龛龛底形制包括平底和外斜底两种。平底为主流形式，占总数的68%，在牛角寨区和坛神岩区皆有体现，其中 N－Y2－012、T－Y1－044 等设低坛。外斜底占32%，在牛角寨区和坛神岩区皆有体现，其中 N－Y2－022、N－Y2－023、N－Y4－032 设坛等。

5. 龛深

指造像龛的整体龛深特征，包括三种类型，上深下浅，均深和上浅下深。其中均深比例较高，占统计总数的53%，其次为上深下浅，占32%。其中，单层龛基本为上下均深，双层龛的均深龛分布比较集中，例如牛角寨区 Y2 南崖壁右段和坛神岩区 Y1 东崖壁左段。牛角寨区 Y2 上深下浅龛居多，上浅下深龛主要位于牛角寨区 Y3 及坛神岩区的少数龛。

因此，整体龛深的特征，也体现了集中分布、或相邻分布的特点。通过观察现状崖面特征，可见牛角寨石窟龛深特征与造像龛所在天然岩壁的倾斜度有直接联系。又例如，均深的双层龛集中分布的牛角寨区 Y2 南崖壁右段和坛神岩区 Y1 东崖壁左段，是明显进行过壁面人工修整的区域。然而，牛角寨石窟的开凿，大部分具有利用天然崖面、未对崖壁进行大面积修整的特点，某些造像龛的开凿甚至未对所在崖壁进行任何修整。

（三）龛门结构与装饰

1. 龛门结构

牛角寨石窟造像龛龛门结构的特点主要是指双层龛的内龛门结构，包括门柱、横槛（上槛）、门楣、门槛等结构元素。

门柱可以分为三类，即宽面门柱、窄面门柱、表现抱框。宽面门柱和窄面门柱在牛角寨区和坛神岩区皆有分布，其中窄面门柱数量较多。表现抱框的门柱数量较少，包括牛角寨区 N－Y1－001－1、N－Y2－008、N－Y2－009，坛神岩区 T－Y2－063、T－Y5－086、T－Y6－102。

横槛可以分为两类，即横槛未压门柱和横槛压门柱。除残损不明的龛外，横槛未压门柱的形式在牛角寨区和坛神岩区皆有分布，占统计总量的37%，而表现横槛压门柱的形式数量较多，占63%，这在牛角寨区和坛神岩区皆有分布。大部分造像龛的横槛与门柱齐平，而坛神岩区 T－Y1－055、T－Y5－080、T－Y5－088、T－Y5－089 出现了横槛明显凸出于门柱的特征。

除残损不明的龛外，据统计未雕刻门楣的龛有52个，雕刻门楣的龛仅18个，占统计总量的26%。雕刻门楣的龛见于牛角寨区 Y1、Y2 和 Y4，坛神岩区 Y1、Y2、Y5 和 Y8。门楣的样式在牛角寨区和坛神岩区皆表现为屋檐形，可分为双层檐、单层檐两类，双层檐龛楣为主流形式，单层檐仅 T－Y2－063 一例。

门槛样式可以分为两类，即较低门槛和较高门槛。较高门槛数量较少，仅 N－Y2－004、N－Y2－

010 和 T – Y1 – 053。较低门槛是普遍形式。力士所处位置多为内龛两侧门柱外，常遮挡龛门柱下侧与门槛的结构关系。除上述情况外，门槛的结构可以分为三类：门柱压门槛、门柱未压门槛和门槛嵌门柱。门柱压门槛的龛多集中在牛角寨区，而坛神岩区大多关系不辨，目前门槛嵌门柱的形式仅一例，见于坛神岩区 T – Y5 – 086。

斜撑是四边形龛常见上侧两角的结构形式，出现于内龛。牛角寨区双层龛内龛基本皆有斜撑，仅 N – Y2 – 016、N – Y2 – 022、N – Y4 – 031 无斜撑。坛神岩区除形制不明的龛，内龛上侧有斜撑的仅有 10 龛，集中分布于 Y5，包括 T – Y5 – 077、T – Y5 – 080、T – Y5 – 082 等。因此，坛神岩区以无斜撑的龛门结构为主流形式，共计 18 龛，包括 T – Y1 – 042、T – Y1 – 050、T – Y1 – 051 等。斜撑分为三角斜撑、弧形斜撑两大类。三角斜撑普遍形制较小，保存数量少，仅见 N – Y2 – 019、N – Y2 – 020、N – Y4 – 030 三个龛，且仅分布于牛角寨区。弧形斜撑是牛角寨石窟造像龛的主流形式，可分为三种样式：小型弧形斜撑、大型弧形斜撑和长尾弧形斜撑。牛角寨区双层龛内龛斜撑样式以小型弧形斜撑为主，占统计总量的 60%，以 N – Y2 – 014、N – Y3 – 029 和 N – Y7 – 037 为代表；其次为大型弧形斜撑，占统计总量的 38%，以 N – Y2 – 004、N – Y2 – 009 和 N – Y4 – 033 为代表，该样式主要分布于牛角寨区 Y2、Y3；长尾弧形斜撑为出现较少的特别形式，仅见两龛，即 N – Y2 – 010、N – Y2 – 023，而这两龛皆有檐形龛楣。

2. 龛门装饰

龛门装饰主要指内龛门的装饰，表现于龛楣、横楣、门柱及门槛装饰。详见附表五之龛门装饰分析表。

门槛有装饰的造像龛较少，仅 N – Y1 – 001 – 1、N – Y2 – 008、N – Y2 – 009、T – Y5 – 077，且皆为仿木构样式的分格，并装饰壶门。

龛楣的装饰仅体现于檐形龛楣檐面的装饰。单层檐檐面皆为素面。双层檐檐面大多为素面，在牛角寨区 N – Y1 – 001 – 1、N – Y2 – 009、N – Y2 – 020、N – Y4 – 031 可见下层檐面装饰带状卷草。

横楣大多为素面，横楣有装饰的龛仅见于牛角寨区。横楣的雕刻可分为装饰性、故事性两类。 N – Y1 – 001 – 1、N – Y2 – 008 和 N – Y2 – 009 横楣装饰倒三角垂帐纹外垂弧形珠帘。N – Y2 – 020、N – Y2 – 021、N – Y3 – 026、N – Y4 – 031 横楣悬垂幔，除 N – Y3 – 026 外，皆为双檐垂帐龛。N – Y2 – 004 是现存唯一横楣饰门簪的龛，装饰门簪三个，皆为圆形，其中一个可辨为圆形团花。N – Y3 – 024 和 N – Y3 – 028 根据造像主题，横楣与门柱连环式雕刻"十六观"内容，采用了与内龛雕刻相关的故事性内容，这在四川地区西方净土题材常见造像中也实属少见，多为门柱对称雕刻"十六观"。

门柱大多素面无纹，门柱有装饰的龛仅见于牛角寨区，可分为装饰性、故事性两类。门柱装饰性内容皆为仿木结构门框，表现在 N – Y1 – 001 – 1、N – Y2 – 008、N – Y2 – 009、N – Y2 – 021、N – Y3 – 026 门柱悬帐幔，其中 N – Y1 – 001 – 1 雕刻卷草及团花，N – Y2 – 021 分格并雕刻团花。

故事性内容主要表现于 N – Y2 – 020、N – Y3 – 024、N – Y3 – 028 和 N – Y4 – 031。其门柱装饰分别为多枝连茎莲伎乐天或十六观，皆为与内龛雕刻相关的内容。

三　造像内容

（一）造像组合

按照牛角寨石窟造像龛的尊像组合，可以分为单尊像、双身像、一铺组合像、多身像、群像五种。

单尊像龛，指龛中单尊或以主像为主的造像。主要分布于牛角寨区，占单尊像龛总量的74%。单尊像龛在牛角寨区皆有分布，在坛神岩区仅出现在Y5、Y6。造像内容有佛像、菩萨像、天王像、金刚力士像，多为立像。牛角寨区以 N－Y1－001 大佛龛弥勒胸像，N－Y1－001－1 毗沙门天王像，N－Y4－030、N－Y4－033 观音立像等为代表，坛神岩区以 T－Y5－085 佛立像，T－Y6－094 观音立像，T－Y6－100 千手观音立像等为代表。

双身像龛，指龛中二并列造像。牛角寨区双身并列像较少，N－Y1－002－2、N－Y1－002－3 双身残迹，内容不明，N－Y3－024－2 为双观音立像，N－Y3－026 为观音、地藏并立像。双身像在坛神岩区皆为双观音像，数量较多，在Y2、Y5、Y6皆有分布，尤其于Y2连续开凿三龛。以 T－Y2－060、T－Y2－061、T－Y5－078 为代表。

一铺组合像龛，指以单主尊或多主尊为中心，配弟子、胁侍菩萨、护持天王或力士的组合像。可以分为一铺三身、一铺五身、一铺七身、一铺九身四类。一铺三身组合龛在牛角寨石窟出现较少，牛角寨区Y2有两龛，坛神岩区Y1和Y5共有三龛，除 N－Y2－013 为圣僧与弟子的组合，其他皆为一佛二菩萨组合。一铺五身组合龛，除 T－Y1－047 三圣像为主尊的龛外，其他皆为一佛二弟子二菩萨组合，除 N－Y2－017、N－Y2－021 外，皆集中位于坛神岩区Y1和Y5。一铺七身组合龛，分布于牛角寨区Y2、Y4和坛神岩区Y1、Y5，多为一佛二弟子二菩萨二力士组合，仅 N－Y2－022、N－Y2－023 为一佛二弟子二菩萨二天王组合。一铺九身组合龛，仅在牛角寨区Y2保存两龛，N－Y2－005 为三佛与二弟子二菩萨二力士的组合，N－Y2－008 为一佛与二弟子二菩萨二力士二天王组合。

多身像龛，在牛角寨石窟保存较多，多分布于坛神岩区，占总数的22%。主要为一铺组合像与天龙八部的多像组合、道教多身像、佛道合龛多身像组合等。一铺组合像与天龙八部的多像组合包括四佛二弟子二菩萨二力士及天龙八部、一佛二弟子二菩萨二力士及天龙八部、一佛二弟子二菩萨二天王及天龙八部。其中 N－Y2－005、N－Y2－007 为四佛二弟子二菩萨二力士组合，牛角寨区 N－Y2－010 及坛神岩区 T－Y1－046、T－Y1－051、T－Y1－052、T－Y1－055、T－Y2－059、T－Y2－063、T－Y5－077、T－Y5－083、T－Y6－095 为一佛二弟子二菩萨二力士及天龙八部组合。坛神岩区 T－Y1－049、T－Y2－063 及 T－Y6－102 为一佛二弟子二菩萨二天王二力士及天龙八部组合。其余多身像龛皆为佛道合龛组合，除 N－Y7－037 外，皆分布于坛神岩区Y1、Y2和Y5，都为大型龛。

群像龛仅见于牛角寨区，且集中分布于Y1、Y2、Y3、Y4。牛角寨区 N－Y1－002 为供养菩萨听法，N - Y2 - 003、N - Y2 - 014、N - Y2 - 019 为多佛群像，N - Y2 - 020、N - Y4 - 031 为西方净土变，等等。此类组合尊像数量密集且多，图像采用整齐排列或成组画面组合的形式，皆体现了画面平面感较强、组合性较强或场景感较强的特点，具有故事性，基本皆为千佛、经变类题材等。

（二）造像题材

1. 佛教题材

以一佛为主尊的组合像，上文中提到的以佛为主尊的一铺组合像或再结合天龙八部的组合像，是仁寿牛角寨石窟非常流行的佛教题材。牛角寨区分布 9 龛，坛神岩区分布 26 龛，共计 35 龛，除残损不明的龛外，占统计总量的 42%。因尊像残损，部分主尊即胁侍的历史信息损失。目前可辨主尊有弥陀定印的阿弥陀佛，如 N - Y2 - 010、N - Y2 - 016，仅见于牛角寨区；倚座弥勒为主尊的有 T - Y1 - 044、T - Y6 - 102，仅见于坛神岩区；腹前捧钵的佛主尊较多，在牛角寨区和坛神岩区皆有分布，牛角寨区有 N - Y2 - 012、N - Y2 - 022、N - Y2 - 023，坛神岩区较多，有 T - Y1 - 045、T - Y1 - 048、T - Y1 - 055、T - Y2 - 063、T - Y5 - 083、T - Y6 - 095；禅定印佛主尊目前可辨的身像主要分布于坛神岩区，尤其在 Y5 分布最多，有 T - Y1 - 049、T - Y5 - 077、T - Y5 - 080、T - Y5 - 082、T - Y5 - 087、T - Y5 - 088、T - Y5 - 089 等。

单尊佛像，N - Y2 - 007 - 1、N - Y2 - 007 - 2、N - Y3 - 024 - 1、N - Y3 - 024 - 3、T - Y5 - 085、T - Y5 - 092，其中多为附属龛和小形龛。N - Y2 - 007 - 1、N - Y2 - 007 - 2 为坐佛，风化残损；N - Y3 - 024 - 3、T - Y5 - 085 为释迦牟尼立佛；N - Y3 - 024 - 1 为药师立佛；T - Y5 - 092 为立佛，风化残损。

单尊菩萨像，N - Y1 - 002 - 1、N - Y2 - 010 - 1、N - Y2 - 011、N - Y2 - 018、N - Y4 - 030、N - Y4 - 033、N - Y7 - 038、T - Y5 - 084、T - Y6 - 094、T - Y6 - 096，其中仅两龛为附属龛，皆为中小型龛。N - Y2 - 010 - 1 为手持莲枝的供养菩萨，N - Y1 - 002 - 1、N - Y2 - 011、N - Y4 - 030、T - Y5 - 084、T - Y6 - 094、T - Y6 - 096 为观音立像，N - Y4 - 033、N - Y7 - 038 残损，可辨为观音立像。

单尊力士像，N - Y4 - 034、N - Y5 - 035 皆为大型龛，龛形接近，位于道路两侧，位置相对，应为组龛。

三佛并坐，仅 N - Y2 - 004 一龛。

供养菩萨听法，N - Y2 - 002 为牛角寨区大型龛，雕刻细致精美。以释迦牟尼佛为中心，供养菩萨整龛整齐密布排列，形象众多，姿态各异。有坐，有蹲，有跪，包括禅定菩萨、听法菩萨、思惟菩萨、献花菩萨、献贡品菩萨、持经菩萨、伎乐菩萨、舞蹈菩萨等。

四佛并坐，仅 N - Y2 - 005、N - Y2 - 007 二龛，三壁上部有高浮雕天龙八部像。该两龛位置临近，且四佛排列方式一致，两端皆为捧钵佛和弥陀印阿弥陀佛，左二为倚座弥勒佛。

多佛龛，N - Y2 - 014 为中型龛，雕刻五十三佛。N - Y2 - 019 为大型龛，并列内龛分别雕刻二十五佛和三十五佛内容。N - Y2 - 003 以佛说法为中心，围绕小佛共 32 尊。该龛仅凿刻上部，且凿痕明显，有未完工可能性。

西方净土变，N－Y2－020、N－Y4－031，共计2龛。两龛所在巨石相对，二龛也近乎相对。在龛窟形制、构图、图像特征上尤为相似。

观无量寿佛经变，N－Y3－024、N－Y3－028，共计2龛。二龛临近分布，在龛窟形制、构图、图像特征上皆相似。

维摩诘经变，仅N－Y3－029一龛。

双观音，N－Y3－024－2、T－Y2－058、T－Y2－060、T－Y2－061、T－Y5－078，共计5龛，T－Y6－098、T－Y6－099根据残损痕迹，极可能为双观音龛。

观音地藏，除残损的情况，仅N－Y3－026一龛。

三圣僧，仅T－Y1－047一龛。

塔，N－Y2－006、N－Y6－036、N－Y8－039、N－Y9－040，共计4龛。N－Y2－006为大型龛，其余为中型龛。除N－Y2－006为典型唐代特征的楼阁式塔外，N－Y6－036、N－Y8－039、N－Y9－040皆开龛较浅，且塔形制相似，应是宋代所刻，为瘗龛。

2. 道教题材

牛角寨石窟道教题材造像龛皆分布于坛神岩区，且集中分布于Y1，包括T－Y1－054、T－Y1－056、T－Y1－057。

有两种组合形式。一种为单主尊及胁侍的组合，T－Y1－054、T－Y1－056都为五尊组合像，二龛并列分布，皆残损严重。T－Y1－054主尊身后弟子明显束髻，且可见着履。左胁侍身着交领大袖衫，下身外着长裙。T－Y1－056主尊双手虽残，可辨居腹上和胸下的位置倚凭几，且身后弟子明显束髻。具有典型道教尊像特征。

另一种为多主尊及胁侍的组合，T－Y1－057为坛神岩造像中题记保存较好的重要道教造像，由造像题记可知是"三宝"元始天尊、灵宝天尊、道德天尊三像为主尊及胁侍真人、护法武士等的组合像。

3. 佛道组合题材

牛角寨石窟佛道题材造像在牛角寨区仅有T－Y7－037一龛，在坛神岩区有T－Y1－042、T－Y1－050、T－Y2－062、T－Y6－093四龛。主要有两种形式：一种是以佛教为主的佛道组合，一种是以道教为主的佛道组合。

佛教为主的佛道组合：T－Y7－037以佛教四大天王造像为主，中央上、下二像为道教尊像。

道教为主的佛道组合：T－Y1－042正壁3尊、左壁1尊皆为道教尊像，仅右壁一尊为佛教尊像。T－Y2－062为两排整齐排列的群像，前排中尊为佛像，且身体略高于其他像。其左侧两尊道教尊像，右侧两尊佛教尊像。龛左侧壁皆为道教尊像，右侧壁皆为佛教尊像。T－Y6－093也为两排整齐排列的群像，前排中央佛坐像，两侧为立佛，身后两侧也为菩萨立像。道教尊像位于正壁两侧，且整龛造像三壁皆以佛教尊像为主。较之于T－Y1－050、T－Y2－062和T－Y6－093，道教尊像的数量减少，且位置越来越偏离龛中心和主要区域。

四　造像图像特征

（一）佛

按姿态可以分为三类。

立佛：牛角寨石窟立佛实例较少，N－Y1－002－3、N－Y3－024－1、N－Y3－024－3、T－Y5－085，共计四龛单尊立佛。立佛在牛角寨区皆为附属龛，在坛神岩区为独立龛。保存较差，头部、手印多残损，袈裟样式残损不明。另 T－Y1－042、T－Y2－062、T－Y6－093 等佛道群像也有立佛形象（见表一[1]）。

表一　立佛特征统计表

编号	手印	袈裟样式	组合方式
N－Y1－002－3	不明	三层佛衣式	附龛单尊
N－Y3－024－1	持杖	不明	附龛单尊
N－Y3－024－3	不明	三层佛衣式	附龛单尊
T－Y5－085	不明	不明	单龛单尊
T－Y5－092	不明	不明	单龛单尊

跏趺坐佛：这是牛角寨石窟佛造像最多见的坐姿，按保存较好的像，多见禅定印、捧钵、弥陀定印等（见表二）。

表二　跏趺坐佛特征统计表

编号	手印				袈裟样式	组合方式	
	禅定印	捧钵	弥陀定印	其他		组合主尊	中尊
N－Y1－002				○	三层佛衣式		○
N－Y2－004－2 号像			○		通肩式	○	
N－Y2－004－3 号像	○				通肩式	○	
N－Y2－005－1 号像		○			通肩式	○	
N－Y2－005－2 号像				○	通肩式	○	
N－Y2－005－4 号像			○		通肩式	○	
N－Y2－007－1 号像		○			三层佛衣式	○	
N－Y2－007－2 号像				○	三层佛衣式	○	
N－Y2－007－4 号像			○		通肩式	○	
N－Y2－010			○		通肩式		○

---

[1]　造像特征统计表皆为保存好的龛像，以下表同。

续表二

编号	手印				袈裟样式	组合方式	
	禅定印	捧钵	弥陀定印	其他		组合主尊	中尊
N－Y2－012		○			三层佛衣式		○
N－Y2－016			○		通肩式		○
N－Y2－017				○	通肩式		○
N－Y2－022		○			交领式		○
N－Y2－023		○			通肩式		○
N－Y3－024				○	通肩式		○
N－Y3－028				○	通肩式		○
T－Y1－045		○			三层佛衣式		○
T－Y1－048		○			三层佛衣式		○
T－Y1－049	○				不明		○
T－Y1－055		○			覆肩袒右式		○
T－Y2－063		○			通肩式		○
T－Y3－064				○	通肩式		○
T－Y5－077	○				覆肩袒右式		○
T－Y5－080	○				通肩式		○
T－Y5－082	○				不明		○
T－Y5－083		○			通肩式		○
T－Y5－086	○				覆肩袒右式		○
T－Y5－087	○				覆肩袒右式		○
T－Y5－088	○				覆肩袒右式		○
T－Y5－089	○				覆肩袒右式		○
T－Y5－091				○	不明		○
T－Y6－095		○			通肩式		○

除组合主尊外，牛角寨区中尊佛像印势多见捧钵、弥陀定印，少见禅定印。坛神岩区中尊佛像多见禅定印、捧钵，未见弥陀定印。中尊佛像捧钵是牛角寨石窟最多见的手势。

按着衣方式，主要可分为三大类型：通肩式、三层佛衣式、覆肩袒右式。施弥陀定印的佛像皆着通肩式袈裟。通肩式袈裟是牛角寨石窟佛像着衣最常见的样式，在牛角寨区、坛神岩区皆有体现。三层佛衣式主要出现在牛角寨区，而坛神岩区较少。覆肩袒右式袈裟仅见于坛神岩区，尤其在Y5保存最多。

倚坐佛：牛角寨石窟倚坐佛实例较少，现存5身，其中3身为三佛、四佛组合主尊之一。T－Y1－052、T－Y6－102中尊为倚坐，手印皆残损不明，佛衣分别为通肩式、三层佛衣式两种袈裟衣式（见表三）。

表三 倚坐佛特征统计表

编号	手印	袈裟样式	组合主尊	中尊
N – Y2 – 004 – 1 号像	不明	通肩式	○	
N – Y2 – 005 – 3 号像	不明	不明	○	
N – Y2 – 007 – 3 号像	不明	三层佛衣式	○	
T – Y1 – 052	不明	不明		○
T – Y6 – 102	不明	通肩式		○

（二）菩萨

牛角寨石窟菩萨像多为胁侍菩萨，或作为并列尊像，可见地藏、观音组合和双观音组合，也有作为单尊菩萨（一般为单尊观音造像）的形式。根据体式可以分为立像、半跏趺坐和结跏趺坐三类。

立像菩萨：保存最多，为胁侍菩萨、并列尊像或单尊像，在牛角寨区、坛神岩区皆有分布。保存较好的立像菩萨作为并列尊像，多为手持净瓶、杨柳枝的双观音并立像；亦有观音与地藏菩萨并立，如 N – Y3 – 026。

半跏趺坐菩萨：仅见胁侍菩萨，集中分布于牛角寨区 Y2、Y3。其中 N – Y2 – 020、N – Y3 – 024、N – Y3 – 028、N – Y4 – 031 为西方净土变的主尊菩萨即观音、大势至菩萨。N – Y2 – 016、N – Y2 – 017、N – Y2 – 021、N – Y2 – 022、N – Y2 – 023 为以佛为主尊的胁侍菩萨，其中 N – Y2 – 016 能明确为阿弥陀佛的胁侍菩萨。

结跏趺坐菩萨：仅 N – Y3 – 029 一例，作为并列主尊的文殊菩萨。该龛为维摩诘经变相，文殊菩萨与维摩诘等身对坐。

因较多龛像保存较差，菩萨像的冠式、面相多残损不明，尤其是坛神岩区。因此，以上三种组合形式的菩萨像主要在手势、着装样式上体现差异。

菩萨手势较丰富，立像胁侍常见持莲、持净瓶、持杨柳枝、垂持帔帛等，坐姿菩萨多见持莲，也有手持杨柳枝，较少见手印，仅 N – Y2 – 022、N – Y2 – 023 胁侍菩萨施触地印。较特别的情况是主尊两侧胁侍菩萨皆为手持净瓶的菩萨形象，集中出现在牛角寨区 Y2、Y3 和坛神岩区 Y1、Y2，例如 N – Y2 – 010、N – Y2 – 012、N – Y3 – 024 和 T – Y1 – 045、T – Y1 – 048、T – Y1 – 049、T – Y2 – 061 等。坛神岩 Y5 龛像中，胁侍菩萨多见一手持杨柳枝，一手垂持帔帛。主尊两侧的胁侍菩萨手势一致且对称。

菩萨的着装样式差异较小，基本为戴项圈，斜披络腋，佩 X 形璎珞，下身着贴身长裙。因项圈、璎珞等装饰严重风化，牛角寨石窟菩萨着装样式差异主要体现在裙式及帔帛着式。菩萨的裙式基本为裙上端腰部折返的形式，仅 N – Y2 – 011 单尊菩萨立像下身着双层裙，长裙仍是裙上端腰部折返，露出短裙裙裾；仅 N – Y3 – 026 并列主尊的右菩萨身着三层裙，露出双层短裙裙裾。帔帛着式主要有三类，即横身前一道、横身前两道、直垂身侧。牛角寨区立像菩萨帔帛着式可见以上三类样式，半跏趺坐菩萨基本为帔帛横身前一道或直垂身侧。坛神岩区保存较好的菩萨像未出现帔帛横身前一道，并少见帔帛横身前两道，仅 T - Y2 - 061、T - Y5 - 084 和 T - Y6 - 100。最常见的为帔帛直垂身侧。同龛的胁侍菩萨着装样式一般相同，双观音并立像的着装样式存在差异，例如 T - Y2 - 061 右侧观音帔帛直垂体侧，左侧观音帔帛横身前两道（见表四）。

表四　菩萨尊像特征统计表

编号	手势		着装样式		组合方式			身姿
	右手	左手	裙式	帔帛着式	胁侍菩萨	并列主尊	单身主尊	
N - Y1 - 002 - 1	不明	不明	裙上端腰部折返	横身前一道			○	立像
N - Y1 - 002 - 3	不明	不明	裙上端腰部折返	横身前一道		○		立像
N - Y2 - 004 - 右	不明	净瓶	裙上端腰部折返	横身前两道	○			立像
N - Y2 - 004 - 左	净瓶	不明	裙上端腰部折返	横身前两道	○			立像
N - Y2 - 005 - 右	不明	不明	不明	不明	○			立像
N - Y2 - 005 - 左	不明	不明	裙上端腰部折返	横身前一道	○			立像
N - Y2 - 007 - 右	不明	净瓶	不明	横身前两道	○			立像
N - Y2 - 007 - 左	不明	不明	僧服		○			立像
N - Y2 - 010 - 右	杨柳枝	净瓶	裙上端腰部折返	横身前两道	○			立像
N - Y2 - 010 - 左	净瓶	不明	不明	不明	○			立像
N - Y2 - 010 - 1	双手持莲		裙上端腰部折返	横身前两道			○	立像
N - Y2 - 011	不明	净瓶	双层裙	直垂身侧			○	立像
N - Y2 - 012 - 右	杨柳枝	净瓶	裙上端腰部折返	垂身侧	○			立像
N - Y2 - 012 - 左	净瓶	杨柳枝	裙上端腰部折返	垂身侧	○			立像
N - Y2 - 016 - 右	双手持莲		不明	横身前一道	○			半跏趺坐
N - Y2 - 016 - 左	扶踝	杨柳枝	不明	横身前一道	○			半跏趺坐
N - Y2 - 017 - 右	双手持莲		不明	横身前一道	○			半跏趺坐
N - Y2 - 017 - 左	扶膝	不明	不明	横身前一道	○			半跏趺坐
N - Y2 - 020 - 右	不明	不明	不明	横身前一道	○			半跏趺坐
N - Y2 - 020 - 左	不明	不明	不明	横身前一道	○			半跏趺坐
N - Y2 - 021 - 右	不明	不明	不明	不明	○			不明
N - Y2 - 021 - 左	不明	不明	不明	不明	○			半跏趺坐
N - Y2 - 022 - 右	杨柳枝	扶踝	不明	横身前一道	○			半跏趺坐
N - Y2 - 022 - 左	触地印	杨柳枝	不明	横身前一道	○			半跏趺坐
N - Y2 - 023 - 右	不明	触地印	不明	垂身侧	○			半跏趺坐

编号	手势		着装样式		组合方式			身姿
	右手	左手	裙式	披帛着式	胁侍菩萨	并列主尊	单身主尊	
N－Y2－023－左	触地印	杨柳枝	不明	直垂身侧	○			半跏趺坐
N－Y3－024－右	莲	禅定印	不明	横身前一道	○			半跏趺坐
N－Y3－024－左	莲	莲	不明	横身前一道	○			半跏趺坐
N－Y3－024－2－右	不明	净瓶	裙上端腰部折返	横身前两道		○		立像
N－Y3－024－2－左	净瓶	杨柳枝	裙上端腰部折返	横身前一道		○		立像
N－Y3－026－右	杨柳枝	不明	三层裙	直垂身侧		○		立像
N－Y3－026－左	不明	不明	僧服			○		立像
N－Y3－028－右	双手持莲		横身前一道	○				半跏趺坐
N－Y3－028－左	持莲	净瓶	不明	横身前一道	○			半跏趺坐
N－Y3－029	不明	扶踝	裙上端腰部折返	横身前两道		○		结跏趺坐
N－Y4－030	不明	净瓶	裙上端腰部折返	直垂身侧			○	立像
N－Y4－032－右	不明	净瓶	裙上端腰部折返	直垂身侧	○			立像
N－Y4－032－左	不明	不明	不明	横身前一道	○			立像
N－Y4－033	不明	不明	裙上端腰部折返	直垂身侧			○	立像
N－Y7－038	不明	不明	不明	横身前两道			○	立像
T－Y1－045－右	不明	净瓶	裙上端腰部折返	不明	○			立像
T－Y1－045－左	不明	净瓶	裙上端腰部折返	直垂身侧	○			立像
T－Y1－048－右	不明	净瓶	裙上端腰部折返	直垂身侧	○			立像
T－Y1－048－左	不明	净瓶	裙上端腰部折返	直垂身侧	○			立像
T－Y1－049－右	不明	净瓶	裙上端腰部折返	直垂身侧	○			立像
T－Y1－049－左	净瓶	不明	不明	不明	○			立像
T－Y1－055－右	宝珠	垂身侧	裙上端腰部折返	不明	○			立像
T－Y1－055－左	垂身侧	不明	裙上端腰部折返	不明	○			立像
T－Y2－061－右	不明	净瓶	裙上端腰部折返	直垂身侧		○		立像
T－Y2－061－左	净瓶	不明	裙上端腰部折返	横身前两道		○		立像
T－Y2－063－右	杨柳枝	净瓶	裙上端腰部折返	直垂身侧	○			立像
T－Y2－063－左	不明	不明	裙上端腰部折返	直垂身侧	○			立像
T－Y5－082－右	不明	帔帛	裙上端腰部折返	直垂身侧	○			立像

编号	手势		着装样式		组合方式			身姿
	右手	左手	裙式	帔帛着式	胁侍菩萨	并列主尊	单身主尊	
T－Y5－082－左	帔帛	不明	裙上端腰部折返	直垂身侧	○			立像
T－Y5－083－右	杨柳枝	帔帛	裙上端腰部折返	直垂身侧	○			立像
T－Y5－083－左	帔帛	杨柳枝	裙上端腰部折返	直垂身侧	○			立像
T－Y5－084	不明	净瓶	裙上端腰部折返	横身前两道			○	立像
T－Y5－086－右	不明	不明	裙上端腰部折返	直垂身侧	○			立像
T－Y5－086－左	杨柳枝	帔帛	裙上端腰部折返	直垂身侧	○			立像
T－Y5－087－右	帔帛	不明	裙上端腰部折返	直垂身侧	○			立像
T－Y5－087－左	杨柳枝	帔帛	裙上端腰部折返	直垂身侧	○			立像
T－Y5－088－右	帔帛	杨柳枝	裙上端腰部折返	直垂身侧	○			立像
T－Y5－088－左	不明	帔帛	裙上端腰部折返	直垂身侧	○			立像
T－Y5－089－右	不明	帔帛	裙上端腰部折返	直垂身侧	○			立像
T－Y6－094	不明	净瓶	裙上端腰部折返	直垂身侧			○	立像
T－Y6－096	净瓶	不明	不明	不明			○	立像
T－Y6－100	—	—	裙上端腰部折返	横身前两道			○	立像

（三）力士

牛角寨石窟除 N－Y3－034、N－Y3－035 为少见的单龛独尊力士外，皆为常见的组像护持力士。可见有一手上举、一手下垂，一手上举、一手扶腰，一手上举、一手下持帔帛等。少见手持法器，仅见 N－Y3－034 举杵，T－Y6－095 右侧力士持短剑。牛角寨区同龛护持力士像大多为对称动作，坛神岩区有二像动作差异的情况，尤其 T－Y1－055 两侧护持力士的着裙样式存在较大差别，右像下身着露膝短裙，左像着长裙覆踝。

因风化和损坏，手势或动作细节多不辨，牛角寨石窟护持力士像的差异主要体现在着装样式和装饰上。着装样式可以分为两类：露膝短裙、长裙覆踝。牛角寨区护持力士皆着露膝短裙，坛神岩区 Y1、Y2、Y6 护持力士多着露膝短裙，Y5 出现较多长裙及踝的力士像，以 T－Y5－088、T－Y5－089 等为代表。根据装饰的差异，分为戴项圈和无项圈两类。除风化不明的情况，大多力士像皆为上身袒裸戴项圈，仅牛角寨区出现上身袒露不戴项圈的力士像，如 N－Y2－004、N－Y4－032 等。关于力士像所处位置，一般皆居内龛门柱外或外龛内侧，N－Y4－032、T－Y6－095 出现了少见的力士像位居内龛侧壁外侧（见表五）。

表五　力士造像特征统计表

编号	着装样式	装饰	身形	组合方式/位置	二护持力士姿态
N－Y2－004	露膝短裙	无	腹肌凸出	门柱外	对称
N－Y2－007	露膝短裙	戴项圈	腹肌线刻	门柱外	对称
N－Y2－008	露膝短裙	不明	不明	外龛侧壁	不明
N－Y2－009	露膝短裙	不明	不明	门柱外	对称
N－Y2－010	露膝短裙	不明	不明	门柱外	对称
N－Y2－012	露膝短裙	戴项圈	腹肌线刻	门柱外	对称
N－Y2－014	露膝短裙	戴项圈	腹肌线刻	门柱外	对称
N－Y4－032	露膝短裙	无	腹肌线刻	门柱外	不对称
N－Y4－034	露膝短裙	戴项圈	腹肌凸出	独尊	—
N－Y4－035	露膝短裙	戴项圈	腹肌线刻	独尊	—
T－Y1－048	露膝短裙	不明	腹肌线刻	门柱外	对称
T－Y1－055右	露膝短裙	不明	腹肌线刻	内龛侧壁	不对称
T－Y1－055左	长裙及踝	不明	不明	内龛侧壁	不对称
T－Y2－063	长裙及踝	戴项圈	不明	外龛侧壁	不明
T－Y5－082	长裙及踝	不明	不明	门柱外	不明
T－Y5－083	长裙及踝	不明	不明	门柱外	不明
T－Y5－088	长裙及踝	戴项圈	腹肌凸出	门柱外	不对称
T－Y5－089	长裙及踝	戴项圈	腹肌凸出	外龛侧壁	不明
T－Y6－095	露膝短裙	戴项圈	不明	内龛侧壁	不对称
T－Y6－102	长裙及踝	戴项圈	腹肌凸出	门柱外	不明

（四）天王

牛角寨石窟的天王像除 N－Y1－001－1 为单龛单尊毗沙门天王、N－Y7－037 为四天王像组合主尊，其他皆是佛为主尊组像中的护持天王。

牛角寨区有护持天王的龛仅见于 Y2，造像特征为身着铠甲、长裙，腰部较粗，双腿直立状。N－Y2－005、N－Y2－008 身处内龛门柱外，N－Y2－022、N－Y2－023 身处内龛门内侧。

坛神岩区天王像的造像特征与牛角寨区天王像存在较大差别，造像特征为束高髻、细腰、身着铠甲、着短裙，姿态多见单腿直立、单腿屈膝，一手扶腰状。位置常见于内龛门内侧（见表六）。

表六　天王造像特征统计表

编号	手势	着装样式	姿势	座	组合方式、位置	二护持天王姿态
N－Y1－001－1	托塔、持戟	着长甲、长裙，帔帛横身前一道	直立	踩地天	单龛单尊	——
N－Y2－005	持戟	着长甲、长裙，帔帛横身前一道	直立	踩跪卧夜叉	内龛门柱外	对称
N－Y2－008	不明	着长甲、长裙，帔帛横身前一道	直立	踩跪卧夜叉	内龛门柱外	不明
N－Y2－022	按剑据地	着长甲、长裙	直立	低座	内龛门内侧	对称
N－Y2－023	不明	着长甲、长裙	直立	低座	内龛门内侧	不对称
N－Y7－037－3 号像	持杵	戴冠，着短甲、短裙	直立	踩侧躺夜叉	组合主尊	——
N－Y7－037－4 号像	持戟	戴冠，着短甲、短裙	直立	踩跪卧夜叉	组合主尊	——
N－Y7－037－5 号像	举剑、扶腰	戴冠，着短甲、短裙	直立	踩跪卧夜叉	组合主尊	——
N－Y7－037－6 号像	托塔	戴冠，着短甲、短裙	直立	踩蹲坐夜叉	组合主尊	——
T－Y1－046－左像	举剑、扶腰	高髻，着甲	不明	不明	内龛门内侧	不明
T－Y1－049－右像	持囊、持短剑	高髻，着短甲、短裙，帔帛横身前一道	双脚外八而立	踩蹲坐夜叉	内龛门内侧	不对称
T－Y1－049－左像	上举、扶腰	高髻，着短甲、短裙	单腿立，单腿屈膝	不明	内龛门内侧	不对称
T－Y2－063－右像	上举、扶腰	高髻，着短甲、短裙	单腿立，单腿屈膝	踩跪卧夜叉	内龛门内侧	不对称
T－Y2－063－左像	举剑、扶腰	高髻，着短甲、短裙	单腿立，单腿屈膝	踩跪卧夜叉	内龛门内侧	不对称

五　造像的时代与分期

（一）造像时代初步认识

1. 造像题记

与牛角寨石窟造像相关的题记现存八处。其中纪年题记两处：N－T7－037 外龛右侧壁"贞元十一年"（795 年），T－Y1－057 右侧壁题记碑"大唐天宝八载"（749 年）。两处题记亦提及两龛造像的内容（见表七）。

表七　造像题记统计表

所在龛	编号	题记内容	备注
N-Y1-001-1	T1	……□众生解脱法门又蒙多佛……/……□□□玠宝弥增□□□ □□□……上处白宝城郭腽水精殿堂瑠/……□白银户□摩尼巨宝 以镇方隅明月圆珠长悬殿阁□黄金□□□□□天乐奏扵四时 百神趋于左右紫云……□殿□□□散于座隅灵睢盱莫敢□□□众 刹憧惶□他驱使地神捧之八部随迎功德天为左施郁吒□而右/……□ □伏诸恶鬼慈心救诸群生十郍罗迶为此□寁胜毗婆尸佛慈念众生恐其 眼光销烁有情故留身塔镇于/……令亲之□□□□□能□形百类应 愿多方所念丛心无祈不克其有以金宝象其身供养者右福/……百神而卫 之天上人间长受利乐之造八部龛一铺莲开花座云散天衣金刚二神观音势 至阿难/……天□□□□□□□不易天宫而下应玉毫辉光而绚焕 金彩交暎而芬芳其有植福弟子张公/……□□德囯璋松玉贞闱红莲 丛秀云鹤情闲每以想象于心/……天宝传将多闻□□……/ ……云象□□□戌□九□□□□有论……/……/	新发现
N-Y1-002-1	T2	□观世音菩萨壹躯/沙弥士遷造永为供养/	新发现
N-Y2-022	T3	一佛二菩萨龛一所/右弟子卢□卢□卢/□□火卢明母□□□造	新发现
N-Y4-032	T4	……/……□敬造永为供养/□□□□□□/□□□□ 萨一躯□□□□娘敬造/……□□菩萨龛……	新发现
N-Y4-033	T5	仅剩题刻框	新发现
N-Y7-037	T6	贞元十一年太岁乙亥元月建戊寅廿八日书镇嶋嶋□□□/□□□□ 山□海昂□□□/敬造□世释梵四王一□□/□□□□ 道□观世有情……/……宝……/□养李生□泉为□□□□/ 陈期上□□会……/	1989年发现 此次调查录入
T-Y1-057	T7	南竺观记/三十六部经藏目　洞真十二部/洞玄十二部　洞神十二部/一夫 之下三洞宝经合有三十六万七千卷/二十四万四千卷在四方　十二万三卷 在中□/上清□百卷　灵宝卅卷　三皇十四卷　太清三十六卷□□/ 太平一百七十卷　太玄二百七十卷　正一二百卷/符百七十卷　升玄本 祭神咒圣纪化胡□诰南华登真/□□等一千余卷　合二千一百卅卷 □□在世三坟五/典八索九丘五经六籍并出其中　余十二万八百/七千 卷在诸天之上山洞之中未行于世/夫三洞经符道之对纪太虚之玄宗上真 /之经首了达则上圣可登晓悟则高真斯/泄七部玄教兼该行之一乘至道 斯毕矣/大唐天宝八载太岁巳丑四月乙未朔十/五日戊申三洞道士杨行进 三洞女道士/杨正真三洞女道士杨正观真□□法观/元守□进弟彦高 等共造三宝像一/龛为国为家□正动□□□同供养	1989年发现 此次调查录入

2. 崖面遗迹特征

值得注意的是，牛角寨区 Y2 崖面南壁右段下层 N‐Y2‐019、N‐Y2‐023 外龛有阴刻直线相通，且垂直于 N‐Y2‐022 左侧外龛向下延伸的阴刻直线，显然是保留了崖面开龛前布局设计的痕迹。

牛角寨区大、中型龛集中分布于 Y1、Y2、Y3、Y4、Y5、Y7，为牛角寨区龛窟分布的核心区域。仅 Y2 南壁崖面造像龛分布两层，大多为分布一层。牛角寨区极大部分造像龛皆具有分布有序、紧密排列、间隔均匀的崖面观察特征，且造像龛之间较少存在打破关系。牛角寨区仅见 Y3 崖面小形龛 N‐Y3‐026、N‐Y3‐027 打破 N‐Y3‐024 外龛右侧壁，因此，N‐Y3‐026、N‐Y3‐027 开凿时代晚于崖面主龛。

坛神岩区大、中型龛主要分布于 Y1、Y2、Y5、Y6，仅 Y1、Y5 东侧崖面造像龛分布两层，其余大多为分布一层。坛神岩区同向崖面分布的造像龛同样具有分布有序、紧密排列、间隔均匀的特征。且通过崖面观察，造像龛之间较少存在打破关系，仅见 Y5 的 T‐Y5‐084 打破 T‐Y5‐083 外龛左侧壁和 T‐Y5‐085 外龛右侧壁；T‐Y5‐085 打破 T‐Y5‐086 右侧龛壁。因此，T‐Y5‐084 开凿时代较 T‐Y5‐083、T‐Y5‐085 晚，T‐Y5‐085 开凿时代较 T‐Y5‐086 晚。

另外，观察坛神岩区 Y1 三个大型主龛崖面分布情况，T‐Y1‐042 与 T‐Y1‐050 选择了 Y1 东崖壁的两端崖面，另一个主龛 T‐Y1‐057 选择南崖面的内侧，而外侧崖面开凿了进深较浅的龛，以错开 T‐Y1‐050 大龛的进深区域。这说明了 Y1 三个大型主龛为同期布置开凿。值得注意的是，T‐Y2‐062 所在 Y2 紧邻 Y1 西侧，而 T‐Y2‐062 在 Y2 崖面上的位置偏南侧，正好正对 T‐Y1‐057 前方道路，也就是说 T‐Y2‐062 恰如其分地在视线上避开了 Y1 巨石的遮挡，刚好处于信众的参拜线路上。显然，这样的规划说明了 T‐Y2‐062 的开凿时代不会早于 Y1 三个大型主龛。

牛角寨区 N‐Y2‐004、N‐Y2‐005；N‐Y2‐007、N‐Y2‐008、N‐Y2‐009；N‐Y4‐030、N‐Y4‐031；N‐Y7‐037、N‐Y7‐038 分别为外龛相通的组合龛，为同时开凿。

根据上文对牛角寨石窟造像龛题材的分析，造像题材在崖面的分布特点有：牛角寨区 Y2 东壁集中分布了三龛三佛、四佛；牛角寨区 Y2 南壁中部集中分布了两龛千佛龛；东壁右段集中分布了三龛胁侍菩萨为半跏趺坐的一铺多尊像；牛角寨区 Y3 的两个观无量寿佛经变龛紧邻；牛角寨区 Y4 观音龛连续分布。坛神岩区 Y1、Y2 密集分布了多龛有天龙八部像；坛神岩区 Y2 紧邻分布三龛双观音龛；坛神岩区 Y5 分布多龛一铺 7 尊组合龛，也或有天龙八部像。结合崖面观察的龛窟开凿特点，可知牛角寨石窟各崖面的大、中型造像龛很可能为短期内集中规划建造，部分小形龛为增补开凿。

3. 典型时代特征

虽然牛角寨石窟缺乏史料记载，且纪年造像题记数量较少，但是在造像内容和风格上体现了一些典型的时代特征因素，可以为牛角寨石窟较为分散的以独立巨石为单位的造像龛群的开凿时代研究提供参考依据。崖面主要龛窟和具有典型时代特征的龛像是研究牛角寨石窟开凿过程的重要元素。

（1）天王

牛角寨区 N－Y1－001－1 毗沙门天王龛是中晚唐至五代时期四川地区流行的单龛天王题材，现存中晚唐时期的遗存较多，有直立和倚座两种姿态，一般模式为头戴三面宝冠、焰肩、身着甲胄、配剑、腹前垂挂短刀，踏地天，左右分别有尼蓝婆、毗蓝婆。N－Y1－001－1 毗沙门天王的低三面冠、忿怒相、身形修长、鼓腹、身前腰带挂剑鞘、细纽带状缔结、鳍袖飘扬，身着长甲及踝，比较接近邻近区域资中君子泉 88 号、106 号龛，而这两龛为中唐时期作品[1]。另外，相比较于四川地区毗沙门天王铠甲，从中唐到晚唐，甲上的纹饰（多见小札纹、鱼鳞纹等）呈现出越来越复杂丰富的明显演变特征[2]。然而 N－Y1－001－1 毗沙门天王铠甲的光面无纹的确是四川地区毗沙门天王像的较早特征。再结合前文对龛装饰的分析，N－Y1－001－1 开凿时代很可能不晚于中唐时期，推测为中唐时期作品。

坛神岩区 T－Y1－046、T－Y1－049 并列分布，为规模、形制相同两龛，虽 T－Y1－046 残损严重，内龛左壁外侧残存束髻天王一尊，位置与 T－Y1－049 龛门内侧的二天王像相同。T－Y1－049 天王像束髻，着甲胄，腰部较细，下身着短裙。右像左手叉腰持囊，右手上举肩前持短剑，双腿微屈膝，脚踩地鬼。左像右手按腰，身体呈 S 形姿态，左手残，一腿屈膝外展，一腿直立，脚踩地鬼。这样的天王形象多见于盛唐时期造像组合中的护持天王，具有典型的盛唐时期天王像的特征，例如莫高窟盛唐时期第 45 号窟西壁造像中的护持天王[3]，也见于四川安岳玄妙观第 11、14 龛唐开元十八年（730年）道教造像组合外侧的护持天王像[4]。

然而，牛角寨区 N－Y2－005、N－Y2－008、N－Y2－022、N－Y2－023 的下身着长甲、长裙，腰部较粗，身体直立状的天王像特征，更接近于中晚唐时期四川地区流行的毗沙门天王的形象。这样的特征也多见于四川地区中晚唐时期的护持天王。

（2）大佛

经过对 N－Y1－001 大佛的现场调查，大佛的肩部平整，形成平台。然而肩部以下的造像部分相对于肩部以上体现了截然不同的雕刻风格，且臂、手的动作和比例极不协调，显然大佛的肩部以下的雕凿时代晚于肩部以上。观察其附龛 N－Y1－001－1 的崖面情况，其位于大佛龛左侧壁的位置正好对应大佛的鼻部高度。该位置为大佛肩部以上造像的中部，显然附龛的开龛并非一个偶然选址。因此可知，N－Y1－001－1 毗沙门天王龛是在大佛肩部以上完工后择侧壁崖面中心区域开凿的。因此，N－Y1－001 大佛开凿时代早于 N－Y1－001－1 开凿的中唐时期。

巴蜀地区唐代摩崖造像多开凿大佛，多为倚坐弥勒像，其中有明确纪年的包括乐山大佛始建于唐玄宗开元初年（713 年），竣工于唐贞元十九年（803 年）[5]；阆中大像山大佛开凿于开元初期[6]；资阳半月山大佛开凿于贞元九年八月十五日[7]（793 年）；潼南大佛始凿于唐长庆四年（824 年），

---

〔1〕　王熙祥、曾德仁：《资中重龙山摩崖造像内容总录》，《四川文物》1989 年第 6 期。

〔2〕　樊珂：《四川地区毗沙门天王造像研究》，四川大学硕士学位论文，2007 年。

〔3〕　该龛虽没题记，但是被认为具有典型盛唐造像风格。

〔4〕　汪小洋等：《中国道教造像研究》，上海大学出版社，2010 年。

〔5〕　据大佛右侧崖壁《大像碑记》碑文记载。

〔6〕　王积厚：《大像山摩崖造像及石刻题记》，《四川文物》1989 年第 3 期。

〔7〕　袁国腾：《资阳半月山大佛》，《四川文物》1996 年第 6 期。

至南宋绍兴二十一年（1151 年）完工[1]等。这反映出盛唐是巴蜀地区开凿大佛的盛期，同时也说明了大佛开凿工程量大，历时长，其间常有停工。比较于以上具有明确纪年的大佛像，仁寿牛角寨大佛开凿方式与乐山大佛一样，采用了与山齐的敞口摩崖大窟。造像特征方面都具有堆形低肉髻、发际线低、脸型较方、嘴唇极薄平的特点，尤其是五官位置比例也具有一定相似性。因乐山大佛脸部现代几经修复，极为可能参考了牛角寨大佛的面部特征。因此，牛角寨石窟 N - Y1 - 001 大佛肩部以上造像部分的开凿阶段应在盛唐至中唐期间。肩部以下造像部分，可能为宋明时期补刻。根据现场勘查，大佛停工的原因很可能为肩部以下石质疏松造成。

（3）圣僧像

牛角寨区 N - Y2 - 013 僧伽龛，坛神岩区 T - Y1 - 047 三圣僧合龛。N - Y2 - 013 僧伽像和 T - Y1 - 047 三圣僧皆坐壶门塌，N - Y2 - 013 僧伽像头部残损，缯带垂肩前，可辨戴风帽，上身着交领内衣，外着袒右肩袈裟，右侧中衣掖进袈裟，施禅定印，结跏趺坐。这个形象是从晚唐至宋、元、金常见的僧伽高僧形象。僧像僧伽是早期发展阶段[2]，其组合模式包括以敦煌莫高窟第 72 窟圣者泗州和尚像（五代）[3]为例的单尊本身像，学界普遍认为该像是现存年代最早的僧伽本身像。僧伽组合像比较于陕西合阳县王家河摩崖造像第 3 龛（晚唐）[4]的僧伽与二供养人的组合像；四川夹江千佛崖 91 龛（晚唐）[5]、绵阳北山院第 11 号龛（晚唐）、大足北山 177 龛（1126 年）[6]的僧伽、宝志、万迴三高僧组合像；安岳西禅寺石窟 1 号龛（818 年）[7]的泗州和尚变相等。牛角寨石窟 N - Y2 - 013 僧伽像单主尊胁二弟子的组合形式，在四川较为少见。组合形式及造像风格更接近于陕西合阳县王家河摩崖造像第 3 龛。值得注意的是塌前摆放双履，可联系到法国国家图书馆藏书（伯希和 4070）北宋彩色纸画僧伽坐像，壶门塌下也放双履。塌前放双履的图像还见于莫高窟第 17 窟（晚唐）藏经洞高僧洪辩真容塑像[8]，也坐壶门塌，塌西侧绘云头履。因此 N - Y2 - 013 像可以确认为高僧像。从其图像形式及其胁弟子的组合来看，应为僧伽像龛。该龛的开凿时代应为晚唐。

坛神岩区 T - Y1 - 047 除主尊坐壶门塌之外，在人物形象和组合方式方面，与 N - Y2 - 013 有较大差别。T - Y1 - 047 三圣僧并坐，且中尊两侧有弟子和侍者相伴，与夹江千佛崖 091 龛、绵阳北山院第 11 号龛尊像配置方式相同。但是，T - Y1 - 047 三圣僧像皆为圆顶光头，不见戴风帽的特征；中尊不置凭几，左尊身前置凭几，右尊身前有凭几残迹；中尊身后右侧立持扇侍女；塌前中央残像疑为供养人跪像。这几个特征都是川渝地区现存三圣僧组合像少见的特征。据现已公布的资料，置凭几的多为中尊僧伽像，且始见宋代，且皆为三脚挟轼凭几。而牛角寨石窟 T - Y1 - 047 左尊身前现存凭几的样

[1] 《重庆潼南大佛维修中的新发现》，《中国文物报》2013 年 6 月 28 日第 5 版。
[2] 牛长立：《论古代泗州僧伽像僧、佛、俗神的演化进程》，《宗教学研究》2016 年第 6 期。
[3] 罗世平：《敦煌泗州僧伽经像与泗州和尚信仰》，《美术研究》1993 年第 1 期。
[4] 陈晓捷：《铜川耀州西部的石窟与摩崖造像》，《考古与文物》2012 年第 3 期。
[5] [日]肥田路美：《夹江千佛岩 091 号三圣僧龛研究》，《四川文物》2014 年第 4 期。
[6] 马世长先生认为 177 窟是与 176 龛并龛雕凿的，据 176 龛榜题可推断开凿于靖康元年，参见《大足北山佛湾 176 与 177 窟——一个奇特题材组合的案例》，重庆大足石刻艺术博物馆：《2005 年大足石刻国际学术研讨会论文集》，文物出版社，2007 年。
[7] 重庆大足石刻艺术博物馆、安岳县文物局：《四川省安岳县西禅寺石窟调查简报》，中山大学艺术史研究中心：《艺术史研究》第十辑，中山大学出版社，2008 年。
[8] 马世长：《关于敦煌藏经洞的几个问题》，《文物》1978 年第 12 期。

式更接近于 N – Y3 – 029 维摩诘身前所置凭几。

四川夹江千佛崖 091 龛，绵阳北山院第 11 号龛，大足北山 177 龛的僧伽、宝志、万回三高僧组合像，都体现了中央僧伽为主尊，宝志、万回为居侧壁的胁侍，弟子像居主尊身后。这个图像系统受到了一佛二弟子二菩萨图像模式的影响，甚至就是僧伽作为主尊在组合造像里佛化的体现，三像的坐姿不一，僧伽结跏趺坐，宝志、万回半跏趺坐，僧伽的座式，例如束腰须弥座，也体现了其佛化的特征。相较于这几龛遗存，仁寿牛角寨石窟 T – Y1 – 047 的僧伽、宝志、万回三高僧同居壶门榻，身形大小一致，皆为结跏趺坐，且是典型僧像形象，这是作为并列主尊的形象出现。因此，T – Y1 – 047 开凿时代应早于上述三龛。

因此，牛角寨区 N – Y2 – 013 僧伽龛开凿时代很可能为晚唐。坛神岩区 T – Y1 – 047 开凿时代很可能为盛唐至中唐时期，是四川地区三圣僧龛时代较早的实例。

（4）供养人像

供养人图像仅出现在坛神岩 Y1 和 Y5，共 5 处，分别位于 T – Y1 – 045、T – Y1 – 057、T – Y5 – 086、T – Y5 – 087、T – Y5 – 088。其中 T – Y1 – 045 供养人群像雕刻方式为阴线刻，其余皆为减地浅浮雕。

T – Y1 – 045 男供养人头戴幞头，身着宽大圆领长袍，腹下系带，女供养人身着窄袖宽松衫，高腰襦裙。其服饰与天宝年间开凿的 T – Y1 – 057 基坛正面浅浮雕男性供养人像服饰特征如出一辙，具有典型盛唐时期服饰特点。T – Y5 – 086 龛下方供养人群像保存较差。T – Y5 – 087 龛外上方左侧一组两身供养人像。T – Y5 – 088 龛外两侧下方各一组两身供养人像，龛外下侧一组十三身供养人像，分别有供养男像、供养女像和供养僧人像。男像服饰风格统一，头戴幞头，身着窄袖圆领长袍，腹下系带，与 T – Y1 – 045、T – Y1 – 057 的供养男像所着长袍相比，身围较窄。值得注意的是，服饰作为时代性极强的因素，唐代男子服饰中幞头和圆领衣形制变化不大，但是妇女的服饰却呈现出强烈的时代性特征。N – Y5 – 088 左侧下方供养女像，头束高髻，上身着交领窄袖短襦，肩披长巾垂身侧，下身着修长而紧身的长裙，仅露履头，腰佩编结绶带，与 T – Y1 – 057 供养女像的髻式、宽松襦裙风格差别较大。通过横向对比，T – Y5 – 088 供养女像与唐永泰公主墓（706 年）[1] 前室东壁南手捧高脚杯侍女像，在发式、身形、服饰，包括腰侧绶带的样式方面，都具有极高的相似度。同时，莫高窟第 375 窟西壁供养女像亦是其例，这是唐初典型的女装样式。而盛唐至晚唐时期的襦裙则逐渐宽松，中唐后袖子愈加肥大。白居易《时世妆》诗云："风流薄梳洗，时世宽装束。"[2] 孙机先生认为，唐初流行的这种衣裙窄小的服饰大体沿用到开元、天宝时期[3]。结合 T – Y5 – 087、T – Y5 – 088 龛像特征，尤其是力士着 A 形长裙的特征，在四川地区亦是唐前期力士像的一种典型特点。因此 T – Y5 – 087、T – Y5 – 088 开凿年代的下限很可能为开元、天宝时期。

---

〔1〕　陕西省文物管理委员会：《唐永泰公主墓发掘简报》，《文物》1964 年第 1 期。

〔2〕　白居易：《时世妆》，《全唐诗》，中华书局，1996 年。

〔3〕　孙机：《华夏衣冠——中国古代服饰文化》，上海古籍出版社，2016 年。

（二）造像分期的初步判断

根据以上综合分析牛角寨石窟龛窟特征、造像题材、造像风格、相关题记及崖面分布情况等因素，除宋代塔龛外，牛角寨石窟造像群的施造时代集中于唐代，初步判断主要分为四个阶段。

第一期：8世纪上半叶，即盛唐时期。

该阶段为牛角寨石窟开龛造像的较早阶段，亦是牛角寨石窟开始大规模开龛造像的时期，造像区域在牛角寨区 Y1、坛神岩区 Y1、Y2 和 Y5。其中以牛角寨区 Y1 的 N－Y1－001、N－Y1－002；坛神岩区 Y1 的 T－Y1－042、T－Y1－049、T－Y1－050、T－Y1－057；Y2 的 T－Y2－062；Y5 的 T－Y5－082、T－Y5－083、T－Y5－086、T－Y5－087、T－Y5－088、T－Y5－089 为代表。

第二期：8世纪下半叶至9世纪初期，即中唐时期。

牛角寨区 Y2、Y3、Y4、Y7 造像题材、特征存在较大联系性。N－Y1－001－1、N－Y2－008、N－Y2－009、N－Y2－020、N－Y3－031 的龛楣形制及下层檐面装饰卷草；N－Y2－020、N－Y4－031 和 N－Y2－020、N－Y3－028 西方净土类题材的分布及高度接近的构图和风格；N－Y4－030、N－Y4－033 与 N－Y7－038（贞元十一年）观音单尊像，短颈、削肩、粗腰、平腹造像风格相近，尤其值得注意的是半圆雕身体上的细部雕刻方式一致，璎珞刻划较浅，裙纹细密，阴线刻的深度、角度一致，体现了凿刀的运刀方式一致。这都是牛角寨区典型的中唐时期风格因素和特征。此期代表龛窟还包括 N－Y1－001－1 毗沙门天王龛、N－Y3－029 维摩诘经变龛。

坛神岩中唐时期开凿的代表龛窟主要为 Y1、Y2 主龛周边的中小型龛，还有 Y5 的 G、B 壁部分造像龛。代表龛窟包括 T－Y2－061、T－Y2－063、T－Y5－080、T－Y5－085、T－Y5－091 等。

第三期：9世纪下半叶至10世纪初期，即晚唐时期。

该期是牛角寨石窟开龛造像活动的衰落期。牛角寨区该期开龛区域主要位于 Y2、Y3，包括 Y2 两崖壁转角处的龛像，以及一些开龛较浅的小型龛。代表龛为 N－Y2－011、N－Y2－012、N－Y2－013、N－Y2－016、N－Y2－017、N－Y3－026、N－Y3－027 等。

坛神岩区晚唐的开龛区域主要集中在 Y6，也包括 Y1、Y2、Y5 的部分小形龛，Y3、Y4 尊像风化不存的较浅小形龛极可能也为该期遗存。T－Y5－084、T－Y6－094 的单身观音菩萨造像与 T－Y6－093 佛道合龛的菩萨造像，在身体比例、身形、裙式、璎珞样式及衣纹的雕刻方式方面，代表了坛神岩区晚唐典型的菩萨造像特征，与前期具有鲜明的风格差异，T－Y6－093 佛道合龛中袒裸上身、仅着络腋的菩萨装像与盛唐时期 T－Y3－062 佛道合龛中菩萨装像亦区别较大。该期代表龛窟还包括 T－Y5－078、T－Y5－079、T－Y6－095、T－Y6－100 等。

第四期：宋代及以后的石刻活动。

N－Y6－036、N－Y8－039、N－Y9－040 塔龛，应为宋代开凿的瘗龛。N－Y1－001 大佛肩部以下的补刻部分，可能是从宋代开始。但是大佛两袖处雕刻的二天王立像，从残存的铠甲及裙的样式推测，可能为明代补刻。

后代的其他石刻活动主要在牛角寨区。牛角寨大佛东南方约 180 米处，Y9 北侧约 50 米，有北宋政和五年（1115 年）开凿的《永怀庙碑》，内容为撰写碑文的原委，并描述了信众祭祀东汉巴郡太守朱辰的盛况[1]。《永怀庙碑》西侧 30 米巨石南壁在调查时发现有"元和十年"四字题刻。现牛角寨区遗留的水池、巨石顶遗留的建筑遗迹和梯步等遗迹，可能为明末修建。

---

[1] 董华锋、钟建明：《四川仁寿北宋〈永怀庙碑〉的发现与研究》，《江汉考古》2016 年第 5 期。

附　录

附表一　可查新旧龛号对照表

现龛号	档案编号〔1〕	崖面编号〔2〕	现龛号	档案编号	崖面编号
N－Y1－001	44 号	不明	N－Y1－001－1	42 号	不明
N－Y1－002	41 号	41 号	N－Y2－003	40 号	不明
N－Y2－004	38 号	38 号	N－Y2－005	39 号	不明
N－Y2－006	37 号	不明	N－Y2－007	34 号	34 号
N－Y2－009	36 号	不明	N－Y2－010	35 号	不明
N－Y2－011	32 号	不明	N－Y2－012	31 号	31 号
N－Y2－013	30 号	不明	N－Y2－014	26 号	不明
N－Y2－015	25 号	不明	N－Y2－016	22 号	不明
N－Y2－017	23 号	不明	N－Y2－018	24 号	不明
N－Y2－019	29 号	不明	N－Y2－020	21 号	21 号
N－Y2－022	28 号	28 号	N－Y2－023	27 号	不明
N－Y3－024	7 号	不明	N－Y3－026	5 号	不明
N－Y3－028	3 号	2 号	N－Y3－029	2 号	1 号
N－Y4－030	8 号	不明	N－Y4－031	8 号	不明
N－Y4－032	9 号	不明	N－Y4－033	10 号	不明
N－Y4－034	11 号	7 号	N－Y5－035	19 号	19 号
N－Y7－037	13 号号	9 号	N－Y7－038	12 号	8 号
T－Y1－041	63 号	不明	T－Y1－042	69 号	不明
T－Y1－043	62 号	不明	T－Y1－044	66 号	不明
T－Y1－045	68 号	不明	T－Y1－046	61 号	不明
T－Y1－047	65 号	不明	T－Y1－048	67 号	不明
T－Y1－049	60 号	不明	T－Y1－050	64 号	不明
T－Y1－051	59 号	不明	T－Y1－052	58 号	不明

〔1〕　档案编号是指四有档案中收录编号，与原报告编号同。
〔2〕　崖面编号为现可见编号

现龛号	档案编号[1]	崖面编号[2]	现龛号	档案编号	崖面编号
T－Y1－053	57 号	不明	T－Y1－054	55 号	不明
T－Y1－055	56 号	不明	T－Y1－056	54 号	不明
T－Y1－057	53 号	40 号	T－Y2－058	51 号	不明
T－Y2－059	50 号	不明	T－Y2－060	49 号	不明
T－Y2－061	48 号	不明	T－Y2－062	47 号	47 号
T－Y2－063	46 号	不明	T－Y5－077	74 号	不明
T－Y5－080	73 号	不明	T－Y5－082	88 号	不明
T－Y5－083	87 号	不明	T－Y5－084	86 号	不明
T－Y5－085	85 号	不明	T－Y5－086	84 号	不明
T－Y5－087	83 号	不明	T－Y6－093	90 号	不明
T－Y6－094	91 号	不明	T－Y6－095	92 号	不明
T－Y6－096	93 号	不明	T－Y6－097	94 号	不明
T－Y6－098	96 号	不明	T－Y6－099	95 号	不明
T－Y6－100	98 号	不明	T－Y6－101	100 号	不明
T－Y6－102	99 号	不明			

附表二　龛窟保存现状统计表

龛号	较好	一般	较差	差	龛号	较好	一般	较差	差
N－Y1－001	○				N－Y1－001－1	○			
N－Y1－002		○			N－Y1－002－1			○	
N－Y1－002－2				○	N－Y1－002－3			○	
N－Y2－003			○		N－Y2－004	○			
N－Y2－005		○			N－Y2－006		○		
N－Y2－007		○			N－Y2－007－1			○	
N－Y2－007－2				○	N－Y2－008			○	
N－Y2－009			○		N－Y2－010	○			
N－Y2－010－1	○				N－Y2－011			○	
N－Y2－012	○				N－Y2－013			○	
N－Y2－014			○		N－Y2－015			○	

---

[1]　档案编号是指四有档案中收录编号，与原报告编号同。

[2]　崖面编号为现可见编号。

龛号	较好	一般	较差	差	龛号	较好	一般	较差	差
N－Y2－016		○			N－Y2－017		○		
N－Y2－018				○	N－Y2－019	○			
N－Y2－020	○				N－Y2－021				○
N－Y2－022		○			N－Y2－023		○		
N－Y3－024	○				N－Y3－024－1		○		
N－Y3－024－2		○			N－Y3－024－3		○		
N－Y3－025				○	N－Y3－026		○		
N－Y3－027				○	N－Y3－028	○			
N－Y3－029	○				N－Y4－030	○			
N－Y4－031		○			N－Y4－032			○	
N－Y4－033	○				N－Y4－034	○			
N－Y5－035	○				N－Y6－036	○			
N－Y7－037		○			N－Y7－038		○		
N－Y8－039				○	N－Y8－040			○	
T－Y1－041				○	T－Y1－042	○			
T－Y1－043				○	T－Y1－044				○
T－Y1－045			○		T－Y1－046				○
T－Y1－047	○				T－Y1－048		○		
T－Y1－049			○		T－Y1－050	○			
T－Y1－051				○	T－Y1－052			○	
T－Y1－053			○		T－Y1－054				○
T－Y1－055		○			T－Y1－056			○	
T－Y1－057	○				T－Y2－058				○
T－Y2－059				○	T－Y2－060				○
T－Y2－061		○			T－Y2－062	○			
T－Y2－063		○			T－Y3－064			○	
T－Y3－065				○	T－Y3－066				○
T－Y3－067				○	T－Y3－068				○
T－Y4－069				○	T－Y4－070				○
T－Y4－071				○	T－Y4－072				○
T－Y4－073				○	T－Y4－074				○
T－Y5－075				○	T－Y5－076				○
T－Y5－077		○			T－Y5－078			○	

龛号	较好	一般	较差	差	龛号	较好	一般	较差	差
T – Y5 – 079			○		T – Y5 – 080		○		
T – Y5 – 081				○	T – Y5 – 082		○		
T – Y5 – 083		○			T – Y5 – 084		○		
T – Y5 – 085		○			T – Y5 – 086		○		
T – Y5 – 087	○				T – Y5 – 088	○			
T – Y5 – 089			○		T – Y5 – 090				○
T – Y5 – 091		○			T – Y5 – 092			○	
T – Y6 – 093	○				T – Y6 – 094		○		
T – Y6 – 095		○			T – Y6 – 096				○
T – Y6 – 097				○	T – Y6 – 098				○
T – Y6 – 099				○	T – Y6 – 100		○		
T – Y6 – 101				○	T – Y6 – 102		○		

附表三　龛窟规模分类统计表

龛编号	特大型龛	大型龛	中型龛	小形龛	微型龛
N – Y1 – 001	○				
N – Y1 – 001 – 1			○		
N – Y1 – 002		○			
N – Y1 – 002 – 1				○	
N – Y1 – 002 – 2					○
N – Y1 – 002 – 3					○
N – Y2 – 003			○		
N – Y2 – 004			○		
N – Y2 – 005			○		
N – Y2 – 006		○			
N – Y2 – 007			○		
N – Y2 – 007 – 1					○
N – Y2 – 007 – 2					○
N – Y2 – 008				○	
N – Y2 – 009				○	
N – Y2 – 010				○	
N – Y2 – 010 – 1					○
N – Y2 – 011				○	

龛编号	特大型龛	大型龛	中型龛	小形龛	微型龛
N – Y2 – 012			○		
N – Y2 – 013				○	
N – Y2 – 014			○		
N – Y2 – 015			○		
N – Y2 – 016					○
N – Y2 – 017					○
N – Y2 – 018					○
N – Y2 – 019		○			
N – Y2 – 020			○		
N – Y2 – 021				○	
N – Y2 – 022				○	
N – Y2 – 023				○	
N – Y3 – 024			○		
N – Y3 – 024 – 1				○	
N – Y3 – 024 – 2				○	
N – Y3 – 024 – 3				○	
N – Y3 – 025					○
N – Y3 – 026				○	
N – Y3 – 027				○	
N – Y3 – 028			○		
N – Y3 – 029		○			
N – Y4 – 030			○		
N – Y4 – 031			○		
N – Y4 – 032			○		
N – Y4 – 033			○		
N – Y4 – 034		○			
N – Y5 – 035		○			
N – Y6 – 036			○		
N – Y7 – 037			○		
N – Y7 – 038			○		
N – Y8 – 039		○			
N – Y8 – 040		○			
T – Y1 – 041				○	
T – Y1 – 042		○			

瓮编号	特大型瓮	大型瓮	中型瓮	小形瓮	微型瓮
T－Y1－043				○	
T－Y1－044				○	
T－Y1－045				○	
T－Y1－046			○		
T－Y1－047			○		
T－Y1－048				○	
T－Y1－049			○		
T－Y1－050		○			
T－Y1－051				○	
T－Y1－052				○	
T－Y1－053				○	
T－Y1－054				○	
T－Y1－055			○		
T－Y1－056				○	
T－Y1－057		○			
T－Y2－058					○
T－Y2－059				○	
T－Y2－060			○		
T－Y2－061			○		
T－Y2－062		○			
T－Y2－063			○		
T－Y3－064			○		
T－Y3－065				○	
T－Y3－066				○	
T－Y3－067				○	
T－Y3－068				○	
T－Y4－069				○	
T－Y4－070				○	
T－Y4－071					○
T－Y4－072				○	
T－Y4－073				○	
T－Y4－074				○	
T－Y5－075				○	

龛编号	特大型龛	大型龛	中型龛	小形龛	微型龛
T – Y5 – 076				○	
T – Y5 – 077				○	
T – Y5 – 080				○	
T – Y5 – 082				○	
T – Y5 – 083				○	
T – Y5 – 084			○		
T – Y5 – 085				○	
T – Y5 – 086				○	
T – Y5 – 087				○	
T – Y5 – 088				○	
T – Y5 – 089				○	
T – Y5 – 090				○	
T – Y5 – 091				○	
T – Y5 – 092			○		
T – Y6 – 093		○			
T – Y6 – 094			○		
T – Y6 – 095			○		
T – Y6 – 096			○		
T – Y6 – 097				○	
T – Y6 – 098				○	
T – Y6 – 099				○	
T – Y6 – 100			○		
T – Y6 – 101				○	
T – Y6 – 102			○		

附表四 龛窟形制分析表

龛号	龛门 重数	立面形制 龛形 外	龛形 内	龛顶 外	龛顶 内	龛底 外	龛底 内	平面形制 龛形 外	龛形 内	龛口 外	龛口 内	整体龛深
N–Y1–001	单层	纵长方形	纵长方形	无	无	浅平	浅平	方形	方形	直口	直口	上深下浅
N–Y1–001–1	双层	纵长方形	纵长方形	平顶	内斜	平底	平底	横长方形	半椭圆形	直口	内收	上深下浅
N–Y1–002	单层	横长方形	横长方形	平顶	平顶	平底，双层坛	平底，双层坛	横长方形	横长方形	直口	直口	均深
N–Y1–002–1	单层	纵长方形	纵长方形	残失不明	残失不明	平底	平底	横长方形	半椭圆形	微外敞	微外敞	均深
N–Y1–002–2	单层	纵长方形	纵长方形	内斜	内斜	残损不明	残损不明	残损不明	残损不明	外敞	外敞	均深
N–Y1–002–3	单层	方形	方形	残失不明	残失不明	平底	平底	横长方形	横长方形	微外敞	微外敞	均深
N–Y2–003	双层	横长方形	横长方形	残损	平顶	上斜	平底	横长方形	半椭圆形	直口	内收	上深下浅
N–Y2–004	双层	横长方形	横长方形	平顶	平顶	平底	平底	横长方形	半椭圆形	直口	内收	上深下浅
N–Y2–005	双层	横长方形	横长方形	无	平顶	平底	平底	横长方形	半椭圆形	直口	外敞	上深下浅
N–Y2–006	单层	纵长方形	横长方形	残失不明	残失不明	平底	平底	梯形	梯形	内收	内收	均深
N–Y2–007	双层	纵长方形	纵长方形	平顶	平顶	上斜，设坛	平底	横长方形	半椭圆形	直口	直口	上深下浅
N–Y2–007–1	单层	纵长方形	横长方形	无	无	残损不明	残损不明	半椭圆形	半椭圆形	外敞	外敞	不明
N–Y2–007–2	单层	纵长方形	横长方形	浅顶	浅顶	残损不明	残损不明	半椭圆形	半椭圆形	直口	外敞	上浅下深
N–Y2–008	双层	横长方形	横长方形	无	平顶	外斜	外斜	横长方形	半椭圆形	直口	直口	上浅下深
N–Y2–009	双层	横长方形	横长方形	无	内斜	外斜	外斜	横长方形	弧形	直口	外敞	上深下浅
N–Y2–010	双层	横长方形	方形	平顶	平顶	平底	外斜	横长方形	弧形	直口	外敞	上深下浅
N–Y2–010–1	单层	尖拱形	尖拱形	内斜	内斜	平底	平底	半椭圆形	半椭圆形	微外敞	微外敞	均深
N–Y2–011	双层	纵长方形	横长方形	内斜	内斜	外斜	外斜	横长方形	拱形	直口	直口	上深下浅
N–Y2–012	双层	横长方形	纵长方形	平顶	内斜	平底	平底，设低坛	横长方形	半圆形	直口	直口	上深下浅
N–Y2–013	双层	纵长方形	方形	内斜	平顶	平底	平底	梯形	半椭圆形	内收	直口	均深
N–Y2–014	双层	横长方形	方形弧形	残失	平顶	外斜	平底	横长方形	横长方形	直口	微内收	上深下浅
N–Y2–015	双层	纵长方形	纵长方形	内斜	内斜	残损不明	平底	不明	弧形	直口	外敞	均深

续附表四

龛号	龛门重数	立面形制 龛形 外	立面形制 龛形 内	龛顶 外	龛顶 内	龛底 外	龛底 内	平面形制 龛形 外	平面形制 龛形 内	龛口 外	龛口 内	整体龛深
N－Y2－016	单层	横长方形	方形	残损不明	残损不明	外斜	外斜	梯形	梯形	外敞	外敞	上深下浅
N－Y2－017	单层	纵长方形	方形	平顶	平顶	外斜	外斜	梯形	梯形	外敞	外敞	上深下浅
N－Y2－018	单层	纵长方形	纵长方形	残损不明	残损不明	残损不明	残损不明	残损不明	残损不明	残损不明	残损不明	不明
N－Y2－019	双层	纵长方形	并列方形	残损不明	平顶	平底	平底	横长方形	半椭圆圆形	直口	直口	均深
N－Y2－020	双层	纵长方形	纵长方形	平顶	上凸	平底	向下凹	横长方形	半椭圆圆形	直口	微内收	均深
N－Y2－021	双层	纵长方形	方形	内斜	内斜	平底	外斜	横长方形	半圆形	直口	微内收	上深下浅
N－Y2－022	双层	纵长方形	方形	残损不明	平顶	外斜	外斜，设低坛	横长方形	半椭圆圆形	直口	内收	均深
N－Y2－023	双层	纵长方形	纵长方形	平顶	内斜	外斜	外斜，设低坛	横长方形	半椭圆	直口	内收	均深
N－Y3－024	双层	纵长方形	纵长方形	平顶	平顶	平底，设低坛	平底	横长方形	半椭圆	直口	微外敞	上深下浅
N－Y3－024－1	单层	纵长方形	方形	内斜	内斜	平底	平底	半椭圆形	半椭圆形	微外敞	微外敞	均深
N－Y3－024－2	单层	纵长方形	纵长方形	内斜	内斜	平底	平底	半椭圆形	半圆形	微外敞	微外敞	均深
N－Y3－024－3	单层	纵长方形	纵长方形	内斜	内斜	残损不明	残损不明	半椭圆形	半椭圆形	微外敞	微外敞	均深
N－Y3－025	单层	拱形	拱形	拱形	拱形	平底	平底	横长方形	横长方形	直口	直口	均深
N－Y3－026	双层	方形	方形	残损不明	平顶	残损不明	平底	半椭圆形	不规则	直口	不规则	上浅下深
N－Y3－027	双层	纵长方形	纵长方形	残损不明	平顶	外斜，设高坛	平底	横长方形	半椭圆形	直口	微外敞	上浅下深
N－Y3－028	双层	纵长方形	纵长方形	平顶	内斜	平底	外斜	梯形	半椭圆形	微内收	不规则	上浅下深
N－Y3－029	双层	纵长方形	方形	平顶	内斜	外斜	平底	梯形	弧形	内收	直口	均深
N－Y4－030	双层，同外龛	纵长方形	纵长方形	平顶	内斜	平底	平底	梯形	横长方形	内收	微内收	上深下浅

续附表四

龛号	龛门重数	立面形制						平面形制				整体龛深
		龛形		龛顶		龛底		龛形		龛口		
		外	内	外	内	外	内	外	内	外	内	
N–Y4–031	双层，同外龛	横长方形	方形	平顶	上凸	平底	平底	梯形	半椭圆形	内收	内收	上深下浅
N–Y4–032	双层	纵长方形	纵长方形	平顶	平顶	外斜	外斜，设高坛	横长方形	半圆形	直口	微外敞	上深下浅
N–Y4–033	双层	纵长方形	纵长方形	微内斜	内斜	外斜	外斜	不规则	横长方形	不规则	直口	上深下浅
N–Y4–034	单层	纵长方形	纵长方形	平顶	平顶	外斜	外斜	横长方形	横长方形	直口	直口	上浅下深
N–Y5–035	单层	纵长方形	纵长方形	平顶	平顶	外斜	外斜	横长方形	横长方形	直口	直口	上浅下深
N–Y6–036	单层	尖拱形	尖拱形	尖拱形	尖拱形	残损不明	残损不明	横长方形	横长方形	直口	直口	均深
N–Y7–037	双层	横长方形	横长方形	内斜	内斜	平底	浅平	横长方形	半椭圆形	微内收	微外敞	上深下浅
N–Y7–038	双层	纵长方形	纵长方形	平顶	平顶	残损不明	平底	不规则	拱形	直口	直口	均深
N–Y8–039	单层	尖拱形	尖拱形	尖拱顶	尖拱顶	浅平	浅平	残损不明	残损不明	不明	不明	均深
N–Y8–040	单层	尖拱形	尖拱形	尖拱顶	尖拱顶	浅平	浅平	残损不明	残损不明	微外敞	微外敞	均深
T–Y1–041	双层	方形	方形	残损不明	内斜	残损不明	残损不明	残损不明	残损不明	直口	直口	残损不明
T–Y1–042	双层	纵长方形	纵长方形	残损不明	平顶	平底	平底	横长方形	横长方形	直口	右鬲门内收	均深
T–Y1–043	双层	纵长方形	纵长方形	残损不明	内斜	残损不明	残损不明	残损不明	梯形	残损不明	外敞	残损不明
T–Y1–044	双层	纵长方形	纵长方形	残损不明	内斜	平底设坛	平底	残损不明	梯形	残损不明	外敞	均深
T–Y1–045	双层	方形	方形	残损不明	平顶	平底	平底	横长方形	半椭圆形	直口	内收	均深
T–Y1–046	双层	纵长方形	纵长方形	残损不明	平顶	残损不明	平底	残损不明	半椭圆形	残损不明	微内收	均深
T–Y1–047	单层	横长方形	横长方形	双层叠涩顶	双层叠涩顶	平底设坛	平底设坛	梯形	梯形	外敞	外敞	上深下浅
T–Y1–048	双层	方形	方形	平顶	内斜	平底	平底	梯形	半椭圆形	外敞	微内收	均深
T–Y1–049	双层	方形	纵长方形	平顶	平顶	残损不明	残损不明	残损不明	梯形	残损不明	内收	上深下浅

续附表四

龛号	龛门重数	立面形制						平面形制				整体龛深
		龛形		龛顶		龛底		龛形		龛口		
		外	内	外	内	外	内	外	内	外	内	
T-Y1-050	双层	横长方形	横长方形	不明	平顶	平底	平底	不明	横长方形	不明	直口	均深
T-Y1-051	双层	纵长方形	横长方形	残损不明	平顶	残损不明	残损不明	残损不明	半圆形	残损不明	外敞	上深下浅
T-Y1-052	双层	纵长方形	纵长方形	残损不明	平顶	残损不明	残损不明	残损不明	半圆形	残损不明	直口	上浅下深
T-Y1-053	双层	纵长方形	纵长方形	残损不明	内斜	外斜	外斜	残损不明	梯形	直口	外敞	上浅下深
T-Y1-054	双层	方形	方形	残损不明	残损不明	残损不明	残损不明	残损不明	残损不明	残损不明	直口	均深
T-Y1-055	双层	纵长方形	纵长方形	残损不明	内斜	平底设坛	平底	横长方形	拱形	直口	直口	上浅下深
T-Y1-056	双层	方形	方形	残损不明	内斜	残损不明	残损不明	残损不明	残损不明	残损不明	残损不明	均深
T-Y1-057	单层	横长方形	横长方形	平顶	平顶	平底设坛	平底设坛	拱形	拱形	微外敞	微外敞	上深下浅
T-Y2-058	双层	纵长方形	纵长方形	残损不明	残损不明	残损不明	残损不明	残损不明	残损不明	残损不明	残损不明	残损不明
T-Y2-059	双层	纵长方形	方形	残损不明	内斜	残损不明	平底	残损不明	半椭圆形	微外敞	微外敞	上深下浅
T-Y2-060	单层	纵长方形	纵长方形	平顶	平顶	残损不明	残损不明	残损不明	残损不明	外敞	外敞	均深
T-Y2-061	双层	纵长方形	纵长方形	残损不明	平顶	残损不明	残损不明	横长方形	不规则	残损不明	微内收	上深下浅
T-Y2-062	单层	横长方形	横长方形	上凸	上凸	平底	平底	横长方形	横长方形	微内收	微内收	均深
T-Y2-063	双层	方形	方形	残损不明	内斜	外斜	外斜	残损不明	半圆形	残损不明	微内收	均深
T-Y3-064	双层	横长方形	横长方形	残损不明	平顶	外斜	外斜	残损不明	残损不明	内收	外敞	上浅下深
T-Y3-065		风化残损，仅剩龛痕迹										
T-Y3-066	双层	残损不明	纵长方形	残损不明	残损不明	残损不明	残损不明	残损不明	残损不明	残损不明	残损不明	残损不明
T-Y3-067	双层	残损不明	方形	残损不明	残损不明	残损不明	残损不明	残损不明	残损不明	残损不明	残损不明	残损不明
T-Y3-068	双层	残损不明	纵长方形	残损不明	残损不明	残损不明	残损不明	残损不明	残损不明	残损不明	残损不明	残损不明
T-Y4-069		风化残损，仅剩龛痕迹										
T-Y4-070	双层	纵长方形	纵长方形	残损不明	残损不明	残损不明	残损不明	残损不明	残损不明	残损不明	残损不明	残损不明
T-Y4-071		风化残损，仅剩龛痕迹										

龛号	龛门重数	立面龛形·外	立面龛形·内	龛顶·外	龛顶·内	龛底·外	龛底·内	平面龛形·外	平面龛形·内	龛口·外	龛口·内	整体龛深
T-Y4-072	风化残损，仅阄龛痕迹											
T-Y4-073	双层	纵长方形	纵长方形	残损不明	残损不明	残损不明	残损不明	残损不明	残损不明	残损不明	残损不明	残损不明
T-Y4-074	双层	双层	残损不明	残损不明	残损不明	残损不明	残损不明	残损不明	残损不明	残损不明	残损不明	残损不明
T-Y5-075	双层	纵长方形	纵长方形	残损不明	内斜	残损不明	残损不明	横长方形	梯形	直壁	外敞	上浅下深
T-Y5-076	双层	纵长方形	方形	残损不明	内斜	残损不明	残损不明	残损不明	残损不明	直壁	残损不明	残损不明
T-Y5-077	双层	方形	方形	残损不明	内斜	外斜	平底	残损不明	半椭圆形	直壁	微内收	均深
T-Y5-078	双层，同外龛	纵长方形	横长方形	残损不明	内斜	残损不明	残损不明	残损不明	残损不明	残损不明	残损不明	残损不明
T-Y5-079	双层，同外龛	横长方形	不明	残损不明	内斜	残损不明	残损不明	残损不明	残损不明	残损不明	残损不明	残损不明
T-Y5-080	双层	纵长方形	方形	残损不明	内斜	残损不明	平底设坛	不规则	半圆形	微外敞	微外敞	均深
T-Y5-081	单层	残损不明	残损不明	平顶	平顶	残损不明	残损不明	不规则	半圆形	直壁	直壁	残损不明
T-Y5-082	双层	方形	纵长方形	残损不明	内斜	外斜	外斜	不规则	半圆形	直壁	微内收	上浅下深
T-Y5-083	双层	方形	方形	残损不明	平顶	不明	平底	横长方形	横长方形	残损不明	直口	均深
T-Y5-084	单层	纵长方形	纵长方形	残损不明	残损不明	残损不明	残损不明	梯形	梯形	外敞	外敞	均深
T-Y5-085	双层	纵长方形	纵长方形	平顶	平顶	平底	平底	不规则	拱形	直口	直口	均深
T-Y5-086	双层	纵长方形	纵长方形	内斜	内斜	平底	平底	不规则	梯形	不明	外敞	上深下浅
T-Y5-087	双层	纵长方形	方形	内斜	平顶	平底	平底	不规则	半椭圆	不明	微内收	上深下浅
T-Y5-088	双层	纵长方形	纵长方形	平顶	平顶	平底	平底	横长方形	梯形	微内收	微内收	均深
T-Y5-089	双层	残损不明	残损不明	残损不明	残损不明	平底	平底	残损不明	半圆形	微外敞	微外敞	残损不明
T-Y5-090								残损不明	残损不明			
T-Y5-091	双层	方形	方形	内斜	内斜	外斜	外斜	不规则	半圆形	外敞	外敞	均深

续附表四

龛号	立面形制·龛门·重数	立面·龛形·外	立面·龛形·内	立面·龛顶·外	立面·龛顶·内	立面·龛底·外	立面·龛底·内	平面·龛形·外	平面·龛形·内	平面·龛口·外	平面·龛口·内	整体龛深
T–Y5–092	单层	纵长方形	纵长方形	残损不明	残损不明	残损不明	残损不明	残损不明	残损不明	残损不明	残损不明	均深
T–Y6–093	不明	横长方形	纵长方形		残损不明		平底		拱形		直口	均深
T–Y6–094	单层	纵长方形	纵长方形		内斜		平底		梯形		外敞	均深
T–Y6–095	单层	纵长方形	纵长方形		平顶		平底设坛		半圆形		直口	均深
T–Y6–096	单层	纵长方形	纵长方形		内斜		平底		半椭圆		外敞	均深
T–Y6–097	单层	拱形	拱形		圆拱形		残损不明		残损不明		微外敞	均深
T–Y6–098	双层	纵长方形	纵长方形	残损不明	平顶	残损不明	残损不明	残损不明	残损不明	残损不明	残损不明	均深
T–Y6–099	双层	纵长方形	纵长方形	残损不明	内斜	残损不明	平底	残损不明	残损不明	残损不明	残损不明	均深
T–Y6–100	单层	梯形	梯形	平顶	平顶		平底		横长方形		直口	均深
T–Y6–101	双层	方形	方形	残损不明	平顶	残损不明	残损不明	残损不明	梯形	残损不明	外敞	均深
T–Y6–102	双层	纵长方形	纵长方形	残损不明	平顶	外斜	外斜	不规则	横长方形	不规则	直口	均深

附表五　龛门结构、装饰分析表

龛号	龛楣样式	龛楣装饰	门上槛装饰	门柱装饰	门上槛压门柱（是/否）	斜撑样式	门槛装饰	门柱压门槛（是/否）
N–Y1–001–1	双层楣	檐面卷草	倒三角纹垂帐	宽，卷草，团花	是	小型弧形	分格装饰门	是
N–Y2–003	无	素面	素面	宽，素面	否	小型弧形	素面，低槛	否
N–Y2–004	无	无	门簪三个	宽，素面	否	大型弧形	素面，高槛	不明
N–Y2–005	无	无	素面	宽，素面	是	小型弧形	素面，中槛	不明
N–Y2–007	无	无	素面	窄，素面	否	小型弧形	素面，中槛	不明
N–Y2–008	双层楣	不明	倒三角纹	宽，卷草，垂帐	是	大型弧形	分格装饰壶门	是
N–Y2–009	双层楣	檐面卷草	倒三角纹	宽，垂帐	是	大型装饰壶门	分格装饰壶门	是
N–Y2–010	双层楣	素面	素面	宽，素面	是	长尾弧形	素面，高槛	不明

续附表五

窟号	龛楣样式	龛楣装饰	门上槛装饰	门柱装饰	门上槛压门柱（是/否）	斜撑样式	门槛装饰	门柱压门槛（是/否）
N-Y2-011	无	无	素面	窄，素面	否	小型弧形	无	不明
N-Y2-012	无	无	素面	宽，素面	是	大型弧形	素面低槛	不明
N-Y2-013	无	无	素面	窄，素面	否	大型弧形	素面低槛	否
N-Y2-014	残损不明	不明	不明	窄，素面	不明	小型弧形	素面低槛	不明
N-Y2-015	不明	不明	素面	窄，素面	否	大型弧形	素面低槛	否
N-Y2-016	残损不明	不明	素面	窄，素面	否	无	无	—
N-Y2-017	双层檐	素面	素面	窄，素面	是	小型弧形	无	是
N-Y2-019	残损不明	不明	素面	窄，素面	否	小型三角	无	不明
N-Y2-020	双层檐	檐面卷草	垂幔	窄，多枝莲、乐伎	是	小型弧形	素面低槛	是
N-Y2-021	双层檐	不明	垂幔	宽、垂幔、分格装饰团花	不明	小型弧形	素面低槛	是
N-Y2-022	双层檐	素面	素面	宽，素面	否	无	素面低槛	否
N-Y2-023	可辨屋檐	不明	素面	窄，素面	否	弧形长尾	无	否
N-Y3-024	无	无	十六观	窄，十六观	不明	小型弧形	素面低槛	是
N-Y3-025	拱形	卷草	无	无	—	—	—	—
N-Y3-026	无	无	垂幔	窄，垂幔	是	大型弧形	低槛	不明
N-Y3-027	无	无	素面	窄，素面	是	大型弧形	高槛	是
N-Y3-028	无	无	十六观	窄，十六观	是	小型弧形	素面低槛	是
N-Y3-029	无	无	素面	窄，素面	是	小型弧形	素面低槛	否
N-Y4-030	无	无	素面	窄，素面	否	小型三角	无	—
N-Y4-031	双层檐	卷草	垂幔	窄，多枝莲、乐伎	是	无	素面低槛	是
N-Y4-032	无	无	素面	宽，素面	否	小型弧形	素面低槛	否
N-Y4-033	无	无	素面	窄，素面	是	大型弧形	无	—

续附表五

龛号	龛楣样式	龛楣装饰	门上楣装饰	门柱装饰	门上槛压门柱（是/否）	斜撑样式	门槛装饰	门柱压门槛（是/否）
N-Y7-037	无	—	素面	窄，素面	否	小型弧形	素面低槛	否
N-Y7-038	无	—	素面	窄，素面	是	小型弧形	素面低槛	否
T-Y1-042	残损不明	不明	不明	窄，素面	不明	无	无	不明
T-Y1-044	残损不明	不明	不明	不明	不明	大型弧形	素面低槛	不明
T-Y1-045	双层檐	素面	素面	宽，素面	是	无	素面低槛	否
T-Y1-048	双层檐	素面	素面	宽，素面	是	小型弧形	素面低槛	否
T-Y1-049	无	无	素面	宽，素面	不明	无	无	不明
T-Y1-050	残损不明	不明	素面	窄，素面	不明	无	不明	不明
T-Y1-051	残损不明	不明	不明	不明	不明	无	不明	不明
T-Y1-052	残损不明	不明	不明	不明	不明	无	不明	不明
T-Y1-053	残损不明	不明	不明	宽，素面	是	无	素面高槛	不明
T-Y1-054	双层檐	不明	不明	窄，素面	否	无	不明	不明
T-Y1-055	残损不明	素面	素面	宽，素面	是	无	素面低槛	不明
T-Y1-056	残损不明	不明	不明	窄，素面	否	无	不明	不明
T-Y2-058	双层檐	不明	不明	不明	不明	无	不明	不明
T-Y2-059	无	不明	不明	不明	不明	无	不明	不明
T-Y2-061	无	无	素面	窄，素面	否	无	素面	不明
T-Y2-062	无	无	—	—	—	—	—	—
T-Y2-063	单层檐	素面	素面	窄，素面	是	无	素面低槛	不明
T-Y5-077	残损不明	不明	不明	宽，素面	不明	小型弧形	分格装饰壶门	不明
T-Y5-078	无	—	素面	窄，素面	不明	不明	不明	不明
T-Y5-079	无	—	不明	不明	不明	小型弧形	不明	不明
T-Y5-080	残损不明	不明	素面	窄，素面	是	小型弧形	不明	不明
T-Y5-082	残损不明	不明	不明	不明	不明	大型弧形	素面低槛	不明

窟号	龛楣样式	龛楣装饰	门上槛装饰	门柱装饰	门上槛压门柱（是/否）	斜撑样式	门槛装饰	门柱压门槛（是/否）
T－Y5－083	残损不明	不明	不明	不明	不明	小型弧形	素面低槛	不明
T－Y5－085	残损不明	不明	不明	宽，素面	不明	无	不明	不明
T－Y5－086	檐形	素面	素面	窄，素面	是	无	素面低槛	门槛嵌门柱
T－Y5－087	双层檐	不明	素面	窄，素面	是	大型弧形	素面低槛	否
T－Y5－088	无	—	素面	宽，素面	是	无	素面低槛	不明
T－Y5－089	不明	不明	素面	宽，素面	是	大型弧形	不明	是
T－Y5－090	残损不明	不明	不明	不明	不明	不明	不明	不明
T－Y5－091	无	—	素面	宽，素面	不明	大型弧形	素面低槛	不明
T－Y5－092	残损不明	不明	不明	不明	不明	不明	不明	不明
T－Y5－093	残损不明	不明	不明	不明	不明	不明	不明	不明
T－Y6－098	残损不明	不明	不明	窄，素面	不明	不明	不明	不明
T－Y6－102	双层檐	素面	素面	窄，素面	否	无	素面低槛	不明

附表六　造像统计表

窟编号	造像组合方式								造像主尊	造像题材	题记	时代	说明
	单身像	双身像	三身像	五身像	七身像	九身像	多身像	群像					
N－Y1－001	○								弥勒佛	大佛	无	盛唐	佛教造像
N－Y1－001－1	○								天王	毗沙门天王	有	中唐	佛教造像
N－Y1－002								○	佛	供养菩萨听法	无	盛唐	佛教造像
N－Y1－002－1	○								菩萨	观音菩萨	有	盛唐	佛教造像
N－Y1－002－2		○							不明	残损不明	无	盛唐	佛教造像
N－Y1－002－3		○							佛，菩萨	残损不明	无	盛唐	佛教造像
N－Y2－003								○	佛	千佛	无	晚唐	佛教造像
N－Y2－004						○			三佛	三佛二弟子二菩萨二力士	无	中唐	佛教造像

龛编号	造像组合方式								造像主尊	造像题材	题记	时代	说明
	单身像	双身像	三身像	五身像	七身像	九身像	多身像	群像					
N–Y2–005							○		四佛	四佛二弟子二菩萨二力士、天龙八部	无	中唐	佛教造像
N–Y2–006									塔	塔身开双佛并佛坐、菩萨立像龛	无	中唐	佛教造像
N–Y2–007							○		四佛	四佛二弟子二菩萨二力士、天龙八部	无	中唐	佛教造像
N–Y2–007–1	○								佛	坐佛		中唐	佛教造像
N–Y2–007–2	○								佛	坐佛		中唐	佛教造像
N–Y2–008						○			佛	一佛二弟子二菩萨二力士二天王	无	中唐	佛教造像
N–Y2–009					○				佛	一佛二弟子二菩萨二力士	无	中唐	佛教造像
N–Y2–010							○		佛	阿弥陀佛与二弟子二菩萨二力士、天龙八部	无	中唐	佛教造像
N–Y2–010–1	○								菩萨	菩萨立像	无	中唐	佛教造像
N–Y2–011	○								菩萨	观音菩萨立像	无	晚唐	佛教造像
N–Y2–012							○		佛	一佛二弟子二菩萨二力士、天龙八部	无	晚唐	佛教造像
N–Y2–013			○						圣僧	僧伽、弟子	无	晚唐	佛教造像
N–Y2–014								○	佛	五十三佛	无	中唐	佛教造像
N–Y2–015	○								菩萨	千手观音	无	中唐	佛教造像
N–Y2–016			○						佛	阿弥陀佛并胁侍菩萨	无	晚唐	佛教造像
N–Y2–017				○					佛	一佛二弟子二菩萨	无	晚唐	佛教造像
N–Y2–018	○								菩萨	菩萨立像	无	唐代	佛教造像
N–Y2–019								○	佛	二十五佛、三十五佛、七佛	无	中唐	佛教造像
N–Y2–020								○	西方三圣	西方净土变相	无	中唐	佛教造像
N–Y2–021				○					佛	一佛二弟子二菩萨	无	中唐	佛教造像
N–Y2–022					○				佛	一佛二弟子二菩萨二天王	有	中唐	佛教造像
N–Y2–023					○				佛	一佛二弟子二菩萨二天王	无	中唐	佛教造像

续附表六

龛编号	单身像	双身像	三身像	五身像	七身像	九身像	多身像	群像	造像主尊	造像题材	题记	时代	说明
N－Y3－024								○	西方三圣	观无量寿佛经变相	无	中唐	佛教造像
N－Y3－024－1	○								佛	药师佛立像		中唐	佛教造像
N－Y3－024－2		○							菩萨	双观音		中唐	佛教造像
N－Y3－024－3	○								佛	释迦佛立像	无	中唐	佛教造像
N－Y3－025	○								不明	单尊坐像	无	不明	不明
N－Y3－026		○							观音、地藏	观音地藏并立	无	晚唐	佛教造像
N－Y3－027	○								菩萨	地藏菩萨坐像	无	晚唐	佛教造像
N－Y3－028								○	西方三圣	观无量寿佛经变相	无	中唐	佛教造像
N－Y3－029								○	维摩诘、文殊菩萨	维摩诘经变相	无	中唐	佛教造像
N－Y4－030	○								菩萨	观音立像	无	中唐	佛教造像
N－Y4－031								○	西方三圣	西方净土变相	无	中唐	佛教造像
N－Y4－032					○				佛	一佛二弟子二菩萨二力士	有	中唐	佛教造像
N－Y4－033	○								菩萨	观音立像	无	中唐	佛教造像
N－Y4－034	○								力士	力士立像	无	中唐	佛教造像
N－Y5－035	○								力士	力士立像	无	中唐	佛教造像
N－Y6－036									塔	天尊像	无	宋代	佛道造像
N－Y7－037							○		天王	四大天王并老君、天尊、供养人	有	贞元十一年	佛道造像
N－Y7－038	○								菩萨	菩萨立像	无	中唐	佛教造像
N－Y8－039									塔	无尊像	无	宋代	佛教造像
N－Y9－040									塔	无尊像	无	宋代	佛教造像
T－Y1－041				○					佛	一佛二弟子二菩萨	无	唐代	佛教造像
T－Y1－042				○					天尊	道像为主的佛道合龛像	无	盛唐	佛道合龛

续附表六

龛编号	造像组合方式								造像主尊	造像题材	题记	时代	说明
	单身像	双身像	三身像	五身像	七身像	九身像	多身像	群像					
T–Y1–043			○						不明	一坐像二立像	无	唐代	佛教造像
T–Y1–044					○				佛	弥勒佛及二弟子二菩萨二力士	无	中唐～晚唐	佛教造像
T–Y1–045				○					佛	一佛二弟子二菩萨	无	盛唐	佛教造像
T–Y1–046							○		佛	一佛二弟子二菩萨二力士、天龙八部	无	唐代	佛教造像
T–Y1–047				○					圣僧	三圣像	无	盛唐～中唐	佛教造像
T–Y1–048					○				佛	一佛二弟子二菩萨二力士	无	盛唐	佛教造像
T–Y1–049							○		佛	一佛二弟子二菩萨二天王二力士、天龙八部	无	盛唐	佛教造像
T–Y1–050							○		天尊	天尊并真人等	无	盛唐	道教造像
T–Y1–051							○		佛	一佛二弟子二菩萨二力士、天龙八部	无	唐代	佛教造像
T–Y1–052							○		佛	一佛二弟子二菩萨二力士、天龙八部	无	唐代	佛教造像
T–Y1–053					○				佛	一佛二弟子二菩萨二力士	无	盛唐	佛教造像
T–Y1–054				○					不明	残，可辨真人像	无	中唐～晚唐	道教造像
T–Y1–055							○		佛	一佛二弟子二菩萨二力士、天龙八部	无	盛唐	佛教造像
T–Y1–056					○				佛	道教主尊并胁侍	无	中唐～晚唐	道教造像
T–Y1–057							○		三宝	三宝像、胁侍真人、护法武士等	有	天宝八年	道教造像
T–Y2–058		○							菩萨	双观音并立	无	唐代	佛教造像
T–Y2–059							○			可辨道教主尊并胁侍、天龙八部	无	唐代	道教造像
T–Y2–060		○							菩萨	双观音并立	无	唐代	佛教造像

续附表六

龛编号	造像组合方式								造像主尊	造像题材	题记	时代	说明
	单身像	双身像	三身像	五身像	七身像	九身像	多身像	群像					
T-Y2-061		○							菩萨	双观音并立	无	中唐~晚唐	佛教造像
T-Y2-062							○		佛	佛道并列合龛像	无	盛唐	佛道合龛
T-Y2-063							○		佛	一佛二弟子二菩萨二天王二力士、天龙八部	无	盛唐	佛教造像
T-Y3-064							○		佛	一佛二弟子二菩萨二天王二力士、天龙八部	无	唐代	佛教造像
T-Y5-077							○		佛	一佛二弟子二菩萨二力士、天龙八部	无	盛唐~中唐	佛教造像
T-Y5-078		○							菩萨	双观音并立	无	盛唐~中唐	佛教造像
T-Y5-079			○						佛	一佛二菩萨	无	盛唐~中唐	佛教造像
T-Y5-080					○				佛	一佛二弟子二菩萨二力士	无	中唐~晚唐	佛教造像
T-Y5-081					○				佛	一佛二弟子二菩萨二力士	无	盛唐	佛教造像
T-Y5-082					○				佛	一佛二弟子二菩萨二力士	无	盛唐	佛教造像
T-Y5-083							○		佛	一佛二弟子二菩萨二力士、天龙八部	无	盛唐	佛教造像
T-Y5-084	○								观音	观音立像	无	中唐~晚唐	佛教造像
T-Y5-085	○								佛	佛立像	无	中唐~晚唐	佛教造像
T-Y5-086			○						佛	一佛二菩萨	无	盛唐	佛教造像
T-Y5-087				○					佛	一佛二弟子二菩萨	无	盛唐	佛教造像

续附表六

龛编号	造像组合方式								造像主尊	造像题材	题记	时代	说明
	单身像	双身像	三身像	五身像	七身像	九身像	多身像	群像					
T–Y5–088					○				佛	一佛二弟子二菩萨二力士	有	盛唐	佛教造像
T–Y5–089					○				佛	一佛二弟子二菩萨二力士	无	盛唐	佛教造像
T–Y5–091					○				佛	一佛二弟子二菩萨二力士	无	唐代	佛教造像
T–Y6–093							○		佛	佛道并列合龛像	无	晚唐	佛道合龛
T–Y6–094	○								菩萨	观音立像	无	晚唐	佛道合龛
T–Y6–095							○		佛	一佛二弟子二菩萨二力士、天龙八部	无	晚唐	佛教造像
T–Y6–096	○								观音	观音立像	无	晚唐	佛教造像
T–Y6–097	○								不明	单尊坐像	无	不明	不明
T–Y6–098		○							不明	双身立像	无	不明	不明
T–Y6–099		○							不明	双身立像	无	不明	佛教造像
T–Y6–100	○								菩萨	观音立像	无	晚唐	佛教造像
N–Y6–102							○		佛	弥勒佛并二弟子二菩萨二天王二力士、天龙八部	无	晚唐	佛教造像

Abstract

Listed amongst the Sixth Batch of State Priority Protected Cultural Heritage Sites in 2006, the Niujiao – zhai Grottoes (牛角寨石窟; 'Bull Horn Stockade Grottoes') or Niujiao – zhai Caves are located in the Yingtou Village (鹰头村) of Gaojia Town (高家镇) in Renshou County, Sichuan Province, lying to the west of the Yingtou Reservior, 4.4 kilometers east of the Gaojia Town, 35 kilometers south of the county seat, and 54 kilometers north of downtown Chengdu.

Original structures including the Dafo Tower ('Giant Buddha Tower') and Guan – yin Hall ('Hall of Avalokitesvara'), which were demolished during the People's Commune Movement, were recorded in the 'Renshou County Annals' from Emperor Tongzhi's reign, Qing Dynasty; however the statues and stone carvings including the Giant Buddha were unrecorded. In 1982, the Gaojia Giant Buddha was discovered during the 2nd General Investigation of Cultural Relics Nationwide; in 1989, archives were set up for 101 caves of statues. On the basis of the general investigation, Deng Zhongyuan and Gao Junying from the Cultural Administration of Renshou County published the report 'Niujiao – zhai Cliffside Sculptures in Renshou County' in 1990, which gives an introduction on the distribution, statuary inscriptions and contents of Niujiao – zhai Grottoes as well as other stone carvings.

Since 2014, an overall field survey on the Niujiao – zhai Grottoes was conducted jointly by Sichuan Province Institute of Cultural Relics and Archaeology, Northwest University and Renshou County Administration of Culture, Broadcast, Television, News & Publications. After three years of work, archaeological survey, mapping, recording, data sorting and report writing have been completed sequentially. Three – dimensional digitalization was implemented during the survey; technological means such as aerial photograph, three – dimensional scanning and photogrammetry were applied.

The cluster of Niujiao – zhai grottoes were carved on tens of huge rocks in Niujiao – zhai and on the slope under the eastern cliff of the Yuhuangding Mount. They can be divided into two relatively independent sections – Niujiao – zhai Section and Tanshenyan Section, which lie 0.5 kilometer from each other. During the survey, 9 rocks with cave carvings are recorded in the Niujiao – zhai Section, including Cave N – Y1 – 001 to Cave N – Y9 – 040; 6 rocks with cave carvings are recorded in the Tanshenyan Section, including Cave T – Y1 – 041 to Cave T – Y6 – 102. Medium and small – sized caves are the main types in the Niujiao – zhai Section, while large and small – sized caves prevail in the Tanshenyan Section. The majority of Niujiao – zhai Grottoes are double – tier caves; both outer and inner tiers of the caves have vertical rectangular layouts. The Niujiao – zhai Grottoes feature concentrations of identical or similar caves. Contents of the Niujiao – zhai Grottoes comprise Buddhist themes, Taoist themes along with combination of Buddhism and Taoism. Contents of Buddhist themes include Buddha, Bodhisattvas listening to Buddhist law preaching, Three Buddhas, Four Buddhas, presentation of Amitabha's (Western) Pure Land, presentation of Amitāyurdhyāna – sūtra, presentation of Vimalakirti Sutra, Eminent Monks, etc. As an outstanding feature of the Niujiao – zhai Grottoes, reliefs of the Eight Classes of Divine Beings (天龙八部; or the Eight Armies of Dharma Protectors consisting of devas, nagas, yaksas, gandharvas, asuras, garudas, kinnaras and mahoragas) can often be found at the back of main statues. Taoist themes include the five – figure assemblage of the main statue and his flanking figures, as well as the assemblage of the Taoist Trinity, their flanking immortals and guardian warriors. Combined themes of Buddhism and Taoism include the assemblage of the Four Devarajas (or the Four Heavenly Guardians) and Taoist statues, as well as multi – figure assemblage of Buddhist and Taoist statues.

Eight inscriptions are still in existence in the Niujiao – zhai Grottoes, two amongst which mark the years when the caves were constructed, including '11th Year of the Zhen – yuan Era' (795 C. E.) and '8th Year of the Tian – bao Era of the Great Tang' (749 C. E.). Except the pagoda – shaped burial niches from the Song Dynasty, the majority of the Niujiao – zhai Grottoes were constructed during the Tang Dynasty. Cave constructions on a large scale began with the flourishing period of the Tang Dynasty (first half of the 8th century C. E.), and lasted to the Mid – Tang Dynasty (second half of the 8th century and early 9th century). In the late Tang Dynasty (second half of the 9th century and early 10th century) construction of caves went into decline. It's likely that the Giant Buddha's shoulders were completed in the Ming Dynasty.

后　记

　　本书为四川省文物考古研究院、西北大学文化遗产学院、仁寿县文化广电新闻出版局的合作成果，是2013年四川省科技厅批准的四川省省级公益院所基础科研基金资助"仁寿牛角寨石窟考古调查"课题的主要成果。其出版得到国家文物局批准的2016年国家重点文物保护专项补助经费资助。自2014年项目启动以来，经历了数次调查，牛角寨石窟的记录、测绘、编写及初步研究工作终于在三方的共同努力下顺利完成。《仁寿牛角寨石窟——四川仁寿牛角寨石窟考古调查报告》的面世离不开项目团队的辛勤付出。

　　参与田野调查的人员有四川省文物考古研究院王婷、刘真珍、刘睿，西北大学文化遗产学院于春，仁寿县文化广电新闻出版局刘红凯、钟建明，四川大学艺术学院研究生崔苗苗、常辰，以及金鹏。

　　刘睿对牛角寨石窟可能存在的崖前建筑遗迹进行了初步调查，对部分泥土掩埋龛进行了清理。

　　赵昕、王婷、刘真珍、金鹏、崔苗苗进行了龛像清稿绘制，于春、王婷、刘真珍、金鹏、崔苗苗参与了龛像清稿校对绘制，刘真珍、曾令玲完成了墨线图绘制，区位图、龛窟分布图、尊像编号示意图等由王婷制作。

　　龛像摄影和后期制作由西南交通大学人文学院李阳完成。

　　航拍及龛像三维数字化主要由西安十月文物保护有限公司完成，其中部分龛像数字化制作由金鹏完成。

　　作为本课题的负责人，王婷负责统筹调查、测绘和后期绘图、资料整理、报告统稿工作，完成前言、概述、牛角寨区Y1~Y9和坛神岩区Y5龛像介绍、结语、附表等部分的编写。于春参加调查、测绘、报告编写工作，完成坛神岩区Y1~Y4和Y6的龛像介绍。英文提要由何汀翻译。

　　四川是我国石窟造像遗存分布的重要区域之一。四川省文物考古研究院自2005年启动"科研兴院"，"四川石窟寺大系"系列图书是其中的重要科研项目之一，目标是分区域对四川境内古代石窟造像或大型石窟造像群遗存，进行科学、详细地考古调查和测绘，完成全面的考古调查报告。高大伦院长和院领导班子给予了该项目极大支持，并一直不遗余力推动系列报告的各项工作。本报告是继《绵阳龛窟——四川绵阳古代造像调查研究报告集》（2010年）、《夹江千佛岩——四川夹江千佛岩古代摩崖造像考古调查报告》（2012年）后完成的第三本全面石窟考古调查报告，即将面世的还有《安岳圆觉洞石窟——四川安岳圆觉洞石窟考古调查报告》。

　　四川石窟分布广、数量多，且较多为野外保存，亟需抢救性保护。四川省文物考古研究院的"四川石窟寺大系"和"四川散见唐宋佛道龛窟总录"两套系列图书，致力于基础考古调查工作，为四川石窟的保护和利用做好先行准备。此项工作多年来一直得到国家文物局、四川省文化厅、四川省文物局、四川省科技厅各级领导的鼓励和支持。四川大学艺术学院美术学系卢丁教授及其研究生们多年来始终支持着我们的田野调查和整理工作。

因工作团队经验有限，该报告在田野调查、测绘制图及研究方面还存在诸多不足，真切期望得到各方前辈与同仁的指正和宝贵意见。

编　者

2018 年 4 月

牛角寨区航拍图

牛角寨区龛像

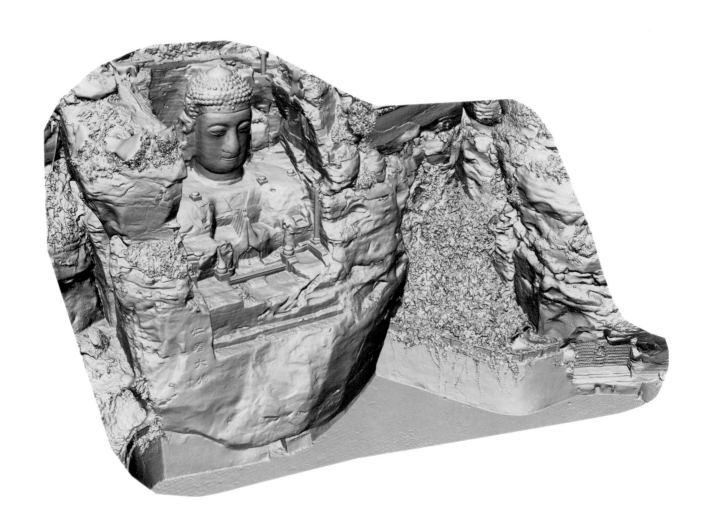

Y1三维模型

牛角寨区龛像

N-Y1-001

牛角寨区龛像

 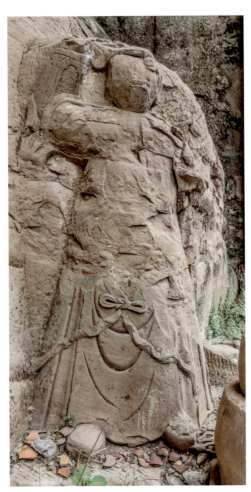 

1. N-Y1-001 右侧天王像　　　　　　2. N-Y1-001 左侧天王像

牛角寨区龛像

N-Y1-002

牛角寨区龛像

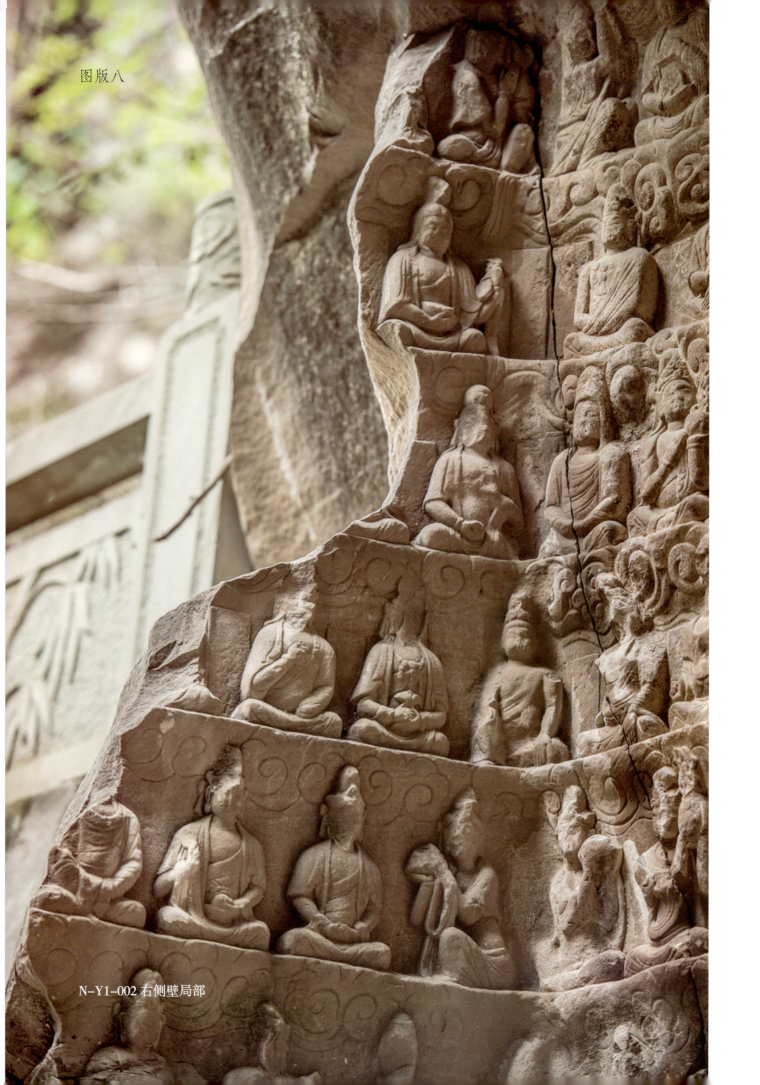

图版八

N-Y1-002 右侧壁局部

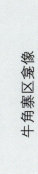

Y2东崖壁龛窟分布

牛角寨区龛像

Y2南崖壁龛窟分布

牛角寨区龛像

1. N-Y2-003

2. N-Y2-004

牛角寨区龛像

N-Y2-004 左侧壁

牛角寨区龛像

N-Y2-004 右侧力士像

牛角寨区龛像

1. N-Y2-005

2. N-Y2-005 左侧壁

3. N-Y2-005 右侧壁

牛角寨区龛像

N—Y2—006

牛角寨区龛像

N-Y2-006 局部

牛角寨区龛像

N-Y2-007

牛角寨区龛像

N-Y2-007左侧壁

牛角寨区龛像

1. N-Y2-012

2. N-Y2-012 右侧壁

3. N-Y2-012 右侧力士像

牛角寨区龛像

N-Y2-013

牛角寨区龛像

N-Y2-014

牛角寨区龛像

1. N-Y2-014 局部

2. N-Y2-014 左侧力士像

牛角寨区龛像

图版二九

1. N-Y2-016

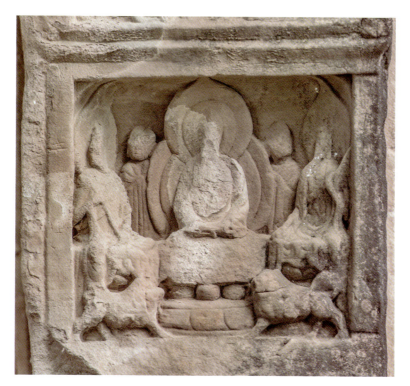

2. N-Y2-017

◀ N-Y2-015

牛角寨区龛像

N-Y2-019

牛角寨区龛像

N-Y2-020 右侧壁

牛角寨区龛像

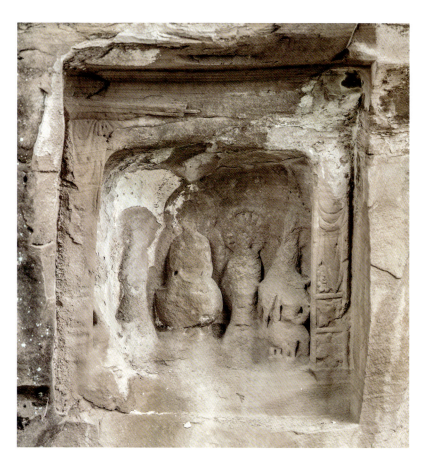

1. N-Y2-021

2. N-Y2-022

牛角寨区龛像

牛角寨区龛像

Y3 龛窟分布

牛角寨区龛像

N-Y3-024

牛角寨区龛像

N-Y3-024 局部

牛角寨区龛像

N-Y3-024 右侧壁局部

牛角寨区龛像

N-Y3-024 左侧壁局部

牛角寨区龛像

N-Y3-024 右侧力士像

牛角寨区龛像

N-Y3-024-1

牛角寨区龛像

N-Y3-024-2

牛角寨区龛像

N−Y3−024−3

牛角寨区龛像

N-Y3-026

牛角寨区龛像

N-Y3-027

牛角寨区龛像

N-Y3-029

牛角寨区龛像

N-Y3-029 维摩诘像

N-Y3-029 文殊菩萨像

牛角寨区龛像

牛角寨区龛像

Y4北崖壁龛窟分布

牛角寨区龛像

Y4西崖壁龛窟分布

牛角寨区龛像

N-Y4-031

牛角寨区龛像

图版五七

N-Y4-031 局部

牛角寨区龛像

N-Y4-031 右侧壁局部

牛角寨区龛像

N-Y4-034

牛角寨区龛像

Y5龛窟分布

牛角寨区龛像

N-Y6-036

牛角寨区龛像

N-Y7-037

牛角寨区龛像

N-Y7-037 题记

牛角寨区龛像

N-Y7-038

牛角寨区龛像

坛神岩区航拍图

坛神岩区凫像

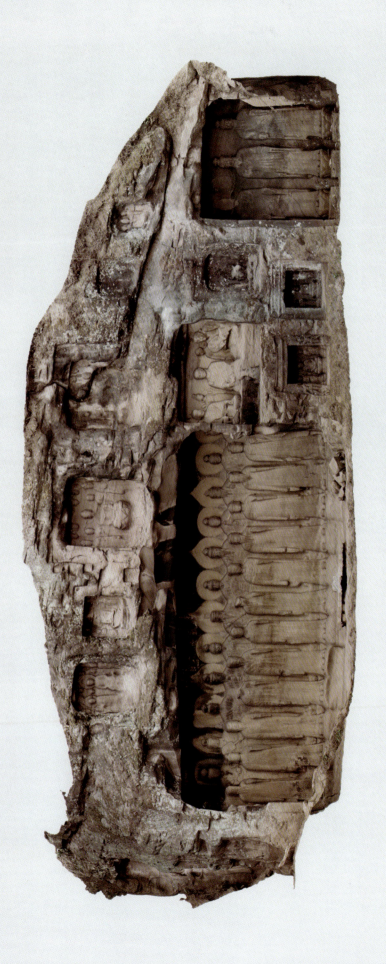

坛神岩区龛像

Y1 东崖壁龛窟分布

Y1南崖壁龛窟分布

坛神岩区龛像

T-Y1-041

坛神岩区龛像

T-Y1-042

坛神岩区龛像

1. T-Y1-042 左侧壁

2. T-Y1-042 右侧壁

坛神岩区龛像

T-Y1-042 局部

坛神岩区龛像

1. T-Y1-044

2. T-Y1-045

坛神岩区龛像

T-Y1-046 左侧壁

坛神岩区龛像

T-Y1-047

坛神岩区龛像

T-Y1-047 左侧壁

坛神岩区龛像

T-Y1-047 右侧壁

坛神岩区龛像

坛神岩区龛像

T-Y1-048

坛神岩区龛像

1. T–Y1–049

2. T–Y1–049 左侧壁

3. T–Y1–049 右侧壁

坛神岩区龛像

T–Y1–050

坛神岩区龛像

T-Y1-050 左侧壁

坛神岩区龛像

T-Y1-050 右侧壁

坛神岩区龛像

1. T-Y1-051

2. T-Y1-052

坛神岩区龛像

1. T−Y1−053

2. T−Y1−054

坛神岩区龛像

T-Y1-055

坛神岩区龛像

1. T-Y1-055 左侧壁

2. T-Y1-055 右侧壁

坛神岩区龛像

T-Y1-057

坛神岩区龛像

T-Y1-057 左侧壁

坛神岩区龛像

T-Y1-057 右侧壁

坛神岩区龛像

1. T-Y1-057 局部

2. T-Y1-057 局部

坛神岩区龛像

T-Y1-057 局部

坛神岩区龛像

Y2龛窟分布

坛神岩区龛像

T-Y2-061

坛神岩区龛像

T-Y2-062

坛神岩区龛像

T-Y2-062 左侧壁

坛神岩区龛像

T-Y2-062 右侧壁

坛神岩区龛像

T-Y2-062 局部

坛神岩区龛像

T-Y2-062 局部

坛神岩区龛像

T-Y2-062 局部

坛神岩区龛像

T-Y2-063

坛神岩区龛像

T-Y2-063 左侧壁

坛神岩区龛像

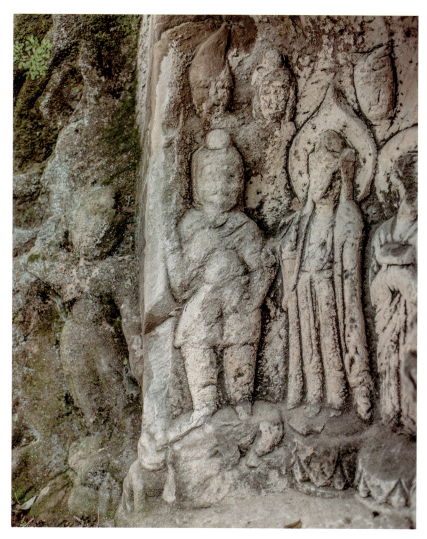

T-Y2-063 右侧壁

坛神岩区龛像

T-Y2-063 局部

坛神岩区龛像

Y3 龛窟分布

坛神岩区龛像

Y4近景

坛神岩区龛像

Y5 近景

坛神岩区龛像

T-Y5-077

坛神岩区龛像

T-Y5-077 右侧壁

坛神岩区龛像

1. T-Y5-078

2. T-Y5-079

坛神岩区龛像

T-Y5-080

坛神岩区龛像

T-Y5-082

坛神岩区龛像

1. T-Y5-082 右侧壁

2. T-Y5-082 左侧壁

坛神岩区龛像

1. T-Y5-083

2. T-Y5-083 左侧壁

3. T-Y5-083 右侧壁

坛神岩区龛像

1. T-Y5-084

2. T-Y5-085

坛神岩区龛像

1. T–Y5–086

2. T–Y5–086 下方供养人像

坛神岩区龛像

T-Y5-087

坛神岩区龛像

1. T–Y5–087 左侧壁

2. T–Y5–087 右侧壁局部

坛神岩区龛像

T-Y5-087 供养人像

坛神岩区龛像

T-Y5-088

坛神岩区龛像

1. T-Y5-088 左侧壁

2. T-Y5-088 右侧壁

3. T-Y5-088 右侧力士像

4. T-Y5-088 左侧供养人像

坛神岩区龛像

T-Y5-089

坛神岩区龛像

T–Y5–091

坛神岩区龛像

Y6 西崖壁龛窟分布

坛神岩区龛像

Y6 东崖壁龛窟分布

1. T-Y6-093

2. T-Y6-093 右侧壁

坛神岩区龛像

T-Y6-093 左侧壁

坛神岩区龛像

T–Y6–094

坛神岩区龛像

坛神岩区龛像

T-Y6-095

坛神岩区龛像

T-Y6-100

坛神岩区龛像

T–Y6–102

坛神岩区龛像

T-Y6-102 左侧壁

坛神岩区龛像